Alles Wissenswerte über Staat, Bürger, Recht

Eine Staatsbürger- und Gesetzeskunde für Fachberufe im Gesundheitswesen

Walter Hell

unter Mitarbeit von Christof Rotter

117 Abbildungen

1995
Georg Thieme Verlag Stuttgart · New York

Anschriften:

Walter Hell
Richter am Amtsgericht
Am Alten Einlaß 1
86150 Augsburg

Dr. med. Christof Rotter
Bei den Schmidäckern 6
86420 Diedorf/Biburg

Die Deutsche Bibliothek – CIP-Einheitsaufnahme

Hell, Walter:
Alles Wissenswerte über Staat, Bürger, Recht : eine Staatsbürger- und Gesetzeskunde für Fachberufe im Gesundheitswesen / Walter Hell. Unter Mitarbeit von Christof Rotter. – Stuttgart ; New York : Thieme, 1995

Rüdigerstraße 14, 70469 Stuttgart
Printed in Germany
Satz: Gulde-Druck GmbH,
D- 72070 Tübingen,
gesetzt auf Apple Macintosh Quadra 950
Druck: Appl, D-86650 Wemding

ISBN 3-13-100311-1 1 2 3 4 5 6

Vorwort

Ist ein weiteres Lehrbuch für das Fach „Gesetzes- und Staatsbürgerkunde“ notwendig oder überflüssig?

Meine Lehrtätigkeit an der Krankenpflegeschule in Augsburg hat mir gezeigt, daß dieses Unterrichtsfach wegen seiner im Vergleich zu den medizinischen Fächern völlig anderen Inhalte meist unbeliebt ist. Dies hängt wohl nicht nur damit zusammen, daß die Schüler oft die Notwendigkeit dieses Faches für ihren Beruf nicht erkennen, sondern daß es auch schwierig ist, juristisches Wissen an Laien zu vermitteln, nicht zuletzt wegen der meist unverständlichen Sprache.

So besteht das Hauptanliegen dieses Buches darin, die Grundprinzipien unseres Staates und juristisches Grundwissen auf verständliche Art und Weise darzulegen.

Um dies zu verwirklichen, wurde jeder Satz mit einem „Nicht-Juristen“, nämlich dem Mediziner Dr. Rotter, durchgesprochen und auf seine Verständlichkeit hin überprüft. Es wurde bewußt auf juristische Präzision und Vollständigkeit verzichtet, um schwierige juristische Zusammenhänge vereinfacht darzustellen. Es lag mehr daran, eine zugängliche Sprache zu finden, als allen juristischen Eventualitäten Rechnung zu tragen.

Mein besonderer Dank gilt Frau Juliana Savanov (Leiterin der Krankenpflegeschule in Wertingen), auf deren Betreiben hin das Buch entstanden ist. Sie hat das Werk tatkräftig durch das Zusammenstellen der verschiedenen Fachberufe unterstützt. Weiterhin wurde mit ihr zusammen ein praxisorientierter und der Ausbildungs- und Prüfungsordnung entsprechender Stundenplan erarbeitet.

Zur leichteren Verständlichkeit tragen auch die zahlreichen Abbildungen und Beispiele bei, die den Stoff veranschaulichen und den Praxisbezug herstellen.

Ein weiteres Anliegen war es, die Fülle des vorgegebenen Unterrichtsstoffes, die sich aus dem Zugrundelegen der Ausbildungs- und Prüfungsordnung für die Berufe in der Krankenpflege ergab, so überschaubar wie möglich darzustellen.

Aufgabe des Buches kann und darf es nicht sein, den Leser und Schüler zu einem „Rechtsberater“ auszubilden und alle Rechtsprobleme vollständig zu behandeln. Entscheidend ist vielmehr, daß die Grundzüge und -strukturen unseres Rechtswesens und unseres Staates vermittelt werden und dies dazu beiträgt, die Leser zu kritischen Staatsbürgern zu erziehen.

So soll das Buch nicht nur als reines Lehrbuch dienen, sondern den Leser begleiten und zum Nachschlagen anregen.

Das Werk wendet sich jedoch auch an die Lehrer. Ihnen wird ein umfassender Überblick über den zu vermittelnden Stoff gegeben und angeboten, das Buch bewußt in den Unterricht einzubringen und darauf dann Bezug zu nehmen.

Abschließend glaube ich daher, daß das Lehrbuch nicht überflüssig, sondern notwendig ist, das Literaturangebot bereichert und dazu beiträgt, das Fach „Gesetzes- und Staatsbürgerkunde“ attraktiver zu machen.

Biburg, im Frühjahr 1995

Walter Hell

Inhaltsverzeichnis

Staatsbürgerkunde

Ein funktionsfähiger demokratischer Staat setzt politisch mündige, informierte und kritische Staatsbürger voraus. Nur wenn der einzelne über ein fundiertes Grundwissen verfügt, kann er die richtigen, seiner Überzeugung entspringenden politischen Entscheidungen treffen.

Es ist daher die Aufgabe staatspolitischer Bildung, dieses Wissen bei dem einzelnen zu schaffen, insbesondere bei den jungen Menschen, die die Gesellschaft in der Zukunft gestalten und mitverantworten.

Damit er nach seinem eigenen Gewissen und nach seiner eigenen Überzeugung mitentscheiden kann und nicht lediglich ein benutzbares Werkzeug in der Hand der jeweils Regierenden darstellt, soll die Staatsbürgerkunde über die reine Wissensvermittlung hinaus eine gewisse Urteilsfähigkeit bei dem jungen Menschen erzeugen.

Letztendlich soll es ihm dadurch ermöglicht werden, in freier Überzeugung unsere freiheitlich-demokratische Rechtsordnung zu bejahen und dafür einzustehen.

Staat „Bundesrepublik Deutschland“

Wesen eines Staates

Damit man von einem Staat sprechen kann, müssen bestimmte Voraussetzungen erfüllt sein (Abb. **1**).

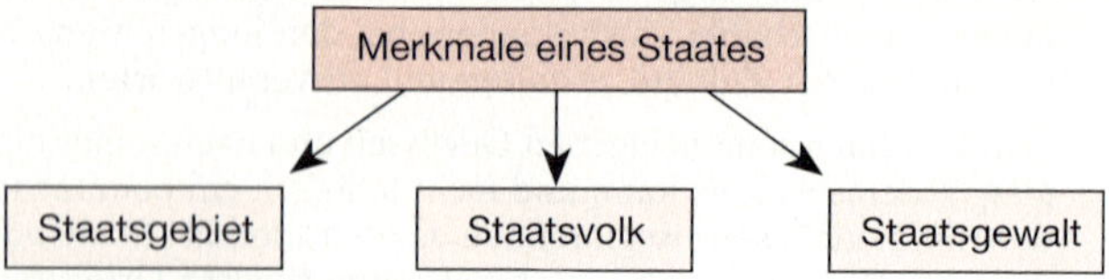

Abb. **1** Bestandteile eines Staates

Staatsgebiet

Das Staatsgebiet ist ein bestimmter abgegrenzter Teil der Erdoberfläche, wobei die Grenzen natürlich (z. B. Wasser) oder vom Menschen festgelegt (politische Staatsgrenze) sein können.

Staatsgebiet =
- abgegrenzter Teil der Erdoberfläche
- Erdinneres
- Luftraum
- 12 Seemeilen des Meeres

Zu diesem Gebiet zählt sowohl das **Erdinnere** (wichtig für Rohstoffe) als auch der sich über dem Gebiet befindliche **Luftraum**.

Bei Küstenstaaten gehören noch 12 Seemeilen des Meeres zum Staatsgebiet (daran schließt sich eine Zone von 200 Seemeilen an – die sog. Wirtschaftszone –, innerhalb derer dem Anliegerstaat das alleinige Nutzungsrecht der Meeresschätze zusteht).

Schiffe und Flugzeuge gehören auch dann zu dem betreffenden Staats„gebiet“, wenn sie sich auf hoher See oder im freien Luftraum befinden.

Staatsvolk =
- gemeinsame Kultur, Geschichte
- Staatsangehörigkeit

Staatsvolk

Ein Staat kann nur existieren, wenn in ihm Menschen leben, die sich zu ihm bekennen. Diese Menschen zeichnen sich durch gemeinsame Kultur, Geschichte und vor allem durch die gleiche **Staatsangehörigkeit** aus.

Erwerb der Staatsangehörigkeit

Die Staatsangehörigkeit kann entweder durch das **Abstammungsprinzip** – wie in der Bundesrepublik Deutschland – oder durch das **Territorialprinzip** – wie in Frankreich – erlangt werden (Abb. **2**).

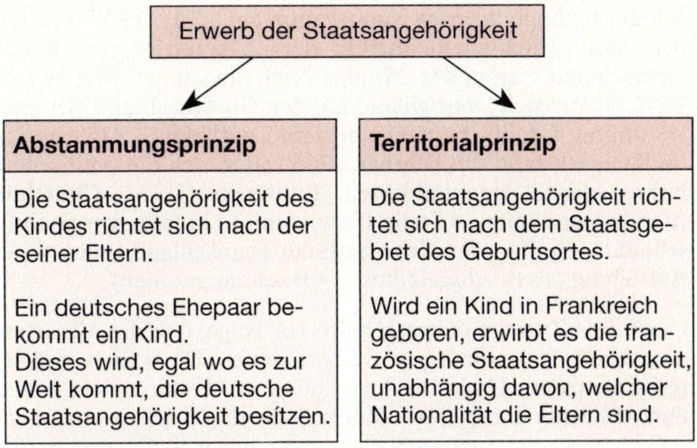

Abb. **2** Staatsangehörigkeit

Beispiel:
Wird ein Kind deutscher Eltern in Frankreich geboren, erwirbt es aufgrund des Abstammungsprinzipes die deutsche und aufgrund des Territorialprinzipes die französische Staatsangehörigkeit. Es hat demzufolge eine doppelte Staatsangehörigkeit!

Speziell die deutsche Staatsangehörigkeit kann außer durch Geburt noch durch Adoption und durch **Einbürgerung** erworben werden (Näheres regelt das Staatsangehörigkeitsgesetz).

Bei Erwerb der Staatsangehörigkeit durch Geburt reicht es aus, wenn **ein** Elternteil die deutsche Staatsangehörigkeit besitzt.

Staatsgewalt

Die Staatsgewalt wird nur innerhalb des Staatsgebietes ausgeübt (Gebietshoheit). Sie ist erforderlich, um die notwendigen Rechtsnormen zu schaffen und deren Beachtung durchzusetzen bzw. deren Verletzung zu ahnden.

Staatsgewalt = Schaffung und Durchsetzung der notwendigen Rechtsnormen

Diese „ordnende Gewalt" wird vor allem durch die Polizei und Justiz ausgeübt. Aber auch das Parlament verfügt über Macht, indem es Gesetze erlassen kann, an deren Beachtung der einzelne gebunden ist.

Entstehung der Bundesrepublik Deutschland

8. 5. 1945: Ende des 2. Weltkrieges durch Kapitulation

Mit der bedingungslosen Kapitulation am 8. Mai 1945 war der bis dahin furchtbarste Krieg, der 2. Weltkrieg, zu Ende. Deutschland war an der „Stunde Null“ angelangt. Bereits seit 1941 befand sich Deutschland mit den Großmächten USA, Sowjetunion, Großbritannien und Frankreich (die „Alliierten“) im Kriegszustand. Im **Februar 1945** trafen sich die politischen Führer der 3 Hauptalliierten, **Roosevelt** (USA), **Churchill** (Großbritannien) und **Stalin** (Sowjetunion) **in Jalta**, wo sie Entscheidungen über den Kriegsgegener Deutschland trafen (u. a. Aufteilung des Reichsgebietes in 4 Besatzungszonen).

Übernahme der Regierungsgewalt durch die Siegermächte (Alliierte):
- USA
- Sowjetunion
- England
- Frankreich

Der totale Zusammenbruch hatte zur Folge, daß die Alliierten die oberste Regierungsgewalt übernahmen. Die 4 Siegermächte Sowjetunion, USA, Großbritannien und Frankreich bildeten den **Alliierten Kontrollrat** mit Sitz in Berlin, in dem je ein Oberbefehlshaber der Siegermächte vertreten war. Weiter wurde die Hauptstadt Berlin in 4 Sektoren aufgeteilt.

In der **Konferenz von Potsdam** (17. 7. bis 2. 8. 1945) beschlossen die 4 Siegermächte im Potsdamer Abkommen u. a., daß demokratische Parteien zugelassen werden und bis auf weiteres keine zentrale deutsche Regierung entstehen sollte.

1946/47: Erste Landtagswahlen

Bereits nach dieser Potsdamer Konferenz bildeten sich zum ersten Mal wieder in allen deutschen Ländern demokratische Parteien, nachdem 1933 alle anderen Parteien außer der NSDAP verboten wurden. So kam es auch bereits 1946/47 zu den ersten Landtagswahlen und zur Bildung von Landtagen und Landesregierungen. Herausragende Persönlichkeiten waren bei der SPD **Kurt Schumacher**, bei der CDU **Konrad Adenauer,** bei den Liberalen **Theodor Heuss** und bei der SED **Walter Ulbricht**.

Marshallplan (amerikanische Wirtschaftshilfe)

Bereits bei der Konferenz von Potsdam wurde deutlich, daß die Sowjetunion bestrebt war, ihren Einflußbereich in Europa so weit wie möglich nach Westen auszudehnen. Sie war demzufolge gegen ein einheitliches Deutschland unter selbständiger Führung. Ungeachtet dessen hielten die USA an den Bestrebungen des wirtschaftlichen Aufbaus fest und bezogen die westdeutschen Länder (französische, englische und amerikanische Zone) im Juli 1948 in die amerikanische Wirtschaftshilfe des **Marshallplanes** (benannt nach dem damaligen US-Außenminister George Marshall) ein. Diese Bemühungen erfolgten auch aus Gründen ihrer Sicherheit gegenüber dem Weltkommunismus und ihrer eigenen Wirtschaft.

Zusätzlich zur wirtschaftlichen Vereinigung der unter den Westmächten stehenden Zonen Deutschlands wurde im Sommer 1948 die politische Einigung beschlossen.

Die Sowjetunion hingegen ließ die Bildung eines gesamtdeutschen Staates nicht zu, was zur endgültigen Teilung Deutschlands führte.

Sowjetunion gegen gesamtdeutsche Einigung

Am 1.7.1948 übergaben in **Frankfurt** die 3 westlichen Militärgouverneure den 11 westdeutschen Ministerpräsidenten die sog. **Frankfurter Dokumente**. Sie ermächtigten die Ministerpräsidenten, eine verfassungsgebende Versammlung einzuberufen.

Juli 1948: Frankfurter Dokumente

Am 1.9.1948 kam der so entstandene **Parlamentarische Rat** zu seiner ersten Sitzung in Bonn zusammen. Er bestand aus 65 Abgeordneten. Vorsitzender war **Konrad Adenauer (CDU)**, Vorsitzender des Hauptausschusses war **Carlo Schmid (SPD)**.

Bereits im August 1948 wurde auf Schloß Herrenchiemsee von Sachverständigen der Entwurf eines Grundgesetzes ausgearbeitet. Dieser war nun Grundlage für den Parlamentarischen Rat. Am 8.5.1949 wurde das Grundgesetz mit 53 gegen 12 Stimmen angenommen. Anschließend stimmten 10 Länderparlamente mit der erforderlichen Zweidrittelmehrheit zu.

August 1948: Entstehung eines Entwurfes des Grundgesetzes

Nur der Bayerische Landtag versagte die Zustimmung, da ihm das Grundgesetz als zu zentralistisch erschien.

Am 23.5.1949 wurde das Grundgesetz verkündet, am 24.5.1949 trat es in Kraft. Damit war die Grundlage für einen neuen Staat – Bundesrepublik Deutschland – geschaffen.

Am 14.8.1949 wurde der erste Deutsche Bundestag gewählt (Sitzverteilung: CDU/CSU 139, SPD 131, FDP 52, Bayern-Partei 17, KPD 15). Am 12.9.1949 wurde **Dr. Theodor Heuss** zum Bundespräsidenten, am 15.9.1949 **Dr. Konrad Adenauer** zum Bundeskanzler gewählt.

August 1949: Wahl des ersten Deutschen Bundestages

Damit war die Bundesrepublik mit ihren obersten Organen entstanden.

Im Gegenzug dazu entstand in der sowjetischen Besatzungszone (Ostzone) die **Deutsche Demokratische Republik (DDR)**.

Entstehung der DDR

Aus dem Vorkriegsdeutschland waren nun 2 selbständige deutsche Staaten entstanden. Über 40 Jahre waren diese Staaten nicht nur durch unterschiedliche Ideologien (Demokratie, Kommunismus), sondern auch ab 1961 durch eine menschenverachtende Mauer getrennt.

2 deutsche Staaten existieren über 40 Jahre nebeneinander

Westdeutschland war durch den Wiederaufbau, eine florierende Wirtschaft und demokratische Freiheit geprägt, Ostdeutschland hingegen durch Mißwirtschaft und politische Unterdrückung.

Wiedervereinigung des geteilten Deutschlands

1985: Gorbatschow wird Generalsekretär in der Sowjetunion

Perestroika und Glasnost

Die Wiedervereinigung ist untrennbar mit dem Namen **Michail Gorbatschow** verbunden, der 1985 zum Generalsekretär der KPdSU in der Sowjetunion gewählt wurde. Unter dem Stichwort *„Perestroika"* (Umbau) leitete er tiefgreifende Veränderungen ein. Die Wirtschaft sollte marktwirtschaftliche, die Politik demokratische Elemente erhalten. Darüber hinaus wollte er den Willensbildungsprozeß in der Partei und im Staat durchsichtiger machen und die Öffentlichkeit mehr an den gesellschaftlichen Diskussionen beteiligen (*„Glasnost"*).

Im Zuge dieser Umgestaltung setzten sich auch in anderen Ostblockstaaten demokratische Kräfte durch, so daß es zu Reformen in Polen und Ungarn kam.

Von dieser Politik distanzierte sich jedoch die politische Spitze der DDR, im Gegensatz zum Volk, welches die Zeichen der Zeit erkannte.

Um so rascher entwickelte sich die politische Wirklichkeit.

Sommer 1989: Massenflucht aus der DDR

Botschaftsbesetzungen

So kam es im **Sommer 1989 zu einer Massenflucht**, als der Abbau der Grenzbefestigungen an der ungarisch-österreichischen Grenze begann. Diese Gelegenheit benutzten zunächst etwa 700 DDR-Urlauber in Ungarn zur Flucht. Weiterhin wurden von DDR-Bürgern vornehmlich bundesdeutsche Botschaften besetzt und anschließend die Ausreise erzwungen.

Letztendlich gelang im Jahr 1989 ca. 340 000 DDR-Bürgern auf diesem Weg die Flucht.

Während am **6.10.1989** zum **40. Jahrestag der DDR** der Generalsekretär der SED Erich Honecker die DDR noch *als Bollwerk des Sozialismus* bezeichnete, mahnte sein Ehrengast Michail Gorbatschow Reformen an und formulierte den denkwürdigen Ausspruch: *„Wer zu spät kommt, den bestraft das Leben."*

In der gesamten DDR waren die Feierlichkeiten von massiven Protestkundgebungen begleitet. Die Staatssicherheit ging mit brutaler Gewalt gegen Zehntausende von Demonstranten vor.

Oktober 1989: Massendemonstrationen

Rücktritt von Honecker

Unter dem Einfluß der Kirche sowie den oppositionellen Gruppen kam es im **Oktober 1989** zu **Massendemonstrationen gegen das DDR-Regime**. In vielen Großstädten fanden Demonstrationen für demokratische Reformen und Freiheit statt. Dies führte am **18.10.1989** zum **Rücktritt von Erich Honecker**.

9.11.1989 Öffnung der DDR-Grenze

Am **Abend des 9.11.1989** wurden völlig überraschend alle DDR-**Grenzübergänge** zur Bundesrepublik Deutschland und Westberlin **geöffnet**. Daraufhin statteten ca. 3 Millionen DDR-

Bürger in den folgenden Tagen Westberlin und dem Bundesgebiet einen Besuch ab.

Die rasche politische Entwicklung führte am **18.3.1990** zu **Volkskammerwahlen**.

Die Wahlbeteiligung lag bei 93,38 %. Als Wahlsieger ging die CDU mit 40,59 % der Stimmen hervor. Dieses Wahlergebnis wurde so gewertet, daß die Mehrheit der DDR-Bürger für den raschen Anschluß an die Bundesrepublik war.

Mit einem Staatsvertrag zwischen der Bundesrepublik und der DDR wurde die Einführung der DM als offizielles Zahlungsmittel, die Übernahme der sozialen Marktwirtschaft und die Anpassung der Sozialversicherung an das bundesdeutsche Versicherungssystem beschlossen.

3. 10. 1990: Beide deutsche Staaten sind wiedervereint

Am 23.8.1990 beschloß die Volkskammer den Beitritt der DDR zur Bundesrepublik. Der Einigungsvertrag wurde am 31.8.1990 von beiden Staaten unterzeichnet und trat am **3.10.1990** in Kraft.

Neue Bundesländer

Mit dem Beitritt wurden Brandenburg, Mecklenburg-Vorpommern, Sachsen, Sachsen-Anhalt und Thüringen neue Bundesländer der Bundesrepublik Deutschland.

Staats- und Regierungsform der Bundesrepublik Deutschland

§

§ „Die Bundesrepublik Deutschland ist ein demokratischer und sozialer Bundesstaat.

Die Gesetzgebung ist an die verfassungsmäßige Ordnung, die vollziehende Gewalt und die Rechtsprechung sind an Gesetz und Recht gebunden."

(Auszug aus Art. 20 GG)

Eine Änderung dieses Grundgesetzes, durch welche (...) die in Artikel (...) 20 niedergelegten Grundsätze berührt werden, ist unzulässig.

(Art. 79 III GG)

Eine Änderung des Grundgesetzes mit dem Zweck, die Staatsform zu verändern, ist unzulässig

Durch diese beiden Vorschriften im Grundgesetz wird die Staats- und Regierungsform unveränderbar festgelegt. Die Bundesrepublik Deutschland ist demnach:

- Republik,
- Demokratie,
- Sozialstaat,
- Rechtsstaat,
- Bundesstaat.

Jeder dieser Begriffe enthält ganz bestimmte Aussagen, an die der Staat mit seinen Organen bei der Ausübung der Macht gebunden ist.

Republik

Der Begriff der Republik bezeichnet die **Staatsform** eines Landes. Sie ist im Unterschied zur Monarchie zu sehen (Abb. **3**). Diese sagt jedoch noch nichts über die tatsächlichen Herrschaftsverhältnisse aus.

Das Staatsoberhaupt der Republik wird gewählt

Eine Republik ist daher ein Staat, dessen Staatsoberhaupt kein Monarch ist, sondern ein **gewählter Präsident.** Gleichbedeutende Begriffe für Republik sind **Freistaat** oder **Volksstaat.**

Der Begriff der Republik sagt noch nichts darüber aus, ob in dem betreffenden Staat freiheitliche und demokratische Verhältnisse vorzufinden sind. So herrschten z. B. in der ehemaligen DDR trotz des Begriffes „Deutsche *Demokratische Republik*" sicherlich keine freiheitlich-demokratischen Grundsätze.

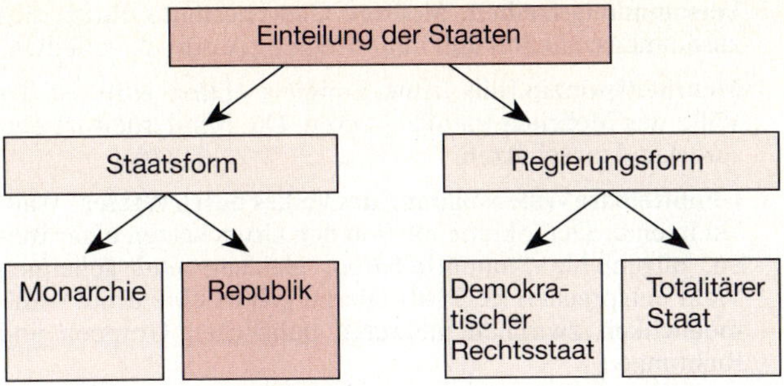

Abb. **3** Staats- und Regierungsformen

Republik als Gegenteil zur Monarchie

Kennzeichen der Monarchie ist es, daß die Herrschaft von einem einzelnen Monarchen (König, Kaiser) ausgeübt wird.

Seine Herrschaft kann ohne Beschränkung (absolute Monarchie) sein oder z. B. durch das Parlament beschränkt werden (beschränkte Monarchie, z. B. England). Der Monarch wird meist durch Erbfolge bestimmt. Er kann aber auch gewählt werden.

Demokratie

§

§ **Alle Staatsgewalt geht vom Volke aus.**
(Art. 20 II 1 GG)

Dieser Satz bedeutet, daß das Volk den Staat mitgestaltet. Dabei ist jeder Bürger zur Mitarbeit aufgerufen und soll zumindest durch Beteiligung an den Wahlen mitbestimmen.

Demokratie = begrenzte Herrschaft auf Zeit

Die politische Herrschaft von Parlament und Regierung ist von der Mehrheit des Volkes anvertraute Macht. Diese ist in einer Demokratie zeitlich (für eine Wahlperiode) und sachlich (durch Gesetze) begrenzt. Weiterhin unterliegt sie der Kritik und der Kontrolle durch das Volk.

Wichtige Elemente in der Demokratie:
- Meinungsfreiheit
- Versammlungsfreiheit
- Mehrheitsprinzip
- Wahlen
- mehrere Parteien
- Opposition
- Freie Meinungsäußerung

Im Gegensatz zu einem totalitären Staat (s. Abb. 3) kennzeichnen folgende Elemente ganz entscheidend das Vorliegen einer Demokratie:

- **Meinungsfreiheit.** Politische Meinungen und Gegenmeinungen müssen sich frei gegenübertreten dürfen. Der Meinungsstreit darf nur mit geistigen Argumenten ohne Unterdrükkung abweichender Meinungen geführt werden.

  Presse und Rundfunk müssen unabhängig sein, um ihrer Aufgabe nach umfassender Information des Bürgers gerecht werden zu können.

Freiheit, sich zusammenzuschließen

- **Versammlungsfreiheit.** Mehrere Gleichgesinnte dürfen sich zusammenschließen und ihrer Meinung Ausdruck verleihen.

Die Mehrheit entscheidet, aber: Minderheitenschutz

- **Mehrheitsprinzip.** Falls keine Einigung erzielt wird, ist der Wille der Mehrheit zu akzeptieren. Die Minderheit ist entsprechend zu schützen.

Mitbestimmung durch echte Wahlen

- **Unmittelbare Willensbildung des Volkes durch Wahlen.** Wahlen in einer Demokratie müssen den Grundsätzen einer freien, allgemeinen, unmittelbaren, gleichen und geheimen Wahl entsprechen (S. 34 ff.) Hierzu gehört eine echte Wahlmöglichkeit zwischen mehreren politischen Gruppen und Richtungen.

Parteien als Ort der politischen Willensbildung

- **Parteien.** Nur bei gruppenmäßigen Zusammenschlüssen besteht die Möglichkeit, daß politische Vorhaben verwirklicht werden.

  Aufgabe der Parteien ist es, am politischen Prozeß mitzuwirken, politische Führungskräfte heranzubilden und um eine Mehrheit für sie zu werben.

  Den Oppositionsparteien obliegt die Kritik, die Kontrolle und das Aufzeigen von Alternativen.

  So ist das Einparteiensystem, bei dem die Macht bei **einer** Partei konzentriert ist und es keine weitere Partei gibt, mit einer freiheitlichen Demokratie unvereinbar.

Wirksame Opposition als Kontrolle der Regierung

- **Funktionierende Opposition.** Da die Regierung aus der Mehrheit des Parlamentes hervorgegangen ist, wird dieses die Regierung kaum scharf kontrollieren. Diese Aufgabe kann die Opposition weit wirkungsvoller übernehmen.

  Nachdem auch Verfassungsänderungen in der Regel nur mit Zustimmung der Opposition möglich sind, ist auch hier die Gewähr vorhanden, daß nicht nur einseitig die Interessen der Mehrheit berücksichtigt werden.

Demokratie findet sich demnach nur, wo die Gesellschaft durch organisierte Interessen (Verbände, Parteien) politisch aktiv zu werden vermag, und wo das Volk sich seine politischen Konzeptionen und seine politischen Führungskräfte selbst wählt.

Es gibt durchaus verschiedene Arten der Demokratie, die sich wie folgt darstellen (Abb. **4**):

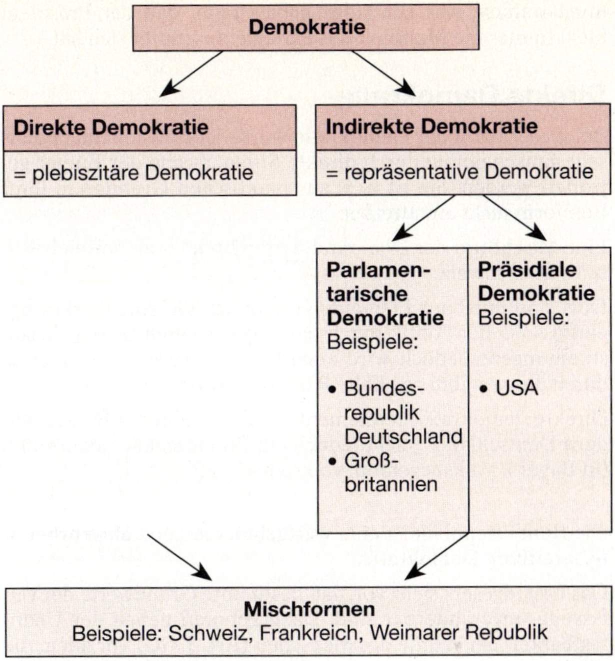

Abb. **4** Formen der Demokratie

Indirekte Demokratie

Indirekte oder repräsentative Demokratie

Eine indirekte oder repräsentative Demokratie kommt in 2 Erscheinungsformen vor: als parlamentarische Demokratie und als präsidiale Demokratie.

Repräsentative Demokratie = das Volk wird durch Abgeordnete repräsentiert/vertreten. Diese treffen die politischen Entscheidungen

Die Bundesrepublik Deutschland ist eine **repräsentative Demokratie.**

Das Volk trifft nicht unmittelbar die politischen Entscheidungen, sondern bestimmt zunächst in Wahlen seine Vertreter im Parlament, die dann ihrerseits das Volk **repräsentieren.**

Parlamentarische Demokratie

Die entscheidende politische Macht hat in diesem System das Parlament (parlamentarische Demokratie). Es erläßt Gesetze und wählt den Bundeskanzler zum Chef der Regierung.

Präsidiale Demokratie

Im Gegensatz zur Bundesrepublik Deutschland sind z. B. die USA eine präsidiale Demokratie.

Hier wird der Präsident in einer eigenen Wahl vom Volk gewählt. Davon völlig unabhängig sind in den USA die Parlamentswahlen, was zur Folge haben kann, daß der Präsident nicht immer die Mehrheit des Parlamentes hinter sich hat.

Direkte Demokratie

Direkte Demokratie = jede politische Entscheidung wird vom Bürger in Wahlen getroffen

Bei dieser Form der Demokratie würde jede anstehende politische Entscheidung durch direkte Stimmabgabe der Bürger getroffen werden. Sie ist u. a. aus praktischen Gründen in ihrer Reinform nicht anzutreffen.

Eine **Mischform** der Demokratiearten findet man beispielsweise in der Schweiz.

Dort sind durchaus Elemente vorhanden, die eine direkte Beeinflussung der Politik durch das Volk vorsehen (z. B. Volksabstimmungen). Jedoch wird auch hier das Volk in erster Linie durch das von ihm gewählte Parlament vertreten.

Direkte demokratische Elemente sind in mehreren Bundesländern Deutschlands, nicht jedoch auf Bundesebene anzutreffen (in Bayern: Volksbegehren, Volksentscheid).

Wertgebundene, streitbare Demokratie = Abwehr gegen Angriffe auf die freiheitliche demokratische Grundordnung

Die Bundesrepublik ist eine **wertgebundene** und **abwehrbereite, streitbare Demokratie.**

Das Grundgesetz sieht vor, daß bestimmte Grundwerte der Verfassung unveränderbar sind. Dazu gehören neben der Unantastbarkeit der Würde des Menschen (Art. 1 GG) vor allem die Elemente, die die Staatsform der Bundesrepublik bestimmen (Art. 20 GG). Eine Abschaffung der Demokratie oder des Rechtsstaates wäre daher in jedem Fall verfassungswidrig.

Im Gegensatz dazu konnte in der Weimarer Verfassung **jede** Bestimmung mit einer Zweidrittelmehrheit geändert werden.

Um dieses Grundgesetz zu schützen hat es selbst für Abwehr gesorgt. So kann das Bundesverfassungsgericht eine politische Partei für verfassungswidrig erklären, wenn sie mit ihrem Ziel oder Verhalten darauf abzielt, die freiheitlich demokratische Grundordnung zu beeinträchtigen (Art. 21 II GG).

Zudem sieht Art. 20 IV GG, wenn andere Abhilfe nicht möglich ist, ein eigenes **Widerstandsrecht** gegen Kräfte vor, die versuchen, die republikanische, demokratische, sozialstaatliche, rechtsstaatliche und bundesstaatliche Ordnung zu beseitigen.

Rechtsstaat

§

§ Die (...) Grundrechte binden Gesetzgebung, vollziehende Gewalt und Rechtsprechung als unmittelbar geltendes Recht. (Art. 1 III GG)

§

§ Die Gesetzgebung ist an die verfassungsmäßige Ordnung, die vollziehende Gewalt und die Rechtsprechung sind an Gesetz und Recht gebunden.
(Art. 20 III GG)

Das Rechtsstaatsprinzip dient in erster Linie der Sicherung der Freiheit des einzelnen Bürgers. Sein Ursprung geht auf das 18. Jahrhundert zurück, die Zeit der Industrialisierung. Damals wehrten sich die Bürger gegen die allumfassende Herrschaft der Fürsten, die regierten, wie sie wollten, und an keine Gesetze gebunden waren. Sie regierten *willkürlich*. Um dieser Willkür Grenzen zu setzen, wurden Gesetze geschaffen, die die Herrscher beachten mußten.

Rechtsstaat: Bindung der Bürger und des Staates an das Gesetz

Diese Bindung der Staatsgewalt an die Grundrechte und an die Gesetze bringt das Grundgesetz zum Ausdruck. Diese Bestimmungen dürfen nicht geändert werden.

Das Prinzip der Rechtsstaatlichkeit hat im einzelnen folgende Auswirkungen (Abb. **5**):

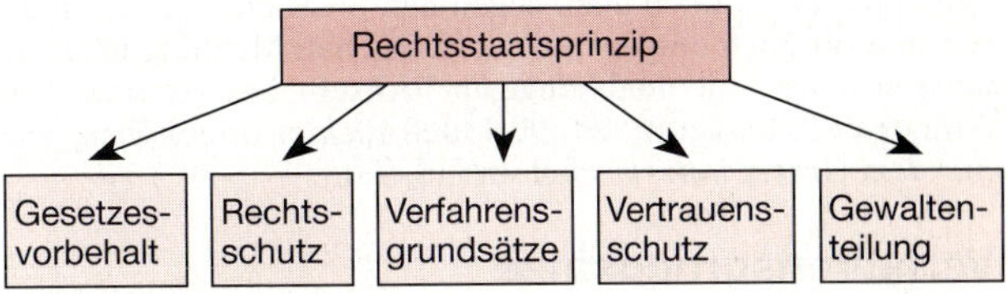

Abb. **5** Rechtsstaatlichkeit

Gesetzesvorbehalt

Jeder Eingriff und jede wesentliche Entscheidung des Staates und seiner Verwaltung bedürfen einer gesetzlichen Grundlage. Damit wird verhindert, daß der Staat nach Belieben in die Rechte des Bürgers eingreifen kann. Denn die Gesetze als solche werden ja wiederum vom Volk über seine Volksvertreter im Parlament erlassen.

Eingriff des Staates in die Rechte des Bürgers nur bei gesetzlicher Grundlage

Beispiel:
Braucht der Staat z. B. mehr Geld, kann er nicht einfach die Steuern erhöhen. Es müßten vielmehr die entsprechenden Steuergesetze geändert werden. Hierfür zuständig ist der Gesetzgeber und damit der Bundestag und der Bundesrat. Deren Mitglieder wiederum wurden in Wahlen vom Volk bestimmt bzw. von den Regierungen der Bundesländer entsandt.

Rechtsschutz

Anspruch des Bürgers auf gerichtliche Überprüfung

Gegen jeden staatlichen Eingriff hat der einzelne Rechtsschutz. Dies bedeutet, er kann **unabhängige Gerichte** anrufen und dort sein Recht einklagen. Für den Staat sind dann auch Urteile, die zu seinem Nachteil ergehen bindend.

Beispiel:

Der Krankenpflegeschüler Fritz beantragt nach erfolgreicher Ablegung seiner staatlichen Prüfung die Erlaubnis zum Führen der Berufsbezeichnung „Krankenpfleger".

Die zuständige Regierung von Schwaben verweigert seine Zulassung mit der Begründung, er sei während seiner Ausbildungszeit des öfteren mit einem Haschischjoint erwischt worden, so daß er für die Ausübung dieses Berufes ungeeignet sei (§ 2 I KrPflG). Fritz ist äußerst erbost, da er der Ansicht ist, daß hie und da ein Joint ihn keinesfalls unfähig macht, den Beruf auszuüben.

Mit dieser Entscheidung der Regierung muß sich Fritz nicht begnügen. Er kann dagegen vor dem Verwaltungsgericht klagen und klären lassen, ob die Entscheidung zu Recht ergangen ist. Teilt das Gericht seine Ansicht, **muß** die Regierung ihm die Erlaubnis erteilen.

Unabhängige Richter

Gerichte, die letztlich auch gegen den Staat entscheiden müssen und oft auch entgegen der öffentlichen Meinung urteilen, müssen daher mit **unabhängigen Richtern** besetzt sein. Das Grundgesetz besagt in Art. 97 I, daß *Richter unabhängig und nur dem Gesetz unterworfen sind* (S. 83f.).

Verfahrensgrundsätze

Rechtsstaatliches Verfahren:
- rechtliches Gehör
- gesetzlicher Richter
- fairer Prozeß

Der Rechtsschutz beinhaltet auch die Einhaltung bestimmter Verfahrensgrundsätze:

- **Rechtliches Gehör.** Art. 103 I GG besagt, daß *vor Gericht jedermann Anspruch auf rechtliches Gehör hat.* Dies bedeutet nicht nur, daß vor jeder richterlichen Entscheidung der einzelne anzuhören ist, sondern der Staat aufgrund dieses allgemeinen Grundsatzes den Bürger anzuhören hat, bevor er belastende Eingriffe vornimmt und auf das, was der Bürger sagt, auch einzugehen hat.
- **Gesetzlicher Richter.** Art. 101 I 1 GG besagt, daß *niemand seinem gesetzlichen Richter entzogen werden darf.* Dies bedeutet, daß von vorneherein bestimmt sein muß, welcher Richter für welche Entscheidung zuständig ist. Damit soll verhindert werden, daß der Staat insofern manipuliert, als er den Richtern die Fälle so zuweist, wie es ihm genehm ist. Dies gilt insbesondere für Verfahren mit politischem Hintergrund.
- **Fairer Prozeß.** So stellt es z. B. im Strafprozeß eine rechtsstaatliche Grundentscheidung dar, eher einen Schuldigen

unbestraft zu lassen, wenn der volle Nachweis seiner Schuld nicht geführt werden kann, als einen in Wirklichkeit Unschuldigen zu bestrafen.

Vertrauensschutz und Rückwirkungsverbot

Vertrauen in die bestehenden Gesetze

Der einzelne kann sich auf das geltende Recht verlassen. Damit darf der Staat nicht rückwirkend neue, insbesondere belastende Gesetze erlassen. Im Strafrecht bestimmt Art. 103 II GG, daß *eine Tat nur bestraft werden kann, wenn die Strafbarkeit gesetzlich bestimmt war, bevor die Tat begangen wurde.*

Gewaltenteilung

Mit den Mitteln des Rechtsstaates soll die Macht des Staates beschränkt werden. Damit der Staat diese Schranken nicht aufhebt und seine Macht mißbraucht, hat bereits der Philosoph Charles de **Montesquieu** (1689–1755) gefordert, daß die Macht des Staates geteilt werden muß. Diese einzelnen Teile der Macht sollen sich dann gegenseitig **kontrollieren**.

Teilung der Staatsgewalt in:
- Gesetzgebung
- Verwaltung
- Rechtsprechung

Die Gewaltenteilung sieht dann wie folgt aus:

- **Legislative** = gesetzgebende Gewalt: Parlament (Bundestag, Bundesrat).
- **Exekutive** = vollziehende Gewalt (Regierung, Verwaltung).
- **Judikative** = rechtsprechende Gewalt (Gerichte).

Beispiele:

- Das Parlament, die **Legislative**, beschließt ein Gesetz. Gemäß Art. 1 III GG ist auch die Gesetzgebung an die Grundrechte gebunden. Das Bundesverfassungsgericht (BVerfG), die **Judikative**, kann nun überprüfen, ob das Gesetz verfassungsgemäß ist oder nicht. Im letzteren Fall würde es das Gesetz für nichtig erklären.

  So hat z. B. in den Jahren 1975 und 1993 das BVerfG jeweils die Neufassung des § 218 StGB (Strafbarkeit des Schwangerschaftsabbruchs) als zumindest teilweise für verfassungswidrig erklärt.
- Das Parlament, die **Legislative**, kontrolliert die Regierung, die **Exekutive**, indem sie z. B. dem Regierungschef, dem Bundeskanzler, das Mißtrauen aussprechen kann (S. 59 f.).
- Das Bundesverfassungsgericht ist mit unabhängigen Richtern besetzt. Diese werden für die Dauer von jeweils 12 Jahren jeweils zur Hälfte vom Bundesrat und vom Bundestag gewählt. Dadurch ist auch seine Macht letztendlich einer zeitlichen Beschränkung unterworfen.

Sozialstaat

Entstehung der „sozialen Frage" durch Industrialisierung:
- Landflucht
- billige Arbeitskräfte in der Stadt
- niedrige Löhne
  - Kinderarbeit
  - Verelendung

Während der industriellen Revolution im 19. Jahrhundert kam es zu einer Verarmung und Verelendung weiter Kreise der Bevölkerung. Die Industrialisierung schuf 2 neue Gruppen der Gesellschaft: den kapitalbesitzenden Unternehmer und den besitzlosen Arbeiter. Die Betriebe in den Städten wurden größer, die Unternehmen auf dem Lande dadurch nicht mehr konkurrenzfähig. Dies bewirkte eine Landflucht und damit billige Arbeitskräfte in der Stadt. Niedrige Löhne zwangen wiederum den Arbeiter zu langen Arbeitszeiten, zu Kinder- und Frauenarbeit. Die Folgen waren Verelendung und Krankheit.

Otto von Bismarck:
- Krankenversicherung
- Unfallversicherung
- Rentenversicherung

Als Antwort auf diese *soziale Frage* und um den entstandenen Unruhen zu begegnen, schuf der preußische Ministerpräsident **Otto von Bismarck** 1883 die **Krankenversicherung** der Arbeiter, 1884 die **Unfallversicherung**, 1889 die **Alters- und Invalidenversicherung** und 1913 die Krankenversicherung für Angestellte. Dies waren die ersten Ansätze einer staatlichen Sozialpolitik, die Entstehung des Sozialstaates.

Die Verpflichtung zum Sozialstaat bedeutet, daß der Staat für einen Ausgleich der sozialen Gegensätze und damit für eine gerechte Sozialordnung sorgen muß. Er muß seinen Bürgern eine soziale Sicherheit gewährleisten.

Sozialstaat: Schutz des Schwachen

Im Sozialstaat ist es die Aufgabe des Staates, den sozial Schwachen zu schützen. Andererseits kann und darf der Sozialstaat nicht zum *„Selbstbedienungsladen"* werden, da die Sozialausgaben finanzierbar bleiben müssen. Steigende Sozialabgaben wirken leistungshemmend und bergen damit die Gefahr, daß die Leistungsbereitschaft und damit auch die Einnahmen des Staates sinken. In diesem Spannungsverhältnis muß ein vernünftiger Kompromiß gefunden werden.

Elemente des Sozialstaates:
- Existenzsicherung
- Hilfe in sozialen Notlagen
- sozialer Härteausgleich
- Chancengleichheit

Die wesentlichen Aufgaben des Sozialstaates stellen sich wie folgt dar:

- **Sicherung der menschlichen Existenz**. Durch Gewährleistung der **Sozialhilfe** soll es jedem Bürger möglich sein, zumindest ein menschenwürdiges Leben führen zu können. Das Existenzminimum soll garantiert sein.
- **Sicherung in sozialer Notlage.** Es muß ein bestimmtes Maß an sozialer Sicherung in Notlagen (z. B. Krankheit, Arbeitslosigkeit) gewährleistet sein, wie es z. B. die Sozialversicherung (Krankenversicherung, Rentenversicherung, Arbeitslosenversicherung) bietet.
- **Sicherung eines sozialen Ausgleiches.** Soweit Bürger unterschiedlich stark belastet sind, sorgt der Staat für einen gewissen Lastenausgleich wie z. B. bei Ausbildungsförderung, so-

zialem Wohnungsbau, Familienlastenausgleich (Kindergeld), Erziehungsgeld.

- **Sicherung der Chancengleichheit.** Staatliche Vor- und Fürsorge soll Gruppen der Gesellschaft angedeiht werden, die in ihrer persönlichen und sozialen Entfaltung gehindert sind. So erhalten einkommensschwache Bürger vor Gericht Prozeßkostenhilfe (früher: Armenrecht) oder in Fällen der Schwerkriminalität einen Pflichtverteidiger. Für entlassene Strafgefangene soll der Staat Hilfe zur Wiedereingliederung bereitstellen (wobei diese Resozialisierung wiederum der Gesellschaft zugute kommt, wenn der Täter nicht wieder rückfällig wird).

Hilfeleistung des Staates beschränkt durch finanzielle Mittel

Wie stark der Staat nun in den einzelnen Fällen Hilfe leistet, hängt auch davon ab, wie hoch seine finanziellen Mittel sind. Hier besteht ein großer Gestaltungsspielraum. Insbesondere unterliegt es auch einer politischen Bewertung, wo der Staat seine Schwerpunkte setzt. Ein Verstoß gegen das Sozialstaatsprinzip liegt nur dann vor, wenn er der grundlegenden Daseinsvorsorge nicht mehr nachkommt.

Die Aufgabe des Staates, dem sozial Schwachen zu Hilfe zu kommen, übernehmen zum großen Teil die freien Träger der Wohlfahrtspflege:

- Arbeiterwohlfahrt,
- Diakonisches Werk,
- Deutscher Caritasverband e.V.,
- Deutsches Rotes Kreuz e.V. u. a.

Bundesstaat

Bundesstaat = Bund aus mehreren Ländern

Die Bundesrepublik Deutschland ist ein Bundesstaat. Der Bundesstaat ist eine Gemeinschaft mehrerer eigenständiger Länder (Bundesländer). Diese bilden einen Bund, die Bundesrepublik Deutschland. Seit der Wiedervereinigung im Oktober 1990 besteht sie aus 16 Bundesländern (Abb. **6**).

Föderalismus

Das politische Prinzip des Zusammenschlusses mehrerer gleichberechtigter Staaten bezeichnet man als **Föderalismus**.

Durch diese Art der Verbindung bleibt zum einen die Eigenständigkeit der Länder mit ihren kulturellen, sprachlichen und landsmannschaftlichen Eigenarten erhalten. Den einzelnen Ländern ist es auch viel leichter möglich, die oft landesspezifischen Probleme zu erkennen und zu lösen (z. B. Küstenregion im Norden, Bergbau im Westen, Alpenregion im Süden). Auf landeseigene Probleme kann daher viel schneller eingegangen werden.

	Landeshauptstadt	Einwohner in Mio.	Größe in km²
Baden-Württemberg	Stuttgart	9,62	35 751
Bayern	München	11,22	70 554
Berlin	Berlin	3,41	883
Brandenburg	Potsdam	2,64	29 059
Bremen	Bremen	0,68	404
Hamburg	Hamburg	1,63	755
Hessen	Wiesbaden	5,67	21 114
Mecklenburg-Vorpommern	Schwerin	1,97	23 838
Niedersachsen	Hannover	7,24	47 344
Nordrhein-Westfalen	Düsseldorf	17,11	34 070
Rheinland-Pfalz	Mainz	3,71	19 849
Saarland	Saarbrücken	1,07	2 570
Sachsen	Dresden	4,91	18 337
Sachsen-Anhalt	Magdeburg	2,97	20 445
Schleswig-Holstein	Kiel	2,6	15 729
Thüringen	Erfurt	2,69	16 251

Abb. **6** Die 16 Bundesländer der Bundesrepublik Deutschland

Zum anderen gewährleistet der durch den Zusammenschluß gebildete neue Staat nach außen hin ein geschlossenes Ganzes und wird als Wirtschaftspartner ernstgenommen.

Eigenständigkeit der Gliedstaaten:
- eigenes Staatsgebiet mit Grenzen
- eigene Regierung
- eigenes Parlament
- eigene Gesetzgebung

Ganz entscheidend ist, daß die Eigenständigkeit der Länder, d.h. der einzelnen Bundesländer, erhalten bleibt.

So hat jedes Bundesland eine eigene Regierung (Landesregierung) mit einem eigenen Regierungschef (Ministerpräsident), ein eigenes Parlament (Landtag) und ein eigenes Staatsgebiet mit Landesgrenzen.

Die Bundesländer haben aber von ihrer Staatsgewalt bestimmte Kompetenzen an den Bund abgetreten. Dabei legt das Grundgesetz genau fest, wie die Aufgaben und Kompetenzen zwischen dem Bund und den Ländern verteilt sind. Grundsätzlich soll dabei der Bund nur die politischen Aufgaben übernehmen, die die Einzelstaaten nicht oder nicht genauso gut bewältigen können (sog. **Subsidiaritätsprinzip**).

Zuständigkeitsverteilung zwischen Bund und Ländern

Die Kompetenzverteilung sieht dabei im wesentlichen wie folgt aus:

- **Verwaltung.** Sie ist grundsätzlich Sache der Bundesländer.
- **Rechtsprechung.** Diese wird überwiegend durch Gerichte der Länder ausgeübt. Die Einheitlichkeit der Rechtsprechung wird aber durch Gerichte des Bundes als oberste Instanzen sichergestellt (z. B. Bundesgerichtshof, Bundesarbeitsgericht).
- **Gesetzgebung.** Sie wird zum Teil vom Bund und zum Teil von den Ländern übernommen (S. 68f.).

Mitwirkung der Länder über den Bundesrat

Auch bei der Willensbildung des Bundes sind die Länder beteiligt und zwar durch den **Bundesrat** (S. 51ff.). Er besteht aus Mitgliedern der Länderregierungen. Über ihn wirken die Länder auch bei der Gesetzgebung des Bundes mit.

Bei der Besetzung des **Bundesverfassungsgerichts** (S. 65) hat der Bundesrat insofern ein Mitspracherecht, als er die Hälfte der Richter wählt. Bei der Wahl des **Bundespräsidenten** (S. 55f.) wirken die Länder ebenfalls mit, als sie ihre Vertreter in die **Bundesversammlung** schicken, die wiederum den Bundespräsidenten wählt.

Grundrechte

Geschichte der Grundrechte

Die Geschichte der Grundrechte reicht zurück bis in die politische Philosophie der Antike.

Allerdings ist auch hier der Gedanke der rechtlichen und moralischen Sicherung menschlicher Würde und Freiheit eng verbunden mit den jeweiligen **kulturellen Anschauungen**. So kannte die Antike keine Rechte, die für **alle** Menschen gleichermaßen gelten sollten. Beispielsweise sah man die Sklaverei als völlig selbstverständlich an, ohne daß dabei an einen Verstoß gegen Menschenrechte gedacht wurde.

Gesetze als Schutz der Bürger gegenüber den Herrschenden

Als gegen Ende des Mittelalters der Gedanke an die Mäßigung der Herrschaft der Mächtigen verbunden mit dem Schutz des einzelnen entstand, ging man daran, Rechtsansprüche und Forderungen des einzelnen gegenüber den Herrschenden schriftlich niederzulegen.

1215: Magna Charta Libertatum

Dies begann, als im **Jahre 1215** die englischen Barone ihrem König in der **Magna Charta Libertatum** das Recht abtrotzten, daß *kein freier Mann verhaftet werden soll ohne gerichtliches Urteil*.

1776: Amerikanische Unabhängigkeitserklärung

Ein weiterer Meilenstein in der Entwicklung der Grundrechte war **1776** die **amerikanische Unabhängigkeitserklärung**.

In der Deklaration der Menschenrechte wird festgehalten, daß die Menschenrechte nicht vom Staat verliehen sind, sondern angeborene und unveräußerliche Naturrechte darstellen. Zur Sicherung dieser Rechte sind Regierungen eingesetzt, die ihre Macht aus der Zustimmung der Regierten herleiten.

1789: Erklärung der Menschen- und Bürgerrechte

Parallel dazu entstand in Europa am Ende der französischen Revolution im **Jahre 1789** die **Erklärung der Menschen- und Bürgerrechte**.

In dieser – von der französischen Nationalversammlung verkündeten – Erklärung werden wichtige Rechte festgeschrieben: Recht auf Freiheit, Eigentum, Sicherheit und Widerstand gegen Unterdrückung, freie Meinungsäußerung, Religionsausübung, Freiheit der Presse. Die Schlagwörter lauteten: **Freiheit, Gleichheit, Brüderlichkeit!**

Aufgrund der Schreckensereignisse während der nationalsozialistischen Diktatur unter Adolf Hitler verfaßten die Vereinten Nationen am **10. 12. 1948** die **Allgemeine Erklärung der Menschenrechte**.

1948: Allgemeine Erklärung der Menschenrechte der UN

Am **23. 5. 1949** wurde das **Grundgesetz für die Bundesrepublik Deutschland** verkündet.

23. 5. 1949: Grundgesetz der Bundesrepublik Deutschland

Die Väter des Grundgesetzes haben den Grundrechtskatalog gleich an den Anfang gestellt. Der wesentliche Unterschied zur Weimarer Verfassung besteht darin, **daß die Gesetze im Rahmen der Grundrechte** gelten und sich an ihnen messen lassen müssen und nicht umgekehrt. Auch ist die Staatsgewalt an diese Grundrechte gebunden.

Wesen der Grundrechte

Die Grundrechte stellen nicht nur ein Programm dar, sondern sind geltendes Recht und binden insbesondere die Gesetzgebung, die vollziehende Gewalt und die Rechtsprechung. Dies bedeutet, daß der Gesetzgeber nur solche Gesetze beschließen kann, die im Einklang mit den Grundrechten stehen. Ist dies nicht der Fall, kann das Gesetz durch das Bundesverfassungsgericht für nichtig erklärt werden!

Die Grundrechte binden:
- Gesetzgebung
- Verwaltung
- Rechtsprechung

Darüber hinaus kann der einzelne, wenn er sich durch den Staat in seinen Grundrechten verletzt fühlt, letztendlich das Bundesverfassungsgericht anrufen, wenn die anderen Rechtswege ihm nicht geholfen haben. Es gilt folgender Grundsatz:

Grundrechte als Schutz des einzelnen gegenüber dem Staat

„Grundrechte sind Abwehrrechte des einzelnen Bürgers gegen willkürliche Maßnahmen des Staates ihm gegenüber.“

Fraglich ist, wieweit Bürger untereinander sich auf Grundrechte berufen können (sog. *Drittwirkung*).

Beispiel:

Der Krankenpfleger Singh, indischer Staatsangehöriger, will in einer Disco seinen Geburtstag feiern. Als er zusammen mit seinen Freunden vom Türsteher mit den Worten „Ausländer haben keinen Zutritt“ zurückgewiesen wird, beruft er sich auf Art. 3 III GG, daß niemand wegen seiner Herkunft benachteiligt werden darf. Daraufhin meint der Türsteher nur, das Grundgesetz ginge ihn nichts an.

Hat er Recht?

?

Nachdem Grundrechte in erster Linie **Rechte gegenüber dem Staat** sein sollen, kann man sie gegenüber einem anderen Bürger grundsätzlich nicht geltend machen. Andererseits wird die gesamte Rechtsordnung vom Wesen der Grundrechte geprägt. Insofern stellen sie eine objektive Wertordnung dar. Unter Umständen kann sich daher der einzelne darauf berufen, daß sein Mitbürger gegen diese Wertordnung verstoßen hat.

In obigem **Beispiel** hat der Türsteher insofern Recht, als er nicht unmittelbar an die Grundrechte gebunden ist. Singh kann daher zunächst nichts machen. Es ist Inhalt der Vertragsfreiheit, ob der Türsteher bzw. der Wirt ausländischen Mitbürgern Einlaß gewährt oder nicht. Verhält er sich jedoch grundsätzlich – also auch in anderen Fällen – so ausländerfeindlich, wird die Verwaltungsbehörde prüfen, ob ihm eventuell die Erlaubnis zum Betreiben der Gaststätte untersagt wird.

Geltungsbereich der Grundrechte

Kein Grundrecht kann völlig schrankenlos gewährt werden, da sonst ein friedliches Miteinander nicht möglich wäre.

Beispiel:
Rennfahrer Hurtig rast mit seinem Auto durch die Innenstadt. Als er von der Polizei wegen Überschreitung der zulässigen Höchstgeschwindigkeit angehalten wird, verwahrt er sich dagegen unter Berufung auf sein Grundrecht der *freien Entfaltung seiner Persönlichkeit nach dem Motto: Freie Fahrt für freie Bürger!*

Einschränkungen der Grundrechte gibt es in unterschiedlicher Hinsicht (Abb. 7):

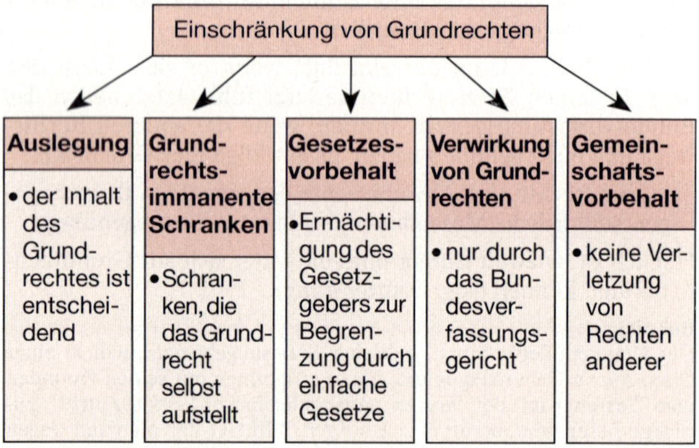

Abb. 7 Einschränkung der Grundrechte

Auslegung

Auslegung = Festlegung des Inhaltes eines Grundrechtes

Zunächst hat der Geltungbereich eines Grundrechtes dort seine Grenze, wo seine Reichweite endet. Um diese zu bestimmen, muß durch Auslegung des Wortlautes der Inhalt des jeweiligen Grundrechtes untersucht werden.

Beispiel:
Eine Gruppe von Asylbewerbern aus dem Iran kommt spontan auf dem Marktplatz zusammen, um gegen die Asylpolitik des Landes zu demonstrieren. Als die Polizei die Versammlung auflösen will, beruft sich die Gruppe auf ihr Grundrecht der „*Versammlungsfreiheit*".

Zu Recht?

?

Art. 8 GG (Versammlungsfreiheit) gibt allen Deutschen das Recht, sich friedlich zu versammeln. Damit steht dieses Grundrecht **nur** den deutschen Staatsangehörigen zu. Die obige Gruppe aus dem Iran wurde daher bei richtiger Auslegung des Art. 8 GG nicht in ihrem Grundrecht auf Versammlungsfreiheit eingeschränkt.

Grundrechtsimmanente Schranken

Diese Schranken sind in dem jeweiligen Grundrecht selbst enthalten und dem Wortlaut des jeweiligen Grundrechtsartikels zu entnehmen.

Grundrechtsimmanente Schranken = Grenzen, die das Grundrecht selbst beinhaltet

Beispiel:
Eine Gruppe von Krankenpflegern will in der Fußgängerzone gegen den Pflegenotstand und für bessere Bezahlung demonstrieren. Da sie Ausschreitungen von seiten der Bevölkerung befürchten, nimmt sich jeder ein Messer oder einen Knüppel mit. Als die Polizei die Versammlung auflösen will, berufen sich die Pfleger auf ihr Grundrecht der Versammlungsfreiheit.

Zu Recht?

?

Den Krankenpflegern steht – soweit sie deutsche Staatsangehörige sind – grundsätzlich die Versammlungsfreiheit zu. Eine in diesem Grundrecht enthaltene Grenze besteht jedoch darin, daß die Versammlung nur **ohne Waffen** stattfinden darf. Eine Zusammenkunft von Menschen **mit** Waffen steht daher nicht mehr unter dem Grundrechtsschutz der Versammlungsfreiheit.

Gesetzesvorbehalt

Bestimmte Grundrechte enthalten die Ermächtigung des Gesetzgebers, daß dieser aufgrund eines Gesetzes das Grundrecht beschränken darf.

Gesetzesvorbehalt = Ermächtigung des Grundrechtes für den Gesetzgeber, die Grenze zu bestimmen

Beispiel:
Ein zu lebenslanger Freiheitsstrafe verurteilter Mörder meint, daß durch die Haft in sein Grundrecht auf *Freiheit der Person* eingegriffen werde.

In der Tat bestimmt Art. 2 II 2 GG, daß *die Freiheit der Person unverletzlich ist.* Gemäß Art. 2 II 3 GG darf jedoch in dieses Recht aufgrund eines Gesetzes eingegriffen werden. Von dieser Ermächtigung hat der Gesetzgeber durch Schaffung des Strafgesetzbuches Gebrauch gemacht. Damit ist der Mörder in seinem Grundrecht nicht beeinträchtigt, wenn er gefangengehalten wird.

Der Gesetzgeber darf aber nun seinerseits nicht grenzenlos das Grundrecht beschränken. Dazu sagt das Grundgesetz in **Art. 19 II GG**, daß *in keinem Falle ein Grundrecht in seinem Wesensgehalt angetastet werden darf.*

So wäre auch der Mörder in seinem Grundrecht auf Freiheit der Person beschränkt, wenn er überhaupt keine Aussicht mehr hätte, seine Freiheit zu erlangen. Daher sieht es das Strafgesetzbuch vor, daß auch ein Mörder unter bestimmten Voraussetzungen nach mindestens 15 Jahren Haft entlassen werden kann.

Verwirkung von Grundrechten

Verwirkung = bei Mißbrauch von Grundrechten können diese entzogen werden

Wer bestimmte Grundrechte wie Freiheit der Meinungsäußerung, Pressefreiheit und andere, die in Art. 18 GG abschließend aufgezählt sind, zum Kampf gegen die freiheitliche demokratische Grundordnung mißbraucht, verwirkt diese Grundrechte.

Diese Verwirkung kann nur vom Bundesverfassungsgericht ausgesprochen werden.

Gemeinschaftsvorbehalt

Gemeinschaftsvorbehalt = die Ausübung eines Grundrechtes darf kein anderes Grundrecht verletzen

Eine natürliche Grenze der Reichweite eines Grundrechtes ist dort, wo die Rechte anderer beginnen. Mit anderen Worten kann jeder ein Grundrecht ausüben, soweit er nicht die Rechte anderer verletzt. Soweit 2 Grundrechte aufeinanderstoßen oder sich überschneiden, findet die Grundrechtsbegrenzung durch gegenseitiges Abwägen statt.

Beispiel:
Krankenpfleger Christof frönt gern der Freikörperkultur. Demzufolge legt er sich nackt zum Sonnenbaden an den Grünsee. Als die Krankenschwester Edith mit ihren kleinen Kindern ebenfalls an den Grünsee zum Baden geht, stellt sie entsetzt fest, daß dort Christof nackt liegt. Sie fordert nun von der Stadt, daß diese gegen das Nacktbaden vorgeht, da sie sich in ihrer freien Entfaltung der Persönlichkeit insofern beeinträchtigt glaubt, als sie sich dem nackten Körper dieses Mannes ausgesetzt sieht. Die Stadt meint, daß auch Christof ein Recht auf freie Entfaltung seiner Persönlichkeit hat.

? Wer ist im Recht?

An diesem Beispiel sieht man deutlich das Problem, wenn 2 Grundrechte aufeinandertreffen. Verbietet man das Nacktbaden, ist Christof in seinem Grundrecht beeinträchtigt; erlaubt man es, ist das Grundrecht von Edith verletzt. Der Staat muß nun beide Grundrechte gegenüberstellen und eine Lösung finden, die beiden möglichst viel freie Entfaltung der Persönlichkeit zuläßt. Dies sähe z. B. so aus, daß er am Grünsee einen Teil abgrenzt, in dem Nacktbaden zulässig und vom Rest des Geländes abgeschirmt ist.

Einteilung der Grundrechte

Die im Grundgesetz enthaltenen Grundrechte lassen sich in erster Linie in **Menschenrechte** und **Bürgerrechte** unterteilen (Abb. **8**):

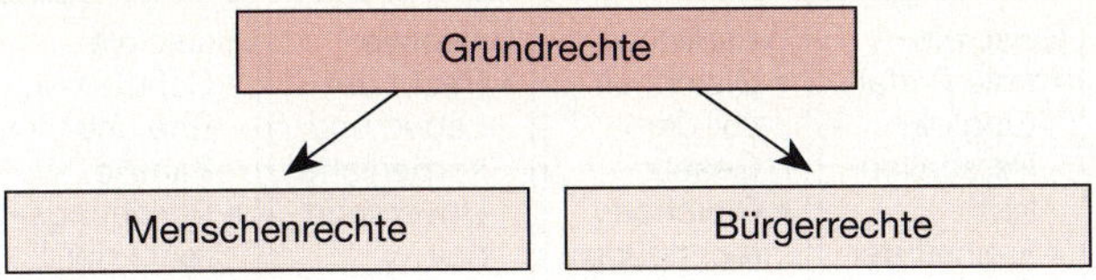

Abb. **8** Unterteilung der Grundrechte

Menschenrechte

Ausgangspunkt für diese Rechte ist die Würde des Menschen, die unveräußerlich und unverzichtbar ist. Die Menschenrechte sind dem Menschen **von Natur aus** gegeben und sind nicht erst vom Gesetzgeber geschaffen.

Menschenrechte = für **alle** geltende Grundrechte

Diese Rechte stehen **allen Menschen** zu.

Beispiele:

- ❖ Menschenwürde,
- ❖ freie Entfaltung der Persönlichkeit,
- ❖ Recht auf Leben,
- ❖ Recht auf körperliche Unversehrtheit,
- ❖ Gleichheit vor dem Gesetz,
- ❖ Glaubens- und Gewissensfreiheit,
- ❖ Meinungsfreiheit.

Die Menschenrechte lassen sich wieder wie in Abb. **9** gezeigt unterteilen (s. S. 26):

Bürgerrechte

Hierbei handelt es sich um spezielle Grundrechte. Sie stehen nur den Staatsangehörigen zu; d. h. die Bürgerrechte des Grundgesetzes nur den Deutschen.

Bürgerrechte = für deutsche Staatsangehörige geltende Grundrechte

Beispiele:

- ❖ Versammlungsfreiheit,
- ❖ Vereinigungsfreiheit,
- ❖ Freizügigkeit,
- ❖ Freiheit der Berufswahl,
- ❖ Ausbürgerungs- und Auslieferungsverbot.

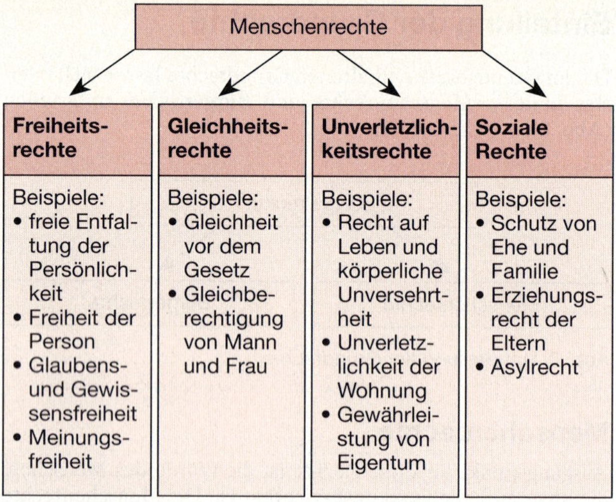

Abb. **9** Einteilung der Menschenrechte

Einzelne Grundrechte

Die Grundrechte sind alle zu Beginn im Grundgesetz aufgeführt. Dabei handelt es sich um folgende Rechte:

Artikel 1	**Schutz der Menschenwürde**
Artikel 2	**Freiheit der Person** (freie Entfaltung der Persönlichkeit, Recht auf Leben und körperliche Unversehrtheit)
Artikel 3	**Gleichheit vor dem Gesetz**
Artikel 4	**Glaubens- und Gewissensfreiheit**
Artikel 5	**Freie Meinungsäußerung** (Informations-, Pressefreiheit, Freiheit von Kunst, Wissenschaft, Forschung und Lehre)
Artikel 6	Schutz von Ehe und Familie (Erziehungsrecht der Eltern, Gleichstellung der nichtehelichen Kinder)
Artikel 7	Schulwesen
Artikel 8	Versammlungsfreiheit
Artikel 9	Vereinigungsfreiheit(Vereinsfreiheit, Koalitionsfrei-heit)
Artikel 10	Brief- und Postgeheimnis
Artikel 11	Recht auf Freizügigkeit
Artikel 12	**Freie Berufswahl**
Artikel 13	Unverletzlichkeit der Wohnung
Artikel 14	Gewährleistung von Eigentum
Artikel 16	Asylrecht
Artikel 17	Petitionsrecht
Artikel 20	Widerstandsrecht

Zugang zu öffentlichen Ämtern	Artikel 33
Wahlrecht	Artikel 38
Gesetzlicher Richter	Artikel 101
Anspruch auf rechtliches Gehör	Artikel 103
Schutz vor willkürlicher Verhaftung	Artikel 104

Im folgenden sollen einige wenige Grundrechte (Artikel 1–5 GG, Artikel 12 GG) näher erläutert werden.

Artikel 1 GG: Schutz der Menschenwürde

§ **Die Würde des Menschen ist unantastbar.**
(Art. 1 I GG)

§

Hierin kommt der wichtigste und oberste Grundsatz des Grundgesetzes zum Ausdruck. **Jeder Mensch** ist wertvoll und Träger einer Würde, die ihm niemand nehmen darf und auf die er nicht verzichten kann. Diese Würde zu **achten** und zu **schützen** ist die Aufgabe und die Pflicht des Staates. Alle nachfolgenden Rechte sind letztlich nur eine Konsequenz dieses Grundsatzes.

Unantastbarkeit der Menschenwürde als oberstes Verfassungsprinzip

Dieses Grundrecht darf nicht geändert werden!

Beispiele für eine Verletzung der Menschenwürde:
- Folterung oder unfaire Vernehmungsmethoden,
- Bekanntgabe von Krankenunterlagen an dafür Unbefugte,
- Nichtbeachtung der Intimsphäre eines Menschen.

Zur Menschenwürde gehört die Garantie des Existenzminimums. So hat der Staat in Verbindung mit dem Sozialstaatsprinzip dafür Sorge zu tragen, daß dem einzelnen ein menschenwürdiges Leben möglich ist. Dies geschieht durch die Sozialhilfe.

Artikel 2 GG: Freiheit der Person

§ **Jeder hat das Recht auf freie Entfaltung seiner Persönlichkeit, soweit er nicht die Rechte anderer verletzt.**
(Art. 2 I GG)

§

§ **Jeder hat das Recht auf Leben und körperliche Unversehrtheit. Die Freiheit der Person ist unverletzlich.**
(Art. 2 II GG)

§

Das Recht auf Freiheit der Person ist das Hauptfreiheitsrecht im Grundgesetz. Immer dann, wenn kein spezielles Grundrecht eingreift, kann auf dieses zurückgegriffen werden. Es umfaßt 4 Teilbereiche: freie Entfaltung der Persönlichkeit, Recht auf Leben, Recht auf körperliche Unversehrtheit und Recht auf Freiheit (Abb. **10**).

Freiheit der Person als Hauptfreiheitsrecht

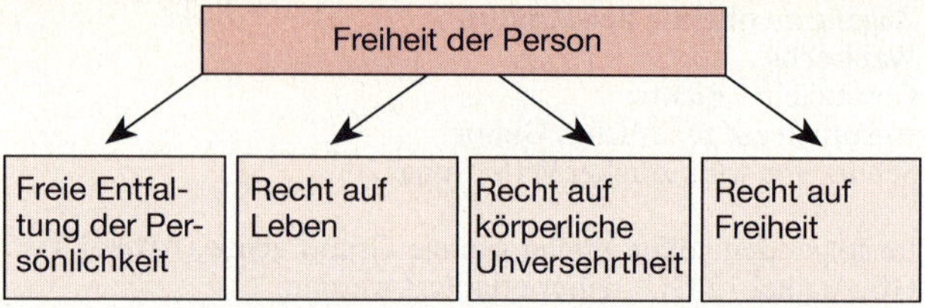

Abb. **10** Inhalt des Grundrechtes auf Freiheit der Person

Freie Entfaltung der Persönlichkeit

Grenze des Grundrechtes dort, wo die Verletzung anderer Rechte beginnt

Mit dem Grundrecht auf **freie Entfaltung der Persönlichkeit** wird dem Menschen die größtmögliche Freiheit gewährt und er hat das Recht, sein Leben selbst zu bestimmen, **soweit nicht die Rechte anderer verletzt werden**.

Beispiel:
Ob jemand einen Beruf erlernen will, ob er arbeiten oder als Bettler sein Leben führen will ist seine eigene Entscheidung. Hat er aber ein Kind gezeugt, muß er für dessen Unterhalt sorgen. Dann steht es ihm nicht mehr frei, ob er arbeiten will oder nicht. Würde er nicht arbeiten, würde er in das Recht seines Kindes insofern eingreifen, als dieses nichts zu essen hätte oder die Allgemeinheit dafür aufkommen müßte.

Recht auf Leben, körperliche Unversehrtheit und Freiheit

Recht auf Schutz des eigenen Körpers

Durch das Recht auf Leben, körperliche Unversehrtheit und Freiheit wird der Mensch vor Eingriffen in seine Person und seine Freiheit geschützt.

In dieses Grundrecht darf nur durch ein Gesetz eingegriffen werden. Hierbei muß jedoch der Kern des Grundrechtes erhalten bleiben.

Beispiele:
- Durch die rechtliche Zulassung einer Notwehrhandlung wird in rechtmäßiger Weise in das Grundrecht auf Leben eingegriffen. Zur Verteidigung des eigenen Lebens darf daher unter Umständen ein anderer Mensch getötet werden.
- Der rechtlich anerkannte Rechtfertigungsgrund der **Einwilligung** macht den ärztlichen Heileingriff trotz Verletzung der körperlichen Unversehrtheit rechtmäßig.
- Die Fixierung eines Patienten ist dann ein zulässiger Eingriff in das Recht auf Freiheit, wenn sie durch Notwehr oder Einwilligung gerechtfertigt ist.

Artikel 3 GG: Gleichheit vor dem Gesetz

§ **Alle Menschen sind vor dem Gesetz gleich.**
Männer und Frauen sind gleichberechtigt.
Niemand darf wegen seines Geschlechtes, seiner Abstammung, seiner Rasse, seiner Sprache, seiner Heimat und Herkunft, seines Glaubens, seiner religiösen oder politischen Anschauungen benachteiligt oder bevorzugt werden.
(Art. 3 GG)

§

Aus der Würde des Menschen ist abzuleiten, daß grundsätzlich jeder Mensch gleich wertvoll ist (Abb. **11**).

Gleichbehandlung = Gleiches muß gleich, Ungleiches dem Unterschied entsprechend unterschiedlich behandelt werden

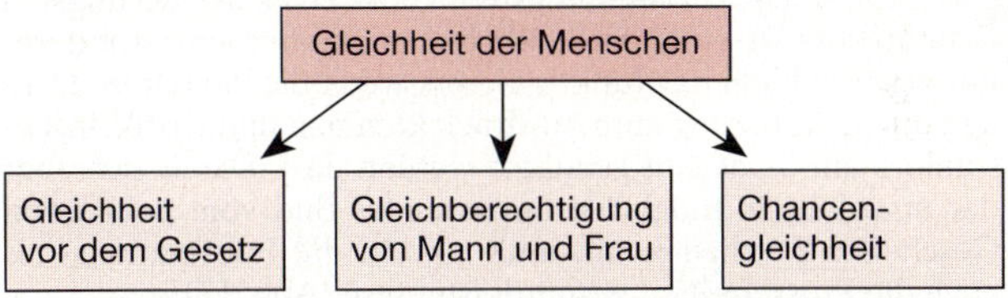

Abb. **11** Inhalt des Grundrechtes auf Gleichheit der Menschen

Allerdings darf Gleichbehandlung nicht mit „Gleichmacherei" verwechselt werden. So soll sachlich Gleiches gleich, aber sachlich Unterschiedliches durchaus ungleich behandelt werden. Das Maß der ungleichen Behandlung ergibt sich dann aus dem zugrundeliegenden sachlichen Grund.

Beispiel:
Die Steuergesetzgebung muß berücksichtigen, daß die Bürger unterschiedlich stark belastet sind. So wäre es ein Verstoß gegen den Gleichbehandlungsgrundsatz, wenn ein lediger Alleinverdiener ohne Kinder den gleichen Steuersatz hätte wie der alleinverdienende Familienvater.

An diesen Gleichbehandlungsgrundsatz sind alle 3 Staatsgewalten (Legislative, Exekutive, Judikative) gebunden.

Die Gleichberechtigung von Mann und Frau (Art. 3 II GG) und das Diskriminierungsverbot (Art. 3 III GG) sind letztendlich Unterfälle des Gleichbehandlungsgrundsatzes. Gerade das Bundesverfassungsgericht hat immer wieder Gesetze für verfassungswidrig erklärt, wenn diese Grundsätze verletzt wurden.

Gleichberechtigung
Diskriminierungsverbot

Beispiele:
§ 19 AZO (Arbeitszeitordnung) ist mit dem Gleichberechtigungsgebot zwischen Mann und Frau insofern nicht vereinbar, als es Arbeite**rinnen** verbietet, zur Nachtzeit beschäftigt zu werden. Die frühere Begründung, Arbeiterinnen litten wegen ihrer Konstitution stärker unter Nachtarbeit als männliche Arbeiter, habe die arbeitsmedizinische Forschung nicht bestätigt. Nachtarbeit sei grundsätzlich für jeden Menschen schädlich (Beschluß des Bundesverfassungsgerichtes vom 28. 1. 1992).

Artikel 5 GG: Meinungsfreiheit

§

§ Jeder hat das Recht, seine Meinung in Wort, Schrift und Bild frei zu äußern und zu verbreiten und sich aus allgemein zugänglichen Quellen ungehindert zu unterrichten.
Die Pressefreiheit und die Freiheit der Berichterstattung durch Rundfunk und Film werden gewährleistet. Eine Zensur findet nicht statt.
(Schranken. . .)
Kunst und Wissenschaft, Forschung und Lehre sind frei. ...
(Art. 5 GG)

Meinungsfreiheit:
- Meinungsfreiheit
- Informationsfreiheit
- Pressefreiheit

Das Grundrecht auf Meinungsfreiheit ist eines der wichtigsten Grundrechte in einer freiheitlich demokratischen Grundordnung. Diese kann nur funktionieren, wenn die Vielfalt im Denken durch Äußerung zum Ausdruck kommen und Kritik, insbesondere am Staat laut geäußert werden darf. Damit sich aber der einzelne ein möglichst umfassendes Bild vom politischen Geschehen machen kann, muß sowohl die Informations- als auch die Pressefreiheit gewährleistet sein (Abb. **12**).

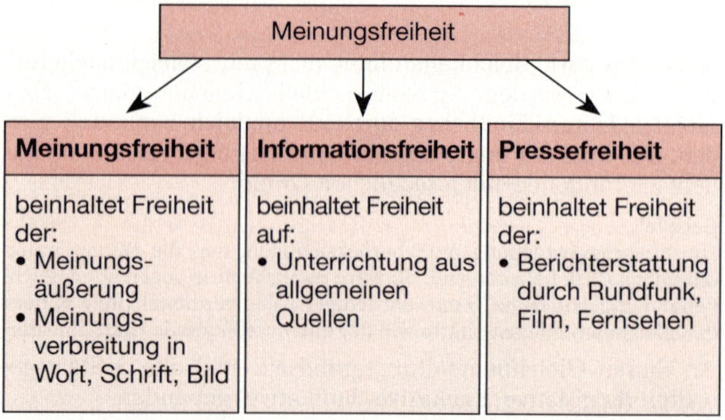

Abb. **12** Inhalt des Grundrechtes auf Meinungsfreiheit

Grenzen des Grundrechtes auf freie Meinung:
- durch allgemeine Gesetze
- Jugendschutzbestimmungen
- Verletzung der persönlichen Ehre

Wie jedes Freiheitsrecht enthält auch die Meinungsfreiheit Grenzen, die im Rahmen eines Gemeinwohles erforderlich sind. So besagt das Grundgesetz im Art. 5 II GG selbst, daß das Recht auf freie Meinungsäußerung beschränkt ist durch:

- **Allgemeine Gesetze:**

Beispiel:
§ 203 StGB (Verletzung von Privatgeheimnissen) verbietet es der Krankenschwester, daß sie die Krankheitsgeschichte eines Patienten einer unbefugten Person weitererzählt. Durch dieses Verbot ist sie nicht in ihrer Meinungsfreiheit unzulässig beschränkt, da die Grenze durch das Strafgesetzbuch gezogen wird.

- **Bestimmungen zum Schutze der Jugend:**

  Beispiel:
  Pornographische Schriften dürfen nicht an Jugendliche verbreitet werden.

- **Recht der persönlichen Ehre:**

  Beispiel:
  Die Beleidigung eines anderen Menschen ist nicht durch die Meinungsfreiheit gedeckt.

Artikel 12 GG: Freiheit der Berufswahl

§ **Alle Deutschen haben das Recht, Beruf, Arbeitsplatz und Ausbildungsstätte frei zu wählen.**
(Art. 12 GG)

§

Berufsfreiheit = freie Wahl von:
- Beruf
- Arbeitsplatz
- Ausbildungsstätte

Das Grundrecht auf freie Berufswahl ist ein Bürgerrecht und steht damit nur den deutschen Staatsbürgern zu. Es beinhaltet die freie Wahl des Berufes, des Arbeitsplatzes und der Ausbildungsstätte (Abb. **13**). Aufgrund der Mitgliedschaft der Bundesrepublik Deutschland in der Europäischen Union gilt die freie Berufswahl auch für Bürger der Mitgliedsstaaten der EU.

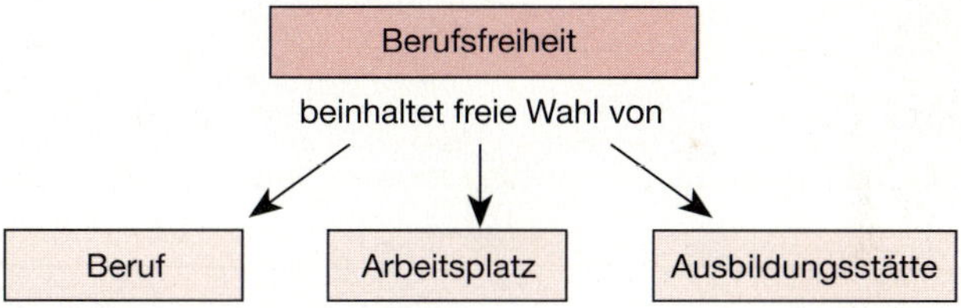

Abb. **13** Inhalt der Berufsfreiheit

Grenze der Berufsfreiheit:
- Schutz des Gemeinwohles
- staatliche Kapazitäten

Das Recht auf freie Berufswahl kann nicht grenzenlos gewährt werden. Wie bei jedem Grundrecht sind auch hier Einschränkungen zu beachten. Bedingungen der Zulassung zu einem bestimmten Beruf können z. B. Zuverlässigkeit, Eignung, Qualifikation oder bestimmte Altersgrenzen sein.

Beispiel:
Die 16jährige Schülerin Katja will den Beruf der Krankenschwester erlernen. Als sie sich bei der Krankenpflegeschule bewirbt, wird sie nicht zugelassen, weil sie noch keine 17 Jahre alt ist, wie es das Krankenpflegegesetz in § 6 vorsieht. Katja meint, durch dieses Gesetz sei sie in ihrem Grundrecht auf freie Berufswahl verletzt.

Hat sie Recht?

?

Die Freiheit der Berufsaufnahme, wozu auch die Wahl der Ausbildungsstätte gehört, kann beschränkt werden, wenn es zwingend notwendig ist, um besonders wichtige Gemeinschaftsgüter zu schützen. Ein solches wichtiges Gemeinschaftsgut kann z. B. die Volksgesundheit sein.

Katja ist insofern nicht in ihrem Grundrecht auf Berufsfreiheit verletzt, als der Gesetzgeber zulässigerweise eine Altersgrenze für diesen Beruf vorsehen darf. Würde er jüngere Bewerber zulassen, wäre bei einzelnen von ihnen sicherlich die persönliche Reife, die dieser verantwortungsvolle Beruf voraussetzt noch nicht vorhanden. Zudem ist der Beruf der Krankenschwester mit Gefahren verbunden, so daß auch der Schutz der Patienten vor allzu jungen Auszubildenden gewährleistet sein muß.

Eine weitere Beschränkung ergibt sich daraus, daß unter Umständen die tatsächlichen Verhältnisse einen grenzenlosen Zugang zu einem bestimmten Beruf verbieten.

So hat z. B. der zunehmende Andrang zu den Hochschulen zur Folge, daß der Staat unmöglich soviele Studienplätze zur Verfügung stellen kann, als Studienbewerber vorhanden sind. Die Folge davon ist, daß nur eine bestimmte Anzahl von Bewerbern zugelassen werden kann. Bei dieser Zulassung aber hat der Staat den Grundsatz der Gleichbehandlung gemäß Art. 3 GG zu beachten. Dies führt dazu, daß er geeignete und sachliche Auswahlkriterien schafft (Auswahlmaßstäbe nach Eignung, soziale Härtefälle).

Wahlrecht

§ Alle Staatsgewalt geht vom Volke aus. Sie wird vom Volke in Wahlen (...) ausgeübt.
Art. 20 II GG

§

In einem demokratischen Staat entscheiden die Bürger darüber, wer die Macht innehat. Nach einer bestimmten Zeit (Legislaturperiode) soll das Volk die Gelegenheit haben, die „Machthaber" im Staat zu bestätigen oder durch andere Personen abzulösen, da es in einer Demokratie nur „Herrschaft auf Zeit" geben kann.

Wahl = Mitbestimmung des Volkes an der Verteilung der Macht

In der Bundesrepublik Deutschland bestimmt das Volk durch die **Landtags-** (Abgeordnete im Landtag des jeweiligen Bundeslandes) und die **Bundestagswahlen** (Abgeordnete im Bundestag) die jeweiligen Machtträger. Die Legislaturperiode dauert 4 Jahre. Danach kann das Volk erneut seine Volksvertreter bestimmen.

Diese Vertreter oder Repräsentanten des Volkes üben dann die Staatsgewalt aus (repräsentative Demokratie).

Im Grundgesetz (Art. 38 GG) sowie in den jeweiligen Landesverfassungen und den dazugehörenden Wahlgesetzen sind die Regelungen enthalten, nach denen die Wahlen durchzuführen sind.

Wahlberechtigung

Die Wahlberechtigung enthält das Recht des einzelnen Bürgers, selbst zu wählen (**aktives Wahlrecht**) oder selbst gewählt zu werden (**passives Wahlrecht**). Dieses Recht hängt von verschiedenen Voraussetzungen ab (Abb. **14**).

Aktives Wahlrecht

Das aktive Wahlrecht besitzt jeder deutsche Staatsangehörige mit Vollendung des 18. Lebensjahres, wenn er seit mindestens 3 Monaten in der Bundesrepublik Deutschland seinen Wohnsitz hat oder sich hier gewöhnlich aufhält. Des weiteren darf er nicht vom Wahlrecht ausgeschlossen sein. Dies kann bei Aberkennung des Wahlrechts durch eine strafgerichtliche Verurteilung (§ 45 StGB) oder bei Unterbringung in einem psychiatrischen Krankenhaus (S. 127) der Fall sein.

Aktives Wahlrecht = selber wählen, wenn:
- 18 Jahre alt
- deutscher Staatsangehöriger
- Wohnsitz seit mindestens 3 Monaten in Deutschland

Wahlberechtigung

z. B. bei der Bundestagswahl

Aktives Wahlrecht	Passives Wahlrecht
= Recht selbst zu wählen Wesentliche Voraussetzungen: • Deutsche Staatsangehörigkeit • 18. Lebensjahr vollendet • Wohnsitz oder Aufenthalt seit mindestens 3 Monaten im Wahlgebiet • im Wählerverzeichnis eingetragen • nicht vom Wahlrecht ausgeschlossen	= Recht gewählt zu werden Voraussetzungen: • Seit mindestens 1 Jahr Deutscher • 18. Lebensjahr vollendet • nicht vom Wahlrecht ausgeschlossen

Abb. **14** Wahlrecht

Ausgeschlossen vom Wahlrecht sind auch Menschen, für die zur Besorgung **aller** ihrer Angelegenheiten ein Betreuer bestellt ist (früher: Entmündigte).

Passives Wahlrecht

Passives Wahlrecht = gewählt werden

Die Voraussetzungen hängen von dem Amt ab, für das gewählt wird

Das passive Wahlrecht bestimmt die Voraussetzungen, unter denen jemand für ein bestimmtes Amt gewählt werden kann. Sie hängen entscheidend von dem Amt ab, für das kandidiert wird. So kann jemand in den Bundestag gewählt werden, der das 18. Lebensjahr vollendet hat, seit mindestens 1 Jahr deutscher Staatsangehöriger und nicht vom Wahlrecht ausgeschlossen ist (z. B. Aberkennung des Wahlrechtes durch Strafgericht, Unterbringung in einem psychiatrischen Krankenhaus).

Für die Wahl zum Bundespräsidenten sieht das Grundgesetz vor, daß dieser mindestens das 40. Lebensjahr vollendet haben muß.

Wahlrechtsgrundsätze

§

§ **Die Abgeordneten des Deutschen Bundestages werden in allgemeiner, unmittelbarer, freier, gleicher und geheimer Wahl gewählt.**
(Art.38 I GG)

Das Grundgesetz legt kein bestimmtes Wahlsystem fest. Es bestimmt jedoch in Art. 38 GG zum einen das Wahlalter, d. h. das Lebensalter, ab dem jemand wählen oder **ge**wählt werden darf und zum anderen gewisse Grundsätze, die bei einer Wahl der Volksvertreter (Bundestags-, Landtags-, Kreistags-, Kommunalwahl) beachtet werden müssen (Abb. **15**).

Wahlrechtsgrundsätze:
- allgemein
- unmittelbar
- frei
- gleich
- geheim

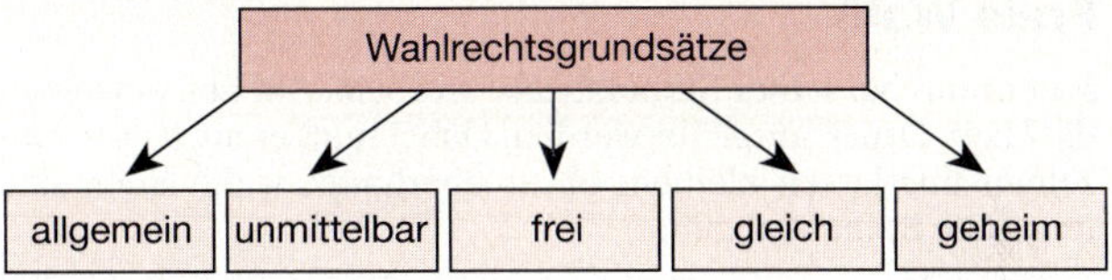

Abb. **15** Wahlrechtsgrundsätze

Allgemeine Wahl

Das Wahlrecht muß **allen** Bürgern zustehen, wenn sie die gesetzlichen Voraussetzungen für die Wahlberechtigung erfüllen.

Allgemeine Wahl = jeder, der die Voraussetzungen erfüllt, darf wählen

Beispiel:

Ein zu lebenslanger Freiheitsstrafe verurteilter Deutscher befindet sich in Strafhaft und will in den Deutschen Bundestag gewählt werden. Der Leiter der Justizvollzugsanstalt ist dagegen, da er eine Teilnahme seines Gefangenen an den Sitzungen des Bundestages für nicht durchführbar hält.

Hat er Recht?

?

Wenn der Verurteilte die gesetzlichen Voraussetzungen erfüllt (18 Jahre alt, Deutscher, nicht **kraft Richterspruch** vom Wahlrecht ausgeschlossen), **muß** er zur Wahl zugelassen werden.

Die Voraussetzungen der Wahlberechtigung dürfen nur von sachlichen Kriterien abhängig gemacht werden. Dies ist durch die Bindung an ein Mindestalter und an die deutsche Staatsangehörigkeit erfüllt.

Die Zulassung zur Wahl dürfte jedoch nicht von Geschlecht (wie bis in jüngste Zeit noch in manchem schweizer Kanton), Einkommen, Sprache, Rasse, Bildung oder Konfession abhängig gemacht werden.

Unmittelbare Wahl

Der Wähler muß mit seiner Stimme unmittelbar, d. h. direkt den Abgeordneten wählen und nicht über eine Zwischeninstanz wie z. B. Wahlmänner.

Unmittelbare Wahl = Wahl ohne Zwischen„instanz“

Anders ist es in den USA. Dort wählen die Bürger den Präsidenten nicht direkt und unmittelbar, sondern sie wählen zunächst eine bestimmte Anzahl von Wahlmännern. Diese wählen dann den Präsidenten. Dies wurde ursprünglich damit begründet, daß man es dem Volk nicht überlassen könne, den Präsidenten zu wählen. Andererseits sei das Volk in der Lage, erfahrene und umsichtige Männer in dem überschaubaren Bereich der einzelnen Bundesstaaten zu wählen und sie mit dem Auftrag auszustatten, in freier Gewissensentscheidung das Oberhaupt des Staates zu wählen.

Freie Wahl

Freie Wahl = kein Zwang zu wählen

Jeder muß bei seiner Stimmabgabe frei sein. Auf den einzelnen darf kein Druck ausgeübt werden. Dabei muß es auch dem einzelnen überlassen bleiben, ob er überhaupt wählt oder eine ungültige Stimme abgibt.

Insbesondere muß der Wähler in seiner Wahlentscheidung frei sein.

Beispiel:
Nachdem das Interesse der Bürger an den Wahlen immer mehr nachläßt beschließt der Bundestag, eine Wahlpflicht dergestalt einzuführen, daß jeder Wahlberechtigte wählen muß. Die Nichtwähler werden mit einem Ordnungsgeld belegt.

? Verstößt dieses Gesetz gegen den Grundsatz der freien Wahl?

Hier würde zwar dem einzelnen die Pflicht auferlegt werden, zur Wahl zu gehen. Ob er jedoch im Wahllokal wählt oder eine ungültige Stimme abgibt, wäre dem Wähler selbst überlassen. Da die Entscheidung, wen er wählt und ob er überhaupt (gültig) wählt, frei bleibt, würde das Gesetz nicht gegen den Grundsatz der freien Wahl verstoßen.

Gleiche Wahl

Gleiche Wahl = gleicher Wert jeder Stimme

Bei einer gleichen Wahl muß jede abgegebene Stimme gleichen Wert haben, es sei denn, sie ist ungültig.

Beispiel:
Ein Wahlgesetz sieht folgendes vor:
Wahlberechtigte, die ein Jahreseinkommen über 100 000 DM haben, erhalten 3, Wahlberechtigte, die über 50 000 DM haben, erhalten 2 und alle anderen eine Stimme. Der Grund hierfür liegt darin, daß die Bürger mit einem höheren Einkommen auch mehr Steuern zahlen müssen und damit ein höheres Mitspracherecht haben sollen.

? Wäre ein solches Gesetz verfassungsgemäß?

In der Tat sah das preußische Dreiklassenwahlrecht (bis 1918) Ähnliches vor. Es liegt jedoch ein Verstoß gegen den Grundsatz der gleichen Wahl vor, nach dem jeder Bürger gleich viele Stimmen haben muß.

Eine gleiche Wahl ist auch nur dann gewährleistet, wenn zwischen den einzelnen Kandidaten Chancengleichheit besteht.

Beispiel:
Eine Stadt untersagt einer bestimmten Partei, Wahlplakate aufzustellen, da sie mit deren Wahlprogramm nicht einverstanden ist.
Hier liegt ein Verstoß gegen den Grundsatz der gleichen Wahl vor.

Auch in den Medien wie Zeitung, Rundfunk und Fernsehen muß den einzelnen Parteien der gleiche Raum für die Wahlkampagne eingeräumt werden.

Geheime Wahl

Geheime Wahl

Die Stimmabgabe darf nicht öffentlich erfolgen. Um wirklich frei wählen zu können, soll sich der einzelne darauf verlassen können, daß niemand erfährt, wen er gewählt hat. Erst dann ist auch gewährleistet, daß dem Wähler aus seiner Stimmabgabe kein Nachteil erwächst.

Daher muß auch dafür Sorge getragen werden, daß in den Wahllokalen Kabinen vorhanden sind, die eine geheime Abgabe ermöglichen.

Wahlsysteme

Wahlsysteme:
- Mehrheitswahl
- Verhältniswahl

Das Wahlsystem hat die Aufgabe dafür zu sorgen, daß sich der Wille des Wählers möglichst getreu im Wahlergebnis widerspiegelt. Hier stehen vor allem 2 Möglichkeiten zur Verfügung: das **Mehrheitswahlsystem** und das **Verhältniswahlsystem** (Abb. **16**).

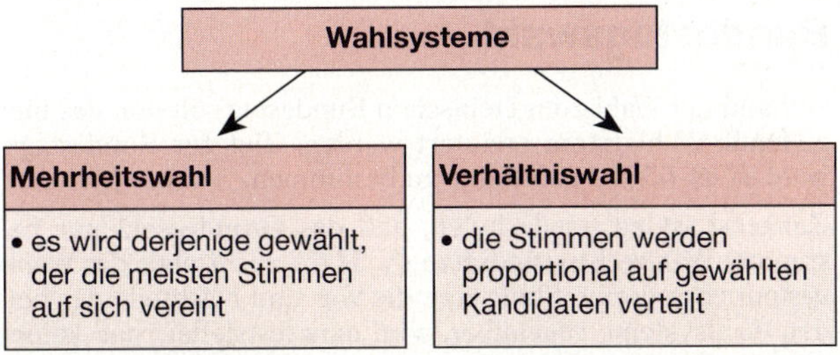

Abb. **16** Wahlsysteme

Mehrheitswahlsystem

Relative Mehrheitswahl = gewählt ist, wer die meisten Stimmen hat

Beim sog. **relativen** Mehrheitswahlsystem ist derjenige Kandidat gewählt, der die meisten Stimmen auf sich vereinigen konnte.

Beispiel:

Bei der Klassensprecherwahl stellen sich 3 Schüler als Kandidaten zur Verfügung. Alle 24 Schüler geben eine gültige Stimme ab. Es erhalten:

❖ Schüler 1: 8 Stimmen,
❖ Schüler 2: 10 Stimmen,
❖ Schüler 3: 6 Stimmen.

Gewählt ist Schüler 2, weil er mit 10 die meisten Stimmen auf sich vereinigen konnte. Zu beachten ist, daß eigentlich die Mehrzahl der Schüler, nämlich 14 ihn nicht gewählt haben.

Absolute Mehrheitswahl = gewählt ist, wer die absolute Mehrheit (mehr als 50%) hat

Beim sog. **absoluten** Mehrheitswahlsystem ist derjenige Kandidat gewählt, der mehr als die Hälfte der abgegebenen Stimmen erhält. Damit muß er mehr Stimmen bekommen als alle anderen zusammen.

Im obigen Beispiel müßte ein Schüler für die absolute Mehrheit 13 Stimmen (=mehr als die Hälfte von 24) erhalten. Dies ist nicht der Fall. Bei Wahlverfahren, die dieses System vorsehen, ist dann meist eine Stichwahl zwischen den beiden mit den meisten Stimmen oder im zweiten Wahlgang eine relative Mehrheitswahl vorgesehen.

Verhältniswahlsystem

Verhältniswahl = die Gewählten entsprechen proportional den abgegebenen Stimmen

Sind mehrere Kandidaten zu wählen, wie z. B. die Bundestagsabgeordneten, so bekommt jede Partei so viele Sitze, wie es dem Prozentsatz ihrer bei der Wahl abgegebenen Stimmen entspricht.

Beispiel:
Bekommt eine Partei 30 % der abgegebenen Stimmen, so erhält sie auch 30 % der zu verteilenden Sitze.

Bundestagswahl

Bundestagswahl: 656 Abgeordnete müssen bestimmt werden

Anhand der Wahl zum Deutschen Bundestag soll nun das hier geltende Wahlsystem erläutert werden. Ziel der Bundestagswahl ist es, 656 Abgeordnete zu bestimmen.

Zunächst ist zu wiederholen, daß das Grundgesetz nur bestimmte Wahlrechtsgrundsätze (S. 34 ff.), nicht aber das Wahlsystem vorschreibt. Stellt man die Vor- und Nachteile der beiden Wahlsysteme gegenüber, wird man feststellen, daß keines allein optimal ist (Abb. **17**).

Wahlsystem: Kombination aus Mehrheits- und Verhältniswahl = personalisierte Verhältniswahl

Da die Mehrheitswahl aufgrund des Wegfalls der unterlegenen Stimmen als undemokratisch gilt, die Verhältniswahl zu einer Parteienzersplitterung führt, hat sich der Gesetzgeber im Wahlgesetz für eine Kombination beider Wahlsysteme entschieden, die sog. **personalisierte Verhältniswahl**. Diese sieht wie folgt aus (Abb. **18**):

Jeder Wähler hat **2 Stimmen**. Eine **Erststimme** und eine **Zweitstimme**.

Gegenüberstellung der Wahlsysteme

Mehrheitswahl	Verhältniswahl
Vorteile • der Kandidat bemüht sich selbst, möglichst die meisten Stimmen zu bekommen, da er nur dann gewählt ist • die Bevölkerung wählt einen Kandidaten, den sie kennt und der ihr Vertrauen genießt der Gewählte weiß die Stimmen • der Wähler hinter sich und ist unabhängiger von seiner Partei **Nachteile:** • die Stimmen der unterlegenen Kandidaten werden überhaupt nicht berücksichtigt • die Zusammensetzung des Parlamentes entspricht nicht dem Spiegelbild der Meinung des Volkes • kleine und mittlere Parteien werden verdrängt, da meist der Kandidat der großen Partei gewinnt	**Vorteile** • jede abgegebene Stimme zählt, da sie Einfluß auf die prozentuale Verteilung der Sitze hat • die Zusammensetzung des Parlamentes entspricht spiegelbildlich der Meinung des Volkes **Nachteile:** • da der Wähler hier nur eine Partei wählt, fehlt es am direkten Bezug zum Kandidaten • es kommt zu einer Vielzahl von Parteien, wodurch eine Mehrheitsbildung im Parlament erschwert wird

Abb. **17** Vor- und Nachteile der Wahlsysteme

Stimmzettel

für die Wahl zum Deutschen Bundestag im Wahlkreis 162 Stuttgart I am 16. Oktober 1994

Sie haben 2 Stimmen

hier 1 Stimme
für die Wahl
eines/einer Wahlkreis-abgeordneten
Erststimme

1	**Sauer, Roland** Bundestagsabgeordneter, Selbst. Buch- und Werbegrafiker S-Sillenbuch Am Eichenhain 55	**CDU**	Christlich Demokratische Union Deutschlands	◯
2	**Dr. Breinersdorfer, Fred** Rechtsanwalt, Autor S-Ost Spittlerstraße 23	**SPD**	Sozial-demokratische Partei Deutschlands	◯
3	**Frick, Gisela** Professorin S-Vaihingen Knappenweg 22	**FDP/ DVP**	Freie Demo-kratische Partei / Demokratische Volkspartei	◯
4	**Hoss, Willi** Schlosser S-Degerloch Karl-Pfaff-Straße 22	**GRÜNE**	BÜNDNIS 90 / DIE GRÜNEN	◯
5	**Käs, Christian** Rechtsanwalt S-Nord Im Kaisemer 30	**REP**	DIE REPUBLIKANER	◯
6	**Spahr, Hans-Dieter** Versandleiter S-Ost Wagenburgstraße 106	**PDS**	Partei des Demokratischen Sozialismus	◯
10	**Pohl, Günther** Kriminaloberkommissar S-Vaihingen Walter-Heller-Straße 34	**GRAUE**	DIE GRAUEN – Graue Panther	◯
12	**Schlesinger, Martin** Schweißer S-Feuerbach Bubenhaldenstraße 81	**MLPD**	Marxistisch-Leninistische Partei Deutschlands	◯
13	**Kurrer, Jürgen** Diplomphysiker S-Rohr Berghaustraße 29	**ÖDP**	Ökologisch-Demokratische Partei	◯
16	**Pape, Martin** Publizist S-Plieningen Allgäustraße 22		Kennwort: Deutsche Freiheit und Arbeit	◯

hier 1 Stimme
für die Wahl
einer Landesliste (Partei)
– maßgebende Stimme für die Verteilung der Sitze insgesamt auf die einzelnen Parteien –
Zweitstimme

◯	**CDU**	Christlich Demokratische Union Deutschlands Dr. Wolfgang Schäuble, Matthias Wissmann, Bernd Schmidbauer, Anton Pfeifer, Brigitte Baumeister	1
◯	**SPD**	Sozialdemokratische Partei Deutschlands Dr. Herta Däubler-Gmelin, Dr. Hermann Scheer, Dr. Konstanze Wegner, Klaus Kirschner, Gernot Erler	2
◯	**FDP/ DVP**	Freie Demokratische Partei / Demokratische Volkspartei Dr. Klaus Kinkel, Dr. Wolfgang Weng, Roland Kohn, Gisela Frick, Dr. Helmut Haussmann	3
◯	**GRÜNE**	BÜNDNIS 90 / DIE GRÜNEN Dr. Ursula Eid-Simon, Rezzo Schlauch, Rita Grießhaber, Dr. Jürgen Rochlitz, Monika Knoche	4
◯	**REP**	DIE REPUBLIKANER Christian Käs, Dr. med. Rolf Schlierer, Rüdiger Helfer, Dieter Lieberwirth, Nikolaus Holzner	5
◯	**PDS**	Partei des Demokratischen Sozialismus Dr. Winfried Wolf, Andrea Schmidt, Reinhard Neudorfer, Ulrike Küstler, Birgit Pelc	6
◯	**APD**	AUTOFAHRER- und BÜRGERINTERESSEN PARTEI DEUTSCHLANDS Konrad Kujau, Manfred Ullmann, Rolf Berreth, Dr. Peter Alber, Albert Butz	7
◯		Bürgerrechtsbewegung Solidarität Renate Rumpf, Hartmut Cramer, Bernd Schulz, Stefan Blassauer, Edmund Belle	8
◯	**CM**	CHRISTLICHE MITTE – Für ein Deutschland nach GOTTES Geboten Michael Platt, Reinhard Förderer, Markus Iwersen, Sigrid Ganter, Marga Daffner	9
◯	**GRAUE**	DIE GRAUEN – Graue Panther Martha-Elisabeth Fischer, Günther Pohl, Margarethe Edele, Erich Waldner, Elisabeth Jäckel	10
◯	**NATURGESETZ**	DIE NATURGESETZ-PARTEI, AUFBRUCH ZU NEUEM BEWUSSTSEIN Dr. Günther Hermann, Herbert Groschup, Michael Floymayr, Andreas Müller, Günther Boss	11
◯	**MLPD**	Marxistisch-Leninistische Partei Deutschlands Christiana Grein, Martin Schlesinger, Dorothea Jauernig, Peter Bäuerle, Ulrike Riedel	12
◯	**ÖDP**	Ökologisch-Demokratische Partei Bernd Richter, Verena Föttinger, Ulrich Davidsson, Ruth Bärenweiler, Dierk Lisdorf	13
◯	**PBC**	Partei Bibeltreuer Christen Martina Balzer, Dieter Indlekofer, Markus Schübel, Dieter Egert, Sigrid Lutz	14
◯	**STATT Partei**	STATT Partei DIE UNABHÄNGIGEN Karl Gutlederer, Walter Frank, Erwin Bonkowski, Friederike von Krosigk, Reinhard Grab	15

Abb. **18** Der Wahlschein (Stimmzettel)

Erststimme

Mit der Erststimme kann der Wähler einen bestimmten Kandidaten aus seinem **Wahlkreis** wählen.

Erststimme: Mehrheitswahlsystem

Zu diesem Zweck wird das gesamte Wahlgebiet, in diesem Fall die Bundesrepublik Deutschland, in **328 Wahlkreise** (die Hälfte der zu wählenden Bundestagsabgeordneten) aufgeteilt.

328 Wahlkreise, aus denen der jeweilige Sieger als Direktkandidat automatisch in den Bundestag einzieht

Pro Wahlkreis stellen sich nun mehrere Kandidaten zur Wahl (von den Parteien aufgestellt). Derjenige Kandidat, der die meisten Stimmen auf sich vereinigen kann, ist **Wahlkreissieger** und zieht auf alle Fälle in den neuen Bundestag ein. Er erhält ein sog. **Direktmandat**. Es kommt somit hier das sog. relative Mehrheitswahlrecht zur Geltung.

Allein mit den Erststimmen wird somit die Hälfte der Bundestagsabgeordneten (328) bestimmt.

Zweitstimme

Mit der Zweitstimme wird die andere Hälfte der Bundestagsmitglieder bestimmt. Noch entscheidender aber ist, daß mit dieser Stimme der prozentuale Anteil der Parteien an den Sitzen im **gesamten** Bundestag festgelegt wird. Hierbei handelt es sich damit um eine Verhältniswahl.

Zweitstimme: Verhältniswahlsystem. Hiermit wird das Verhältnis der Parteien im gesamten Bundestag festgelegt

Jede Partei stellt eine sog. **Landesliste** auf. Dies bedeutet, daß eine Partei für jedes Bundesland eine Liste aufstellt, auf der die Kandidaten nach einer von der Partei bestimmten Reihenfolge festgelegt sind. Der Wähler kann sich nun für eine bestimmte Liste, nicht aber für einen bestimmten Kandidaten entscheiden. Er ist vor allem an die vorgegebene Reihenfolge der Kandidaten innerhalb der Liste gebunden.

Im Endergebnis hat dann jede Partei eine genau ausgezählte Stimmenzahl erhalten. Diese ist nun maßgebend für die Zahl der Sitze, die die Partei im Bundestag insgesamt erhält. Hat man die Anzahl der Zweitstimmen, berechnet man nach dem sog. **„System Hare-Niemeyer“** die Anzahl der Sitze wie folgt:

Berechnungsmodus nach „Hare-Niemeyer“

Beispiel:
- Anzahl der zu vergebenden Sitze: 20,
- Zahl der Zweitstimmen überhaupt: 22 000,
- Zahl der erhaltenen Zweitstimmen: Partei A: 10 000, Partei B: 8 000, Partei C: 4 000.

Um zu berechnen, wieviele Sitze eine Partei erhält, multipliziert man deren Stimmenzahl mit der Anzahl der zu vergebenden Sitze und teilt diese Zahl durch die Gesamtzahl der Zweitstimmen.

- Partei A: 10 000 x 20 = 200 000 : 22 000 = 9,09,
- Partei B: 8 000 x 20 = 160 000 : 22 000 = 7,27,
- Partei C: 4 000 x 20 = 80 000 : 22 000 = 3,63.

Dies ergibt zusammen 19 Sitze. Da die Partei C die höchste Zahl hinter dem Komma aufweist, erhält sie den 20. Sitz. Die Sitze verteilen sich daher wie folgt: Partei A: 9 Sitze, Partei B: 7 Sitze, Partei C: 4 Sitze.

Anrechnung der erhaltenen Direktmandate

Durch diese Berechnung wurde die Sitzverteilung im gesamten Bundestag festgelegt. Auf diese Sitze muß dann jede Partei ihre errungenen Direktmandate anrechnen.

Überhangmandate

Wenn nun eine Partei durch die Erststimmen mehr Abgeordnete in den Bundestag bekommt, als ihr Sitze nach den Zweitstimmen zustehen würde, behält sie die dadurch mehr erworbenen Sitze. Diese nennt man **Überhangmandate**. Durch sie erhöht sich die festgelegte Mitgliederzahl des Bundestages (so erhielt die CDU bei der Bundestagswahl 1994 12 und die SPD 4 Überhangmandate, so daß der 13. Deutsche Bundestag 1994 – 1998 aus 672 Mitgliedern besteht). Ein Ausgleich für die anderen Parteien findet nicht statt (Abb. **19**).

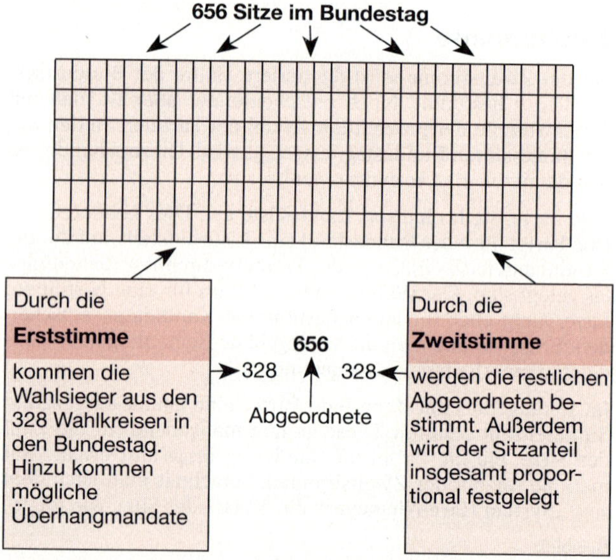

Abb. **19** Wahl der 656 Bundestagsabgeordneten

5 %-Klausel

Um eine Parteienzersplitterung zu verhindern, sieht das Bundeswahlgesetz vor, daß eine Partei mindestens **5%** der gültigen Zweitstimmen oder mindestens 3 **Direktmandate** erringen muß, um überhaupt berücksichtigt werden zu können.

So erreichte die PDS bei der Bundestagswahl 1994 30 Sitze, da sie 4 Direktmandate gewann (ihr Gesamtstimmenanteil lag dagegen bei unter 5%).

Oberste Bundesorgane

Der Staat benötigt Organe, die für ihn die zahlreichen Aufgaben erfüllen.

Aufteilung der Staatsgewalt auf 5 Organe, die sich gegenseitig kontrollieren

§

§ **Sie** (die Staatsgewalt) **wird … durch besondere Organe der Gesetzgebung, der vollziehenden Gewalt und der Rechtsprechung ausgeübt.**
(Art. 20 II 2 GG)

Diese Organe sind im Grundgesetz aufgeführt und werden auch als **oberste Verfassungsorgane** bezeichnet (Abb. **20**). Es sind dies:

❖ Bundestag (Art. 38 ff. GG),
❖ Bundesrat (Art. 50 ff. GG),
❖ Bundespräsident (Art. 54 ff. GG),
❖ Bundesregierung (Art. 62 ff. GG),
❖ Bundesverfassungsgericht (Art. 92 ff. GG).

Daneben gibt es noch den **Gemeinsamen Ausschuß** (Art. 53a GG) und die **Bundesversammlung** (Art. 54 GG).

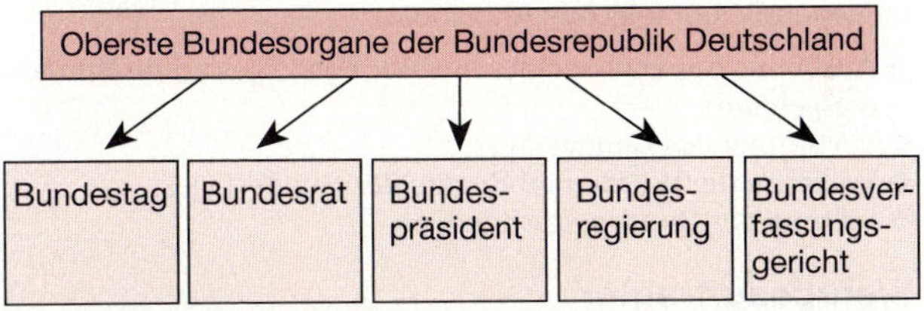

Abb. **20** Oberste Verfassungsorgane

Bundestag

Der Bundestag ist das einzige Bundesorgan, das direkt vom Volk gewählt wird und damit die eigentliche Volksvertretung. Da der Bundestag den Bundeskanzler wählt und dieser die Regierung bildet, hat das Volk entscheidenden Einfluß auf die Regierungspolitik der nächsten Wahlperiode.

Bundestagsabgeordnete: direkt vom Volk gewählt

Zusammensetzung des Bundestages

Die gesetzliche Zahl der Mitglieder des Bundestages beträgt 656; hinzukommen die Überhangmandate

Seit der Wiedervereinigung Deutschlands besteht der Bundestag grundsätzlich aus **656 Mitgliedern (Abgeordneten)**. Hinzu kommen mögliche Überhangmandate (S. 41), so daß der 13. Deutsche Bundestag 672 Abgeordnete aufweist (16 Überhangmandate). Nach dem geltenden Wahlsystem sollte der Bundestag ein Spiegelbild der Bevölkerung sein, was jedoch tatsächlich nicht der Fall ist. So werden z. B. die Frauen im Vergleich zum Bundesdurchschnitt unterrepräsentiert. Sieht man sich die Berufe der Abgeordneten an, muß man feststellen, daß überdurchschnittlich viele aus dem öffentlichen Dienst kommen. Dagegen sind nur wenige Arbeiter im Bundestag vertreten.

Legislaturperiode: 4 Jahre

Die Bundestagsabgeordneten werden **alle 4 Jahre** (Legislaturperiode) vom Volk gewählt (Bundestagswahlen). Gewählt werden kann jeder, der seit mindestens 1 Jahr deutscher Staatsangehöriger ist, das 18. Lebensjahr vollendet hat und nicht vom Wahlrecht ausgeschlossen ist.

Der Bundestag hat zur Erfüllung seiner Aufgaben folgende bedeutsame Organe:

Bundestagspräsident

Der Bundestagspräsident wird vom Bundestag mit absoluter Mehrheit für eine Legislaturperiode (4 Jahre) gewählt. Er hat im wesentlichen folgende Aufgaben:

- Ausübung des Hausrechtes und der Polizeigewalt im Bundestagsgebäude,
- Vertretung des Bundestages,
- Wahrung der Würde und Rechte des Bundestages,
- Leitung der Bundestagssitzungen.

Wehrbeauftragter

Der Wehrbeauftragte tritt für die Rechte der Soldaten ein

Er wird für die Dauer von 5 Jahren vom Bundestag gewählt. Zu seinen Aufgaben gehört es, die Grundrechte der Bundeswehrsoldaten zu schützen sowie die parlamentarische Kontrolle über die Bundeswehr auszuüben.

Jeder Soldat hat das Recht, sich ohne Einhaltung des Dienstweges vertraulich an den Wehrbeauftragten zu wenden.

Ausschüsse

Die Ausschüsse sind mit Fachkräften besetzt und entwerfen die Gesetzesvorschläge

Die Ausschüsse, die aus Bundestagsabgeordneten bestehen, sollen die Verhandlungen des Bundestages vorbereiten. In ihnen findet die eigentliche Arbeit der Erarbeitung von Gesetzen statt. So gibt es z. B. folgende **Fachausschüsse**:

❖ Innenausschuß,
❖ Verteidigungsausschuß,
❖ Finanzausschuß,
❖ Haushaltsausschuß,
❖ Petitionsauschuß

Außer diesen Fachausschüssen kann der Bundestag und muß auf Antrag eines Viertels seiner Mitglieder einen **Untersuchungsausschuß** einsetzen. Dieser kann dann in öffentlicher Verhandlung bestimmte Sachverhalte untersuchen. Es stehen ihm zu diesem Zweck die Vorschriften über den Strafprozeß zur Verfügung. Die Öffentlichkeit kann auch ausgeschlossen werden.

Der Untersuchungsausschuß kann mit strafprozessualen Mitteln „Mißstände" untersuchen

Beispiel:
Untersuchung von Mißständen in der Verwaltung, von politischen „Skandalen" .

Rechtsstellung der Bundestagsabgeordneten

§

§ Sie (die Abgeordneten) **sind Vertreter des ganzen Volkes, an Aufträge und Weisungen nicht gebunden und nur ihrem Gewissen unterworfen.**
(Art. 38 I 2 GG)

Die Bundestagsabgeordneten sind **unabhängig** und nur ihrem Gewissen unterworfen.

Bundestagsabgeordnete: nur dem Gewissen verpflichtet

In der Realität sieht sich der einzelne Abgeordnete vielen Einflüssen ausgesetzt. Da sind zunächst einmal seine **Wähler**, die Wünsche an ihn haben. Diese will er auch erfüllen, um wieder gewählt zu werden. Ähnlich verhält es sich mit **Interessenverbänden**, die auf den Abgeordneten einwirken, um für ihre Mitglieder bestimmte Regelungen zu erwirken. Tritt er für diese Interessenverbände ein, kann er mit Wahlunterstützung rechnen. Zuletzt unterliegt der Abgeordnete in gewissem Umfang der **Fraktionsdisziplin.**

Fraktionen sind Vereinigungen von mindestens **5%** der Mitglieder des Bundestages, die derselben Partei (z. B. SPD-Fraktion) oder solchen Parteien angehören, die aufgrund gleichgerichteter politischer Ziele in keinem Land miteinander im Wettbewerb stehen (wie z. B. die CDU/CSU-Bundestagsfraktion).

Fraktion = mindestens 5% der Mitglieder des Bundestages

Diese Fraktionen sind nun geneigt, alle ihre Mitglieder zu einer einheitlichen Stimmabgabe zu bewegen, um möglichst geschlossen nach außen aufzutreten und das Parteiprogramm zu verwirklichen. Stimmt nun ein Abgeordneter häufiger nicht im Sinne seiner Fraktion ab, läuft er Gefahr, beim nächsten Wahlkampf nicht mehr unterstützt zu werden.

Fraktionszwang

Würde die Fraktion einen Abgeordneten **zwingen**, in ihrem Sinne abzustimmen **(Fraktionszwang)**, wäre dies mit dem Grundgesetz nicht vereinbar und rechtswidrig.

Um die Unabhängigkeit des Abgeordneten auch vor staatlichen Eingriffen zu schützen, wird ihm **Indemnität** und **Immunität** zugesichert.

Indemnität

§

§ Ein Abgeordneter darf zu keiner Zeit wegen seiner Abstimmung oder wegen einer Äußerung, die er im Bundestage ... getan hat, gerichtlich ... verfolgt ... werden.
(Art. 46 I 1 GG)

Indemnität = keine gerichtliche Verfolgung eines Abgeordneten wegen seiner Äußerung im Bundestag

Die Meinungsfreiheit des Abgeordneten soll völlig gewährleistet sein. Er soll nicht befürchten müssen, daß er aufgrund einer bestimmten Äußerung **im** Bundestag zur Rechenschaft gezogen wird, und zwar auch dann nicht, wenn er nicht mehr dem Bundestag angehört. Eine Ausnahme gilt nur für die verleumderische Beleidigung. Diese besagt, daß der Abgeordnete nicht wider besseres Wissen eine unwahre Tatsache behaupten darf, wenn diese geeignet ist, den anderen verächtlich zu machen (§187 StGB).

Immunität

§

§ Wegen einer mit Strafe bedrohten Handlung darf ein Abgeordneter nur mit Genehmigung des Bundestages zur Verantwortung gezogen oder verhaftet werden... .
(Art. 46 II GG)

Immunität = strafrechtliche Verfolgung eines Abgeordneten nur mit Zustimmung des Bundestages

Nur solange ein Abgeordneter Mitglied im Bundestag ist, wird er vor Strafverfolgung geschützt. Dies gilt auch für Taten, die er außerhalb des Bundestages begangen hat.

Ausnahmen bestehen nur dann, wenn der Bundestag im konkreten Fall die Verfolgung genehmigt hat oder der Abgeordnete bei Begehung der Tat oder im Laufe des folgenden Tages festgenommen wird.

Nicht unter den Schutz der Immunität fallen folgende Maßnahmen:

- ❖ Mitnahme des Abgeordneten zum Zweck der Blutentnahme,
- ❖ Erlaß eines Bußgeldbescheides oder einer Verwarnung („Strafzettel"),
- ❖ Feststellen der Personalien an der Unfallstelle.

Aufgaben und Befugnisse des Bundestages

Der Bundestag ist das Hauptorgan der politischen Willensbildung. Er hat eine Vielzahl von Aufgaben zu erfüllen, wobei ihm entsprechende Befugnisse zur Seite stehen (Abb. **21**).

Aufgaben und Befugnisse des Bundestages

Wahlfunktion	Gesetzgebung	Kontrolle der Regierung	Politische Willensbildung
Beispiele: Wahl von: • Bundeskanzler • Bundespräsident (zusammen mit den Ländervertretern • der Hälfte der Bundesverfassungsrichter	Beispiele: • Gesetzesinitiative • Gesetzesverabschiedung	Beispiele: • konstruktives Mißtrauensvotum • Untersuchungsausschüsse • Haushaltsplan • Anfragen	Beispiele: • öffentliche Debatten

Abb. **21** Die Aufgaben des Bundestages

Wahlfunktion

Wahl von:
- Bundeskanzler
- Bundespräsident
- Hälfte des Bundesverfassungsgerichtes

Der Bundestag ist bei der Wahl der anderen obersten Bundesorgane, mit Ausnahme des Bundesrates, beteiligt:

So wählt er den **Bundeskanzler**, der seinerseits die Regierungsmitglieder vorschlägt.

Bei der Wahl des **Bundespräsidenten** stellt er die Hälfte der Mitglieder der Bundesversammlung. Diese wählt dann den Bundespräsidenten. Die **Hälfte der Mitglieder des Bundesverfassungsgerichtes** werden durch den Bundestag gewählt.

Gesetzgebung

Eingabe und Verabschiedung eines Gesetzes

Im Gesetzgebungsverfahren ist der Bundestag stark eingebunden. Dies ist seine Hauptaufgabe.

- Gesetzesvorlagen können von 5 % der Mitglieder des Bundestages eingebracht werden **(Gesetzesinitiative)**.

- Über die vorgeschlagenen Gesetze berät und entscheidet der Bundestag.
- Wird ein Gesetz beschlossen, aber vom Bundesrat die erforderliche Zustimmung nicht erteilt, kann der Bundestag den Vermittlungsausschuß anrufen.

Kontrolle der Regierung

Kontrolle der Regierung durch:
- konstruktives Mißtrauensvotum
- Zitierungsrecht
- Zustimmung zu Staatsverträgen
- Untersuchungsausschuß einsetzen
- Haushaltsplan
- Anfragen

Eine sehr wichtige Aufgabe des Bundestages ist die Kontrolle der Bundesregierung. Hierfür stehen ihm eine Reihe von Befugnissen zu:

Der Bundestag kann dem Bundeskanzler das Mißtrauen aussprechen, indem er mit der Mehrheit seiner Mitglieder einen neuen Bundeskanzler wählt (**konstruktives Mißtrauensvotum,** S. 59 f.).

- Der Bundestag und seine Ausschüsse können die Anwesenheit jedes Mitgliedes der Bundesregierung verlangen (**Zitierungsrecht**).
- Bestimmte Verträge, die die Regierung mit anderen Staaten abschließt, bedürfen der Zustimmung des Bundestages (**Staatsverträge**).Der Bundestag kann einen **Untersuchungsausschuß** einsetzen.
- Der Bundestag genehmigt die finanziellen Mittel der einzelnen Bundesministerien im **Haushaltsplan**.
- Die Regierung muß dem Bundestag auf **kleine, große** sowie **mündliche Anfragen** Auskunft erteilen.

Politische Willensbildung

Information des Bürgers durch öffentliche Debatten

Der Bundestag soll die Bevölkerung in öffentlich geführten Debatten über anstehende Probleme informieren und aufklären.

Insbesondere bei geplanten Änderungen des Grundgesetzes (z. B. Asylrecht) oder bei Themen, die die Bevölkerung bewegen (z. B. Strafbarkeit des Schwangerschaftsabbruches) soll der Bürger über die Vielfalt der Meinungen, die durch die Diskussionsbeiträge der einzelnen Abgeordneten vorgetragen werden, informiert werden. Dadurch kann er auch bei den nächsten Wahlen aus eigener Beurteilung die Parteien und deren Vorhaben besser einschätzen.

Abstimmung im Bundestag

Die Entscheidungen im Bundestag erfolgen entweder durch Abstimmungen oder durch Wahlen. Dabei sollte der Bundestag vor der Entscheidung beschlußfähig sein.

Beschlußfähig ist der Bundestag, wenn mehr als die Hälfte seiner Mitglieder im Sitzungssaal anwesend sind (was nicht immer der Fall ist).

Beschlußfähigkeit, wenn mehr als die Hälfte der Abgeordneten anwesend sind

Beispiel:
Hat der Bundestag 656 Mitglieder, müssen mindestens 329 Mitglieder anwesend sein, damit er beschlußfähig ist.

Die Beschlußfähigkeit wird jedoch nur auf Antrag einer Fraktion oder von 5 % der Bundestagsabgeordneten überprüft. Wird die Beschlußunfähigkeit festgestellt, hebt der Bundestagspräsident die Sitzung sofort auf.

Stimmt der Bundestag ab, geschieht dies in der Regel durch Heben einer Hand oder durch Aufstehen bzw. Sitzenbleiben der Abgeordneten.

Nur bei Wahlen wird durch abgedeckte Stimmzettel abgestimmt. Eine Besonderheit stellt der sog. **Hammelsprung** dar. Kann sich der Sitzungsvorstand über ein Abstimmungsergebnis nicht einigen, geschieht die Auszählung wie folgt:

Abstimmung:
- mit der Hand
- Aufstehen
- Hammelsprung

Alle Mitglieder des Bundestages verlassen den Sitzungssaal. Sie betreten den Saal wieder durch **3 Türen**, die mit „Ja“, „Nein“ oder „Enthaltung“ bezeichnet sind. An jeder Tür befinden sich 2 Schriftführer, die zählen. Der Präsident und diese Schriftführer geben ihre Stimme öffentlich ab.

Stimmt der Bundestag nun ab, kommt es für die Abstimmung oder Wahl darauf an, welche Art von Mehrheit erforderlich ist (Abb. **22**).

- **Einfache Mehrheit.** Mehrheit der abgegebenen Stimmen.
- **Absolute Mehrheit.** Mehrheit der gesetzlichen Mitgliederzahl des Bundestages, nicht entscheidend ist die tatsächliche Mitgliederzahl, die durch Überhandmandate erhöht sein kann.
- **Einfache Zweidrittelmehrheit.** $^2/_3$ der abgegebenen Stimmen.
- **Qualifizierte Mehrheit.** $^2/_3$ der gesetzlichen Mitgliederzahl des Bundestages.

Auflösung des Bundestages

Der Bundestag kann sich nicht selbst auflösen. Das Volk kann sich nicht innerhalb einer Legislaturperiode einfach ein neues Parlament wählen, auch wenn es mit dem amtierenden noch so unzufrieden ist.

Nur der Bundespräsident kann den Bundestag auflösen

Allein der **Bundespräsident** kann in 2 Fällen den Bundestag auflösen (Abb. **23**).

Mehrheiten im Bundestag

Beispiel: Mitglieder des Bundestages: 672 (16 Überhangmandate)
Gesetzliche Mitgliederzahl des Bundestages: 672
Anwesende Bundestagsabgeordnete: 400
Abgegebene Stimmen: 360

Einfache Mehrheit	Absolute Mehrheit	Einfache Zweidrittelmehrheit	Qualifizierte Zweidrittelmehrheit
Regelfall: • **die Mehrheit der abgegebenen Stimmen ist erforderlich** Beispiel: 181 Stimmen	Beispiele: • **bei Wahlen des Bundeskanzlers, des Bundestagspräsidenten** • **die Mehrheit der gesetzlichen Mitgliederzahl des Bundestages ist erforderlich.** Beispiel: 337 Stimmen	Beispiele: • **Ausschluß der Öffentlichkeit** • **dies sind $^{2}/_{3}$ der abgegebenen Stimmen** Beispiel: 240 Stimmen	Beispiele: • **Änderung des Grundgesetzes** • **dies sind $^{2}/_{3}$ der gesetzlichen Mitgliederzahl des Bundestages** Beispiel: 448 Stimmen

Abb. **22** Darstellung der einfachen und qualifizierten Mehrheit

Auflösung des Bundestages durch den Bundespräsidenten

Vertrauensfrage	Minderheitskanzler
Wenn der Bundeskanzler die Vertrauensfrage stellt und nicht mehr die absolute Mehrheit im Bundestag erhält, kann er dem Bundespräsident vorschlagen, den Bundestag aufzulösen	Wurde zwar ein neuer Bundeskanzler gewählt, erhält dieser aber nicht die absolute Mehrheit im Bundestag, kann der Bundespräsident den Bundestag auflösen

Abb. **23** Auflösung des Bundestages

Beide Fälle der Auflösung des Bundestages sind vor dem Hintergrund zu sehen, daß der gewählte Bundeskanzler nicht mehr die **absolute Mehrheit** der Bundestagsabgeordneten hinter sich hat. Damit kann er seine Politik im Bundestag nicht mehr durchsetzen.

Auflösung des Bundestages:
- Vertrauensfrage
- Minderheitskanzler

Vertrauensfrage (Art. 68 I GG)

Der Bundeskanzler kann beantragen, daß ihm der Bundestag das Vertrauen ausspricht. Damit kommt es zu einer Abstimmung im Bundestag. Findet er keine absolute Mehrheit, kann er dem Bundespräsidenten vorschlagen, den Bundestag aufzulösen. Es kommt dann zu Neuwahlen.

Vertrauensfrage

Dieses Recht erlischt jedoch, wenn der Bundestag mit absoluter Mehrheit einen neuen Bundeskanzler wählt.

Minderheitskanzler (Art. 63 IV GG)

Der Bundestag wählt den Bundeskanzler mit **absoluter** Mehrheit. Kommt eine solche Mehrheit nicht zustande, sondern wird der Bundeskanzler mit einfacher Mehrheit gewählt, kann der Bundespräsident entweder diesen ernennen oder den Bundestag auflösen (S. 58f.).

Minderheitskanzler

Bundesrat

§ **Durch den Bundesrat wirken die Länder bei der Gesetzgebung und der Verwaltung des Bundes mit.**
(Art. 50 GG)

§
Bundesrat = Ländervertretung

Die Bundesrepublik Deutschland ist ein Bundesstaat (S. 17ff.). Dies hat zur Folge, daß die einzelnen Bundesländer ein Mitspracherecht bei der Gesetzgebung, der Verwaltung und der Rechtsprechung haben.

Zusammensetzung des Bundesrates

§ **Der Bundesrat besteht aus Mitgliedern der Regierungen der Länder, die sie bestellen und abberufen.**
(Art. 51 I 1 GG)

§
Bundesrat:
- 68 Mitglieder
- werden von der jeweiligen Landesregierung entsandt

Der Bundesrat hat **68 Mitglieder**. Diese Mitglieder werden nicht gewählt, sondern von den jeweiligen Regierungen der Bundesländer entsandt. Sie können jederzeit ausgetauscht oder von anderen Mitgliedern der Landesregierung vertreten werden. Es gibt keine Legislaturperiode.

Die Mitglieder des Bundesrates sind Mitglieder der einzelnen Länderregierungen und werden von diesen bestellt und abberufen

- Wer Mitglied im Bundesrat wird, bestimmen ausschließlich die Regierungen der Bundesländer.
- Die in Betracht kommenden Personen müssen Mitglieder der Landesregierungen sein. Wer Mitglied der Landesregierung ist, richtet sich nach der jeweiligen Verfassung des Bundeslandes. Es sind dies in der Regel der Ministerpräsident und die Minister und eventuell – wie in Bayern – auch die Staatssekretäre.
- Durch Mehrheitsbeschluß der Länderregierung werden diese Regierungsmitglieder bestellt.
- Scheiden diese Personen in der Landesregierung aus, erlischt auch ihre Mitgliedschaft im Bundesrat.
- Nach jeder neuen Landtagswahl bildet sich eine neue Landesregierung. Dementsprechend erneuern sich die Mitglieder des Bundesrates ständig.

Auch wenn die Mitglieder des Bundesrates nicht vom Volk gewählt werden, sondern von den Landesregierungen geschickt sind, sind sie insofern **demokratisch** bestimmt, als die Landesregierungen ihrerseits aus den demokratisch gewählten Länderparlamenten hervorgegangen sind.

Beispiel:
Das Bundesland Bayern wählt bei den Landtagswahlen einen neuen Landtag. Der neue Landtag wählt auf die Dauer von 4 Jahren den Ministerpräsidenten. Dieser wiederum bestimmt mit Zustimmung des Landtages seine Regierungsmitglieder (Minister und Staatssekretäre). Sie entsprechen daher letztendlich dem Willen des gewählten Landtages. Aus den Regierungsmitgliedern werden die 6 Personen bestimmt, die das Land Bayern im Bundesrat vertreten.

Die **68 Mitglieder** des Bundesrates setzen sich zahlenmäßig wie folgt zusammen:

§

Die Anzahl der von der jeweiligen Landesregierung bestellten Mitglieder richtet sich nach der Größe des Bundeslandes

§ **Jedes Land hat mindestens 3 Stimmen, Länder mit mehr als 2 Millionen Einwohnern haben 4, Länder mit mehr als 6 Millionen 5, Länder mit mehr als 7 Millionen Einwohnern 6 Stimmen.**
(Art. 51 II GG)

Der Stimmenanteil der Länder im Bundesrat entspricht nicht proportional der Größe des jeweiligen Bundeslandes. Das Grundgesetz nimmt nur eine Größeneinteilung in 4 Kategorien vor. Jedes Bundesland hat danach mindestens 3 und maximal 6 Stimmen im Bundesrat (Abb. **24**).

Die Rechtsstellung der Bundesratsmitglieder unterscheidet sich erheblich von der der Bundestagsabgeordneten:

Stimmen der Bundesländer im Bundesrat

Baden-Württemberg	**6**
Bayern	**6**
Bremen	**3**
Hamburg	**3**
Hessen	**4**
Niedersachsen	**6**
Nordrhein-Westfalen	**6**
Rheinland-Pfalz	**4**

Saarland	**3**
Schleswig-Holstein	**4**
Berlin	**4**
Brandenburg	**4**
Mecklenburg-Vorpommern	**3**
Sachsen	**4**
Sachsen-Anhalt	**4**
Thüringen	**4**

Abb. **24** Die Bundesländer mit der Anzahl ihrer Mitglieder im Bundesrat

- Sie sind bei ihrer Stimmabgabe **nicht frei,** sondern an die Weisungen der Landesregierungen gebunden.
- Alle Bundesratsmitglieder eines Landes können **nur einheitlich** abstimmen.
- Sie genießen weder **Immunität** noch **Indemnität** (S. 46).

Die Bundesratsmitglieder sind an die Weisungen der jeweiligen Landesregierung gebunden

Aufgaben und Befugnisse des Bundesrates

§ **Durch den Bundesrat wirken die Länder bei der Gesetzgebung und Verwaltung des Bundes mit.**
(Art. 50 GG)

§

Das Aufgabengebiet des Bundesrates erstreckt sich auf die beiden großen Gebiete Gesetzgebung und Verwaltung. Aber auch bei der Rechtsprechung hat er ein Mitspracherecht (Abb. **25**).

Aufgaben und Befugnisse des Bundesrates

Gesetzgebung

Beispiele:
- Gesetzesinitiative
- Einspruch oder Zustimmung bei Gesetzen

Verwaltung

Beispiele:
- Erlaß von Verwaltungsvorschriften zusammen mit der Bundesregierung

Rechtsprechung

Beispiele:
- Wahl der Hälfte der Mitglieder des Bundesverfassungsgerichtes

Abb. **25** Aufgaben des Bundesrates

Mitwirkung bei der Gesetzgebung

Gesetzesinitiative

Der Bundesrat kann selbst Gesetzesvorlagen in den Bundestag einbringen, d. h. er kann ein Gesetz vorschlagen (**Gesetzesinitiative**).

Zu Gesetzesvorlagen der Bundesregierung kann er Stellung nehmen.

Bei bestimmten Gesetzesvorhaben ist die Zustimmung des Bundesrates erforderlich

Bei Gesetzen, die der **Zustimmung des Bundesrates** bedürfen (S. 72) kann der Bundesrat die Zustimmung verweigern, mit dem Ergebnis, daß ein solches Gesetz nicht zustandekommt.

Bei den übrigen, nicht zustimmungspflichtigen Gesetzen, kann er **Einspruch** einlegen, so daß sich der Bundestag erneut mit der Sache befassen muß. Der Bundesrat kann in diesem Fall den Vermittlungsausschuß anrufen.

Mitwirkung bei der Verwaltung

Soweit die Bundesregierung **allgemeine Verwaltungsvorschriften** erläßt, bedürfen diese der Zustimmung des Bundesrates.

Mitwirkung bei der Rechtsprechung

Die Hälfte der Mitglieder des **Bundesverfassungsgerichts** wird vom Bundesrat gewählt.

Amtsdauer des Bundesratspräsidenten : 1 Jahr

Der **Bundesratspräsident** repräsentiert als wichtigstes Organ den Bundesrat. Er wird für die Dauer 1 Jahres vom Bundesrat gewählt. Nach einem Abkommen der Ministerpräsidenten der Bundesländer aus dem Jahr 1950 wird jeweils der Ministerpräsident des Landes mit der größten Bevölkerungszahl Präsident. Nach Ablauf seiner 1jährigen Amtsperiode wird der Ministerpräsident des nächstkleineren Landes Präsident.

Erster Vizepräsident wird immer der Präsident des Vorjahres.

Vertretung des Bundespräsidenten

Zu den Aufgaben des Bundesratspräsidenten zählen neben der Einberufung und Leitung der Bundesratssitzungen vor allem die **Vertretung des Bundespräsidenten**.

Kommt es zu einer **Abstimmung im Bundesrat**, ist in der Regel die absolute Mehrheit der Stimmen (= die Mehrheit der gesetzlichen Mitgliederzahl, derzeit 35) erforderlich. Zur Änderung des Grundgesetzes bedarf es einer Zweidrittelmehrheit (46 Stimmen).

Wie bereits erwähnt, können die Stimmen eines Landes nur einheitlich abgegeben werden. Daher erscheinen auch nicht immer alle Bundesratsmitglieder eines Landes zu den Sitzungen. Zur Stimmabgabe reicht ein Vertreter des jeweiligen Bundeslandes. Dieser hat dann maximal 6 Stimmen (je nach Bundesland verschieden, s. Abb. **24**).

Bundespräsident

Der Bundespräsident ist der „**Erste Mann**" im Staat – er ist das **Staatsoberhaupt**. Anders als in der Weimarer Verfassung ist das Amt des Bundespräsidenten aber nicht das mächtigste. Er hat keine wesentlichen politischen Entscheidungsbefugnisse.

Bundespräsident = Staatsoberhaupt

Der Bundepräsident ist zur Neutralität verpflichtet. Er steht über den Parteien. Sein Amtssitz ist in Berlin im Schloß Bellevue.

Wahl des Bundespräsidenten

Der Bundespräsident wird nicht vom Volk gewählt, sondern von der **Bundesversammlung**, die nur zu diesem Zweck alle 5 Jahre zusammentritt (Abb. **26**).

Der Bundespräsident wird von der Bundesversammlung gewählt

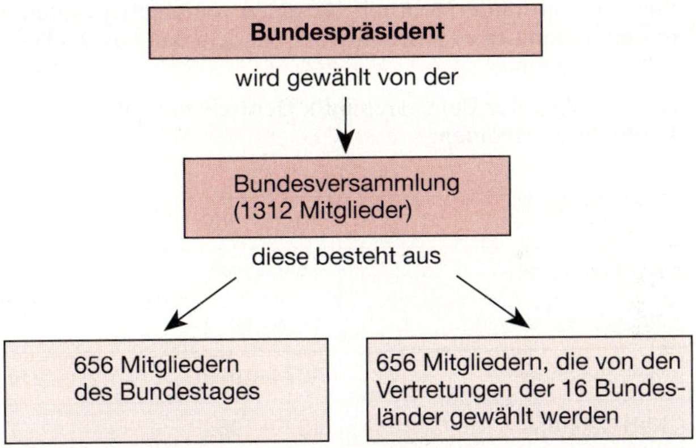

Abb. **26** Aufgabe der Bundesversammlung

Die Wahl durch die Bundesversammlung ist dennoch demokratisch, da das Volk durch Bundestags- und Landtagswahlen mittelbar die Zusammensetzung der Bundesversammlung beeinflußt.

Die Bundesversammlung besteht aus:

- den Mitgliedern des Bundestages (in der Regel 656, hinzu kommen evtl. Überhangmandate)
  und
- einer gleichen Anzahl von Mitgliedern, die von den Volksvertretungen (Landtagen, Bürgerschaften) der Länder – nicht der Länderregierungen, wie die Mitglieder des Bundesrates – gewählt werden (d. h. in der Regel noch einmal 656)

Bundesversammlung =
- 656 Mitglieder des Bundestages (und evtl. Überhangmandate)
  und
- gleiche Anzahl (656) von Personen, die von den Länderregierungen bestimmt werden

(die Mitglieder der Volksvertretungen werden in Landtagswahlen gewählt).

Damit hat die Bundesversammlung in der Regel 1312 Mitglieder.

Da der 12. Deutsche Bundestag durch 6 Überhangmandate insgesamt 662 Mitglieder aufwies, kamen noch einmal so viele Ländervertreter in die Bundesversammlung, so daß bei der Wahl zum Bundespräsidenten im Jahr 1994 die Bundesversammlung 1324 Mitglieder hatte.

Amtsdauer des Bundespräsidenten: 5 Jahre

Zum Bundespräsidenten kann jeder Deutsche gewählt werden, der das **40. Lebensjahr** vollendet hat und das Wahlrecht zum Bundestag besitzt (S. 34). Die **Amtsdauer** beträgt **5 Jahre**. Es ist nur eine unmittelbare Wiederwahl zulässig.

Findet ein Kandidat im ersten Wahlgang keine absolute Mehrheit, kommt es zu einem weiteren Wahlgang. Erst wenn auch hier keine absolute Mehrheit für einen Kandidaten zustande kommt, kommt es zu einem dritten, bei dem dann die einfache Mehrheit genügt.

Seit Bestehen der Bundesrepublik Deutschland gab es folgende Bundespräsidenten:

Theodor Heuss	1949–1959
Heinrich Lübke	1959–1969
Gustav Heinemann	1969–1974
Walter Scheel	1974–1979
Karl Carstens	1979–1984
Richard von Weizsäcker	1984–1994
Roman Herzog	ab 1994

Aufgaben und Befugnisse des Bundespräsidenten

Bundespräsident = Staatsoberhaupt

Als **Staatsoberhaupt** vertritt der Bundespräsident die Bundesrepublik Deutschland nach außen.

Dies zeigt sich bei **Staatsbesuchen** oder dem Abschluß von **Staatsverträgen**, die er unterschreiben muß.

Innerhalb des Staates hat der Bundespräsident im wesentlichen folgende Aufgaben (Abb. **27**):

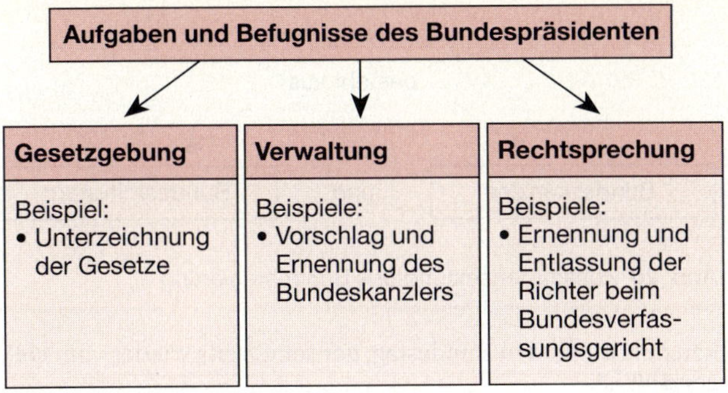

Abb. **27** Aufgaben des Bundespräsidenten

Mitwirkung bei der Gesetzgebung

Im Gesetzgebungsverfahren hat der Bundespräsident die Aufgabe, ein beschlossenes Gesetz auszufertigen (zu unterschreiben).

Keine eigene Entscheidungsbefugnis beim Unterschreiben des Gesetzes

Der Bundespräsident hat hierbei aber keine eigene Entscheidungsbefugnis. Er muß das Gesetz unterzeichnen, wenn es nicht gegen das Grundgesetz verstößt.

Mitwirkung bei der Verwaltung

Der Bundespräsident schlägt dem Bundestag einen Kandidaten zur Wahl des Bundeskanzlers vor und ernennt den anschließend Gewählten (S. 59).

Unter bestimmten Umständen kann er den Bundestag auflösen (S. 50 f.).

Mitwirkung bei der Rechtsprechung

Der Bundespräsident ernennt die Bundesrichter, nachdem sie ordnungsgemäß gewählt wurden.

- Ernennung der Bundesrichter
- Begnadigungsrecht

Er übt das Begnadigungsrecht aus, wenn die Verurteilung durch ein Bundesgericht erfolgt ist.

Bundesregierung

Bundesregierung:
- Bundeskanzler
- Bundesminister

Die Bundesregierung ist mit der Leitung und Gestaltung der Politik der Bundesrepublik Deutschland betraut. An ihrer Spitze steht der **Bundeskanzler**. Dieser bildet zusammen mit seinen **Bundesministern** die Bundesregierung (Abb. **28**). Ihre Regierungsbefugnis erhält sie aufgrund der Wahl des Bundes-

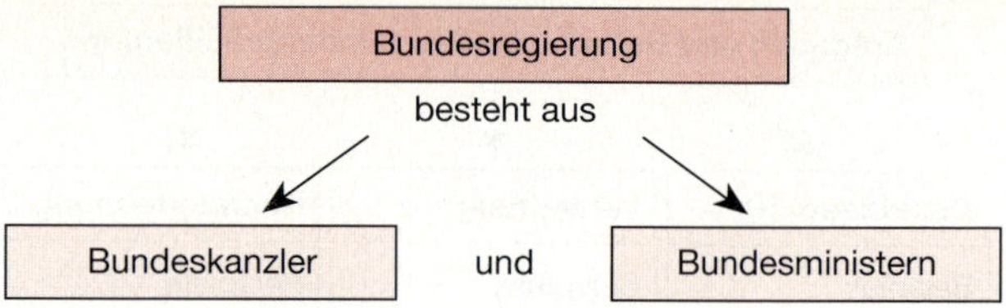

Abb. **28** Zusammensetzung des Bundesregierung

kanzlers durch den Bundestag, der seinerseits wieder vom Volk gewählt ist.

Bundeskanzler

§

§ **Der Bundeskanzler wird auf Vorschlag des Bundespräsidenten vom Bundestage ohne Aussprache gewählt.**

Gewählt ist, wer die Stimmen der Mehrheit der Mitglieder des Bundestages auf sich vereint. Der Gewählte ist vom Bundespräsidenten zu ernennen.
(Art. 63 I,II GG)

Wahl des Bundeskanzlers durch den Bundestag

Jeder neu gewählte Bundestag muß einen Bundeskanzler wählen. Gewählt ist derjenige Kandidat, der die absolute Mehrheit auf sich vereinigen kann.

Die Wahl ist geheim.

Bereits vor der Bundestagswahl bringt jede Partei im Wahlkampf zum Ausdruck, wen sie im Falle eines Wahlsieges als Bundeskanzler wählen wird. Dadurch kann die Bundestagswahl einen starken personenbezogenen Charakter erhalten, da der Wähler sich oft einen bestimmte Bundeskanzler wünscht und er demzufolge dessen Partei wählt.

Nach der Bundestagswahl kommt es zu einem Gespräch der Parteivorsitzenden mit dem Bundespräsidenten, in denen der aussichtsreichste Kandidat ermittelt wird. Diesen schlägt der Bundespräsident dann vor. Ein anderer Vorschlag hätte von vornherein keine Aussicht, die absolute Mehrheit zu erhalten.

Nachdem der Bundespräsident einen Kandidaten vorgeschlagen hat, führt der Bundestag die Wahl durch. Erhält der Kandidat die absolute Mehrheit (mindestens 329 Stimmen, wenn der Bundestag 656 Mitglieder hat), ist er gewählt und **muß** vom Bundespräsidenten ernannt werden.

Erhält der Kandidat nicht die absolute Mehrheit, hat der Bundestag 14 Tage Zeit, in beliebig vielen Wahlgängen Kandidaten zu wählen, bis einer die absolute Mehrheit erhält.

Hat nach dieser Frist immer noch kein Kandidat die absolute Mehrheit, muß ein abschließender Wahlgang durchgeführt werden. In diesem ist dann gewählt, wer die **meisten Stimmen** (einfache Mehrheit) hat. Erreicht ein Kandidat in diesem Wahlgang die absolute Mehrheit, **muß** der Bundespräsident ihn zum Bundeskanzler ernennen. Wird diese Mehrheit nicht erreicht, **kann** der Bundespräsident ihn zum Bundeskanzler ernennen **oder den Bundestag auflösen**. Danach würden Neuwahlen stattfinden.

Seit Bestehen der Bundesrepublik Deutschland gab es folgende Bundeskanzler:

Konrad Adenauer	1949–1963
Ludwig Erhard	1963–1966
Kurt Georg Kiesinger	1966–1969
Willy Brandt	1969–1974
Helmut Schmidt	1974–1982
Helmut Kohl	ab 1982

Die Aufgabe des Bundeskanzlers besteht in der Leitungs- und Lenkungsfunktion der Bundesregierung (**Kanzlerprinzip**).

Bundeskanzler: bestimmt die Richtlinien der Politik

§ **Der Bundeskanzler bestimmt die Richtlinien der Politik und trägt dafür die Verantwortung.**
(Art. 65 S.1 GG)

§

Die Macht des Kanzlers ist am deutlichsten daran zu erkennen, daß er seine Minister bestimmen und auch entlassen kann. Daher kann er auch von seinen Ministern die Einhaltung seiner politischen Richtlinien fordern.

Er bestimmt seine Minister und bildet damit seine Regierung

Die Kehrseite dieser Machtfülle ist, daß der Kanzler auch die politische Verantwortung trägt. Er und nicht die Bundesregierung oder die einzelnen Minister kann auch vom Bundestag durch Wahl eines anderen Bundeskanzlers abgewählt werden (**konstruktives Mißtrauensvotum**).

Es gibt 2 Möglichkeiten, innerhalb einer Legislaturperiode den Kanzler abzulösen:

Konstruktives Mißtrauensvotum

§ **Der Bundestag kann dem Bundeskanzler das Mißtrauen nur dadurch aussprechen, daß er mit der Mehrheit seiner Mitglieder einen Nachfolger wählt… .**
(Art. 67 I 1 GG)

§

Konstruktives Mißtrauensvotum: Wahl eines neuen Bundeskanzlers durch den Bundestag innerhalb einer Legislaturperiode

Ist der Bundestag mit dem Bundeskanzler oder seiner Politik nicht mehr zufrieden, kann er ihm sein Vertrauen entziehen (=Mißtrauen aussprechen). Dazu genügt es aber nicht, wenn eine – noch so breite – Mehrheit ihn „abwählt". Der Bundestag muß gleichzeitig einen neuen Kanzler mit absoluter Mehrheit wählen (=konstruktiv). Hat er dies getan, **muß** der Bundespräsident den alten Kanzler entlassen und den neuen ernennen. Dieser bildet dann wieder seine Regierung durch Ernennung seiner Minister.

Zwischen dem Antrag des Bundestages und der Wahl müssen 48 Stunden liegen. Der Sinn liegt darin, daß alle Abgeordneten die Möglichkeit haben sollen, an dieser entscheidenden Wahl teilzunehmen.

In der Geschichte der Bundesrepublik Deutschland wurde bisher erst **2mal** ein Mißtrauensvotum gestellt:

Beispiel

- Nach der Bundestagswahl am 28. 9. 1969 hatte die Regierungskoalition aus SPD und FDP die Regierungsmehrheit mit 254 Stimmen (Opposition: 242 Stimmen). Sie stellte mit Willy Brandt den Bundeskanzler.

  Aus dieser Regierungskoalition wechselten von Oktober 1970 bis April 1972 3 Abgeordnete zur CDU/CSU über. Damit verfügte die Opposition über 245, die Regierungskoalition über 251 Stimmen.

  Aufgrund teilweise hoher Stimmenverluste der SPD in den Landtagswahlen glaubte die Opposition, das konstruktive Mißtrauensvotum gegen den Bundeskanzler Willy Brandt erfolgreich beantragen zu können. Sie schlug dem Bundestag vor, den CDU-Vorsitzenden Rainer Barzel zum neuen Bundeskanzler zu wählen. Die Opposition rechnete mit weiteren Stimmen aus der Regierungskoalition.

  Bei der Abstimmung am **27. 4. 1972** erhielt Rainer Barzel jedoch nur 247 Stimmen und verfehlte damit die absolute Mehrheit um 2 Stimmen. Das konstruktive Mißtrauensvotum war gescheitert.

Beispiel

- Am 5. 10. 1980 gewann die Koalition aus SPD und FDP erneut die Bundestagswahl. Die Probleme innerhalb dieser Koalition nahmen zu. Den Gipfel erreichten sie, als der FDP-Wirtschaftsminister Otto Graf Lambsdorff härteste Eingriffe in den Sozialstaat forderte. Als Bundeskanzler Helmut Schmidt an dessen Entlassung dachte, traten die 4 FDP-Minister am 17. 9. 1982 geschlossen zurück. Die FDP schloß eine Koalition mit der CDU/CSU-Opposition.

  Diese stellte nun zum 2. Mal das Mißtrauensvotum. Bei der Wahl am 1. 10. 1982 wählte der Bundestag mit 256 Stimmen den bisherigen Oppositionsführer Helmut Kohl zum neuen Bundeskanzler.

Vertrauensfrage

§ Findet ein Antrag des Bundeskanzlers, ihm das Vertrauen auszusprechen, nicht die Zustimmung der Mehrheit der Mitglieder des Bundestages, so kann der Bundespräsident auf Vorschlag des Bundeskanzlers binnen 21 Tagen den Bundestag auflösen.
(Art. 68 I 1 GG)

§

Um seine politischen Vorstellungen wirkungsvoll umsetzen zu können, benötigt der Bundeskanzler eine Mehrheit im Bundestag, da dieser in erster Linie über Gesetzesvorhaben entscheiden muß. Glaubt er, diese Mehrheit nicht mehr zu besitzen, kann er durch Stellung der Vertrauensfrage darüber abstimmen lassen, ob er noch über genügend Rückhalt im Bundestag verfügt.

Vertrauensfrage: Ausspruch des Vertrauens oder Mißtrauens des Bundestages dem Bundeskanzler gegenüber durch Abstimmung

In der Geschichte der Bundesrepublik Deutschland wurde bisher **3mal** die Vertrauensfrage gestellt:

Beispiel

- Nach dem gescheiterten Mißtrauensvotum im Frühjahr 1972 (s. oben) verfügte die Regierungskoalition über keine Mehrheit mehr. Es herrschte ein parlamentarisches Patt.

  Daraufhin stellte Bundeskanzler Willy Brandt am 20. 9. 1972 die Vertrauensfrage. Nach dem erwarteten Scheitern, löste der Bundespräsident auf Vorschlag des Bundeskanzlers den Bundestag auf, so daß es am 19. 11. 1972 zu Neuwahlen kam. Aus dieser ging die bisherige Regierungskoalition gestärkt hervor.

Beispiel

- Bei der von Bundeskanzler Helmut Schmidt im Februar 1982 gestellten Vertrauensfrage wurde ihm vom Bundestag das Vertrauen ausgesprochen.

Beispiel

- Nach dem erfolgreichen Mißtrauensvotum im Herbst 1982 (s. oben), stellte Bundeskanzler Helmut Kohl am 17. 12. 1982 die Vertrauensfrage, obwohl er an sich über eine ausreichende Mehrheit verfügte. Er vertrat jedoch die Ansicht, daß die neue Regierungskoalition keinen Wählerauftrag hatte. Sein Ziel waren Neuwahlen. Verabredungsgemäß enthielten sich dann die Abgeordneten der Regierungskoalition ihrer Stimme, so daß ihm nur 8 Abgeordnete das Vertrauen aussprachen (die Mehrheit von 248 Abgeordneten enthielten sich der Stimme). Es kam am 6. 3. 1983 zu Neuwahlen.

Darüber hinaus gibt es noch die Möglichkeit, daß der Bundeskanzler **freiwillig zurücktritt**.

Freiwilliger Rücktritt

So erklärte Bundeskanzler Willy Brandt aufgrund der Guillaume-Affäre in einem Schreiben vom 6. 5. 1974 an den damaligen Bundespräsidenten Gustav Heinemann seinen Rücktritt

Beispiel

vom Amt des Bundeskanzlers, woraufhin am 16. 5. 1974 Helmut Schmidt vom Bundestag zum Kanzler gewählt wurde. Guillaume war enger Mitarbeiter des Bundeskanzlers und zugleich Spion für die DDR. Willy Brandt übernahm „die politische Verantwortung für Fahrlässigkeiten im Zusammenhang mit der Agentenaffäre Guillaume“.

Bundesminister

§

§ Die Bundesminister werden auf Vorschlag des Bundeskanzlers vom Bundespräsidenten ernannt und entlassen.
(Art. 64 I GG)

Bundesminister: bestimmt vom Bundeskanzler

Die Bundesminister werden nicht gewählt, sondern vom Bundeskanzler **ausgesucht** und von diesem dem Bundespräsidenten zur Ernennung vorgeschlagen. Dieser muß den Vorgeschlagenen ernennen, so daß die eigentliche Auswahl der Bundeskanzler trifft. Bei seiner Auswahl ist der Bundeskanzler frei. In der Praxis allerdings muß er oftmals den Wünschen seiner Partei bzw. seines Koalitionspartners Rechnung tragen.

Der einzelne Bundesminister ist nur gegenüber dem Bundeskanzler verantwortlich, nicht gegenüber dem Bundestag. Daher kann der Bundestag auch nicht seine Entlassung verlangen. Dies geht allenfalls dadurch, daß der Bundestag mit der Politik des Bundeskanzlers nicht mehr zufrieden ist und ihm deswegen das Mißtrauen ausspricht (S. 61).

Die Anzahl der Bundesministerien ist gesetzlich nicht festgelegt.

Die bedeutendsten davon sind:
- ❖ Außenministerium,
- ❖ Innenministerium,
- ❖ Justizministerium,
- ❖ Finanzministerium,
- ❖ Wirtschaftsministerium.

Parlamentarischer Staatssekretär = Mitglied im Bundestag

Dem Bundesminister nachgeordnet ist der **parlamentarische Staatssekretär**. Dieser ist Mitglied des Bundestages und gehört damit der Parlamentsmehrheit an. Er ist das Bindeglied zwischen dem Bundestag und dem Ministerium. Seine Amtszeit ist an die seines Ministers gekoppelt.

Beamteter Staatssekretär = höchster Beamter im Staatsministerium

Daneben gibt es den **beamteten Staatssekretär**. Er ist der höchste Beamte im Ministerium und nicht Mitglied des Bundestages. Seine Amtszeit ist unabhängig von der des Ministers.

Aufgaben und Befugnisse der Bundesregierung

Die Aufgaben und Befugnisse der Bundesregierung sind vielfältig. Es sollen hier nur die bedeutendsten erwähnt sein:

Im Verhältnis zum Bundestag und Bundesrat

- Die Bundesregierung kann durch den Bundeskanzler verlangen, daß der Bundestag oder der Bundesrat einberufen werden.
- Die Mitglieder der Bundesregierung haben zu allen Sitzungen des Bundestages und seiner Ausschüsse Zutritt und müssen gehört werden.

Befugnisse der Bundesregierung:
- Zutrittsrecht zu allen Ausschüssen und Sitzungen
- Einberufung des Bundesrates und Bundestages

Im Verhältnis zur Gesetzgebung

❖ Die Bundesregierung hat die Gesetzesinitiative, d. h. sie kann dem Bundestag den Erlaß eines Gesetzes vorschlagen.
❖ Bei anderen Gesetzesvorlagen kann sie Stellung nehmen.
❖ Sie kann den Vermittlungsausschuß anrufen.
❖ Sie kann Rechtsverordnungen erlassen.

- Gesetzesinitiative
- Stellungnahme zu Gesetzesvorschlägen
- Anrufung des Vermittlungsausschusses
- Erlaß von Rechtsverordnungen

Im Verhältnis zur Verwaltung

❖ Die Bundesregierung kann Verwaltungsvorschriften erlassen.

Regierungsgewalt

Die **Regierungsgewalt** wird im wesentlichen durch 3 Strukturprinzipien gekennzeichnet (Abb. **29**):

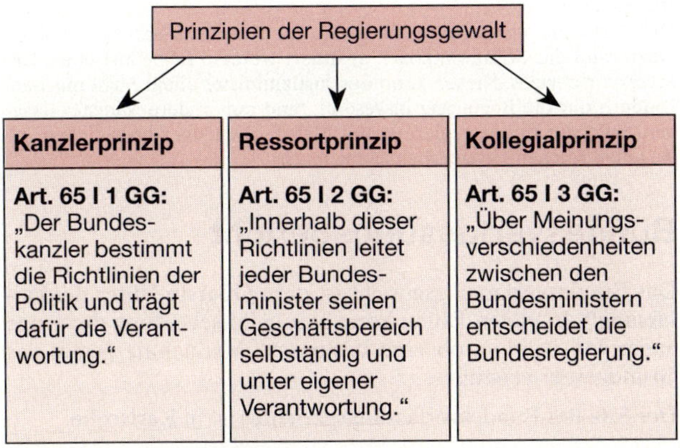

Abb. **29** Strukturprinzipien

❖ Richtlinienkompetenz des Bundeskanzlers (**Kanzlerprinzip**),
❖ Verantwortlichkeit des Ministers für sein Ressort (**Ressortprinzip**),
❖ Mehrheitsentscheidungen des Kabinetts (**Kabinetts- / Kollegialprinzip**).

Kanzlerprinzip

Kanzlerprinzip: Der Bundeskanzler bestimmt die Richtlinien der Politik

Der Bundeskanzler ist der **Chef der Regierung**. Er bestimmt die Ziele der Politik, wie er sie bereits im Wahlkampf formuliert hat, und weswegen er bzw. seine Partei auch von der Mehrheit gewählt wurde.

Von den Mitgliedern seiner Regierung, die er sich selbst ausgesucht hat, fordert er die Verwirklichung dieser Politik durch Einhaltung der politischen Richtlinien.

Ressortprinzip

Ressortprinzip: Jeder Minister leitet sein Ministerium selbständig und eigenverantwortlich

Die Arbeit des einzelnen Bundesministers wird durch obige Richtlinien nur in den Grundzügen festgelegt. Innerhalb dieses Rahmens ist der Minister völlig selbständig und arbeitet in eigener Verantwortung.

Kollegialprinzip

Kollegialprinzip: Bei Meinungsverschiedenheiten entscheidet die Regierung mit Mehrheit ihrer Minister

Zwar ist jeder Minister eigenständig, es gibt jedoch bestimmte Maßnahmen, die nicht in die Alleinzuständigkeit eines Bundesministers, sondern in die Zuständigkeit der Bundesregierung fallen. Hier muß sie als Kollegium, d. h. als „Team“ entscheiden. Können sich die Bundesminister nicht einigen, wird abgestimmt, und die Mehrheit entscheidet.

Beispiel:
Der Justizminister möchte die Strafe für Körperverletzung erhöhen. Dazu muß das Strafgesetzbuch geändert werden. Es bedarf eines Gesetzesvorschlages. Diesen kann der Justizminister allein nicht machen, sondern nur die Regierung insgesamt. Sind nun andere Minister dagegen, wird die Bundesregierung mit Mehrheit darüber beschließen, ob sie einen solchen Gesetzesvorschlag macht.

Bundesverfassungsgericht

Bundesverfassungsgericht = „Hüter der Verfassung“

Das Bundesverfassungsgericht ist der **„Oberste Hüter der Verfassung“**. In vielen Fällen kann es zur Entscheidung der Frage angerufen werden, ob eine bestimmte Maßnahme gegen das Grundgesetz verstößt.

Der Sitz des Bundesverfassungsgerichtes ist in **Karlsruhe**.

Zusammensetzung des Bundesverfassungsgerichtes

Das Bundesverfassungsgericht besteht aus 2 Senaten mit jeweils 8 Richtern. Jeder Senat hat seine eigene Zuständigkeit (Abb. **30**).

Mitglieder: 2mal 8 Richter

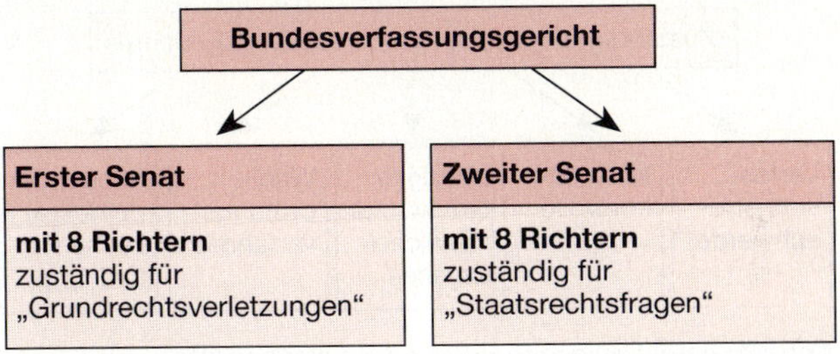

Abb. **30** Zusammensetzung

Wahl der Bundesverfassungsrichter

§ **Die Mitglieder des Bundesverfassungsgerichtes werden je zur Hälfte vom Bundestage und vom Bundesrate gewählt.** (Art. 94 I 2 GG)

§

Gewählt werden kann nur, wer das 40. Lebensjahr vollendet hat, zum Bundestag wählbar ist, die Befähigung zum Richteramt besitzt und sich schriftlich bereit erklärt, Mitglied des Bundesverfassungsgerichts zu werden. Die Richter dürfen nicht dem Bundestag, dem Bundesrat, der Bundesregierung oder den entsprechenden Organen eines Bundeslandes (z. B. Landtag, Landesregierung) angehören.

Mindestalter: 40 Jahre

Die **Amtszeit** der Richter dauert **12 Jahre**. Eine Wiederwahl ist ausgeschlossen. Mit der Vollendung des 68. Lebensjahres scheiden sie grundsätzlich aus.

Amtszeit der Bundesverfassungsrichter : 12 Jahre

Die Mitglieder des Bundesverfassungsgerichtes werden je zur Hälfte vom Bundestag und vom Bundesrat gewählt.

Wahl der Richter abwechselnd durch Bundestag und Bundesrat

Den **Präsident** und den **Vizepräsident** des Bundesverfassungsgerichts wählen Bundestag und Bundesrat abwechselnd aus den Reihen der amtierenden Richter. Der Präsident ist zugleich Vorsitzender des ersten, der Vizepräsident Vorsitzender des zweiten Senates.

Aufgaben des Bundesverfassungsgerichtes

Als **„Oberster Hüter der Verfassung"** entscheidet das Bundesverfassungsgericht in den Streitfragen, die die Verfassung, das

Grundgesetz, betreffen. Hierunter fallen insbesondere Streitigkeiten zwischen den obersten Bundesorganen, zwischen den Bundesländern untereinander und zwischen ihnen und der Bundesrepublik sowie über Verfassungsbeschwerden des einzelnen Bürgers (Abb. **31**).

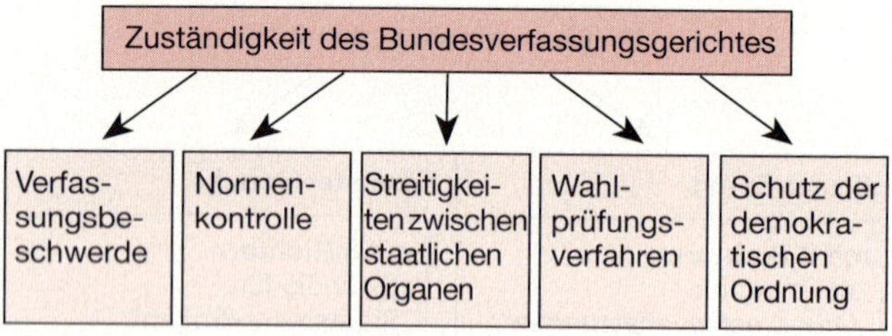

Abb. **31** Aufgaben des Bundesverfassungsgerichtes

Verfassungsbeschwerde

Verfassungsbeschwerde: bei Verletzung von Grundrechten

Glaubt sich der einzelne Bürger in einem Grundrecht verletzt, kann er **nach Ausschöpfung des Rechtsweges** das Bundesverfassungsgericht anrufen. Die Verfassungsbeschwerde kann von jedermann mit der Behauptung erhoben werden, er selbst sei durch die öffentliche Gewalt in seinen Grundrechten verletzt worden.

Normenkontrolle

Normenkontrolle: Überprüfung eines Gesetzes auf seine Verfassungsmäßigkeit

Hält ein Gericht (z. B. Zivilgericht oder Strafgericht) ein Gesetz für verfassungswidrig, und kommt es bei einem konkreten Verfahren auf dieses Gesetz an, so kann es das Verfahren aussetzen und dem Bundesverfassungsgericht vorlegen. Dieses überprüft dann, ob das Gesetz verfassungswidrig ist (**konkrete Normenkontrolle**).

Auf Antrag der Bundesregierung, einer Landesregierung oder mindestens eines Drittels der Mitglieder des Bundestages muß das Bundesverfassungsgericht ein bestimmtes Gesetz auf die Verfassungsmäßigkeit überprüfen (**abstrakte Normenkontrolle**).

Streitigkeiten zwischen staatlichen Organen

Das Bundesverfassungsgericht entscheidet bei Streitigkeiten über Umfang der Rechte und Pflichten eines obersten Bundesorganes oder über Streitigkeiten zwischen den Bundesländern untereinander bzw. zwischen ihnen und dem Bund.

Wahlprüfungsverfahren

Im Falle einer Wahlprüfung der Bundestagswahl entscheidet zunächst der Bundestag selbst. Gegen dessen Entscheidung kann Beschwerde beim Bundesverfassungsgericht eingelegt werden.

Schutz der demokratischen Ordnung

Zum Schutz der demokratischen Ordnung sieht das Grundgesetz verschiedene Abwehrmöglichkeiten vor. Sie im konkreten Einzelfall anzuordnen kann Aufgabe des Bundesverfassungsgerichtes sein.

Beispiele:

- Parteiverbotsverfahren,
- Verwirkung von Grundrechten,
- Anklagen gegen den Bundespräsidenten oder einen Bundesrichter aufgrund vorsätzlicher Verletzung des Grundgesetzes.

Gesetzgebung des Bundes

Gesetz = generelle Regelung für eine Vielzahl von Fällen

Gesetze sollen ein geordnetes und geregeltes Zusammenleben in einem Staat ermöglichen. Es soll der Macht des Staates insofern eine Grenze gesetzt werden, als sich dieser an „seine" Gesetze halten muß. Auch soll der einzelne Bürger wissen, wonach er sich zu richten hat.

Gesetze sind hoheitliche Anordnungen, die für eine Vielzahl von Personen zur Regelung einer Vielzahl von Fällen gelten. Sie sind daher **generell** und **abstrakt**.

Gesetzgebungskompetenz

Bundestag beschließt Bundesgesetz

Landtag beschließt Landesgesetz

Bundesrecht geht vor Landesrecht

Gesetzgebung:
- ausschließlich der Bund zuständig
- konkurrierende Gesetzesgebung
- Rahmengesetzgebung
- im übrigen das Land zuständig

Wie bereits ausgeführt, ist die Bundesrepublik Deutschland ein Bundesstaat (S. 17 ff.). Die einzelnen Bundesländer sind eigenständig und haben auch grundsätzlich das Recht, Gesetze zu erlassen. Erläßt die „Bundesrepublik" ein Gesetz, handelt es sich um ein **Bundesgesetz**. Daneben stehen die Gesetze der Länder als **Landesgesetze**. Behandeln beide den gleichen Regelungskomplex, gilt der Grundsatz: Bundesrecht bricht Landesrecht.

Das Grundgesetz bestimmt nun, auf welchen Rechtsgebieten der Bund und auf welchen die Länder Gesetze erlassen dürfen.

Grundsätzlich ist es Sache der Länder, die staatlichen Aufgaben und Befugnisse zu erfüllen und auszuüben. Allerdings hat das Grundgesetz dem Bund eine Reihe von Befugnissen (= Kompetenzen) eingeräumt, selbst Gesetze zu erlassen.

Da gibt es zunächst Rechtsgebiete, in denen **nur** der Bund ein Gesetz erlassen kann (**ausschließliche Gesetzgebung** des Bundes), dann gibt es Gebiete, in denen das Land ein Gesetz erlassen kann, soweit der Bund auf diesem Gebiet kein Gesetz erläßt (**konkurrierende Gesetzgebung**) und schließlich gibt es die Möglichkeit, daß der Bund auf bestimmten Gebieten einen Gesetzesrahmen erläßt (**Rahmengesetzgebung**) (Abb. **32**).

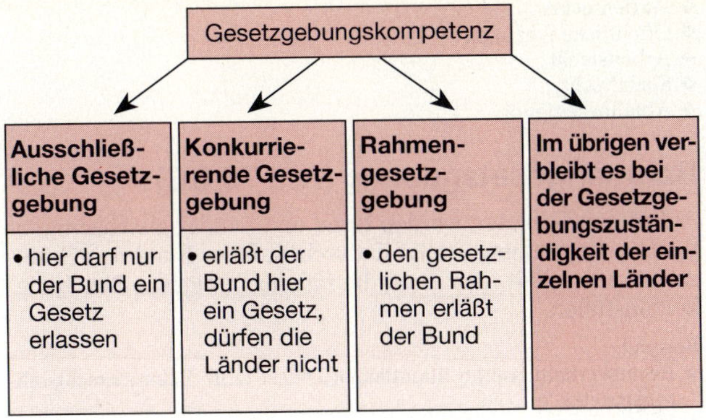

Abb. **32** Die Verteilung der Gesetzgebungszuständigkeit zwischen Bund und Ländern

Ausschließliche Gesetzgebung des Bundes (Art. 73 GG)

Alleinige Zuständigkeit des Bundes

Auf diesem Gebiet hat der Bund die **alleinige** Zuständigkeit zum Erlaß von Gesetzen.

Beispiel:
- ❖ Auswärtige Angelegenheiten,
- ❖ Verteidigung,
- ❖ Zivilschutz,
- ❖ Staatsangehörigkeit im Bund,
- ❖ Paßwesen,
- ❖ Währungswesen,
- ❖ Post,
- ❖ Fernmeldewesen,
- ❖ Bundesbahn,
- ❖ Luftverkehr,
- ❖ Verfassungsschutz.

Konkurrierende Gesetzgebung (Art. 74 GG)

Dort, wo der Bund kein Gesetz erläßt, darf das Land tätig werden

Hierbei handelt es sich um Rechtsgebiete, bei denen an sich sowohl der Bund als auch die Länder Gesetze erlassen dürfen. Hat jedoch der Bund von seinem Recht zur Gesetzgebung Gebrauch gemacht, müssen die Länder zurückstehen. Der Bund darf von seinem Recht nur Gebrauch machen, wenn ein **Bedürfnis** nach bundeseinheitlicher Regelung besteht.

Beispiel:
- ❖ Bürgerliches Recht (BGB),
- ❖ Strafrecht (StGB),
- ❖ Vereinsrecht,

- ❖ Waffenrecht,
- ❖ Öffentliche Fürsorge,
- ❖ Arbeitsrecht,
- ❖ Sozialrecht,
- ❖ Abfallbeseitigung.

Rahmengesetzgebung (Art. 75 GG)

Der Bund erläßt den gesetzlichen Rahmen, den das Land ausfüllt

Auf diesen Gebieten werden Bund und Länder gleichzeitig tätig. Die Abgrenzung erfolgt dadurch, daß der Bund den Gesetzesrahmen erläßt, den dann die Länder in eigener Zuständigkeit ausfüllen.

Beispiel:

- ❖ Rechtsverhältnisse im öffentlichen Dienst (z. B. Beamtenrechtsrahmengesetz),
- ❖ Hochschulwesen,
- ❖ Pressewesen,
- ❖ Jagdwesen,
- ❖ Naturschutz,
- ❖ Landschaftspflege,
- ❖ Bodenverteilung,
- ❖ Raumordnung (z. B. Raumordnungsgesetz),
- ❖ Wasserhaushalt.

Gesetzgebungsverfahren

Bei der Entstehung eines Gesetzes kann man grob 3 Stufen (Einteilungs-, Beschluß- und Abschlußverfahren) unterscheiden (Abb. **33**):

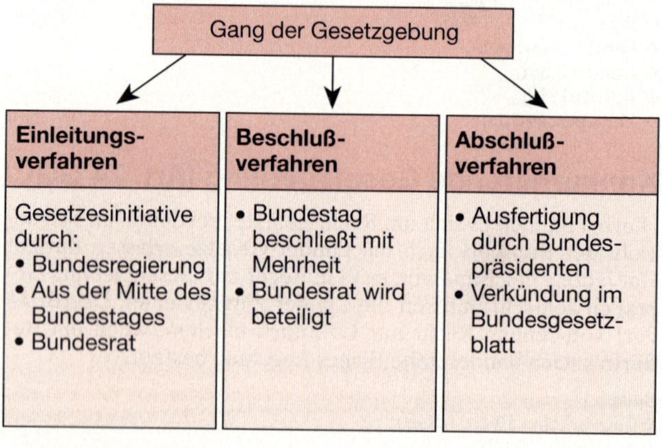

Abb. **33** Grobeinteilung des Gesetzgebungsverfahrens

Einleitungsverfahren

Einleitungsverfahren: Einreichen eines wirksamen Gesetzesvorschlags

Nicht jeder, der ein Bundesgesetz ändern oder ein neues erlassen will, kann dies wirksam vorschlagen. Nur 3 Staatsorgane können einen Gesetzesentwurf einbringen.

§

§ **Gesetzesvorlagen werden beim Bundestag durch die Bundesregierung, aus der Mitte des Bundestages oder durch den Bundesrat eingebracht.**

(Art. 76 I GG)

Gesetzesinitiative = Vorschlag, ein Gesetz zu erlassen

Somit kann die **Gesetzesinitiative** nur von der Bundesregierung, der „Mitte" des Bundestages oder durch den Bundesrat ergriffen werden (Abb. **34**). Einzelne Bundesländer sind zur Gesetzesvorlage genauso wenig befugt, wie einzelne Abgeordnete oder Bürgerinitiativen.

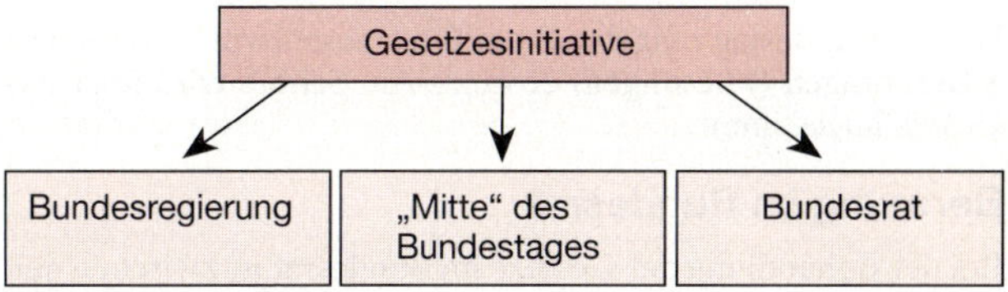

Abb. **34** Recht zur Gesetzesinitiative

Gesetzesvorlage durch die Bundesregierung

Gesetzesvorlage durch:
- Bundesregierung

Die meisten Gesetzesvorlagen (nämlich gut die Hälfte) erfolgen durch die Bundesregierung. Dies liegt unter anderem daran, daß sie zusammen mit dem Bundeskanzler das Wahlprogramm verwirklichen will und weiß, daß sie im Bundestag über eine Mehrheit verfügt.

Der Gesetzentwurf wird zunächst vom zuständigen Fachministerium erarbeitet. Die Bundesregierung entscheidet dann in einer Kabinettssitzung, ob sie das Gesetz so vorschlägt. Kommt eine Mehrheit zustande, wird der Gesetzentwurf dem Bundesrat zur Stellungnahme zugeleitet. Anschließend gelangt er in den Bundestag, wo dieser darüber abstimmt.

Gesetzesvorlage aus der „Mitte" des Bundestages

Gesetzesvorlage durch:
- Mitte des Bundestages = mindestens 5 % seiner Mitglieder

Nicht der Bundestag als solcher hat das Initiativrecht, sondern es genügt, wenn sich einige Abgeordnete zusammentun und einen Gesetzesvorschlag einbringen. Es müssen gemäß § 76 I der Geschäftsordnung des Deutschen Bundestages mindestens **5 % der Mitglieder des Bundestages** oder eine Fraktion sein.

Somit kann auch die Opposition einen Gesetzesvorschlag einbringen.

Gesetzesvorlage durch den Bundesrat

Gesetzesvorlage durch:
• Bundesrat

Will der Bundesrat ein Gesetz vorschlagen, muß er selbst zunächst darüber abstimmen. Erst mit der Mehrheit seiner Mitglieder kommt ein wirksamer Gesetzesvorschlag zustande.

Diese Gesetzesvorlage übersendet der Bundesrat der Bundesregierung, die ihn dann dem Bundestag zuleitet.

Beschlußverfahren

Beschlußverfahren: Abstimmung über das Gesetz im Bundestag und im Bundesrat

Im Beschlußverfahren findet eine Abstimmung im **Bundestag,** im **Bundesrat** und möglicherweise eine Beteiligung des **Vermittlungsausschusses** statt.

Beratung im Bundestag

Beratung im Bundestag durch 3 Lesungen

Die im Bundestag eingebrachten Gesetzesentwürfe werden in **3 Beratungen (=Lesungen)** erörtert. Am Schluß wird über das Gesetz abgestimmt.

Beratung im Bundesrat

Bei der Behandlung der Gesetze im Bundesrat ist zwischen den **Zustimmungsgesetzen** und den **Einspruchsgesetzen** zu unterscheiden (Abb. **35**).

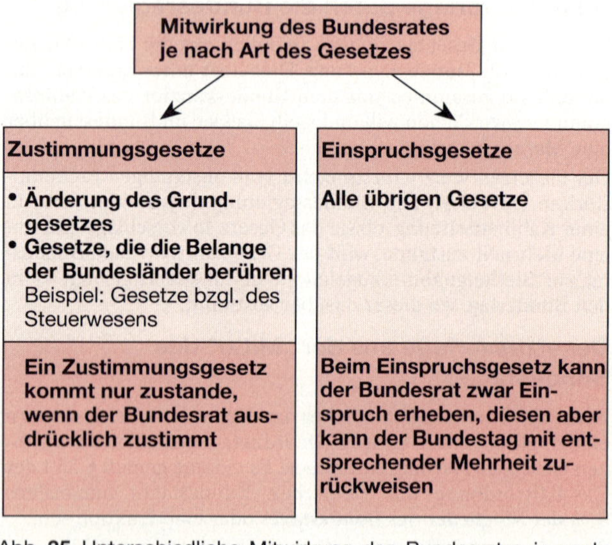

Abb. **35** Unterschiedliche Mitwirkung des Bundesrates je nach Art des Gesetzes

Mitwirkung bei Zustimmungsgesetzen

Das Grundgesetz bestimmt selbst, in welchen Fällen es der **Zustimmung des Bundesrates** bedarf. Diese Gesetze nennt man **Zustimmungsgesetze**. Es handelt sich entweder um Gesetze, die das Grundgesetz ändern oder um solche, die die Angelegenheiten der einzelnen Bundesländer berühren. Der Bund soll nicht in die Belange der Länder hineinbestimmen, ohne daß diese einverstanden sind.

Zustimmungsgesetz: ohne Zustimmung des Bundesrates scheitert das Gesetzesvorhaben

Beispiel:
Betrifft ein Gesetz das Steueraufkommen, so daß den Bundesländern mehr oder weniger Steuern zufließen, müssen diese durch den Bundesrat dem Gesetzentwurf zustimmen.

Stimmt der Bundesrat dem Gesetz zu, so kommt es zustande. **Versagt er die Zustimmung, kommt das Gesetz nicht zustande**. Unter Umständen wird noch der Vermittlungsausschuß angerufen (s. unten).

Mitwirkung bei Einspruchsgesetzen

Bei den übrigen einfachen Gesetzen bedarf es keiner Zustimmung des Bundesrates. Der Bundesrat kann

Einspruchsgesetz: der Einspruch des Bundesrates kann vom Bundestag zurückgewiesen werden

- untätig bleiben, das Gesetz kommt zustande,
- mit dem Gesetz einverstanden sein, das Gesetz kommt zustande,
- nach Abschluß des Vermittlungsverfahrens Einspruch einlegen. In diesem Fall kommt es darauf an, ob der Bundestag den Einspruch zurückweist.

Legt der Bundesrat gegen den Gesetzentwurf Einspruch ein, muß sich der Bundestag erneut mit dem Gesetz befassen. Er kann den Einspruch zurückweisen.

Hat der Bundestag den Einspruch wirksam zurückgewiesen, ist das Gesetz zustandegekommen. Wird der Einspruch nicht mit der erforderlichen Mehrheit zurückgewiesen, ist das Gesetzesvorhaben gescheitert.

Vermittlungsausschuß

Sind sich bei einem Gesetzesvorhaben der Bundestag und der Bundesrat nicht einig, kann der Vermittlungsausschuß angerufen werden. Dieser soll nun vermitteln. Er kann eine Änderung des beabsichtigten Gesetzes, oder die Aufhebung bzw. das Belassen des Entwurfes vorschlagen.

Der Vermittlungsausschuß besteht aus **32 Mitgliedern**, wovon der Bundestag und der Bundesrat (je Bundesland 1 Mitglied) je die Hälfte entsenden.

Vermittlungsausschuß: 32 Mitglieder

Der Vermittlungsausschuß wird nur tätig, wenn er einberufen ist. Das Recht zur Einberufung haben der Bundesrat und bei Zustimmungsgesetzen auch der Bundestag und die Bundesregierung.

Abschlußverfahren

Abschlußverfahren:

Ist der Gesetzentwurf von Bundestag und Bundesrat angenommen worden, muß das Gesetz vom Bundespräsidenten **ausgefertigt** und im Bundesgesetzblatt **verkündet** werden. Erst danach ist es wirksam.

Ausfertigung durch den Bundespräsidenten

- Unterschrift des Bundespräsidenten

Die Ausfertigung geschieht dadurch, daß der Bundespräsidenten das Gesetz unterschreibt.

Er muß das Gesetz unterschreiben, wenn es nach den Vorschriften des Grundgesetzes zustandegekommen ist, sonst muß er seine Unterschrift verweigern.

Verkündung im Bundesgesetzblatt

- Veröffentlichung im Bundesgesetzblatt

Das nun bestehende Gesetz muß veröffentlicht werden, damit es die Bürger auch einsehen können. Zu diesem Zweck erfolgt die Veröffentlichung des Gesetzes im Bundesgesetzblatt. Erst jetzt erlangt es Gültigkeit. Es tritt 14 Tage nach Ausgabe des Bundesgesetzblattes in Kraft, es sei denn, im Gesetz selber ist ein anderer Zeitpunkt bestimmt.

Darstellung des Gesetzgebungsverfahrens

Siehe Abb. 36 (S. 75).

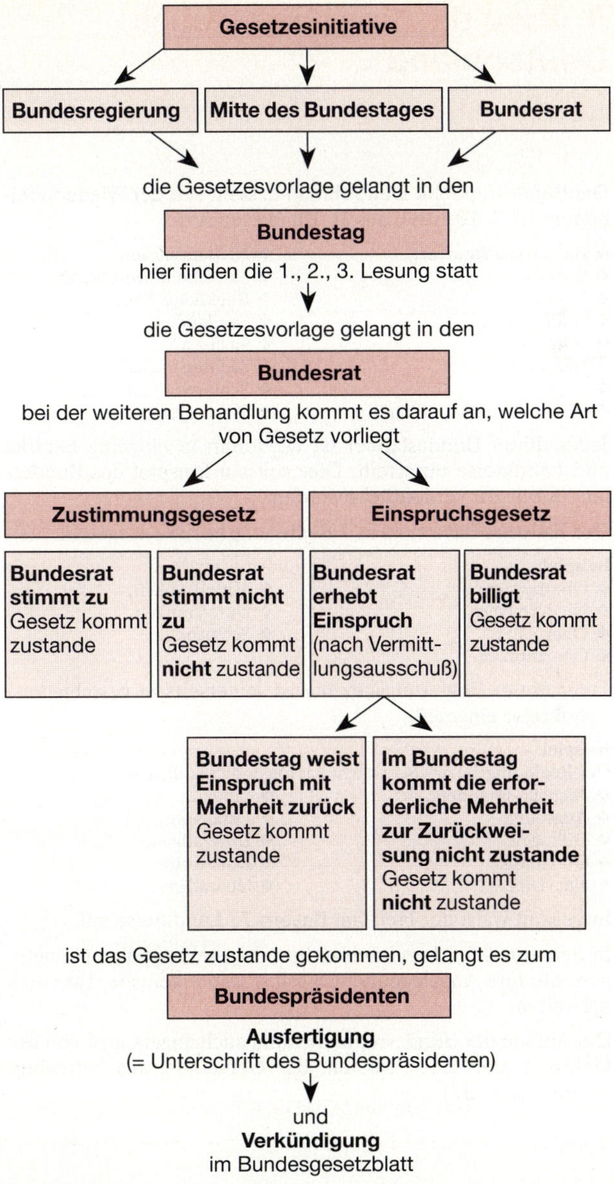

Abb. **36** Darstellung des Gesetzgebungsverfahrens

Aufbau der Bundesrepublik Deutschland

Die Bundesrepublik Deutschland besteht seit der Wiedervereinigung am 3. 10. 1990 aus 16 Bundesländern.

- ❖ Baden-Württemberg,
- ❖ Bayern,
- ❖ Berlin,
- ❖ Brandenburg,
- ❖ Bremen,
- ❖ Hamburg,
- ❖ Hessen,
- ❖ Mecklenburg-Vorpommern,
- ❖ Niedersachsen,
- ❖ Nordrhein-Westfalen,
- ❖ Rheinland-Pfalz,
- ❖ Saarland,
- ❖ Sachsen,
- ❖ Sachsen-Anhalt,
- ❖ Schleswig-Holstein,
- ❖ Thüringen.

Jedes dieser Bundesländer ist wiederum in einzelne Bezirke und Landkreise unterteilt. Dies soll am Beispiel des Bundeslandes Bayern verdeutlicht werden:

Der Freistaat Bayern ist in 7 Regierungsbezirke eingeteilt.

Beispiel:

- ❖ Oberbayern,
- ❖ Niederbayern,
- ❖ Oberpfalz,
- ❖ Oberfranken,
- ❖ Mittelfranken,
- ❖ Unterfranken,
- ❖ Schwaben.

Jeder dieser Regierungsbezirke ist seinerseits in verschiedene Landkreise eingeteilt.

Beispiel:

Der Regierungsbezirk Schwaben hat folgende Landkreise:

- ❖ Aichach-Friedberg,
- ❖ Augsburg,
- ❖ Dillingen,
- ❖ Günzburg,
- ❖ Neu-Ulm,
- ❖ Lindau,
- ❖ Ostallgäu,
- ❖ Unterallgäu,
- ❖ Donau-Ries,
- ❖ Oberallgäu

Insgesamt weist der Freistaat Bayern 71 Landkreise auf.

In den einzelnen Landkreisen bestehen selbständige Gemeinden, die ihre Angelegenheiten selbst und eigenverantwortlich verwalten.

Der Aufbau der Bundesrepublik kann auch angefangen von der kleinsten politischen Einheit, der Gemeinde, aus betrachtet werden (Abb. **37**):

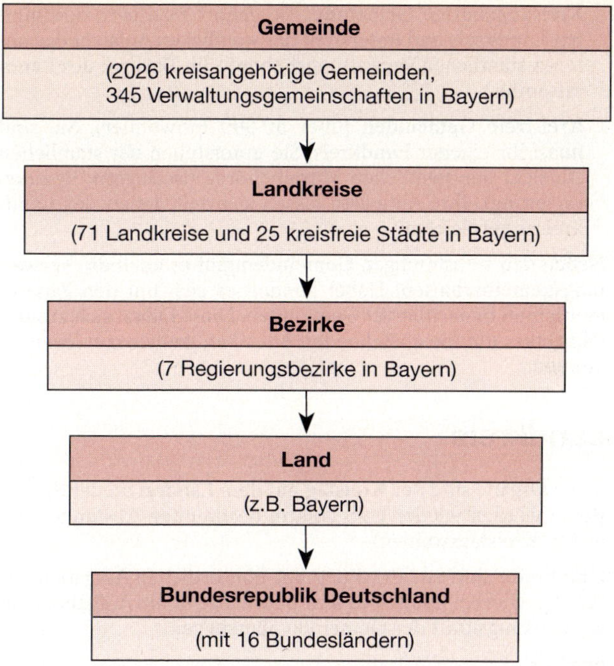

Abb. **37** Aufbau der Bundesrepublik Deutschland

Gemeinde

Gemeinde: Gemeinderat, Bürgermeister

Die Gemeinde ist die kleinste politische Einheit des Staates. Das Hauptorgan ist der **Gemeinderat** mit dem **Bürgermeister** an der Spitze. Beide werden von den Bürgern in regelmäßigen Abständen gewählt (in Bayern alle 6 Jahre bei den Gemeinderatswahlen).

Zu den Hauptaufgaben der Gemeinde zählen die sog. **Pflichtaufgaben** (z. B. Straßenbau, Grundschulen, Feuerwehr). Daneben gibt es eine Reihe von sog. **freiwilligen Aufgaben** (z. B. Sportstättenbau, Hallenbad, Erholungsplätze). Die Gemeinde erfüllt aber auch eine Vielzahl von Aufgaben, die ihr vom **Staat zugewiesen** wurden (z. B. Meldewesen, Standesamtswesen).

Bei den Gemeinden ist zwischen den kreisangehörigen und den kreisfreien Gemeinden zu unterscheiden.

Kreisangehörige, Kreisfreie Gemeinde

- **Kreisangehörige Gemeinde.** Sie gehört zu einem bestimmten Landkreis und untersteht der staatlichen Aufsicht der unteren staatlichen Verwaltungsbehörde (in Bayern: des Landratsamtes).
- **Kreisfreie Gemeinden** (über 50 000 Einwohner). Sie sind quasi ihr eigener Landkreis. Sie unterstehen der staatlichen Aufsicht der staatlichen Mittelbehörde (in Bayern: Bezirksregierung). Ihre Aufgaben lassen sich mit denen des Landkreises vergleichen.

Neben den selbständigen Gemeinden gibt es noch die **Verwaltungsgemeinschaften**. Dabei handelt es sich um den Zusammenschluß benachbarter Gemeinden. Diese haben sich zusammengetan, um die anstehenden Aufgaben gemeinsam lösen zu können.

Landkreis

Landkreis: Kreistag, Landrat

Seine Organe sind der **Kreistag** mit dem **Landrat** an der Spitze. Beide werden wieder vom Volk in bestimmten Abständen gewählt (Kreistagswahlen).

Landkreise sind zur Erfüllung der überörtlichen Aufgaben zuständig. Hierbei handelt es sich überwiegend um Aufgaben, die die Leistungskraft der Gemeinde übersteigen.

Beispiele:
- ❖ Sozialhilfewesen,
- ❖ Gesundheitswesen (Krankenhäuser),
- ❖ Sparkassenwesen.

Der Landkreis hat auch Aufgaben wahrzunehmen, die ihm vom Staat übertragen wurden.

Beispiele:
- ❖ Abfallbeseitigung,
- ❖ Katastrophenschutz,
- ❖ Naturschutz.

Bezirk

Bezirk: Bezirkstag, Bezirkstagspräsident

Die Organe des Bezirkes sind der **Bezirkstag** mit seinem **Bezirkstagspräsidenten**. Beide werden vom Volk für bestimmte Zeit bei den Bezirkstagswahlen gewählt.

Die Bezirke sind für Aufgaben zuständig, die die Leistungsfähigkeit der Landkreise übersteigen.

Beispiel:
- ❖ Bezirkskrankenhaus.

(Bundes-)Land

Jedes Bundesland verfügt über eine eigene Verfassung und eine eigene Regierung.

(Bundes-)Land: Landtag, Ministerpräsident

Bei den in regelmäßigen Abständen stattfindenden Landtagswahlen (in Bayern alle 4 Jahre) werden die Landtagsabgeordneten bestimmt. Diese bilden den **Landtag**.

Der Landtag wählt den **Ministerpräsidenten**. Dieser beruft und entläßt in Bayern mit Zustimmung des Landtages die Staatsminister und Staatssekretäre. Sie zusammen bilden in Bayern die **Staatsregierung**.

Zu den Aufgaben eines Bundeslandes gehören vor allem diejenigen Bereiche, die einheitlich geregelt werden sollen und nicht in die Zuständigkeit der Bundesrepublik fallen.

Beispiel:

❖ Regelungen im Schulwesen.

Wirtschaftsordnung der Bundesrepublik Deutschland

Marktwirtschaft:
- freie Marktwirtschaft,
- soziale Marktwirtschaft.

Unter der Wirtschaftsordnung eines Staates versteht man die Summe der Vorschriften über das Wirtschaftsleben, den Markt und den Handel. Es finden sich in der Praxis vor allem 2 Wirschaftssysteme. Es handelt sich dabei zum einen um die **Planwirtschaft** und zum anderen um die **Marktwirtschaft**. Eine besondere Erscheinungsform der Marktwirtschaft ist die **soziale Marktwirtschaft** (Abb. **38**).

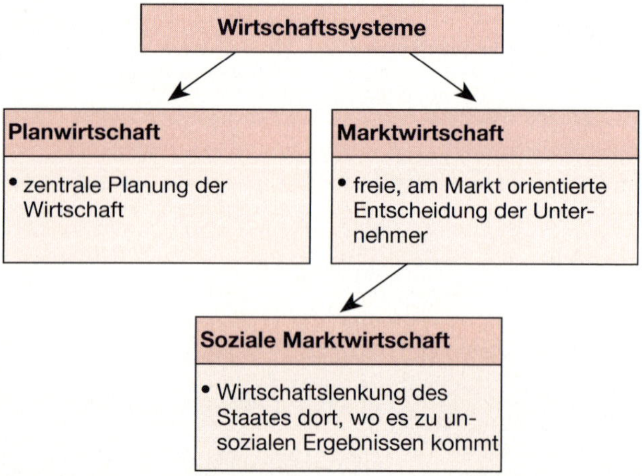

Abb. **38** Wirtschaftsordnungen

Planwirtschaft

Planwirtschaft (staatliche Lenkung)

Die Planwirtschaft ist durch eine **zentrale Planung** der Wirtschaftspolitik, begleitet mit entsprechender Lenkung, gekennzeichnet. Der Staat übernimmt dabei eine Kontrolle über Berufs- und Arbeitsplatzwahl, über die Festsetzung der Löhne und Arbeitsbedingungen. Die Produktionsmittel befinden sich dabei im wesentlichen in Staatseigentum.

Marktwirtschaft

In der Marktwirtschaft überläßt der Staat die Wirtschaftspolitik der freien Entscheidung der einzelnen Unternehmer. Das entscheidende Regulativ stellen das **Angebot** und die **Nachfrage** dar. Die einzelnen Unternehmen treten in einem freien Wettbewerb gegenüber.

Marktwirtschaft (freie Marktorientierung)

Soziale Marktwirtschaft

Die Wirtschaftsordnung der Bundesrepublik Deutschland entspricht der sozialen Marktwirtschaft.

Soziale Marktwirtschaft (freie Marktorientierung und Schutz des sozial Schwachen)

Das Grundgesetz enthält keine bestimmte Wirtschaftsordnung. Es enthält jedoch Grundrechte wie „Freiheit der Person", „Vereinigungsfreiheit", „Recht auf freie Berufswahl", „Gewährleistung des Eigentums" und das Sozialstaatsprinzip. Hieraus ergibt sich zwangläufig, daß unter Beachtung dieser Grundrechte nur eine Marktwirtschaft und zwar mit einer sozialen Komponente zulässig ist.

Die **soziale** Marktwirtschaft unterscheidet sich von der sog. freien Marktwirtschaft dadurch, daß der Staat bestimmte Korrekturen dort vornimmt, wo der freie Wettbewerb zu unsozialen Ergebnissen führt. So wird in der sozialen Marktwirtschaft dem Staat das Recht der Wirtschaftslenkung zuerkannt, soweit dies die Grundrechte noch zulassen.

Merkmale der sozialen Marktwirtschaft sind daher:

- Freiheit und Eigenverantwortung,
- freier Wettbewerb aller Kräfte,
- Garantie des Eigentums,
- Berufsfreiheit, Gewerbefreiheit,
- Produktions- und Handelsfreiheit,
- Schutz des Verbrauchers.

Die Steuerung in der Marktwirtschaft geschieht dadurch, daß die Verbraucher und die Unternehmer darüber entscheiden, welche Waren angeboten werden.

Selbststeuerung durch Angebot und Nachfrage

Der Unternehmer möchte **Gewinn** machen. Demzufolge wird er das produzieren, wofür eine **Nachfrage der Verbraucher** besteht. Dies führt zur verbrauchsorientierten Produktion.

Die Verbraucher werden dort einkaufen, wo das Angebot am günstigsten ist. Dies führt zu einem Wettbewerb unter den verschiedenen Unternehmern und damit zu einem verbraucherfreundlichem Preis.

Die soziale Marktwirtschaft ist daher eine Kombination aus wirtschaftlicher Selbststeuerung (Angebot und Nachfrage) und aus Korrekturen mittels einer aktiven staatlichen Wirtschaftspolitik.

Diese Korrektur erfolgt durch eine Vielzahl von Gesetzen. So soll zwar der Wettbewerb grundsätzlich frei sein, gegen Mißbräuche gibt es jedoch das **Gesetz gegen den unlauteren Wettbewerb**. Hinzu kommen Verbraucherschutzgesetze, um dort den Verbraucher zu schützen, wo er eine schwache Position innehat.

Rechtsprechung in der Bundesrepublik Deutschland

§ **Die rechtsprechende Gewalt ist den Richtern anvertraut; sie wird durch das Bundesverfassungsgericht, durch die in diesem Grundgesetz vorgesehenen Bundesgerichte und durch die Gerichte der Länder ausgeübt.**
(Art. 92 GG)

§

Das Bundesverfassungsgericht hat seinen Sitz in Karlsruhe und ist das oberste Gericht in der Bundesrepublik Deutschland. Es entscheidet dann, wenn es sich um eine Verletzung des Grundgesetzes handelt (S. 64 ff.).

Neben dem Bundesverfassungsgericht gibt es **5 oberste Gerichtshöfe**. Jeweils ein oberstes Gericht steht an der Spitze der folgenden Gerichtszweige:

- ❖ Ordentliche Gerichtsbarkeit,
- ❖ Arbeitsgerichtsbarkeit,
- ❖ Verwaltungsgerichtsbarkeit,
- ❖ Sozialgerichtsbarkeit,
- ❖ Finanzgerichtsbarkeit.

Darunter gliedern sich die einzelnen **Gerichte der Länder** (Abb. **39**).

Die Aufgabe der Rechtsprechung besteht darin, in verbindlicher Form in Fällen, in denen das Recht verletzt oder bestritten ist zu entscheiden. Sie dient der Wahrung und Fortbildung des Rechts. Insbesondere steht jeder staatliche Akt unter dem Vorbehalt der richterlichen Überprüfung.

Rechtsprechung: endgültige Entscheidung in strittigen Fällen durch unabhängige Richter

Unabhängige Rechtsprechung

Damit die Rechtsprechung ihren Aufgaben gerecht wird und insbesondere neutral entscheiden kann, muß ihre Unabhängigkeit gewährleistet sein.

Unabhängigkeit der Richter: persönlich und sachlich

§ **Die Richter sind unabhängig und nur dem Gesetz unterworfen.**
(Art. 97 I GG)

§

Die Unabhängigkeit der Rechtsprechung wird durch unabhängige Richter garantiert. Diese unterteilt sich in eine **sachliche** und **persönliche Unabhängigkeit** (Abb. **40**).

5 Gerichtszweige mit ihren jeweiligen Gerichten				
Ordentliche Gerichts-bareit	Arbeits-gerichts-barkeit	Verwaltungs-gerichts-barkeit	Sozial-gerichts-barkeit	Finanz-gerichts-barkeit
Oberste Gerichtshöfe				
Bundes-gerichtshof (BGH) in Karlsruhe	**Bundes-arbeits-gericht (BAG)** in Kassel	**Bundesver-waltungs-gericht (BVerwG)** in Berlin	**Bundes-sozial-gericht (BSG)** in Kassel	**Bundes-finanzhof (BFH)** in München
Nachfolgende Gerichte der Länder				
Oberlandes-gericht **Landgericht** **Amtsgericht**	**Landes-arbeits-gericht** **Arbeits-gericht**	**Oberver-waltungs-gericht** **Verwal-tungs-gericht**	**Landes-sozial-gericht** **Sozial-gericht**	**Finanz-gericht**
Zuständigkeit				
• **Zivilrechts-streitig-keiten** (Schaden-ersatz, Scheidung) • **Strafrecht** (Aburtei-lung von Straftätern)	• **Streitig-keiten aus dem Arbeits-verhält-nis zwi-schen Arbeitge-ber und Arbeit-nehmer** (Kündi-gung, Lohn)	• **Allgemei-nes öffent-liches Ver-waltungs-recht** (Baurecht, Natur-schutz)	• **Streitig-keiten aus dem Bereich der Sozial-leistungen** (Sozialver-sicherung)	• **Streitig-keiten aus dem Bereich der Finanzbe-hörden** (Steuern, Zoll)

Abb. **39** Die 5 Gerichtszweige

Richter sind weisungsfrei: sie sind nur dem Recht und Gesetz unterworfen

Sachliche Unabhängigkeit

Keinem Richter darf eine Weisung erteilt werden, wie er in der Sache zu entscheiden hat. Dies bedeutet, daß **vor** seiner Entscheidung kein Einfluß auf ihn ausgeübt werden darf, wie er zu

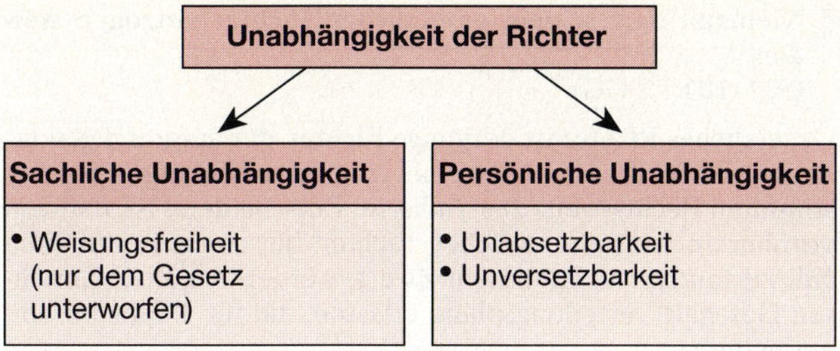

Abb. **40** Unabhängige Gerichtsbarkeit

urteilen hat oder wie es z. B. „zweckmäßig" oder „politisch opportun" wäre.

Der Richter muß sich auch **nach** seiner Entscheidung niemandem gegenüber verantworten. Zur Korrektur seiner Entscheidungen sind allein die Rechtsmittel und die übergeordneten Gerichte berufen, soweit die gesetzlichen Voraussetzungen vorliegen.

Persönliche Unabhängigkeit

Richter sind gegen ihren Willen unversetzbar

Die volle sachliche Unabhängigkeit ist nur gewährleistet, wenn der Richter auch persönlich unabhängig ist. Er soll daher keinesfalls befürchten müssen, bei einer mißliebigen Entscheidung **ab**gesetzt oder **ver**setzt zu werden. Um dies sicherzustellen, garantiert ihm das Grundgesetz in Art. 97 II GG, daß ein Richter gegen seinen Willen weder vor Ablauf seiner Amtszeit (Richter sind in der Regel auf Lebenszeit ernannt) entlassen noch versetzt werden darf.

Auswirkung dieser persönlichen Unabhängigkeit ist, daß Richter **keine** Beamten sind. Sie unterstehen zwar der Dienstaufsicht, dies jedoch nur, soweit ihre Unabhängigkeit nicht beeinträchtigt wird. So hat ein Richter weder eine Anwesenheitspflicht noch eine feste Arbeitszeit, in der er im Amt sein muß. Lediglich die von ihm gesetzen Termine muß er einhalten.

Andererseits muß sich ein Richter innerhalb und außerhalb seines Amtes so verhalten, daß das Vertrauen in seine Unabhängigkeit nicht gefährdet wird.

Gesetzlicher Richter

Gesetzlicher Richter = für jeden Rechtsfall muß vorab bestimmt sein, welcher Richter zuständig ist

Ein weiterer Grundsatz, der die Manipulierbarkeit der Rechtsprechung verhindern soll, ist die **Garantie des gesetzlichen Richters**.

§

§ Niemand darf seinem gesetzlichen Richter entzogen werden.
(Art. 101 I 2 GG)

Gesetzlicher Richter ist derjenige Richter, der aufgrund gesetzlicher Vorschriften im Einzelfall zur Entscheidung eines bestimmten Rechtsstreits zuständig ist. Entscheidend ist, daß von vornherein feststeht, welcher Richter für einen bestimmten Fall zuständig ist. Zu diesem Zweck werden bei allen Gerichten Geschäftsverteilungspläne erlassen, die für 1 Jahr im voraus gelten.

Rechtsweggarantie

Rechtsweggarantie = für jede Rechtsstreitigkeit gibt es ein zuständiges Gericht

Jedermann hat das Recht, im Falle eines Rechtsstreites ein Gericht anzurufen. Dies folgt bereits aus dem Rechtsstaatsprinzip.

Der Staat will nicht, daß sich der einzelne Bürger des „Faustrechts“ bedient, um seine (vermeintlichen) Rechte durchzusetzen. Vor den Gerichten soll der Streit in friedlicher Weise und in einem geordneten Verfahren unter Schutz des Schwachen geschlichtet oder entschieden werden.

Darüber hinaus bestimmt das Grundgesetz, daß jeder, der durch die öffentliche Gewalt in seinen Rechten verletzt ist, ebenfalls den Rechtsweg bestreiten kann. Damit ist garantiert, daß staatliche Akte (Handlungen) in rechtlicher und tatsächlicher Hinsicht der Überprüfung unabhängiger (auch vom Staat unabhängiger) Gerichte unterliegen.

§

Rechtliches Gehör

Rechtliches Gehör = vor einer Entscheidung ist der Bürger anzuhören

§ Vor Gericht hat jedermann Anspruch auf rechtliches Gehör.
(Art. 103 I GG)

Der Entscheidung der Gerichte dürfen nur solche Tatsachen zugrunde gelegt werden, zu denen die Beteiligten Stellung nehmen konnten.

Diese Ausführungen muß das Gericht auch zur Kenntnis nehmen und auf ihre Stichhaltigkeit hin überprüfen.

Verstößt ein Gericht gegen diesen Grundsatz, kann der einzelne nach Ausschöpfung des Rechtsweges (d. h. Ausnutzung aller Rechtsmittel) diese Verletzung mit der Verfassungsbeschwerde vor dem Bundesverfassungsgericht geltend machen.

Europäische Union (EU)

In der EU leben rund 370 Mio. Einwohner und damit mehr als in den USA (244 Mio.).

Die EU setzte sich ursprünglich aus 3 verschiedenen Gemeinschaften zusammen, nämlich der **Europäischen Gemeinschaft für Kohle und Stahl (EGKS, Montanunion),** der **Europäischen Wirtschaftsgemeinschaft (EWG)** und der **Europäischen Atomgemeinschaft (Euratom)** (Abb. **41**).

Europäische Union = wirtschaftlicher Zusammenschluß von derzeit 15 europäischen Staaten

EU = hervorgegangen aus 3 verschiedenen Gemeinschaften:
- EGKS
- EWG
- Euratom

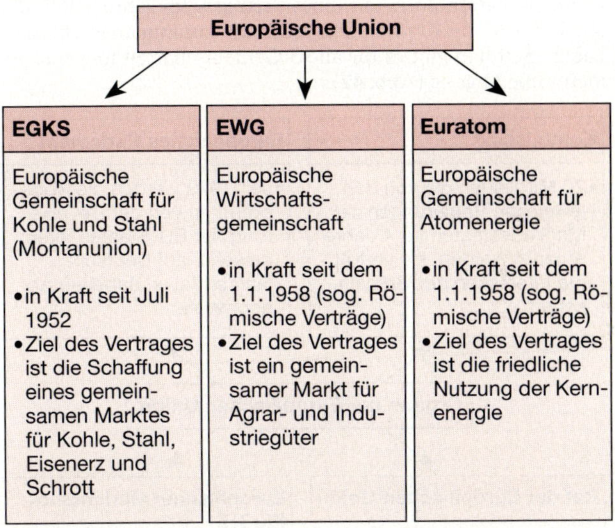

Abb. **41** Anfänge und Entstehung der Europäischen Union

Grundlage dieser Gemeinschaften sind jeweils Verträge zwischen den jeweiligen Mitgliedsstaaten. Diese Verträge wurden in der Folgezeit weiterentwickelt und zwar vor allem in der **Einheitlichen Europäischen Akte** und in den **Verträgen von Maastricht**.

Wesentliche Grundlage der EU:
- einheitliche Europäische Akte
- Verträge von Maastricht

Zu den Mitgliedstaaten gehören:

15 Mitgliedstaaten

❖ Belgien,
❖ Bundesrepublik Deutschland,
❖ Frankreich,

❖ Italien,
❖ Luxemburg,
❖ Niederlande
(dies sind die Gründungsmitglieder).

❖ Großbritannien,
❖ Irland,
❖ Dänemark,
❖ Griechenland,
❖ Spanien,
❖ Portugal,
❖ Finnland,
❖ Schweden,
❖ Österreich.

Von der **„Europäischen Gemeinschaft"** spricht man, seit alle 3 Gemeinschaften aufgrund eines Vertrages im Jahre 1965, der am 1. 7. 1967 in Kraft trat, ihre Organe zusammengeschlossen haben. Seitdem gibt es für alle 3 Gemeinschaften folgende gemeinsame Organe (Abb. **42**):

Organe der EU:

- Kommission: 20 Mitglieder, ernannt von den Regierungen der Mitgliedsstaaten
- Europäisches Parlament: 626 Abgeordnete, die vom Volk gewählt werden
- Rat der EU: 15 Fachminister aus den jeweiligen Staaten
- Europäischer Gerichtshof: Richter und Generalanwälte

Abb. **42** Die Organe der Europäischen Union

Seit den **Verträgen von Maastricht vom 7. 2. 1992** spricht man nicht mehr von der Europäischen Gemeinschaft, sondern von der **Europäischen Union**.

Durch diesen Vertrag sind neben der wirtschaftlichen Zusammenarbeit weitere Bereiche hinzugekommen, so z. B. eine gemeinsame Außen- und Sicherheitspolitik (GASP) und eine Zusammenarbeit in den Bereichen der Justiz (vor allem Asylpolitik, Grenzkontrollen, Bekämpfung internationaler Kriminalität).

Des weiteren sehen die Vereinbarungen von Maastricht eine **Unionsbürgerschaft** („europäische Staatsbürgerschaft") vor. Unionsbürger ist, wer die Staatsangehörigkeit eines Mitgliedstaats besitzt. Damit kann sich jeder Unionsbürger in jedem Mitgliedsstaat frei bewegen und aufhalten.

Verträge von Maastricht sehen u.a. vor:
- europäische Staatsbürgerschaft
- Europawährung (ECU)

Spätestens bis 1999 soll die gemeinsame vollgültige Europawährung, der **ECU** (European Currency Unit) eingeführt werden. Er entspricht dann ungefähr dem Wert von 2 DM.

Europäisches Parlament

Europäisches Parlament: gewählte Abgeordnete

- **Sitz.** Straßburg.
- **Mitglieder.** Die 626 Abgeordneten aus den 15 Mitgliedsländern werden vom Volk für 5 Jahre gewählt. Aus seiner Mitte wählt das Parlament den Präsidenten.

  Vom 9. bis 12. Juni 1994 fanden die letzten Wahlen statt.
- **Funktion und Aufgaben.** Sehr eingeschränkte Entscheidungsrechte. Kontrolle der Kommission (Mißtrauensantrag), Mitspracherecht in Haushaltsfragen, öffentliche Beratung über die Vorschläge der Kommission und Erarbeitung von Stellungnahmen

Kommission

Kommission: Mitglieder von Mitgliedsländern ernannt

- **Sitz.** Brüssel
- **Mitglieder.** 1 Kommissionspräsident (seit 1995 Jacques Santer werden) und 19 Kommissionsmitglieder), die von den Regierungen der EU-Staaten ernannt werden. Sie sind weisungsfrei und unabhängig und sollen allein die Interessen der EU vertreten.

  Die beiden zur Zeit amtierenden deutschen EU-Kommissare heißen Martin Bangemann und Monika Wulf-Mathies.
- **Funktion und Aufgaben.** Entwicklung der Ideen und Vorschläge für Beschlüsse der EU.

Aufgrund ihrer weitreichenden Rechte (Vorschlagsrecht) wird die Kommission auch als *Motor der Gemeinschaft* bezeichnet. Innerhalb des Entscheidungsverfahrens kann sie ihre Vorschläge auch ändern oder zurückziehen. Zur Bewältigung dieser Aufgaben verfügt sie zur Zeit über etwa 16 000 Beamte.

Die Funktion der Kommission läßt sich am ehesten mit der einer nationalen Regierung vergleichen.

Rat der Europäischen Union

Mitglieder: je 1 Minister der 15 Staaten

- **Sitz.** Brüssel
- **Mitglieder.** 15 Minister der EU-Staaten; je nach Beratungsgegenstand entsenden die jeweiligen Mitgliedsstaaten ihren Agrar-, Umwelt-, oder Außenminister oder den des entsprechenden Ressorts.
- **Funktion und Aufgaben.** Hier werden die Entscheidungen (Verordnungen, Richtlinien, Entscheidungen) getroffen.

  Das Gewicht der einzelnen Stimme hängt von der Größe des jeweiligen Staates ab. So hat der deutsche Minister 10 Stimmen, sein luxemburgischer Kollege nur 1.

Nachdem die Mitglieder vor allem die Interessen ihres Staates vertreten, kann man die Funktion des Ministerrates mit dem Bundesrat (S. 51ff.) vergleichen, wenngleich der Rat der EU eine ungleich höhere Entscheidungsmacht innehat.

Europäischer Gerichtshof (EuGH)

Europäischer Gerichtshof

- **Sitz.** Luxemburg
- **Funktion und Aufgaben.** Entscheidung bei Streitigkeiten der EU-Organe untereinander, Entscheidung über die Anwendung und Auslegung der EU-Verträge und Entscheidung bei Klagen einzelner Personen gegen die sie betreffenden Maßnahmen der EU.

Die Richter sind unabhängig und entscheiden allein auf der Grundlage ihres Rechts- und Gerechtigkeitsverständnisses. Sie vertreten insbesondere nicht einseitig die Interessen der EU-Staaten.

Europäischer Rat Mitglieder: Regierungschefs der EU-Mitgliedsstaaten und der Präsident der Kommission

Neben der EU existieren noch zusätzlich der **Europäische Rat** und der **Europarat**.

Der **Europäische Rat** wurde am 10. 12. 1974 gegründet. Mitglieder sind die Regierungschefs der EU-Mitgliedstaaten sowie der Präsident der Kommission der EU. Der Europäische Rat tagt mindestens 2mal pro Jahr.

Eine wesentliche Funktion des Europäischen Rates besteht in dem informellen und vertraulichen Gedankenaustausch zwischen den Regierungschefs. Hier werden auch alle wesentlichen Fragen der internationalen Politik erörtert.

Zu unterscheiden ist der Europäische Rat vom **Europarat**.

Europarat 31 Mitgliedsstaaten

Dieser wurde am 5. 5. 1949 gegründet mit Sitz in Straßburg. Neben den EU-Staaten sind noch eine Reihe anderer Staaten Mitglieder dieses Rates. 2 besondere Einrichtungen des Europarates sind:

Wesentliches Ziel:
- Schutz der Menschenrechte

- ❖ Europäische Kommission für Menschenrechte,
- ❖ Europäischer Gerichtshof für Menschenrechte (Sitz in Straßburg).

Der Europarat ist eine von der EG völlig unabhängige Einrichtung. Er war die erste politische Organisation nach dem 2. Weltkrieg mit dem Ziel, die Einheit und Zusammenarbeit in Europa zu fördern. Seine Arbeit konzentriert sich vor allem auf den Schutz der Menschenrechte, die Kultur und Gesellschaftsprobleme. Fragen der nationalen Verteidigung sind ausdrücklich ausgeklammert.

Was spricht für eine europäische Einigung?

Bereits in der Präambel zum Grundgesetz für die Bundesrepublik Deutschland ist das Ziel verankert, *„als gleichberechtigtes Glied in einem vereinten Europa dem Frieden der Welt zu dienen"*.

Gründe für die europäische Einigung:

- Frieden
- Freiheit
- Wohlstand
- politische Macht
- internationale Probleme (Umweltschutz, Kriminalität usw.)
- Wirschaftsmacht

Gründe, die zur Entstehung der Gemeinschaft beigetragen haben sind:

- Der Wunsch nach Sicherheit und Frieden zum einen vor einer kommunistischen Bedrohung, zum anderen vor nationalistischem kleinstaatlichem Denken, welches den 2. Weltkrieg nicht verhindern konnte.
- Der Wunsch nach Freiheit und Mobilität, der nicht durch starre nationale Grenzen eingeschränkt werden sollte.
- Wirtschaftlicher Wohlstand, der durch einen gemeinsamen europäischen Markt durch Intensivierung des Handels gefördert werden sollte.
- Wiedererlangung politischer Macht gegenüber den Großmächten wie USA und UdSSR durch gemeinsames und geschlossenes Auftreten nach außen.

Diese Gründe haben nicht zuletzt durch die erfolgreiche Entspannungspolitik an Bedeutung verloren. An ihre Stelle sind andere Gründe getreten, die aktuell sind und übernationale Probleme darstellen. Hiervon sind die wichtigsten:

- Die gegenwärtigen Probleme sprengen die nationalen Grenzen und können von den einzelnen Nationen nicht mehr alleine gelöst werden. Als Beispiel sollen hier nur die Probleme des Umweltschutzes (insbesondere die Abfallbeseitigung) oder die begrenzten Energievorräte herangezogen werden.
- Auf dem Weltmarkt treten gewichtige Machtzentren auf, wie z. B. USA, Japan oder China, denen gegenüber jedes einzelne europäische Land für sich gesehen weder konkurrenzfähig noch überhaupt ein ernstzunehmender Partner ist.
- Europa hat bereits auf vielen Gebieten eine derartige Verflechtung erreicht, daß die damit verbundenen Probleme nicht mehr jedes Land für sich allein lösen kann. Hier sind insbesondere zu sehen die ökonomischen Verflechtungen, die Existenz multinationaler Konzerne, die Abhängigkeit auf dem Rohstoffmarkt von anderen Nationen, die internationale Kommunikation sowie das gemeinsame Problem der Abfallbeseitigung, nachdem weder Luft noch Wasser Grenzen kennen.
- Auch die internationale Verbrechensbekämpfung insbesondere auf dem Gebiet der Wirtschaftskriminalität kann nur effektiv sein, wenn nicht jeder Staat für sich allein versucht, das Problem zu lösen.

Vereinte Nationen (UN)

Die Vereinten Nationen sind eine Weltorganisation (**U**nited **N**ations **O**rganization, UNO oder UN) von derzeit 184 Staaten (Stand: Mai 1992); Nichtmitglieder sind u. a. die Schweiz, der Vatikan und Taiwan. Die UN hat es sich in erster Linie zum Ziel gesetzt, *künftige Geschlechter vor der Geißel des Krieges zu bewahren.*

Vereinte Nationen (UN): 184 Mitgliedsstaaten

Die Vorgeschichte der Vereinten Nationen beginnt im Sommer 1941. Der Gedanke an ein weltweites Bündnis entstand vor dem Hintergrund der Kriegsereignisse des 2. Weltkrieges, so daß es bald nach dem Angriff Deutschlands auf die UdSSR im Juni 1941 zum Abschluß eines Bündnisvertrages zwischen Moskau und London gekommen war.

Für die Entstehung waren die Geschehnisse des 2. Weltkrieges ausschlaggebend

1945 fand in San Francisco die Gründungsversammlung statt. Am 26. 6. 1945 unterzeichneten dann die 51 Gründungsmitglieder die **Charta der Vereinten Nationen**. In diesem „Vertrag" sind alle wesentlichen Grundsätze enthalten.

Gründungsdatum: 26. 6. 1945

Die UN haben ihren Sitz in **New York**.

Die Bundesrepublik Deutschland trat der UN gemeinsam mit der ehemaligen DDR am 18. 9. 1973 bei.

Seit der Wiedervereinigung ist die Mitgliedschaft der DDR infolge ihres Beitrittes zur Bundesrepublik erloschen.

Ziele und Grundsätze der UN

§

§ **„… künftige Geschlechter vor der Geisel des Krieges zu bewahren, die zweimal zu unseren Lebzeiten unsagbares Leid über die Menschheit gebracht hat"**
(Auszug aus der Präambel der Charta der UN).

Das wichtigste Ziel der UN ist die Schaffung eines dauerhaften **Weltfriedens** (Abb. **43**). Alle anderen in der Charta noch genannten Ziele sollen letztlich diesem Oberziel der Friedenssicherung dienen.

Ziele der UN:
- Verhinderung zukünftiger Kriege,
- Schaffung eines dauerhaften Friedens

So sollen alle Völker nebeneinander gleichberechtigt sein und ihre Angelegenheiten selbst bestimmen können. Darüber hinaus ist ein dauerhafter Friede nur möglich, wenn die internationalen Probleme wirtschaftlicher, sozialer, kultureller und humanitärer Art gelöst und die Menschenrechte und Grundfrei-

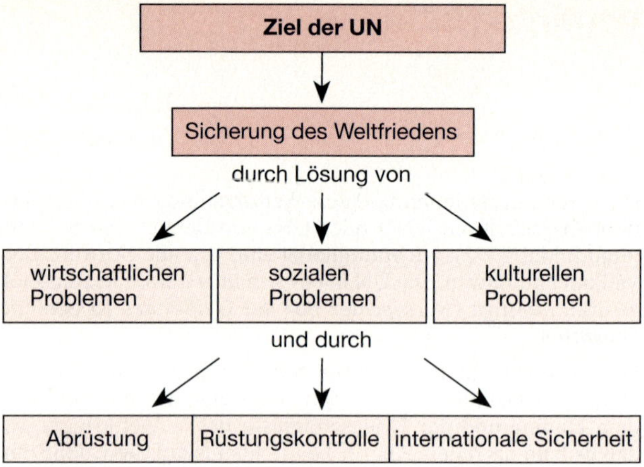

Abb. **43** Die Ziele der UN

heiten für alle ohne Unterschied der Rasse, des Geschlechts, der Sprache und der Religion gewährleistet werden. Gerade auch der Schutz der Menschenrechte war als Antwort auf die menschenverachtende Herrschaft des nationalsozialistischen Unrechtsstaates gedacht. Hierzu wurde die Menschenrechtskommission eingesetzt.

Wichtige Grundsätze der UN:
- Friedenssicherung nur mit friedlichen Mitteln
- keine Einmischung in nationale Angelegenheiten

Diese Ziele dürfen jedoch nur mit **friedlichen Mitteln** durchgesetzt werden. Auch ist es den UN untersagt, in Angelegenheiten einzugreifen, die zur inneren Zuständigkeit eines Staates gehören (**Prinzip nationaler Souveränität**). Gerade diese beiden Grundsätze haben in der Vergangenheit immer wieder gezeigt, daß die UN bei Konflikten und Kriegen nur beschränkt eingreifen kann (Abb. **44**).

Neue Probleme:
- ethische , soziale, religiöse Konflikte
- Rohstoffknappheit
- Not in der 3. Welt

Waren früher vor allem durch den Ost-West-Konflikt Gefahren für einen dauerhaften Frieden ausgegangen, so brechen nunmehr – befreit von der Klammer der militärischen Blöcke – ethische, soziale und religiöse Konflikte allerorten auf. Hinzu kommen globale Probleme wie Verteilungskämpfe um die letzten noch unerschlossenen Rohstoffe, die zunehmende Kluft zwischen den Ländern der 3. Welt und den reichen Industriestaaten und die großen Flüchtlingsströme aufgrund politischer Verfolgung und wirtschaftlicher Not.

Es zeigt sich aber auch, daß trotz Bestehens der UN seit 1945 weltweit 150 Kriege mit mehr als 25 Mio. Toten zu beklagen sind.

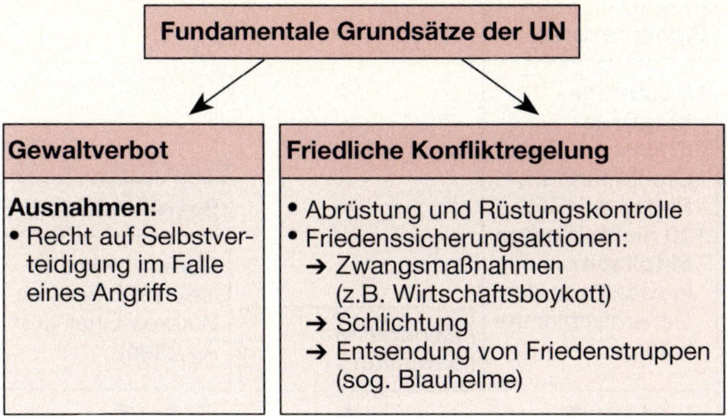

Abb. **44** Die Grundsätze der UN

Hauptorgane der UN

In der Charta, der „Verfassung" der UN, sind folgende **6 Organe** vorgesehen (Abb. **45**):

Generalversammlung

Generalversammlung: pro Mitgliedstaat ein Vertreter

In der Generalversammlung sind alle Mitgliedsstaaten mit 1 Sitz und 1 Stimme vertreten. Sie kann alle weltpolitische Fragen erörtern. Darüber hinaus wirkt sie bei der Wahl der Mitglieder der anderen Organe mit.

Sicherheitsrat

Sicherheitsrat: 5 ständige und 10 nichtständige Mitglieder

Der Sicherheitsrat besteht aus folgenden 5 **ständigen Mitgliedern:**

- ❖ China,
- ❖ USA,
- ❖ Rußland,
- ❖ Großbritannien,
- ❖ Frankreich,

und 10 **nichtständigen Mitgliedsstaaten**, die alle 2 Jahre von der Generalversammlung mit Zweidrittelmehrheit gewählt werden. Hierzu gehört für die Amtszeit 1995/96 auch Deutschland.

Der Sicherheitsrat trägt die Hauptverantwortung für die Wahrung des Friedens. Zur Durchsetzung seiner Maßnahmen kann er Zwangsmaßnahmen nichtmilitärischer Art (z. B. Wirtschaftssanktionen) anordnen oder sogar mit Luft-, See- oder Landstreitkräften die erforderlichen Maßnahmen durchführen. Hierbei müssen die Mitgliedstaaten Beistand leisten.

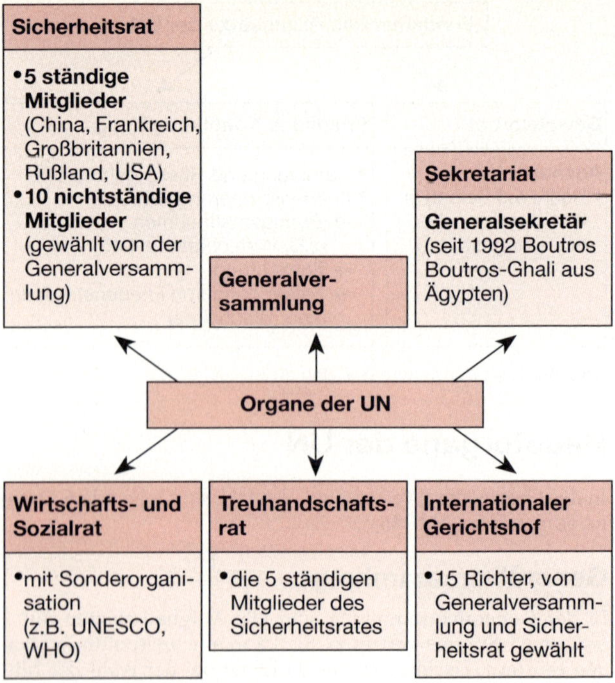

Abb. **45** Die Organe der UN

Vetorecht der ständigen Mitglieder

Die Handlungsfähigkeit des Sicherheitsrates hat sich jedoch in der Vergangenheit insofern als eingeschränkt erwiesen, als bei der Anordnung von Maßnahmen die **ständigen Mitglieder ein Vetorecht** haben.

Das bedeutet: Ist ein ständiges Mitglied gegen eine Anordnung, kann diese nicht durchgeführt werden.

Gerade in der Vergangenheit, wo sich 2 Blöcke (Ost und West) gegenüberstanden, hatten meist die UdSSR oder die USA von ihrem Vetorecht Gebrauch gemacht.

Internationaler Gerichtshof (IGH)

Internationaler Gerichtshof: 15 Richter aus verschiedenen Staaten

Dies ist das Rechtssprechungsorgan der UN. Sein Sitz ist in **Den Haag**. Er besteht aus 15 Richtern, die von der Generalversammlung und vom Sicherheitsrat für 9 Jahre gewählt werden. Sie müssen 15 verschiedenen Staaten angehören.

Der IGH entscheidet über zwischenstaatliche Rechtstreitigkeiten und erstattet den UN und ihren Sonderorganisationen Rechtsgutachten zu völkerrechtlichen Fragen.

Sekretariat

Dem Sekretariat steht der **Generalsekretär** vor. Er wird von der Generalversammlung unter Zustimmung aller **ständigen Mitglieder** gewählt.

Generalsekretär: Boutros Boutros-Ghali

Er ruft die außerordentlichen Sitzungen des Sicherheitsrates und der Generalversammlung ein und stellt die vorläufigen Tagesordnungen auf.

Seit 1992 ist der Ägypter **Boutros Boutros-Ghali** Generalsekretär.

Treuhandschaftsrat

Der Treuhandschaftsrat beaufsichtigt die Verwaltung der Treuhandgebiete.

Wirtschafts- und Sozialrat

Der Wirtschafts- und Sozialrat ist für den Bereich der internationalen Zusammenarbeit auf wirtschaftlichem und sozialem Gebiet tätig.

Sonderorganisationen der UN

Zwischen einzelnen Nationen gibt es eine Vielzahl von Fachorganisationen, die durch Verträge mit der UN verbunden sind. Diesen Sonderorganisationen können auch Länder angehören, die nicht Mitglied der UN sind.

Sonderorganisationen:
- WHO
- UNESCO
- FAO
- ILO

Weltgesundheitsorganisation (WHO)

Die 1946 in New York einberufene Weltgesundheitskonferenz beschloß die Gründung der WHO (**W**orld **H**ealth **O**rganization). Deren Satzung trat am 7. 4. 1948 in Kraft. Zum Sitz der WHO wurde **Genf** bestimmt.

Ziel der WHO: Verbesserung der Gesundheit

Ziel der WHO ist es, in allen Völkern der Erde ein Höchstmaß an Gesundheit zu fördern und zu erhalten.

Die Verwirklichung dieses Zieles erfolgt durch:

- Koordination der internationalen Gesundheitsarbeit,
- Unterstützung von Regierungen bei der Verbesserung und dem Ausbau nationaler Gesundheitsdienste,
- Leistung geeigneter technischer Hilfe,
- Seuchenbekämpfung,

❖ Verbesserung hygienischer Bedingungen,
❖ Förderung der medizinischen Forschung,
❖ Ausbildung von medizinischem Personal,
❖ Standardisierung von Heilmitteln.

Organisation der Vereinten Nationen für Erziehung, Wissenschaft und Kultur (UNESCO)

Ziel der UNESCO: Verbesserung der Bildung

Die UNESCO (**U**nited **N**ations **E**ducational, **S**cientific and **C**ultural **O**rganization) besteht seit 1945 und hat ihren Sitz in **Paris**. Ihr Hauptziel besteht darin, durch Förderung der Zusammenarbeit zwischen den Völkern auf den Gebieten der Erziehung, Wissenschaft und Kultur zur Aufrechterhaltung des Friedens und der Sicherheit beizutragen.

Ein Hauptanliegen der UNESCO war es daher, das Analphabetentum zu bekämpfen, da nur durch eine Erhöhung des Bildungsstandards eine umfassende technische und wirtschaftliche Entwicklung ermöglicht werden kann. Dies galt insbesondere für große Teile der 3. Welt.

Organisation für Ernährung und Landwirtschaft (FAO)

Ziel der FAO: Verbesserung der Ernährungslage

Die FAO (**F**ood and **A**griculture **O**rganization of the UN) wurde 1945 gegründet. Sie hat ihren Sitz in **Rom**.

Ziele der FAO sind:

❖ Verbesserung der Ernährungslage und der Lebensbedingungen der Bevölkerung ihrer Mitglieder,
❖ Erhöhung der Produktivität und eine bessere Verteilung aller Nahrungsmittel und Agrarprodukte,
❖ Verbesserung der Lebensbedingungen der Landbevölkerung
❖ Entwicklung der Weltwirtschaft.

Sie hat sich insbesondere um die Verbesserung der landwirtschaftlichen Produktion in der 3. Welt und der Bekämpfung des Hungers angenommen.

Internationale Arbeitsorganisation (ILO)

Ziel der ILO: Verbesserung der Arbeitsbedingungen

Die ILO (**I**nternational **L**abour **O**rganization) besteht seit 1919 und beruht auf dem Gedanken, daß der Weltfriede dauerhaft nur auf sozialer Gerechtigkeit aufgebaut werden kann. Hauptaufgabe der ILO ist es daher, die Arbeitsbedingungen zu verbessern und den sozialen Frieden zu sichern (Regelung der Arbeitszeiten, menschliche Arbeitsbedingungen, gerechte Entlohnung, Schutz von Frauen, Kindern und Jugendlichen, Vorsorge für Alter und Invalidität). Sie hat Modelle für Arbeits- und Sozialgesetze erarbeitet, die von vielen Staaten übernommen wurden.

Der Sitz des Internationalen Arbeitsamtes (Sekretariat der ILO) ist in **Genf**.

Strafrecht

Wesen des Strafrechtes

Strafrecht: Schutz wichtiger Gemeinschaftswerte

Das Strafrecht hat die Aufgabe, das Zusammenleben der Menschen innerhalb des Staates zu schützen. Dieser Schutz soll dadurch erreicht werden, daß die Verletzungen von wichtigen Werten des Gemeinschaftslebens (Leben, Eigentum usw.) zu einer staatlichen Reaktion führen. Ziel dieser Reaktion ist es, den Verletzer zu treffen und der Gesellschaft damit zu zeigen, daß der Staat nicht bereit ist, Verletzungen hinzunehmen. Diese Reaktion des Staates ist der wesentliche Inhalt des Strafrechtes und führt zur Bestrafung des Täters.

Aufgabe und Inhalt des Strafrechtes

Fall 1:

Otto spielt in seiner Freizeit Fußball. Während eines Spieles bekommt er wegen eines groben Fouls die „rote Karte", und vom Sportgericht eine Geldstrafe.

?

Er fragt nun, ob er „vorbestraft" ist.

Fall 2:

Die in Ausbildung befindliche Krankenschwester Angelika fährt eines Tages mit ihrem Auto über eine Kreuzung, obwohl die Ampel bereits zuvor einige Zeit auf „rot" stand. Wenig später erhält sie einen Bußgeldbescheid in Höhe von DM 250 und zusätzlich 1 Monat Fahrverbot.

?

Sie fragt sich nun, ob sie „vorbestraft" ist und ob sie dieses „Delikt" bei einer Bewerbung angeben muß.

Die obengenannten Beispiele sollen zeigen, daß nicht jedes Unrecht auch eine vom Staat zu verfolgende Straftat darstellt.

So ist im **Fall 1** Otto natürlich nicht „vorbestraft"; es handelt sich hierbei um eine sog. Vereinsstrafe, die sich aus der Satzung des Fußballverbandes ergibt, und nichts mit dem staatlichen Strafanspruch zu tun hat.

Auch im **Fall 2** liegt keine Straftat, sondern nur eine Ordnungswidrigkeit vor. Angelika ist daher weder vorbestraft, noch muß sie diese Verfehlung bei einer Bewerbung angeben.

Das Bundesverfassungsgericht hat in vielen Entscheidungen immer wieder betont, daß *die Aufgabe des Strafrechtes darin besteht, die elementaren Werte des Gemeinschaftslebens zu schützen.*

Wichtige Werte:
- Körper
- Leben
- Eigentum
- Freiheit u.ä.

Die wichtigsten Werte (=Rechtsgüter) sind z. B. das Leben und die körperliche Unversehrtheit, die Freiheit und das Eigentum. Entsprechend dazu wäre die Verletzung dieser Güter Mord,

Körperverletzung, Freiheitsberaubung und Diebstahl. Die Verletzung (=Strafbarkeit) wird den Werten in Abb. **46** gegenübergestellt.

Den wichtigen Rechtsgütern stehen zu ihrem Schutz Straftatbestände gegenüber

Geschützte Werte und ihre Verletzung

Rechtsgut	**Straftatbestand**
• Leben	• Mord, Totschlag (§§ 211, 212 StGB)
• körperliche Unversehrtheit	• Körperverletzung (§ 223 StGB)
• Freiheit	• Freiheitsberaubung (§ 239 StGB)
• Eigentum	• Diebstahl (§ 242 StGB)
• sexuelle Selbstbestimmung	• Vergewaltigung (§ 177 StGB)
• persönliche Ehre	• Beleidigung (§ 185 StGB)
• Sicherheit im Straßenverkehr	• Trunkenheit im Verkehr (§ 316 StGB)
• Vermögen	• Betrug (§ 263 StGB)

Abb. **46** Wichtige, durch das Strafrecht gesicherte Werte (Rechtsgut) und deren Verletzung (Straftatbestand)

Geänderte Moralvorstellungen – angepaßte Strafbarkeit

Diese Werte unterliegen natürlich wie alle Werte dem Wandel der Zeit. Folglich können sich auch die Strafgesetze ändern. War z. B. bis 1969 der Ehebruch, die widernatürliche Unzucht mit Tieren oder die Unzucht zwischen erwachsenen Männern strafbar, so sind mit dem 1. Strafrechtsänderungsgesetz vom 1. 9. 1969 diese Straftatbestände aufgrund geänderter Moralanschauungen weggefallen.

Verschärft wurde dagegen durch das 4. Strafrechtsänderungsgesetz vom 28. 11. 1973 die Verführung minderjähriger Mädchen. Während früher nur bestraft wurde, wer ein **unbescholtenes** Mädchen unter 16 Jahren zum Beischlaf verführt hat, kommt es nun nicht mehr darauf an, ob das Mädchen unbescholten ist. Die Altersgrenze allein ist entscheidend.

Regelungen außerhalb des Strafrechtes

Neben Strafgesetzen gibt es andere Regelwerke, die das menschliche Zusammenleben regeln.

Beispiele:

- ❖ Religiöse Anschauungen (Verstöße hiergegen werden als „Sünden“ bezeichnet),
- ❖ Gebräuche,
- ❖ Anstandsregeln (z. B. bestimmte „Tischmanieren“),
- ❖ Höflichkeitsregeln.

Wie oben bereits erwähnt gibt es noch eine Reihe anderer Möglichkeiten auf diverses Fehlverhalten zu reagieren. Auch wenn diese anderen Reaktionen für den einzelnen eine Belastung (meist finanzielle Einbuße) bedeuten, so liegt dennoch keine echte Bestrafung im Sinne des Strafrechtes vor.

Unterschiedliche Reaktionen auf Fehlverhalten je nach dem „Verletzungsgrad“

Hierbei beinhalten Regelwerke unterschiedliche Folgen für das Zuwiderhandeln. Sie reichen von sozialer Mißbilligung (Abmahnung, Sünde usw.) über Strafen allgemeiner Art (Bußgeld, Disziplinarmaßnahmen, Vereinsstrafen usw.) bis hin zur Strafe im kriminalpolitischen Sinn (Kriminalstrafe) bei Verletzung von wichtigen Werten (Abb. **47**).

Die Reaktion auf menschliches Fehlverhalten reicht von gesellschaftlicher Mißbilligung bis zur Kriminalstrafe

Menschliches Fehlverhalten

	Rechtliche Einteilung	**Geschützte Werte**	**Handlung**
Kriminalstrafe (vorbestraft)	Straftat	Leben Eigentum Ehre	Mord Diebstahl Beleidigung
Allgemeine Strafen (nicht vorbestraft)	Ordnungswidrigkeiten	Sicherheit im Straßenverkehr	„Zu schnelles Fahren“
	Vereinsstrafe	faires Verhalten	Foulspiel
Gesellschaftliche Mißbilligung (nicht vorbestraft)	Mißachtung von religiösen Geboten	religiöser Glaube	Ehebruch
	Manieren, Unhöflichkeiten	gesellschaftliche Ordnung, Zivilisation	„Nasebohren“

Abb. **47** Darstellung menschlichen Fehlverhaltens und dessen rechtliche Einteilung

Das Strafrecht befaßt sich ausschließlich mit **Kriminalstrafen**, also dann, wenn wichtige Werte verletzt werden. Dann erst greift die Staatsanwaltschaft in Vertretung des Staates ein.

Aber auch eine Verletzung von wichtigen Werten stellt nur dann eine Straftat dar, wenn die Tat unter ein Strafgesetz einzuordnen ist.

Keine Strafe ohne Gesetz

Fall 3:

Der angehende Krankenpfleger Hans ist sehr erbost über seinen Rechtskundelehrer. Als dieser ihm auch noch sagt, er werde wegen Faulheit die Prüfung nicht bestehen, tritt er ihm gegenüber und will ihm eine Ohrfeige versetzen. Der Lehrer bückt sich, die Ohrfeige verfehlt ihr Ziel.

Ist dieses Verhalten als versuchte Körperverletzung strafbar?

?

Nachdem Hans seinen Lehrer nicht getroffen hat, ist keine Verletzung eingetreten. Da es kein *Strafgesetz* gibt, welches die *versuchte* Körperverletzung unter Strafe stellt, ist das Verhalten von Hans nicht strafbar (wenngleich natürlich eine Ungezogenheit).

Fall 4:

Fall wie oben: Der Schüler will seinen Ärger nicht am Körper des Lehrers auslassen, sondern geht vor die Tür und will dessen Pkw einen Tritt verpassen, so daß im Kotflügel eine Delle entsteht. Er holt bereits aus, als er von einem Passant vom Tritt abgehalten wird.

Hat sich der Schüler wegen versuchter Sachbeschädigung strafbar gemacht?

?

Im Unterschied zum obigen Beispiel gibt es ein Strafgesetz, nämlich den § 303 Abs.2 StGB, welches auch die *versuchte* Sachbeschädigung unter Strafe stellt. In diesem Fall hat sich der Schüler daher strafbar gemacht, auch wenn er letztlich keinen Schaden angerichtet hat.

Ziele der Strafe

„Denn, wie schon Plato sagt, straft kein Vernünftiger, weil gefehlt worden ist, sondern damit nicht gefehlt werde.
Was geschehen ist, kann nämlich nicht ungeschehen gemacht werden, was noch bevorsteht, kann abgewendet werden."
Seneca

Wie oben bereits ausgeführt, hat der Staat die Aufgabe, das Zusammenleben der Menschen auf engem Raum zu gewährleisten. Um dies zu erreichen, stellt er bestimmte („Spiel-") Regeln auf. Bei Verstößen gegen ganz wichtige und bestimmte Regeln sind bestimmte Strafen vorgesehen.

Strafen sollen künftiges Fehlverhalten verhindern

Der Zweck (Sinn) der Strafe unterteilt sich im wesentlichen in 2 Hauptüberlegungen (Abb. **48**):

Sinn der Strafe

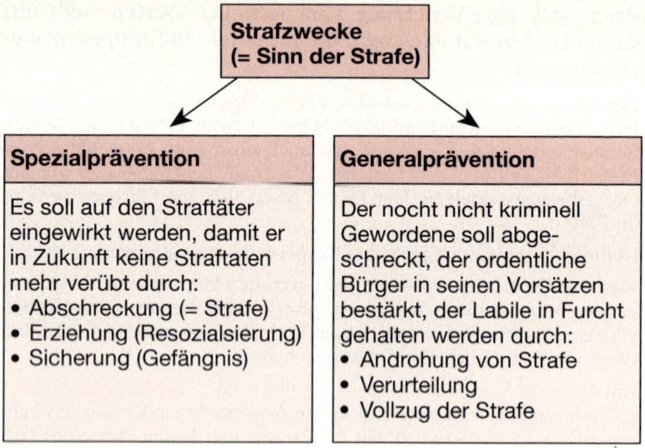

Abb. **48** Darstellung der beiden wichtigsten Strafzwecke

Spezialprävention

Spezialprävention = Einwirkung auf den Täter

Sie hat zum Ziel, den einzelnen von Straftaten abzuhalten. Dies wird durch **Abschreckung** in Form von Strafen, **Erziehung** in Form von Besserung und Wiedereingliederung des Täters in die Gesellschaft und **Sicherung** in Form von Gefängnisaufenthalt versucht zu erreichen.

Generalprävention

Generalprävention = Einwirkung auf die Allgemeinheit

Sie will durch Abschreckung der Allgemeinheit erreichen, daß keiner aus Furcht vor den Folgen eine Straftat begeht. Die Abschreckung unterteilt sich in:

❖ **Androhung** der Strafe (im Gesetz),
❖ **Verurteilung** (durch das Gericht),
❖ **Vollzug** der Strafe (z. B. in der Justizvollzugsanstalt).

Grundlagen der Strafbarkeit

Bevor nun einzelne ausgewählte Straftaten dargestellt werden, sollen die notwendigen Voraussetzungen für eine Bestrafung behandelt werden. Zunächst muß ein Strafgesetz bestehen und danach das menschliche Fehlverhalten untersucht werden, welches die Grundlage einer Bestrafung sein kann.

Vorliegen eines Strafgesetzes

Einer der Grundsätze in unserem Rechtsstaat besteht darin, daß **eine Tat nur bestraft werden kann, wenn ein Gesetz vorher diese Tat unter Strafe stellt.** Dieser Grundsatz hat folgende Auswirkungen:

Keine Strafe ohne Gesetz zum Zeitpunkt der Tat

Gesetzlichkeitsprinzip

Nulla poena sine lege (Keine Strafe ohne Gesetz).

Ob eine Tat strafbar ist oder nicht, muß in einem *geschriebenen* Gesetz festgelegt sein. Es beinhaltet die Umstände, die letztlich eine Straftat ausmachen sowie die darauf folgende Strafe.

Das geschriebene Gesetz legt die Voraussetzungen einer Straftat fest

Rückwirkungsverbot

Das Strafgesetz muß bestehen, **bevor** die Straftat begangen wurde. Dies ergibt sich ganz einfach aus der Überlegung, daß der Täter vorher wissen muß (oder könnte, wenn er es im Gesetz nachlesen würde), ob sein Tun strafbar ist .

Keine rückwirkende Bestrafung

Menschliches Handeln bzw. Unterlassen

Fall 5:

Krankenschwester Monika muß einem Patienten eine Injektion verabreichen. Als sie bereits ansetzt wird sie plötzlich von einer Biene gestochen, wodurch sie aus Schreck und Schmerz zusammenzuckt und die Spritze viel zu tief hineinsticht, so daß der Patient erheblich verletzt wird.

Hat sich Monika strafbar gemacht?

?

Fall 6:

wie Fall 5, nur: Monika sieht die Biene auf sich zukommen und will sie verscheuchen. Dabei sticht sie die Spritze wiederum zu tief in den Körper des Patienten.

?

Hat sie sich jetzt strafbar gemacht?

Menschliche Handlung als Grundlage der Strafbarkeit

Früher: Tierprozesse

Heute wird es als selbstverständlich angesehen, daß nur **menschliche** Handlungen bestraft werden können. Dies war nicht immer so.

Bis in das 17. Jahrhundert hat es Strafprozesse gegen Tiere gegeben, die dann auch mit einer Bestrafung der Tiere geendet haben (z. B. Tiere, die Angriffe gegen Menschen verübt hatten).

Verbände, Firmen oder ähnliche Zusammenschlüsse können nach Auffassung des deutschen Kriminalstrafrechtes nicht bestraft werden (anders in den USA oder England).

Nur im Zivilrecht können Haftungen gegenüber derartigen Einrichtungen geltend gemacht werden.

Diese menschliche Handlung muß vom Willen getragen sein.

Keine menschliche Handlung:
- Reflexbewegung
- Bewegung eines Bewußtlosen

Keine Handlung im strafrechtlichen Sinne liegt bei folgenden **Beispielen** vor:

- **Reflexbewegungen:** dabei handelt es sich um Körperreaktionen, die ohne Mitwirkung des Willens ausgelöst werden (z. B. Krämpfe, Erbrechen, Zuckungen).
  Im **Fall 5** hat Monika „reflexartig" zugestochen. Damit liegt keine Handlung im strafrechtlichen Sinn vor und sie kann sich nicht strafbar gemacht haben.
  Anders im **Fall 6:** die „Verscheuchbewegung" ist vom Willen getragen und gesteuert.
- „Tätigkeit" eines **Bewußtlosen** (Bewegungen eines narkotisierten Patienten).
- Körperliches Verhalten, welches durch **unwiderstehliche Gewalt auf mechanische Weise** erzwungen wird (zwanghaftes Führen des Fingers zum Abzug der Pistole).

Das Gemeinsame an all diesen Beispielen ist, daß der steuernde Wille ausgeschlossen ist.

Das menschliche, vom Willen gesteuerte Verhalten (=Handlung) läßt sich in Begehungs- und Unterlassungsdelikte einteilen (Abb. **49**).

Straftat

Im nachfolgenden werden die 3 wichtigsten Begehungsformen einer Straftat aufgezeigt, und zwar:

- vorsätzliche Straftat,
- fahrlässige Straftat,
- versuchte Straftat.

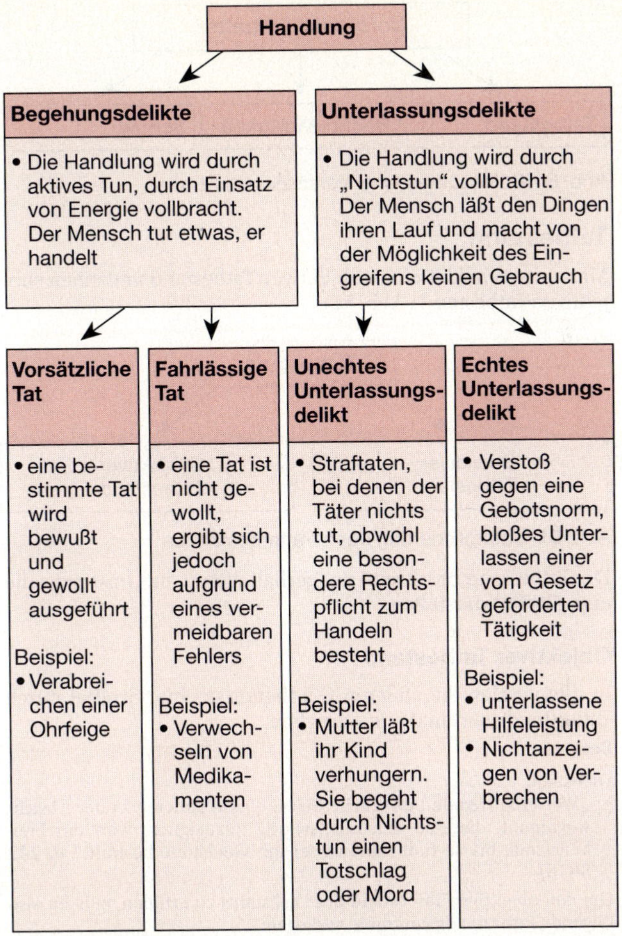

Abb. **49** Schematische Darstellung der unterschiedlichen strafbaren Handlungsformen

Vorsätzliche Straftat

Ob ein bestimmtes Tun eine vorsätzliche Straftat darstellt, hängt entscheidend davon ab, ob die Merkmale einer vorsätzlichen Straftat erfüllt sind. Diese lassen sich in 3 große Kategorien einteilen, nämlich in Tatbestand (objektiver und subjektiver), Rechtswidrigkeit und Schuld (Abb. **50**).

Aufbau einer vorsätzlichen Straftat:
- Tatbestand
- Rechtswidrigkeit
- Schuld

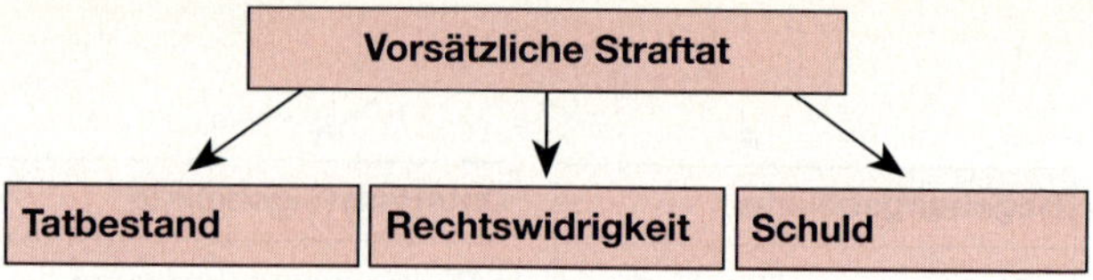

Abb. **50** Deliktaufbau einer vorsätzlichen Straftat

Tatbestand

Man unterscheidet einen objektiven Tatbestand und einen subjektiven Tatbestand (Abb. **51**).

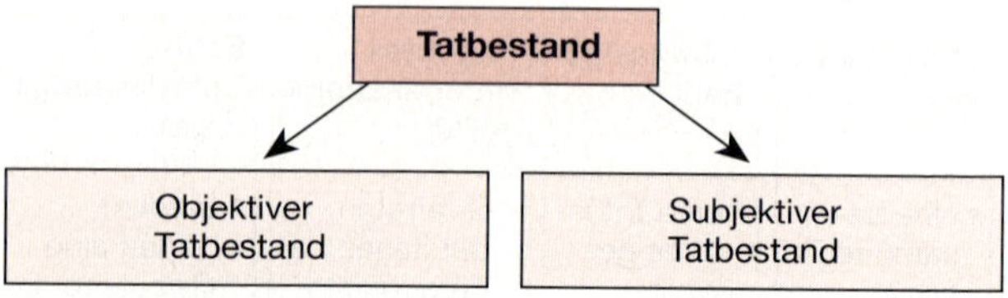

Abb. **51** Untergliederung des Straftatbestandes

Der Tatbestand beschreibt das Verhalten und die Umstände, die eine Straftat darstellen.

Objektiver Tatbestand

Objektiver Tatbestand = äußere Umstände

In ihm werden die äußeren Geschehnisse einer Straftat durch Tatbestandsmerkmale umschrieben.

Beispiel:

Diebstahl:

§

§ „Wer eine fremde bewegliche Sache einem anderen in der Absicht wegnimmt, dieselbe sich rechtswidrig zuzueignen, wird mit Freiheitsstrafe bis zu fünf Jahren oder mit Geldstrafe bestraft." (§ 242 StGB)

Um den objektiven Tatbestand des Diebstahls zu erfüllen, müssen also folgende Tatbestandsmerkmale vorliegen:

- fremde,
- bewegliche,
- Sache,
- Wegnahme.

Fall 7:

2 Krankenpflegeschüler machen sich auf den Weg, bei einer stattfindenden Sperrmüllaktion Brauchbares für ihre Wohnung zu suchen. Als sie vor einem Gartentor eine bereitgestellte, wunderbare antike Truhe finden, kommen einem der beiden Bedenken, ob sie diese einfach mitnehmen dürfen, ohne einen Diebstahl zu begehen.

?

Bestehen diese Bedenken zu Recht?

Zwar handelt es sich bei der Truhe um eine **Sache**. Sie ist auch **beweglich**. Die Truhe ist aber nur solange **fremd**, solange sie im Eigentum eines anderen steht. Der frühere Eigentümer hat aber sein Eigentum an der Truhe in dem Augenblick aufgegeben, in dem er sie vor die Tür gestellt hat, damit sie von der Abfallbeseitigung mitgenommen werden kann. Auch wenn nun die 2 Schüler die Truhe **wegnehmen**, liegt kein Diebstahl vor, da das Tatbestandsmerkmal **fremd** nicht erfüllt ist.

Subjektiver Tatbestand

In ihm werden die inneren Geschehnisse, d. h. die Gedanken, Motive, das Wissen und das Wollen einer Straftat umschrieben.

Subjektiver Tatbestand = innere Umstände

Vorsätzlich handeln heißt, trotz Kenntnis der objektiven Tatbestandsmerkmale diese Handlung auszuführen. Fehlt es am Vorsatz, entweder weil der Täter nicht alle objektiven Tatbestandsmerkmale kennt, oder weil er diese nicht erfüllen will, liegt keine vorsätzliche Straftat vor.

Fall 8:

Die Schülerin Kerstin begibt sich in einen Supermarkt und entnimmt aus dem Kosmetikregal einen Lippenstift. Als sie daraufhin am Zeitschriftenstand eine Illustrierte zur Hand nimmt, steckt sie den Lippenstift ein, um die Hände frei zu haben. Anschließend verläßt sie das Kaufhaus, ohne den Lippenstift zu bezahlen.

Hat sich Kerstin wegen Diebstahles strafbar gemacht?

?

Sie hat sicherlich den objektiven Tatbestand des Diebstahles erfüllt, da sie den Lippenstift weggenommen hat, als sie ihn in die Tasche steckte. Sie weiß auch, daß dieser fremd ist. Es fehlt jedoch am Merkmal des „Wollens". Sie wollte ihn nicht wegnehmen, sondern nur einstecken, damit ihre Hände für die Zeitschrift frei waren.

Rechtswidrigkeit

Handlungen, die einen Straftatbestand erfüllen, sind rechtswidrig. Sie sind ausnahmsweise nicht strafbar, wenn die Tat gerechtfertigt ist, und somit nicht rechtswidrig ist.

Gerechtfertigte Handlung nicht strafbar

Rechtfertigungsgründe können u. a. sein:

Notwehr, (§ 32 StGB)

Fall 9:

In der Nachtschicht besucht Oberarzt Dr. Mayer die diensthabende Nachtschwester Karin. In eindeutig sexueller Absicht will er ihr an den Busen fassen. Als Karin dies erkennt, kommt sie ihm zuvor und versetzt ihm eine schallende und schmerzhafte Ohrfeige.

Hat sich Karin einer Körperverletzung strafbar gemacht?

?

Karin hat sicherlich den Tatbestand einer vorsätzlichen Körperverletzung begangen. Ihr Verhalten war jedoch gerechtfertigt. Der beabsichtigte Griff an ihren Busen war ein Angriff auf ihre persönliche Ehre. Gegen diesen durfte sie sich wehren.

Einwilligung

Fall 10:

Max muß sich einer Blinddarmoperation unterziehen. Er kommt ins Krankenhaus und unterschreibt den Aufnahmevertrag. Darin erklärt er auch schriftlich seine Einwilligung zur Operation. Als er am nächsten Tag in den Operationssaal geschoben wird, bekommt er Bedenken und will nicht mehr operiert werden. Das Ärzteteam steht jedoch schon bereit. Der Chefarzt meint, man könne jetzt nicht mehr den ganzen OP-Plan umwerfen, zumal der Blinddarm ohnehin irgendwann entfernt werden müsse. Daraufhin wird die Operation durchgeführt.

? Hat sich der Arzt strafbar gemacht?

Wirksame Einwilligung schließt Strafbarkeit aus

Die Einwilligung als Rechtfertigungsgrund ist ihrem Wesen nach ein Verzicht auf Rechtsschutz. Vor diesem Hintergrund ergeben sich zwangsläufig die folgenden Voraussetzungen (Abb. **52**).

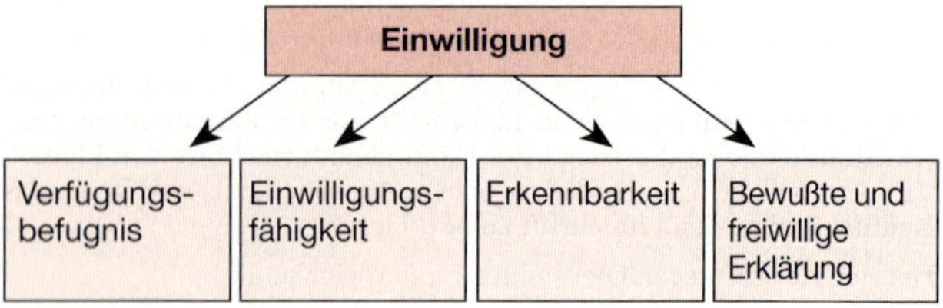

Abb. **52** Voraussetzungen einer wirksamen Einwilligung

Grenze der Einwilligung bei Sittenwidrigkkeit

Der Einwilligende muß über das verletzte Rechtsgut verfügen können. Dies kann er z. B. bezüglich seines Lebens nicht. Es kann daher niemand in seine Tötung einwilligen. Hinsichtlich der Körperverletzung besagt § 226a StGB, daß eine Einwilligung in diese nur dann wirksam ist, wenn sie **nicht gegen die guten Sitten** verstößt.

Einwilligung in die Sterilisation nicht sittenwidrig bei folgenden Indikationen:
- eugenische
- medizinische
- soziale

Durch die **Sterilisation** wird die Zeugungs- oder Empfängnisfähigkeit durch Unterbrechung des Samenstranges bzw. der Eileiter funktionsuntüchtig gemacht. Die Einwilligung hierzu ist nur bei Vorliegen einer bestimmten Indikation nicht sittenwidrig. Solche Indikationen können sein:

- **Eugenische Indikation.** Hier soll ein möglicherweise erbgeschädigter Nachwuchs verhindert werden.
- **Medizinische Indikation.** Sie liegt vor, wenn durch Verhinderung einer Schwangerschaft eine Lebens- oder Gesundheitsgefahr von der Frau abgewendet werden soll.
- **Soziale Indikation.** Sie ist gegeben, wenn nur soziale Gründe (bereits bestehende hohe Kinderzahl, wirtschaftliche Enge) einer weiteren Schwangerschaft entgegenstehen.

Problematisch und strittig ist die sog. **Gefälligkeitssterilisation.** Sie hat als alleiniges Ziel, jegliches Schwangerschaftsrisiko auszuschalten. Willigt ein junger Mensch, der noch kinderlos und unverheiratet ist, in die Sterilisation ein, ist diese sittenwidrig und daher unwirksam.

Die **Sterilisation von Kindern** ist **unzulässig**, die Erziehungsberechtigten können auch nicht wirksam in diese einwilligen, § 1631c BGB.

Die **Sterilisation eines Betreuten** (früher: Entmündigten) ist nur mit Zustimmung eines besonderen Betreuers und des Vormundschaftsgerichtes zulässig, § 1905 BGB.

Einwilligungsfähigkeit

Einwilligungsfähigkeit bei natürlicher Einsichtsfähigkeit

Die Einwilligungsfähigkeit des Einwilligenden muß gegeben sein. Sie hängt weniger von bestimmten Altersgrenzen ab, als von einer tatsächlichen oder natürlichen Einsichts- und Urteilsfähigkeit. Entscheidend ist, daß der Einwilligende die **Bedeutung** und die **Tragweite des Eingriffes erkennen kann**.

Bei **Volljährigen** liegt in der Regel Einwilligungsfähigkeit vor. Ausnahmen können gegeben sein bei Geisteskranken oder Betrunkenen.

Bei **Minderjährigen** kommt es auf den individuellen Reifegrad an, der in bezug auf den konkreten Eingriff zu beurteilen ist. Fehlt es hier an der Einwilligungsfähigkeit, kann die Einwilligung von dem gesetzlichen Vertreter erteilt werden.

Bei alltäglichen Eingriffen (z. B. Blutentnahme) wird man die Einwilligungsfähigkeit ab dem 16. Lebensjahr annehmen können. Je schwerwiegender der Eingriff, desto höhere Anforderungen sind an die Einsichtsfähigkeit zu stellen. Dabei kommt es auch auf das mit dem Eingriff verbundene Risiko an.

Erkennbarkeit

Zeitpunkt der Einwilligung

Die Einwilligung muß **vor der Tat nach außen** (d. h. für die Umwelt erkennbar) **bekundet** worden sein. Sie muß auch zum Zeitpunkt des Eingriffes noch bestehen.

Die Einwilligung ist jederzeit frei und formlos **widerrufbar**.

Im **Fall 10** liegt zum Zeitpunkt des Eingriffes keine wirksame Einwilligung mehr vor. Zwar wurde sie zunächst sogar schriftlich erteilt. Max konnte sie jedoch ohne weiteres und jederzeit einfach widerrufen.

Bewußte und freiwillige Erklärung nach Aufklärung

Aufklärung vor Einwilligung

Bewußt und **freiwillig** muß die Einwilligung abgegeben worden sein. Dazu muß der Einwilligende natürlich vor allem wissen, worin er einwilligt. Im Falle des medizinischen Eingriffes gehört dazu entscheidend die umfassende Aufklärung des Patienten über die bevorstehende Maßnahme (S. 135 ff.).

Schuld

Strafbarkeit nur bei Schuld

Neben der Erfüllung des Straftatbestandes und der Rechtswidrigkeit muß der Täter schuldhaft gehandelt haben, damit die Tat bestraft werden kann. Nicht schuldhaft handelt, wer schuldunfähig ist oder wenn Entschuldigungsgründe vorliegen (Abb. 53).

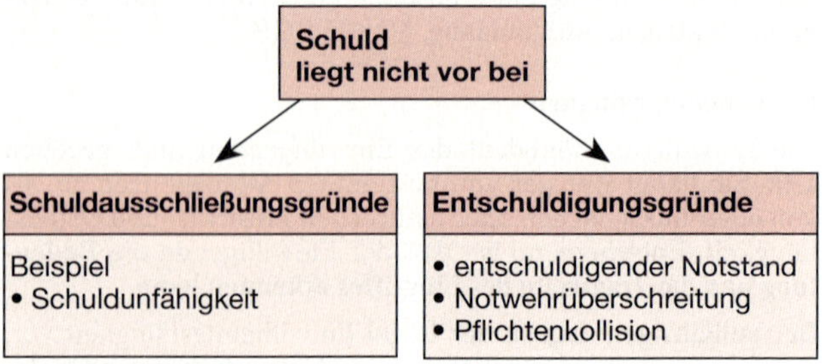

Abb. **53** Fehlen von Schuld

Schuldfähigkeit

Schuldfähigkeit zum Zeitpunkt der Tat

Die Voraussetzung dafür, daß jemand für sein Handeln verantwortlich gemacht und schuldig werden kann, ist seine **Schuldfähigkeit zur Zeit der Tatbegehung**.

Diese Schuldfähigkeit ist bei folgenden Personengruppen ausgeschlossen (§§ 19, 20 StGB):

❖ Kinder, die noch nicht 14 Jahre alt sind,

❖ Personen, bei denen die Einsichts- oder Steuerungsfähigkeit fehlt aufgrund *krankhafter seelischer Störung, tiefgreifender Bewußtseinsstörung* (u.U. bei hochgradigem Affekt, Volltrunkenheit), *Schwachsinn* (angeborene Intelligenzschwäche wie Idiotie, Imbezilität, Debilität), *schwerer anderer seelischer Abartigkeit* (z. B. Psychopathien, Neurosen, Triebstörungen).

Entschuldigungsgründe

Strafloses Verhalten durch Entschuldigungsgründe

Neben dem Vorliegen eines entschuldigenden Notstandes und der Notwehrüberschreitung kommt hier vor allem die entschuldigende **Pflichtenkollision** in Betracht. Ohne Schuld handelt, wem es aufgrund einer Pflichtenkollision unzumutbar ist, sich normgerecht zu verhalten.

Fall 11:

Krankenschwester Rosa befindet sich auf der Intensivstation, wo nur 1 Herz-Lungen-Maschine vorhanden ist. Aufgrund eines schweren Verkehrsunfalles kommen unter anderem 2 Personen ins Krankenhaus, die jeweils sterben müssen, wenn sie nicht sogleich an ein solche Maschine angeschlossen werden. Der Arzt überläßt es nun Rosa, welchen der beiden sie anschließt. Wenige Stunden später stirbt der andere Patient, den sie nicht mehr hat anschließen können. Dessen Hinterbliebenen bezichtigen nun Rosa der vorsätzlichen Tötung, weil sie es unterlassen habe, den Verstorbenen anzuschließen.

Hat sich Rosa strafbar gemacht?

?

Sie ist aufgrund ihrer Stellung als Krankenschwester verpflichtet, beide Patienten an die Maschine anzuschließen. Tut sie dies nicht, erfüllt sie tatsächlich den Tatbestand einer Tötung. Diese Pflicht besteht gegenüber jedem der beiden Patienten. Andererseits kollidieren diese 2 Pflichten insofern, als sie nur einen anschließen kann, da nur eine Maschine vorhanden ist. Egal wen sie anschließt, sie wird immer den Tod des anderen mit verursachen. Da sie sich aber gar nicht anders verhalten kann, kann man ihr nichts vorwerfen, d. h. sie handelt ohne Schuld und ist daher nicht zu bestrafen.

Fahrlässige Straftat

In vielen Fällen werden Straftaten begangen, ohne daß der Täter sich bewußt gegen das Recht entscheidet oder sich vielleicht darüber im klaren ist, daß er eine Straftat begangen hat. All diesen Fällen ist gemeinsam, daß der Täter **ohne Vorsatz** gehandelt hat (im Gegensatz zur vorsätzlichen Straftat).

Fahrlässige Straftat = strafbares Verhalten bei ungewollter Rechtsverletzung

Dennoch hat sich der Gesetzgeber dafür entschieden, in bestimmten Fällen solche Verhaltensweisen unter Strafe zu stellen. Der Grund hierfür ist die Verwirklichung eines Straftatbestandes durch eine Vernachlässigung der Sorgfalt, wenn auch ungewollt.

Fahrlässigkeit liegt demnach vor, wenn jemand die Sorgfalt außer acht läßt, zu der er nach den Umständen und nach seinen persönlichen Verhältnissen verpflichtet und fähig ist.

Fall 12:

Dr. Huber operiert einen todkranken Krebspatienten. Nach Öffnen der Bauchhöhle stellt er fest, daß keine Rettung mehr möglich ist. Beim Schließen vergißt er eine Nadel im Körper des Patienten. Daraufhin kommt es zu starken Blutungen, infolge deren der Patient stirbt.

Hat sich Dr. Huber einer fahrlässigen Tötung schuldig gemacht?

?

Das Vergessen der Nadel im Bauch eines Patienten ist natürlich eine Nachlässigkeit. Ist der Tod des Patienten nun aufgrund dieses Umstandes eingetreten, hat sich Dr. Huber der fahrlässigen Tötung schuldig gemacht.

Versuchte Straftat

Fall 13:

Die Krankenschwester Erika arbeitet seit Jahren auf der Intensivstation und muß dort mit anschauen, wie ständig Menschen qualvoll sterben. Als wieder einmal ein totgeweihter Patient zu ihr auf Station kommt, entschließt sie sich, diesen zu töten. Sie zieht zu diesem Zweck eine Spritze mit einem tödlich wirkendem Mittel auf. Als sie sich unbeobachtet fühlt, betritt sie das Krankenzimmer. Sie schiebt die Bettdecke zurück und setzt die Spritze an.

Fall 13a:

Erika verabreicht die Spritze. Der Patient stirbt jedoch nicht, weil Erika aus Versehen eine Kochsalzlösung aufgezogen hat.

Fall 13b:

Unmittelbar bevor sie zusticht betritt der Arzt das Zimmer und hält Erika von ihrem Vorhaben ab.

Fall 13c:

Bevor Erika zusticht überfällt sie doch noch Mitleid mit dem Patienten und unterläßt die Injektion.

Fall 13d:

Erika injiziert die tödliche Lösung.

Versuchte Straftat: objektiver Tatbestand nicht vollendet, subjektiver Tatbestand erfüllt

Der Versuch ist allgemein dadurch gekennzeichnet, daß hier lediglich der objektive Tatbestand nicht erfüllt ist, wohingegen der subjektive Tatbestand vorhanden ist (S. 110).

Weder der Entschluß noch im allgemeinen die Vorbereitung einer Straftat werden unter Strafe gestellt.

Der Versuch und damit die Strafbarkeit beginnt mit dem unmittelbaren Ansetzen zur Ausführung der Tat.

Rücktritt vom Versuch kann zur Straffreiheit führen

Solange sich der Täter im Versuchsstadium befindet, kann er davon zurücktreten, wenn er die weitere Ausführung der Tat **freiwillig** aufgibt (§ 24 StGB).

So kann Erika im Ausgangsbeispiel auch noch nach dem Einstich, vor dem Drücken auf den Kolben, von der weiteren Ausführung der Tat zurücktreten, indem sie ganz einfach die Kanüle wieder herauszieht. Dies hat zur Folge, daß sie nicht wegen versuchter Tötung bestraft wird.

Im **Fall 13c** gibt Erika die weitere Tatausführung freiwillig auf. Nicht jedoch im **Fall 13b**. Hier wird sie vom Arzt davon abgehalten. Damit liegt keine Freiwilligkeit vor und sie macht sich strafbar. Auch im **Fall 13a** macht sich Erika strafbar. Zwar besteht bei dem Patienten gar keine Lebensgefahr, die Tat wurde jedoch nicht durch Zutun von Erika verhindert. Sie ist gar nicht vom Versuch zurückgetreten.

Hat der Täter jedoch schon so viel getan, daß die Tat ohne sein weiteres Zutun – quasi von selbst – beendet wird, reicht es für den Rücktritt nicht aus, wenn er nichts mehr tut. Nunmehr muß er aktiv die Vollendung verhindern, um wegen dieses Versuches straflos zu bleiben.

Sobald die tödliche Dosis im **Fall 13d** in der Vene ist, muß Erika, um wirksam zurückzutreten, die Vollendung, d. h. den Tod des Patienten, verhindern (evtl. durch ein Gegengift u.ä.).

Täterschaft, Beihilfe und Anstiftung

Täterschaft

§ **Als Täter wird bestraft, wer die Straftat selbst oder durch einen anderen begeht.**
(§ 25 Abs.1 StGB)

§
Täter = wer selbst „Hand anlegt“

Begeht jemand eigenhändig eine Straftat oder hat er die völlige Herrschaft über das Tatgeschehen, ist er als **unmittelbarer** Täter anzusehen.

Fall 14:

Krankenschwester Ilse verabreicht einem Patienten eine tödliche Injektion.

Durch den Einstich führt sie eigenhändig die Tötungshandlung aus.

Begeht jemand die Straftat durch einen anderen, wobei er diesen quasi als Werkzeug benutzt, ist er ebenfalls als Täter anzusehen. Hier liegt eine **mittelbare** Täterschaft vor.

Fall 15:

Ilse verabreicht die Injektion nicht selbst, sondern übergibt die Spritze dem völlig ahnungslosen Schüler Erwin, damit dieser auch einmal „üben“ kann.

Die Tötungshandlung wird nun durch Erwin vorgenommen, indem dieser das Mittel einspritzt. Dennoch wird Ilse als (mittelbare) Täterin angesehen.

Mittelbare Täterschaft liegt auch vor, wenn der Arzt dem Patienten auf dessen ausdrücklichen Wunsch ein tödliches Mittel zur Einnahme gibt, obwohl er weiß, daß dieser nicht mehr im Vollbesitz seiner geistigen Kräfte ist und die Folgen dieser Einnahme nicht übersehen kann.

Begehen mehrere in bewußtem und gewolltem Zusammenwirken eine Straftat, so liegt **Mittäterschaft** vor.

Anstiftung

§ **Als Anstifter wird gleich einem Täter bestraft, wer vorsätzlich einen anderen zu dessen vorsätzlich begangener rechtswidriger Tat bestimmt hat.**
(§ 26 StGB)

§
Anstifter = wer den Täter bestimmt

Der Unterschied zur Täterschaft liegt darin, daß der Anstifter die Tat als solche zwar will, er aber nicht selbst die Tat ausführt. Er hat somit nicht Tatherrschaft. Seine Strafwürdigkeit ergibt sich daraus, daß durch ihn erst der Täter zur Tat bestimmt wird. Ohne den Anstifter gäbe es die konkrete Straftat nicht.

Fall 16:

Ein schwerkranker Patient wird eingeliefert. Seine Angehörigen bitten die Stationsschwester ernsthaft, dem Kranken eine tödliche Dosis zu injizieren. Diese kommt dem Verlangen nach.

Hier sind die Angehörigen wegen Anstiftung zur Tötung und die Schwester aufgrund vorsätzlicher Tötung in Täterschaft zu bestrafen.

Beihilfe

§
Beihilfe = dem Täter helfen

§ Als Gehilfe wird bestraft, wer vorsätzlich einem anderen zu dessen vorsätzlich begangener rechtswidriger Tat Hilfe geleistet hat.
(§ 27 Abs.1 StGB)

Der Gehilfe hat weder Tatherrschaft noch will er die Tat für sich. Er hilft jedoch dem Täter bei dessen Tatausführung.

Gerade das Krankenpflegepersonal übt neben der Pflege eine Reihe von Hilfstätigkeiten aus, indem sie die ärztliche Tätigkeit unterstützt. Liegt nun in dieser Tätigkeit des Arztes eine strafbare Handlung, macht sich die Hilfsperson bei Wissen dieser Umstände der Beihilfe strafbar. Hier hilft es dem Krankenpflegepersonal wenig, wenn es argumentiert, der Arzt hat es angeordnet. Das Pflegepersonal wird zu einem eigenständigen und selbständigen Beruf ausgebildet. Diese Eigenständigkeit hat auch eine **Eigenverantwortung** zur Folge.

Fall 17:

Eines Tages wird ein Patient eingeliefert und klagt über Bauchschmerzen. Da der Operationssaal gerade frei ist, will Oberärztin Dr. Kerstin gleich zur Operation schreiten, um ein klares Bild vom Zustand des Patienten zu erhalten. Obwohl der Patient ansprechbar ist, hält Dr. Kerstin ein Gespräch mit ihm nicht für erforderlich, da es sich um einen Routineeingriff handele. Schwester Helena soll dabei assistieren. Diese weiß jedoch, daß eine Einwilligung nötig wäre und weigert sich. Da aber die Oberärztin ihr mit arbeitsrechtlichen Schritten droht, erklärt sie sich bereit zu helfen.

Der ärztliche Eingriff ohne Einwilligung stellt eine vorsätzliche Körperverletzung dar. Diesbezüglich hat sich Dr. Kerstin schuldig gemacht. Schwester Helena hat ihr dabei geholfen. Sie ist daher wegen Beihilfe strafbar. Daran ändert auch der Umstand nichts, daß sie von Dr. Kerstin „gezwungen" wurde. Es geht immerhin um eine Straftat. Helena hätte bei Weigerung nichts befürchten müssen.

Rechtsfolgen einer Straftat

Bei der mannigfaltigen Art der Rechtsfolgen einer Straftat ergeben sich 2 verschiedene Einteilungskriterien.

Zunächst gibt es Rechtsfolgen, die ein Verschulden des Täters voraussetzen (*Strafen* im eigentlichen Sinn) und solche, die gegen Täter verhängt werden, die zwar eine rechtswidrige Tat begangen haben, ihretwegen aber mangels Schuld (z. B. Geisteskranker) nicht verantwortlich gemacht und damit bestraft werden können (sog. *Maßregeln der Besserung und Sicherung*).

Rechtsfolgen einer Straftat:
- Strafen (Schuld ist Voraussetzung)
- Maßregeln (Täter handelt ohne Schuld)

Dann gibt es Rechtsfolgen, die gegen Erwachsene verhängt werden (*Freiheitsstrafe, Geldstrafe, Nebenstrafe*) und solche, die nur gegen Jugendliche bzw. Heranwachsende verhängt werden (*Erziehungsmaßregeln, Zuchtmittel, Jugendstrafe*).

Rechtsfolgen gegen Jugendliche

Über den Begriff des Jugendlichen und damit über die Anwendbarkeit von Jugendstrafrecht sagt das **Jugendgerichtsgesetz (JGG)** folgendes aus:

§

§ **Jugendlicher ist, wer zur Zeit der Tat vierzehn, aber noch nicht achtzehn, Heranwachsender, wer zur Zeit der Tat achtzehn, aber noch nicht einundzwanzig Jahre alt ist.**
(§ 1 Abs.2 JGG)

Damit ergibt sich **für das Strafrecht** folgende altersbedingte Einteilung (Abb. **54**):

Junge Menschen können **vor ihrem 14. Geburtstag** nicht bestraft werden, da sie kraft Gesetzes schuldunfähig sind (§ 19 StGB).

Unter 14 Jahren = keine Strafmündigkeit

Ab dem 14. Geburtstag sind sie zunächst Jugendliche und können bestraft werden, es sei denn, sie sind in ihrer Entwicklung so weit zurück, daß sie das Unrecht ihrer Tat nicht einsehen oder nach dieser Einsicht handeln können.

Zwischen 14 und 18 Jahren = Jugendstrafrecht

Zwischen dem 14. und 18. Geburtstag sind sie immer Jugendliche und unterfallen dem Jugendstrafrecht. **Ab dem 18. Geburtstag** sind sie zwar volljährig, dies bedeutet aber noch nicht, daß sie in ihrer Entwicklung immer einem Erwachsenen gleichstehen. Gerade die alltägliche Praxis zeigt, daß dies nicht der Fall ist, sondern daß bei jungen Menschen zwischen dem 18.

Zwischen 18 und 21 Jahren = Jugend- oder Erwachsenenstrafrecht, je nach Entwicklungsstand des Heranwachsenden

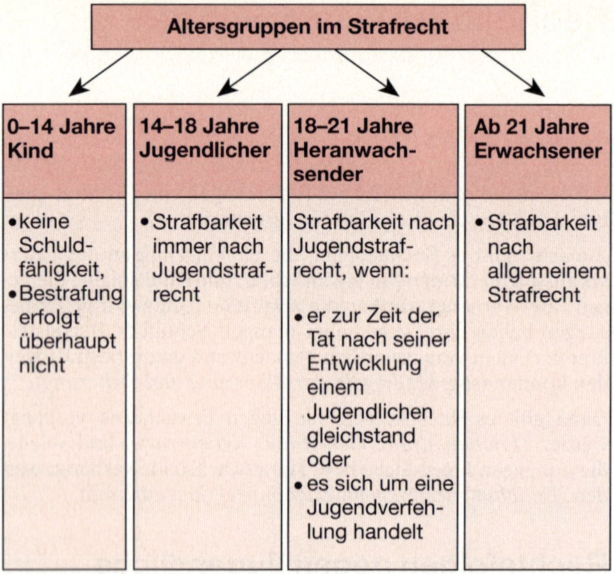

Abb. **54** Altersbedingte Einteilung des Strafrechtes

und 21. Geburtstag (und oft noch darüber hinaus) enorme Entwicklungsrückstände zu beobachten sind.

Dies bedeutet, daß der Jugendrichter in jedem Einzelfall prüfen muß, ob bei einem Täter im **Alter zur Tatzeit** zwischen 18 und 21 Jahren der Entwicklungsstand so war, daß Entwicklungsrückstände bestanden, oder ob es sich bei der Tat um eine Jugendverfehlung gehandelt hat. Hat er dies bejaht, wendet er auch bei dem an sich volljährigen Heranwachsenden Jugendstrafrecht an und stellt ihn auch bezüglich der Rechtsfolgen einem Jugendlichen gleich.

Ab 21 Jahren = Erwachsenenstrafrecht

Ab dem 21. Geburtstag ist immer das allgemeine Strafrecht anzuwenden, unabhängig davon, wie im konkreten Einzelfall der Entwicklungsstand des Täters zum Tatzeitpunkt war.

Bezüglich der Rechtsfolgen bei den Jugendlichen ist nun zu unterscheiden zwischen

- den Sanktionen, die strafähnlichen Charakter haben und damit Schuld voraussetzen und
- den Maßregeln der Besserung und Sicherung (s. Abb. **56**).

Sanktionen mit strafähnlichem Charakter

Bei den Sanktionen mit strafähnlichem Charakter gibt es folgende Gruppierungen:

Rechtsfolgen bei Jugendlichen, die eine Schuld voraussetzen:

Erziehungsmaßregeln (§§ 9 - 12 JGG)

Hierbei handelt es sich um:

Erziehungsmaßregeln:
- Weisungen (gemeinnützige Arbeiten usw.)
- Erziehungsbeistandschaft
- Fürsorgeerziehung

- **Erteilung von Weisungen**, wie z. B. Ableisten von gemeinnütziger Tätigkeit (Arbeiten im Altenheim oder sonstigen karitativen Einrichtungen ohne Entgelt), Teilnahme an einem Verkehrsunterricht.
- **Erziehungsbeistandschaft**, diese richtet sich nach den §§ 55 ff Jugendwohlfahrtsgesetz. Der Erziehungsbeistand soll dann z. B. die Eltern bei der Erziehung unterstützen.
- **Fürsorgeerziehung**, diese richtet sich nach §§ 62 Jugendwohlfahrtsgesetz. Diese geschieht u.U. durch die Unterbringung in einem Heim.

Zuchtmittel (§§13 - 16 JGG)

Hierbei handelt es sich um:

Zuchtmittel:
- Verwarnung
- Auflagen (Geldauflage usw.)
- Jugendarrest

- **Verwarnung**, sie ist in der Regel eine mündliche Zurechtweisung des Täters.
- **Erteilung von Auflagen**, (z. B. Schadenswiedergutmachung, Entschuldigung beim Opfer, Zahlung eines Geldbetrages an eine gemeinnützige Einrichtung).
- **Jugendarrest.** Jugendarrest bedeutet die zeitweilige Freiheitsentziehung in einer Jugendarrestanstalt (sieht in der Praxis oft nicht viel anders aus wie ein Gefängnis!): Freizeitarrest (1 bis 2 Wochenenden in der Arrestanstalt), Kurzarrest (2 bis 4 Tage in der Arrestanstalt), Dauerarrest (1 bis 4 Wochen in der Arrestanstalt).

Jugendstrafe (§§ 17 - 19 JGG)

Das **Mindestmaß** der Jugendstrafe beträgt **6 Monate,** das **Höchstmaß 10 Jahre**.

Jugendstrafe: 6 Monate bis 10 Jahre Jugendstrafsanstalt

Wird eine Jugendstrafe bis zu 2 Jahren verhängt, kann die Vollstreckung zur Bewährung für eine bestimmte Zeit zwischen 2 und 3 Jahren ausgesetzt werden. Dies bedeutet, daß der Jugendliche nicht sofort in die Jugendstrafanstalt muß, sondern sich zunächst bewähren kann. Hier sollte er nicht mehr straffällig werden und den Anordnungen seines Bewährungshelfers Folge leisten. Schafft er dies, wird seine Strafe nach Ablauf der Bewährungszeit erlassen, ansonsten wird sie widerrufen und der Jugendliche muß seine Strafe in der Jugendstrafanstalt verbüßen.

Maßregeln der Besserung und Sicherung

Rechtsfolgen bei Jugendlichen, die keine Schuld voraussetzen

Bei den **Maßregeln der Besserung und Sicherung** darf gemäß § 7 JGG nur die Unterbringung in einem psychiatrischen Krankenhaus oder einer Entziehungsanstalt, die Führungsaufsicht oder die Entziehung der Fahrerlaubnis angeordnet werden (näheres s. S. 125 ff.).

Rechtsfolgen gegen Erwachsene

Täter, die bei Begehung der Tat das 21. Lebensjahr vollendet haben oder Heranwachsende, die nicht mehr unter das Jugendstrafrecht fallen, werden nach dem allgemeinen Strafrecht behandelt. Die Rechtsfolgen einer Straftat unterteilen sich wieder in solche,

- die eine Schuld voraussetzen (**Freiheitsstrafe**, **Geldstrafe**, **Nebenstrafe**) und
- die auch gegen einen Täter verhängt werden können, der ohne Schuld gehandelt hat, z. B. bei fehlender Schuldfähigkeit infolge psychiatrischer Erkrankung (**Maßregeln der Besserung und Sicherung**) (Abb. **55** u. **56**).

Strafarten bei Erwachsenen

Rechtsfolgen bei Erwachsenen, die eine Schuld voraussetzen:

Gemäß Art. 102 GG ist die Todesstrafe abgeschafft.

Freiheitsstrafe

Die einschneidendste Maßnahme, die das Strafgesetz vorsieht, ist die Verhängung der Freiheitsstrafe.

Freiheitsstrafe:
- lebenslänglich
- 1 Monat bis 15 Jahre

Mit dem Urteil des Gerichtes wird bestimmt, wie lange die Freiheitsstrafe dauert, die gegen den Täter verhängt wird, und die er dann in einer Justizvollzugsanstalt verbringen muß. Die Höhe der Freiheitsstrafe richtet sich wie alle Strafen zunächst nach der zugrundeliegenden Straftat und der persönlichen Schuld des Täters.

Die **Dauer** der Freiheitsstrafe kann zeitlich begrenzt oder unbegrenzt sein:

- Zeitlich unbegrenzt. **Lebenslänglich**, wenn es das Gesetz so vorsieht (z. B. bei Mord). Dies bedeutet, daß der Täter zunächst einmal *sein Leben lang* eingesperrt wird. Die Dauer des Aufenthalts im Gefängnis ist zeitig nicht begrenzt.

  Frühestens nach 15 Jahren prüft dann ein Gericht, ob der Täter auf Bewährung vorzeitig entlassen werden kann.
- Zeitlich begrenzt. **Mindestens 1 Monat** und **höchstens 15 Jahre.**

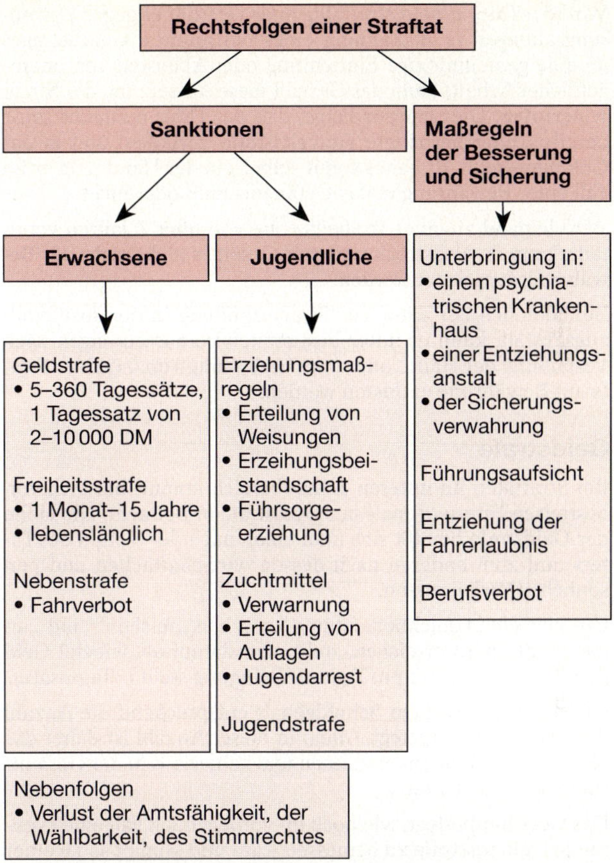

Abb. **55** Altersbedingte Einteilung des Strafrechtes

Wird bei einem Täter eine Freiheitsstrafe **von bis zu 2 Jahren** verhängt, entscheidet das Gericht zugleich, ob die Vollstrekkung dieser Strafe zur **Bewährung** ausgesetzt wird.

Bewährung bedeutet, der Täter muß die gegen ihn verhängte Freiheitsstrafe noch nicht verbüßen, d. h. er muß zunächst einmal nicht in das Gefängnis. Das Gericht legt eine bestimmte Zeit (2 – 5 Jahre) – **die Bewährungszeit** – fest, bis zu deren Ablauf sich der Täter bewähren kann. Damit erhält er die Chance zu zeigen, daß die bloße Verurteilung bei ihm genügt, um in Zukunft ein straffreies Leben zu führen und es eines Gefängnisaufenthaltes hierfür nicht bedarf.

Bewährung bei
- Freiheitsstrafen bis zu 2 Jahren
- Bewährungszeit zwischen 2 und 5 Jahren

Wird der Täter erneut straffällig oder verstößt er gegen Bewährungsauflagen (z. B. Zahlung eines bestimmten Geldbetrages an eine gemeinnützige Einrichtung oder Ableisten von unentgeltlicher Arbeit) kann das Gericht diese Aussetzung der Strafe **widerrufen**. Dies hat zur Folge, daß der Täter nunmehr seine bereits früher verhängte Freiheitsstrafe verbüßen und in das Gefängnis muß. Er hat es somit selber „in der Hand“, ob er im Fall einer Bewährung in das Gefängnis muß oder nicht.

„Widerruf der Bewährung“ bei neuen Straftaten oder Verstoß gegen Bewährungsauflagen

Wird jemand zu einer Freiheitsstrafe von **über 2 Jahren** verurteilt, kann die Vollstreckung kraft Gesetzes **nicht mehr zur Bewährung** ausgesetzt werden.

Befindet sich der Täter zur Strafverbüßung in der Justizvollzugsanstalt, kann er unter bestimmten Voraussetzungen nach Verbüßung der Hälfte oder nach Verbüßung von $^2/_3$ seiner Strafe auf Bewährung entlassen werden.

Geldstrafe

Geldstrafe zwischen 10 DM und 360 000 DM

Bei Straftaten im unteren Schuldbereich kommt bei nichtvorbestraften Tätern oftmals nur Geldstrafe in Betracht. Die Höhe der Geldstrafe bemißt sich zum einen nach der Schuld des Täters und zum anderen nach dessen wirtschaftlichen und persönlichen Verhältnissen.

Tagessatzprinzip: Geldstrafe = Anzahl der Tagessätze x Höhe des einzelnen Tagessatzes

Um hier eine Gleichbehandlung zwischen „reichen“ und „armen“ Tätern zu erreichen, stellt man darauf ab, wieviel Geld dem jeweiligen Täter pro Tag zur Verfügung steht (=**Tagessatz**).

Gleichzeitig wird dem Schuldgehalt entsprechend die Anzahl der Tagessätze festgelegt. Allein in dieser Anzahl ist daher das Maß des Verschuldens abzulesen und keinesfalls in der Gesamtsumme der Geldstrafe.

Das Gericht überlegt, wie hoch im vorliegenden Fall eine eventuelle Freiheitsstrafe zu bemessen wäre und kommt so zu einer bestimmten **Anzahl** von Tagen. Die Anzahl dieser Tage hängt ganz entscheidend von der Schuld des Täters ab.

Das Mindestmaß beträgt 5, das Höchstmaß 360 Tagessätze.

Nun berechnet das Gericht die **Höhe** des einzelnen Tagessatzes. Ausgangspunkt hierfür ist das Nettoeinkommen, das der Täter durchschnittlich an einem Tag hat oder haben könnte.

Das monatliche errechnete Nettoeinkommen wird durch die Anzahl der Tage eines Monates – 30 – geteilt.

Das Mindestmaß des einzelnen Tagessatzes beträgt 2 DM, das Höchstmaß 10 000 DM.

Diese Art der Berechnung einer Geldstrafe nennt man **Tagessatzprinzip**.

Die **Höhe** des Geldbetrages, den der Täter insgesamt zu zahlen hat errechnet sich dann aus dem **Produkt zwischen Anzahl der Tagessätze und der Höhe des einzelnen Tagessatzes.**

Nebenstrafe

Nebenstrafe: Fahrverbot von 1–3 Monaten

Das Strafgesetzbuch sieht nur noch eine echte Nebenstrafe vor und zwar das **Fahrverbot**.

Wird jemand wegen einer Straftat verurteilt, die er im Zusammenhang mit dem Führen eines **Kraftfahrzeuges** begangen hat, so kann ihm das Gericht für die Dauer von **1 Monat bis zu 3 Monaten** verbieten, im Straßenverkehr ein **Kraftfahrzeug** zu führen (**§ 44 StGB**).

Unter dem Begriff des **Kraft**fahrzeuges fallen neben den Pkws natürlich auch Motorräder und Mofas, auch wenn zu deren Führen kein Führerschein erforderlich ist (ein Fahrrad ist kein Kraftfahrzeug).

Für die Dauer des Fahrverbotes hat der Täter seinen Führerschein abzugeben. Er bekommt ihn dann automatisch nach Ablauf des Fahrverbotes ohne weiteres wieder zurück. Nicht verwechselt werden darf hiermit die *Entziehung der Fahrerlaubnis* (vgl. hierzu S. 127).

Nebenfolgen

Nebenfolge

Das Strafgesetzbuch sieht im § 45 StGB unter bestimmten Voraussetzungen den Verlust der Amtsfähigkeit und Wählbarkeit sowie des Wahlrechtes vor. Dies kann jedoch nur bei höheren Freiheitsstrafen (nicht unter 1 Jahr) erfolgen.

Maßregeln der Besserung und Sicherung

Rechtsfolgen bei Erwachsenen, die keine Schuld voraussetzen

- Unterbringung in
  - psychiatrischem Krankenhaus
  - Entziehungsanstalt
  - Sicherungsverwahrung
- Führungsaufsicht
- Entziehung der Fahrerlaubnis
- Berufsverbot

Begeht ein Täter eine Straftat, so reagiert der Staat mit der Verhängung einer Strafe, um zu bewirken, daß dieser Täter in Zukunft nicht mehr straffällig wird und die Allgemeinheit vor ihm geschützt wird. Da die Verhängung einer Strafe aber dem **Schuldprinzip** entsprechend immer an das Vorhandensein von Schuld knüpft, können Täter, die zum Zeitpunkt ihrer Tat schuldunfähig waren nicht bestraft werden.

Schuldunfähige Täter können aber unter Umständen für die Gesellschaft eine genauso große Gefahr darstellen, wie die schuldfähigen. Darüber hinaus soll auf kranke Täter eine heilende Wirkung ausgeübt werden.

Das Strafrecht sieht daher in diesen Fällen statt der Strafe eigene Maßnahmen (sog. Maßregeln) vor, die gegen diese Tätergruppe verhängt werden dürfen, ohne daß es sich hierbei um Strafen handelt – sog. **Prinzip der Zweispurigkeit** (Abb. **55** u. **56**).

	Unterbringung in einem psychiatrischen Krankenhaus	Unterbringung in einer Entziehungsanstalt	Unterbringung in der Sicherungsverwahrung	Führungsaufsicht	Entziehung der Fahrerlaubnis	Berufsverbot
Geregelt in	§ 63 StGB	§ 64 StGB	§ 66 StGB	§ 68 StGB	§ 69 StGB	§ 70 StGB
Voraussetzungen	• rechtswidrige Tat • im Zustand der Schuldunfähigkeit oder verminderten Schuldfähigkeit • vom Täter sind erhebliche rechtswidrige Taten zu erwarten und er ist deshalb für die Allgemeinheit gefährlich	• wegen rechtswidriger Tat verurteilt, die im Rausch begangen wurde oder auf seinen Hang zurückgeht oder nicht verurteilt, weil schuldunfähig • den Hang, alkoholische Getränke oder andere berauschende Mittel im Übermaß zu sich zu nehmen • Gefahr, daß infolge des Hanges erhebliche rechtswidrige Taten begangen werden	• Verurteilung zu mindestens 2 Jahren Freiheitsstrafe wegen vorsätzlicher Straftat • zuvor bereits 2mal zu mindestens 1 Jahr verurteilt • zuvor mindestens 2 Jahre Freiheitsstrafe verbüßt • Hang zu erheblichen Straftaten	• besonderes im Strafgesetzbuch bei den jeweiligen Straftaten geregelte Fälle	• rechtswidrige Tat im Zusammenhang mit dem Führen eines Kraftfahrzeugs begangen • Ungeeignetheit zum Führen eines Kraftfahrzeugs	• rechtswidrige Tat unter Mißbrauch des Berufes oder unter grober Verletzung der mit ihm verbundenen Pflichten • Gefahr, daß bei weiterer Ausübung des Berufes erhebliche rechtswidrige Taten begangen werden
Wirkungen	Unterbringung in psychiatrischen Krankenhaus	Unterbringung in der Entziehungsanstalt	weiterer Verbleib nach Strafverbüßung in der Justizvollzugsanstalt	der Verurteilte ist in Freiheit und untersteht einer Aufsichtsstelle	der Führerschein wird eingezogen und vernichtet, Fahrerlaubnis wird entzogen	der Täter darf den Beruf nicht mehr ausüben
Dauer	so lange, wie es der Zweck erfordert, ggf. lebenslänglich	höchstens 2 Jahre	höchstens 10 Jahre bei der ersten Unterbringung, bei den weiteren keine Höchstfrist mehr, ggf. lebenslänglich	zwischen 2 und 5 Jahren	Sperrfrist für die Wiedererteilung einer Fahrerlaubnis von 6 Monaten bis zu 5 Jahren oder lebenslänglich	zwischen 1 und 5 Jahren oder lebenslänglich
Beispiel	geisteskranker Triebtäter	Alkoholiker	Hangtäter	Bankräuber nach Haftverbüßung	Trunkenheit im Straßenverkehr	Arzt nimmt strafbare Schwangerschaftsabbrüche vor

Abb. **56** Darstellung der Maßregeln der Besserung und Sicherung

Anders als Strafen knüpfen diese Maßregeln nicht an die Schuld, sondern an die **Sozialgefährlichkeit** des Täters an. Sie sollen die Allgemeinheit vor dem Täter **sichern** und diesen **bessern**.

Unterbringung in einer psychiatrischen Anstalt

Unterbringung in einer psychiatrischen Anstalt

Begeht jemand im Zustand der Schuldunfähigkeit oder der verminderten Schuldfähigkeit eine Straftat, wird er in einem **psychiatrischen Krankenhaus untergebracht**, wenn von ihm infolge seines Zustandes weitere erhebliche Straftaten zu erwarten sind und er deshalb für die Allgemeinheit gefährlich ist (**§ 63 StGB**).

Fall 18:

Lehrer Wagner (mit diesem begann übrigens die psychodynamische Wahnforschung) leidet an Paranoia (=Verfolgungswahn). In diesem Zustand tötete er im Jahre 1913 u. a. seine Ehefrau und seine 4 Kinder. Er fühlte sich krankhaft verfolgt von seiner Familie und seinen Dorfnachbarn, was dazu führte, daß er sich an ihnen rächte.

Wagner konnte nicht bestraft werden, da er schuldunfähig war und für seine Taten nicht verantwortlich gemacht werden konnte.

Unterbringung in einer Entziehungsanstalt

Unterbringung in einer Entziehungsanstalt bei Rauschmittelabhängigkeit

Liegt keine psychiatrische Erkrankung vor, besteht bei dem Täter aber der Hang, alkoholische Getränke (Alkoholiker) oder andere berauschende Mittel (Rauschgiftsüchtiger) im Übermaß zu sich zu nehmen, kommt die **Unterbringung in einer Entziehungsanstalt gemäß § 64 StGB** in Betracht, wenn er in diesem Zustand eine rechtswidrige Tat begangen hat und die Gefahr besteht, daß er infolge dieses Hanges weiter erhebliche Straftaten begehen wird.

Sicherungsverwahrung

Sicherungsverwahrung von Wiederholungstätern

Für sog. Hangtäter kommt die **Sicherungsverwahrung gemäß § 66 StGB** in Betracht. Hangtäter sind solche Straftäter, die wiederholt schwere Straftaten begehen und sich auch durch massive Gefängnisaufenthalte nicht von weiterer Schwerkriminalität abhalten lassen.

Entziehung der Fahrerlaubnis

Entziehung der Fahrerlaubnis

Gemäß § 69 StGB wird **die Fahrerlaubnis entzogen**, wenn im Zusammenhang mit dem Führen eines Kraftfahrzeuges eine Straftat begangen wird.

Fall 19:

Ein betrunkener Autofahrer wird im Rahmen einer Verkehrskontrolle erwischt.

Er hat 1,1 Promille Alkohol im Blut. Einerseits wird er wegen des nicht allzu hohen Schuldgehaltes beim 1. Mal nur zu einer Geldstrafe verurteilt. Andererseits wird ihm jedoch der Führerschein entzogen, da er gezeigt hat, daß er derart unzuverlässig ist, in diesem Zustand ein Kraftfahrzeug zu steuern. Für eine gewisse Zeit wird der Verwaltungsbehörde untersagt, ihm eine neue Fahrerlaubnis zu erteilen.

Wird die Fahrerlaubnis entzogen, wird zugleich der Führerschein eingezogen (er „wandert" in den Reißwolf). Der Täter kann nach Ablauf der vom Gericht bestimmten Zeit (zwischen 6 Monaten und 5 Jahren) einen neuen Führerschein beantragen.

Führungsaufsicht

Führungsaufsicht nach Verbüßung mehrjähriger Freiheitsstrafe

Führungsaufsicht wird gegen einen Verurteilten gemäß § 68f. StGB angeordnet, wenn er aufgrund einer vorsätzlichen Straftat eine Freiheitsstrafe von mindestens 2 Jahren vollständig verbüßt hat. Nur ausnahmsweise kann davon abgesehen werden, wenn zu erwarten ist, daß er auch ohne Führungsaufsicht keine Straftaten mehr begehen wird.

Berufsverbot

Berufsverbot bei gravierender Verletzung von Berufspflichten

Wird jemand wegen einer Tat verurteilt, die er unter Mißbrauch seines Berufes oder der damit verbundenen Pflichten begangen hat (oder **nur** deshalb nicht verurteilt wird, weil er schuldunfähig ist), so kann ihm das Gericht die Ausübung seines Berufes für eine bestimmte Zeit oder für immer verbieten. Der Täter muß jedoch schwerwiegende Straftaten begangen haben.

Fall 20:

Die Nachtschwester kann auf der Intensivstation dem qualvollen Leiden der Patienten nicht mehr länger zuschauen. Sie verabreicht mehreren Patienten eine tödliche Injektion und wird deshalb verurteilt.

Hier kann das Gericht neben der Strafe ein Berufsverbot verhängen. So kann sie auch nach der Haftentlassung ihren Beruf nicht mehr ausüben.

Ausgewählte Straftatbestände für das Pflegepersonal

Körperverletzung (§§ 223 ff StGB)

§ **Wer einen anderen körperlich mißhandelt oder an der Gesundheit beschädigt, wird mit Freiheitsstrafe bis zu drei Jahren oder mit Geldstrafe bestraft.**
(§ 223 StGB)

§

Vorsätzliche Körperverletzung

Entsprechend den Ausführungen auf S. 109 ff. wird der Straftatbestand der Körperverletzung beispielhaft ausgeführt (Abb. 57):

Tatbestand

Der objektive Tatbestand der vorsätzlichen Körperverletzung enthält 2 Tatbestandsmerkmale (Abb. **57**):

Körperverletzung = Verletzung eines anderen Menschen

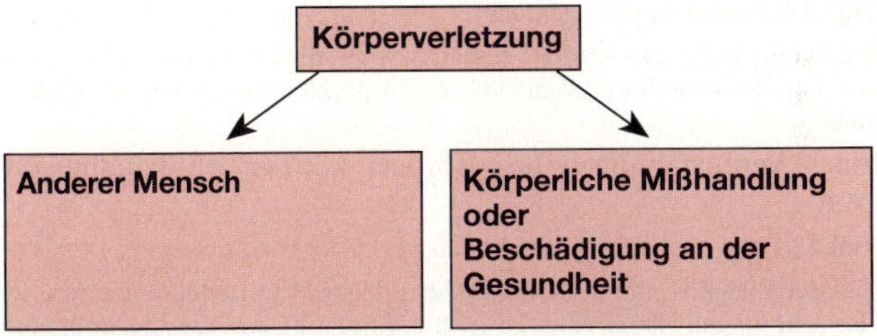

Abb. **57** Darstellung des Tatbestandes der Körperverletzung

Anderer Mensch

Ein **anderer Mensch** muß verletzt sein.

- Schutzgut der Körperverletzung ist das **körperliche Wohl** des Menschen.

  Das **Menschsein** im Sinne des Strafgesetzbuches beginnt mit dem **Geburtsakt**. Dieser setzt mit den **Eröffnungswehen** ein, unabhängig davon, ob sie spontan oder künstlich hervorgerufen werden. Beim Kaiserschnitt dürfte auf die Eröffnung des Uterus abzustellen sein.

Menschliches Leben beginnt mit der Geburt und endet mit dem Hirntod

Das **Menschsein endet** mit dem Eintritt des Todes. Für das Strafrecht allein entscheidend ist der sog. **Hirntod** im Unterschied zum Herz- und Kreislaufstillstand (S. 140 f.). Wann der Hirntod vorliegt ist eine medizinisch zu beantwortende Frage.

- Die Tat muß gegen einen **anderen Menschen** gerichtet sein.

Damit ist die **Selbstverletzung** grundsätzlich straflos. Eine Ausnahme bildet hier lediglich § 109 StGB, der die Selbstverstümmelung zum Zweck der Wehrentziehung (Bundeswehr) unter Strafe stellt.

Körperliche Mißhandlung

Körperliche Mißhandlung = Beeinträchtigung des körperlichen Wohlempfindens

Eine **körperliche Mißhandlung** ist eine üble, unangemessene Behandlung, durch die das Opfer in seinem körperlichen Wohlempfinden nicht unerheblich beeinträchtigt wird.

Eine Schmerzerregung ist dabei nicht unbedingt erforderlich. Auch kann die Beeinträchtigung psychischer Natur sein.

Fall 21:

Der 8jährige Felix liegt im Sterben. Seine Eltern, die in großer Sorge sind, besuchen ihn täglich. Dies geht dem Krankenpfleger Fabian „langsam auf die Nerven", da sie auch immer an ihm herumkritisieren. Als er es nicht länger aushält, berichtet er eines Tages wahrheitswidrig den Eltern, daß Felix nun gestorben sei. Die Eltern von Felix sind bestürzt und geschockt.

?

Hat sich Fabian strafbar gemacht?

Fabian hat sich dann strafbar gemacht, wenn die Eltern von Felix durch die falsche Mitteilung tatsächlich einen psychischen Schmerz erlitten haben.

Auch Verunstaltungen des Körpers können Mißhandlungen sein.

Fall 22:

Bei der Pflege kommen dem Krankenpfleger Fritz Bedenken aufgrund der sehr langen Haare eines Patienten. Er glaubt, daß dies den hygienischen Anforderungen auf der Krankenabteilung nicht entspricht. Obwohl der Patient nicht damit einverstanden ist, nimmt er kurz entschlossen die Schere und schneidet die Haare ab.

Hier macht sich Fritz strafbar.

Beschädigung an der Gesundheit

Gesundheitsbeschädigung = Hervorrufen eines kranken Zustandes

Eine **Beschädigung an der Gesundheit** liegt im Hervorrufen (Fall 23a) oder Steigern (Fall 23b) eines krankhaften Zustandes.

Fall 23a (wie Fall 21):

Die Mutter von Felix ist an sich kerngesund. Die Todesnachricht bewirkt bei ihr einen Schock, womit eine psychische Beeinträchtigung **hervorgerufen** wird.

Fall 23b (wie Fall 21):

Beispiel

Der Vater von Felix leidet bereits an depressiver Verstimmung. Diese wird durch die vermeintliche Todesnachricht noch schlimmer, so daß eine **Steigerung** dieses krankhaften Zustandes vorliegt.

AIDS-Infektion als Körperverletzung

Das Hervorrufen eines krankhaften Zustandes kann bereits **durch eine Infektion** entstehen, auch wenn die Krankheit erst nach einer längeren Inkubationszeit ausbricht und zwar spätestens dann, wenn eine pathologische Veränderung eintritt. So liegt bei einer **AIDS-Infektion** bereits in der Infizierung eines anderen mit dem **HIV-Virus** eine Gesundheitsbeschädigung vor. In der Regel tritt 4 bis 6 Wochen nach dem infizierenden Kontakt der HIV (human immune deficiency virus) – Virus auf. Bereits zu diesem Zeitpunkt weicht der körperliche Zustand in pathologisch auffälliger Weise vom Normalbild eines Gesunden ab. Damit liegt eine Gesundheitsschädigung vor und nicht erst, wenn die Krankheit AIDS (acquired immune deficiency syndrome) u.U. erst nach bis zu 6 Jahren zum Ausbruch kommt.

Fall 24:

Paul ist mit dem HIV-Virus infiziert und weiß dies auch. Obwohl er die Ansteckungsgefahr kennt, führt er mit seiner Freundin ungeschützten Geschlechtsverkehr durch, ohne sie über seine Infizierung aufzuklären. Wie nicht anders zu erwarten, wird nun auch seine Freundin infiziert.

Hat sich Paul strafbar gemacht?

?

Im **Fall 24** hat Paul sich durch den Geschlechtsverkehr einer Körperverletzung strafbar gemacht. Er wußte von seiner Infizierung und der Ansteckungsgefahr. Da er trotzdem ungeschützt mit seiner Freundin verkehrt hat, nahm er auch in Kauf, daß diese infiziert wurde. Bei all den Geschlechtsakten, die zu keiner Infizierung geführt haben, lag eine versuchte Körperverletzung vor. Ab der Infizierung – zumindest nach ca. 4 bis 6 Wochen – liegt eine vollendete Körperverletzung vor und zwar ohne daß die Krankheit ausgebrochen sein muß.

Vorsatz = Wissen und Wollen der Verletzung des Körpers

Bezüglich des **subjektiven Tatbestandes** ist **Vorsatz** erforderlich. Dieser liegt vor, wenn der Täter *weiß*, daß die von ihm vorgenommene Handlung bei dem anderen Menschen eine körperliche Mißhandlung oder eine Gesundheitsbeschädigung bewirkt und er dies auch *will*, wobei hierfür ausreicht, daß er die körperliche Mißhandlung oder die Gesundheitsbeschädigung *billigend in Kauf nimmt.*

Im **Fall 24** *weiß* Paul, daß er durch den Geschlechtsverkehr seine Freundin infizieren kann. Wenn er nun trotzdem mit ihr verkehrt, nimmt er in Kauf, daß sie infiziert wird. Dies reicht für das *Wollen* der gesundheitlichen Beeinträchtigung aus.

Rechtswidrigkeit

Straflosigkeit der Körperverletzung bei wirksamer Einwilligung

Die Rechtswidrigkeit liegt bereits durch Begehen des objektiven Tatbestandes vor. Sie kann allerdings durch einen Rechtfertigungsgrund ausgeschlossen sein (vgl. S. 111 f.). Der wichtigste Rechtfertigungsgrund in diesem Fall ist die **Einwilligung** (vgl. S. 112 f.) wie im Fall des ärztlichen Heileingriffes.

Schuld

Zur Schuld s. S. 114.

Fall 25:

Bei einem epileptischen Anfall schlägt ein Patient um sich und trifft den Krankenpfleger Otto im Gesicht. Dieser verliert daraufhin einen Schneidezahn.

Auch wenn der Patient den Tatbestand der Körperverletzung begangen hat und sein Tun auch nicht gerechtfertigt ist, kann er nicht bestraft werden, da er schuldunfähig ist.

Körperverletzung durch Unterlassen

Auch durch **Unterlassen** kann eine Körperverletzung begangen werden, wenn der Täter durch sein Nichtstun eine körperliche Mißhandlung oder eine Gesundheitsbeschädigung herbeiführt. Voraussetzung ist hierfür allerdings, daß er verpflichtet war, tätig zu werden.

Fall 26:

Die Nachtschwester Inge bemerkt, daß ein Patient auf ihrer Station erhebliche Schmerzen hat. Auf sein Klagen äußert sie nur, daß er dies bis morgen aushalten müsse und dann den Arzt informieren soll.

?

Begeht Inge eine Körperverletzung?

Im **Fall 26** ist Inge als Nachtschwester für das Wohlergehen der Patienten in bestimmtem Umfang verantwortlich. Insofern ist sie auch verpflichtet, bestimmte Maßnahmen durchzuführen. Nehmen die Schmerzen des Patienten immer mehr zu, muß sie für Schmerzlinderung sorgen oder zumindest den diensthabenden Arzt verständigen. Tut sie dies nicht, erleidet der Patient mehr Schmerzen durch ihr Nichtstun, was sich als Körperverletzung darstellt.

Strafantrag oder besonderes Interesse der Staatsanwaltschaft an der Verfolgung

Sowohl die vorsätzliche als auch die fahrlässige Körperverletzung (s. unten) kann von der Justiz nur verfolgt werden, wenn das Opfer einen **Strafantrag** stellt oder die Staatsanwaltschaft wegen des **besonderen öffentlichen Interesses** an der Strafverfolgung ein Einschreiten für geboten hält.

Medizinischer Eingriff durch Arzt und Pflegepersonal

Die ärztliche Heilbehandlung stellt juristisch einen Sonderfall der vorsätzlichen Körperverletzung dar. Bei ihr liegt in der Regel eine Einwilligung des Patienten vor.

Während einer ärztlichen Heilbehandlung und Therapie sind oft zahlreiche Eingriffe in den menschlichen Körper vorzunehmen. Hierzu zählen neben operativen Eingriffen, bei denen der Eingriff in die Unversehrtheit des Körpers ganz offensichtlich ist, auch medikamentöse Behandlungen und sonstige die Heilbehandlung begleitende Maßnahmen wie Betäubung, Bestrahlung usw.

Ärztliche Heilbehandlung als Eingriff in die körperliche Integrität = Körperverletzung

In der Regel benötigt der Arzt zur Durchführung der Behandlung die Mitwirkung anderer, sei es als Hilfe zu den ärztlichen Maßnahmen oder als selbständige, der Genesung dienende Pflege.

Bei all diesen Eingriffen stellt sich die Frage, ob in der Verletzung der körperlichen Unversehrtheit eine Körperverletzung im **strafrechtlichen** Sinn zu sehen ist, mit der Folge, daß bei den Hilfs- oder Unterstützungsmaßnahmen der Pflegekräfte eine Beihilfehandlung vorliegt.

Nach ständiger Rechtsprechung erfüllt jede ärztliche Maßnahme, soweit sie die körperliche Integrität berührt, den Tatbestand der vorsätzlichen Körperverletzung.

Dabei ist bei einer ärztlichen Heilbehandlung in der Regel die Rechtswidrigkeit dadurch ausgeschlossen, wenn eine Einwilligung des Patienten vorliegt.

Bei Durchführung einer ärztliche Maßnahme liegt keine strafbare Körperverletzung vor, wenn der Patient in diesen Eingriff wirksam eingewilligt hat.

Straflosigkeit bei wirksamer Einwilligung

Fall 27:

Dr. Brinkmann befindet sich im Operationssaal, um den entzündeten Blinddarm eines leidenden Patienten zu entfernen. Schwester Gabi reicht ihm hierzu das Skalpell. Es kommt zum Schnitt.

Haben sich die beiden strafbar gemacht?

?

Im **Fall 27** erfüllt auch Dr. Brinkmann den objektiven und subjektiven Tatbestand der vorsätzlichen Körperverletzung. Dabei hilft ihm Schwester Gabi. Ob aber ein Straftatbestand vorliegt, ist damit noch nicht entschieden, da hierfür ja nicht nur der Tatbestand reicht. Hinzukommen muß noch die Rechtswidrigkeit der Handlung. Diese entfällt dann, wenn ein Rechtfertigungsgrund vorliegt. Als solcher kommt die Einwilligung des Patienten in Betracht. Liegt sie wirksam vor, begehen beide keine strafbare Handlung.

Entscheidend für den ärztlichen Eingriff ist, wie bereits erwähnt, das Vorliegen einer **wirksamen Einwilligung**. Davon hängt letztlich die Strafbarkeit wegen vorsätzlicher Körperverletzung des Arztes und damit untrennbar verbunden die Strafbarkeit der Hilfskräfte wegen Beihilfe zur Körperverletzung ab, falls sie vom Nichtvorliegen einer derartigen Einwilligung **Kenntnis** haben.

Fall 28:

Der 6jährige Florian hat eine Mandelentzündung. Der Kinderarzt kommt zur Überzeugung, daß es das Beste sei, die Mandeln operativ zu entfernen, um zukünftig keine Probleme mehr mit ihnen zu haben. Hierzu willigt die Mutter auch ein. Der Vater von Florian ist jedoch dagegen, da er die Mandeln für durchaus sinnvoll hält. Dies teilt er auch dem Kinderarzt mit. Ungeachtet dessen begibt sich die Mutter von Florian zum Kinderarzt, wo dann die Mandeln heraus genommen werden. Hierbei wird er von einer Krankenschwester unterstützt.

? Haben sich der Arzt und die Schwester strafbar gemacht?

Im **Fall 28** liegt keine wirksame Einwilligung vor. Florian kann wegen seines Alters nicht wirksam einwilligen. Für ihn muß insoweit sein gesetzlicher Vertreter handeln. Dies sind bei einem Minderjährigen **beide Elternteile**. Da der Vater jedoch dagegen ist, liegt keine Einwilligung vor. Der operative Eingriff erfüllt damit nicht nur den Tatbestand der Körperverletzung, er ist darüber hinaus auch nicht gerechtfertigt und damit rechtswidrig. Nachdem der Arzt weiß, daß der Vater dagegen ist, begeht er tatsächlich eine rechtswidrige und damit strafbare Körperverletzung. Anders ist die Rechtslage bei der Schwester, die von der Meinung des Vaters nichts weiß. Glaubt sie, daß eine Einwilligung vorliegt – zu einer solchen Annahme ist sie berechtigt, wenn die Mutter mit dem Kind in der Praxis erscheint und der Arzt den Eingriff vornimmt –, begeht sie keine vorsätzliche Beihilfe zu einer – für sie nicht erkennbaren – Straftat.

Stellt die Verweigerung der Einwilligung oder die Erteilung einen **Mißbrauch des Sorgerechtes** dar, kann das Vormundschaftsgericht die erforderlichen Maßnahmen treffen und die Einwilligung ersetzen.

Fehlt die **Einwilligung** des Patienten, und liegt auch keine stillschweigende oder mutmaßliche Einwilligung vor (s. unten), darf der medizinische Eingriff nicht vorgenommen werden. Insbesondere wenn der Patient einer Maßnahme ausdrücklich widerspricht, hat dies der Arzt und das Pflegepersonal hinzunehmen, wenn es der freie Wille des bei vollem Bewußtsein entscheidenden Patienten ist. Dies ist Inhalt des **Selbstbestimmungsrecht** des Menschen (Art. 2 GG). Die Entscheidung des Patienten ist zu respektieren, auch wenn sie wider alle ärztliche oder pflegerische Vernunft ist.

Keine Behandlung gegen den Willen des einsichtsfähigen Patienten

Es gibt keine Zwangsbehandlung gegen den frei verantwortlichen Willen eines Patienten.

Fall 29:

Ein Ehepaar ist Mitglied einer bestimmten religiösen Vereinigung und sehr gläubig. Als die Ehefrau nach der Geburt des 4. Kindes unter akutem Blutmangel leidet, lehnt sie es ab, sich ärztlichem Rat gemäß in eine Krankenhausbehandlung zu begeben und insbesondere eine Bluttransfusion vornehmenzulassen. Der Ehemann unterließ es, auf seine Ehefrau einzuwirken. Beide glaubten fest an folgende Stelle in der Heiligen Schrift: „Ist jemand krank, der rufe zu sich die Ältesten der Gemeinde und lasse über sich beten und das Gebet des Glaubens wird dem Kranken helfen." Die Ehefrau, die bis zuletzt bei klarem Bewußtsein war, verstarb.

?

Hat sich der Ehemann strafbar gemacht, weil er auf seine Ehefrau nicht eingewirkt hat? Hätte die Frau trotz entgegenstehendem Willen behandelt werden dürfen?

Im **Fall 29** hat das Bundesverfassungsgericht am 19. 10. 1971 (BVerfGE 32, 98 ff) folgendes entschieden:

„In einem Staat, in dem die menschliche Würde oberster Wert ist, und in dem der **freien Selbstbestimmung** des einzelnen zugleich ein gemeinschaftsbildender Wert zuerkannt wird, gewährt die Glaubensfreiheit dem einzelnen einen von staatlichen Eingriffen freien Rechtsraum, in dem er sich die Lebensform zu geben vermag, die seiner Überzeugung entspricht". Der Ehemann hat sich daher nicht strafbar gemacht. Die Frau durfte nicht (zwangsweise) behandelt werden.

Fall 30:

Eines Morgens betritt Schwester Veronika das Krankenzimmer, um die alltäglich erforderliche, subkutan zu verabreichende Injektion zur Vorbeugung einer Thrombosengefahr bei einem Patienten vorzunehmen. Dieser hat sich bereits seit längerem über diese morgentliche Prozedur geärgert, zumal er die Behandlung nicht einsieht. Als er nun zu Schwester Veronika sagt, daß er die Injektion nicht will, meint diese nur, er solle nicht so empfindlich sein und im übrigen werde sie es wohl besser wissen, was gut für ihn sei (was möglicherweise richtig ist). Aus Angst und Respekt vor der Autorität läßt der nunmehr eingeschüchterte Patient die Spritze über sich ergehen, obwohl er sie eigentlich gar nicht will.

?

Hat sich Veronika strafbar gemacht?

Im **Fall 30** hat sich Schwester Veronika strafbar gemacht, da sie die Injektion (Einstich in die Oberhaut = Verletzung der körperlichen Integrität und damit Erfüllung des Tatbestandes der Körperverletzung) verabreicht hat, ohne daß ihre Handlung durch eine Einwilligung gerechtfertigt gewesen wäre. Auch wenn es von diesem Patienten unvernünftig ist, vorbeugende Spritzen abzuwehren, dürfen diese nicht gegen seinen Willen verabreicht werden. Veronika hätte sich zurückziehen können und anschließend den Arzt informieren müssen.

Reichweite der Einwilligung

Liegt eine Einwilligung vor, deckt sie den ärztlichen Eingriff nur soweit ab, wie sie reicht. Dies hängt entscheidend von der zuvor erfolgten **Aufklärung** ab.

Aufklärung vor Einwilligung abhängig von:
- Art des Eingriffes
- Persönlichkeit des Patienten

Nur wenn der Patient weiß, in was er eigentlich einwilligt, kann der Eingriff gerechtfertigt sein. Daher muß der Patient **über Art, Bedeutung und Tragweite des Eingriffes** insoweit informiert werden, daß er selbst in der Lage ist, das Für und Wider des Eingriffes abzuwägen.

Der Umfang der Aufklärung läßt sich nicht generell festlegen. Er hängt zum einen von der Art des Eingriffes und den damit verbundenen Risiken ab und zum anderen von der Person des Patienten. Auch wird der Umfang dadurch bestimmt, wie eilig die Maßnahme nun durchgeführt werden muß.

Aufklärung durch Arzt

Aufzuklären hat in der Regel der Arzt, der den Eingriff auch vornimmt. Er kann diese Aufgabe jedoch auch einem Kollegen oder sogar einer Krankenschwester übertragen, wenn diese Person sachkompetent ist. Dies zu überprüfen ist wiederum Aufgabe des Arztes.

Im wesentlichen ist folgendes zu beachten:

Inhalt der Aufklärung

- Gibt es **Behandlungsalternativen**, die mit unterschiedlichen Risiken behaftet sind, ist der Patient darüber aufzuklären (z. B. Vollnarkose oder Spinalanästhesie).
- Über die **Folgen des Eingriffes** ist aufzuklären. Hierzu gehören die mit dem Eingriff verbundenen Schmerzen, der postoperative Zustand sowie sonstige sicher eintretende Auswirkungen (z. B. gewisse Behinderungen, die aufgrund des Eingriffs nicht zu vermeiden sind).
- Über **mögliche Risiken und Nebenwirkungen** ist aufzuklären. Es muß auch über seltene Komplikationen aufgeklärt werden, wenn sie gravierender Natur sind.
- In **schonender Weise** ist der Patient über seine Krankheit aufzuklären .

Keine bestimmte Form erforderlich, mündliche Einwilligung wirksam

Form der Einwilligung. Die Einwilligung ist an **keine bestimmte Form** gebunden. Sie kann sowohl mündlich als auch schriftlich erteilt werden. Sie kann sogar durch Schweigen erfolgen, wenn der Patient dadurch seine Bereitschaft für den Eingriff zu erkennen gibt.

Lediglich zu Beweiszwecken ist es nützlich, wenn die Einwilligung schriftlich festgehalten wird.

Rechtzeitigkeit der Aufklärung. Der Patient muß so rechtzeitig aufgeklärt werden, daß ihm noch Zeit zum Überlegen bleibt und er die Argumente für und gegen den Eingriff abwägen kann. Soweit dies möglich ist, muß sie am Vortag des Eingriffes stattfinden.

Individuelles Aufklärungsgespräch, bei dem der Arzt auf den Patienten eingeht

Aufklärungsgespräch. Die Aufklärung des Patienten muß im Rahmen eines Gespräches stattfinden.

Zwar können Broschüren oder Formblätter zur Aufklärung herangezogen werden, dies jedoch allenfalls unterstützend. Es gibt keine pauschale Aufklärung, sondern der Umfang hängt einerseits vom konkreten Eingriff ab und andererseits ist sie auf den einzelnen Patienten abzustimmen. Erst im Gespräch merkt der Arzt, die Krankenschwester oder der Krankenpfleger, ob der Patient den Inhalt der Aufklärung verstanden hat bzw. ob er ausreichend aufgeklärt ist. Auch kann hier erst beurteilt werden, ob der Patient aufgrund seiner körperlichen und geistigen Fähigkeiten einwilligungsfähig ist.

Willigt z. B. ein Patient in eine Blutentnahme ein, ohne zu wissen, daß dieses Blut nachträglich auf HIV-Antikörper untersucht wird, stellt sich die Frage, ob die Blutentnahme noch von der Einwilligung gedeckt wird, oder ob diese Einwilligung nicht so weit reicht und daher der „Einstich" rechtswidrig bleibt.

Dieser sog. **heimliche AIDS-Test** wird teilweise grundsätzlich für rechtswidrig gehalten, teilweise wird – wohl zutreffend – wie folgt differenziert:

Der sog. heimliche AIDS-Test kann strafbar sein

Zunächst sollte aus rechtlicher Sicht die HIV-Infektion nicht anders behandelt werden wie andere schwere ansteckende Krankheiten auch.

Wer sich nun in ärztliche Behandlung begibt, darf dann auf HIV untersucht werden, wenn aus ärztlicher Sicht ein solcher Test angezeigt ist, sei es infolge der anamnestischen Krankheitssymptome oder infolge der Zugehörigkeit des Patienten zu einer Hochrisikogruppe. In diesen Fällen gehört die Untersuchung sogar zu den Sorgfaltspflichten des Arztes bezüglich einer umfassenden diagnostischen Abklärung des Krankheitsbildes. Der Arzt kann dann in der Regel davon ausgehen, daß der Patient in eine derart indizierte Untersuchung einwilligt. Widerspricht aber der Patient einer solchen Untersuchung, darf der Arzt die Blutentnahme nicht vornehmen bzw. sie nachträglich auf HIV untersuchen. Der Arzt darf dann seinerseits die Behandlung ablehnen.

Gehört der Patient nicht der Risikogruppe an, muß eine Einwilligung zum AIDS-Test vorliegen, da es sich dann nicht mehr um eine Routineuntersuchung handelt.

Die Einwilligung kann jederzeit widerrufen werden. Ist sie schriftlich erteilt, kann sie dennoch mündlich widerrufen werden.

Einwilligung jederzeit widerrufbar

Voraussetzungen der **mutmaßlichen** Einwilligung:

Kann eine Einwilligung des Betroffenen nicht rechtzeitig eingeholt werden, würde er aber dem Eingriff zustimmen, wenn er gefragt werden könnte, kann die Einwilligung **vermutet** werden.

Mutmaßliche Einwilligung = vermutete Einwilligung

Diese **mutmaßliche** Einwilligung muß aber alle sonstigen Voraussetzungen der Einwilligung (bis auf die ausdrückliche Erklärung) erfüllen.

Eine Einwilligung kann z. B. dann nicht eingeholt werden, wenn der Patient bewußtlos oder so schwer verletzt ist, daß er nicht ansprechbar ist. Hier dürfen ohne weiteres die nicht aufschiebbaren Eingriffe vorgenommen werden, von denen anzunehmen ist, daß der Patient zustimmen würde, falls er gefragt werden könnte.

Operationserweiterung

Die mutmaßliche Einwilligung kommt auch in den Fällen in Betracht, wo sich nach Beginn einer Operation herausstellt, daß weitere Eingriffe erforderlich sind. Diese **Operationserweiterung** darf durchgeführt werden, wenn man davon ausgehen kann, daß der Patient bei Kenntnis des vollen Ausmaßes der Erweiterung zugestimmt hätte. Dies kann z. B. angenommen werden, wenn dem Patienten ohnehin keine andere Wahl geblieben wäre. Andererseits muß im Einzelfall geprüft werden, ob sich der Patient nicht vielleicht doch bei voller Kenntnis anders entschieden hätte.

Stillschweigende Einwilligung

Eine sog. **stillschweigende Einwilligung** liegt vor, wenn der Patient **seine Einwilligung nicht ausdrücklich** (mündlich oder schriftlich) erklärt, sondern durch sein Verhalten zu erkennen gibt, daß er behandelt werden möchte (z. B. durch Hinstrecken seines Armes, um die Injektion zu erhalten).

Vergleiche auch S. 162 ff.

Fahrlässige Körperverletzung (§ 230 StGB)

§

§ **Wer durch Fahrlässigkeit die Körperverletzung eines anderen verursacht, wird mit Freiheitsstrafe bis zu drei Jahren oder mit Geldstrafe bestraft.**
(§ 230 StGB)

Ungewollte Körperverletzung bei Verstoß gegen die Sorgfaltspflicht als fahrlässige Körperverletzung strafbar

Ist der Körper oder die Gesundheit eines Menschen verletzt worden, obwohl dies vom Täter nicht gewollt und schon gar nicht beabsichtigt war, liegt eine fahrlässige Körperverletzung vor, wenn die Schädigung dadurch entstanden ist, daß der Täter bestimmte Sorgfaltspflichten mißachtet hat (vgl. S. 115).

Fall 31:

Die Lernschwester Pia wird von der Stationsschwester Paula gebeten, beim Patienten Max eine subkutane Injektion zu verabreichen. Paula geht davon aus, daß Pia, die sich im 3. Schuljahr befindet, diese Injektionsart beherrscht. Pia hat zwar die theoretischen Kenntnisse, jedoch bisher nur immer zugeschaut und traut sich nun nicht, Paula dies einzugestehen. Nachdem sie Max selbständig die Injektion verabreicht hat, kommt es zu einem enormen Bluterguß, da sie ein Blutgefäß verletzt und dies wegen unterlassenem Aspirieren nicht bemerkt hat.

?

Haben sich beide strafbar gemacht?

Für das Pflegepersonal kommen hier eine Vielzahl von Sorgfaltspflichten in Betracht, die allesamt von einer ausgebildeten Pflegekraft als Standart verlangt werden.

So hat im **Fall 31** Pia den Fehler gemacht, nach dem Einstich nicht zu aspirieren. Dies ist ein Verstoß gegen die Sorgfaltspflicht. Sie hat darüberhinaus noch den Fehler gemacht, der Stationsschwester nicht mitgeteilt zu haben, daß sie bisher noch nie injiziert hat. Sie durfte eine Tätigkeit nicht übernehmen, die sie **praktisch** nicht beherrschte.

Schwester Paula hat den Fehler gemacht, daß sie einfach davon ausgegangen ist, Pia beherrsche die Injektion. Davon durfte sie – auch wenn es sich um eine subkutane Injektion handelte – bei einer Schülerin nicht ausgehen. Daher hat sie die erforderliche Überwachung unterlassen.

Tötungsdelikte (§§ 211 ff StGB)

Totschlag, Tötung auf Verlangen (§§ 212, 216 StGB)

§ **Wer einen Menschen tötet, ohne Mörder zu sein, wird als Totschläger mit Freiheitsstrafe nicht unter fünf Jahren bestraft.**
(§ 212 StGB)

§

§ **Ist jemand durch das ausdrückliche und ernstliche Verlangen des Getöteten zur Tötung bestimmt worden, so ist auf Freiheitsstrafe von sechs Monaten bis zu fünf Jahren zu erkennen.**
(§ 216 StGB)

§

Die **Tathandlung** und damit der objektive Tatbestand liegt in der **Verursachung des Todes eines anderen Menschen** (Abb. 58).

Tötung = Beendigung jedes menschlichen Lebens

Dabei spielt es keine Rolle, wie lange dieser Mensch noch zu leben gehabt hätte, so daß auch die Lebensbeendigung eines Todkranken, eines unheilbar Erkrankten oder eines im Koma liegenden Kranken eine Tötung darstellt.

Fall 32:

Schwester Rosa arbeitet seit vielen Jahren auf der Intensivstation. Sie ist sehr beliebt, weil sie sich aufopfernd um die Patienten kümmert, insbesondere um die todkranken. Vor allem diese Patienten tun ihr leid, da ihnen in vielen Fällen nicht mehr zu helfen ist. Eines Tages erfährt sie bei der Übergabe, daß ein neuer Patient da ist, der wohl die Nacht nicht überleben wird. Als dieser Patient nun in der Nacht über sehr große Schmerzen klagt und jammert, verabreicht ihm Rosa aus Mitleid, um sein qualvolles Dahinsiechen zu verkürzen, eine tödlich wirkende Injektion, an der der Patient wenig später stirbt.

Liegt hier eine strafbare Handlung vor, wenn man davon ausgeht, daß der Patient auch ohne diese Spritze noch am gleichen Tag gestorben wäre, allerdings bis zu seinem Tod erhebliche Schmerzen hätte erleiden müssen?

?

Im **Fall 32** hat Rosa eine strafbare Tötung begangen, unabhängig davon, wie lange der Patient noch gelebt hätte, ob er ein schmerzvolles Dasein gehabt hätte oder aus welchem Grund Rosa getötet hat. Entscheidend bleibt, daß der Patient ohne diese Spritze – wenn auch nur kurze Zeit – weitergelebt hätte. Dieses Leben hat Rosa beendet.

Die Tathandlung kann sowohl durch physische Einwirkung (Erschießen, Vergiften usw.) als auch durch psychische Einwirkung (Erregung eines tödlichen Schockes) erfolgen. Sie kann durch

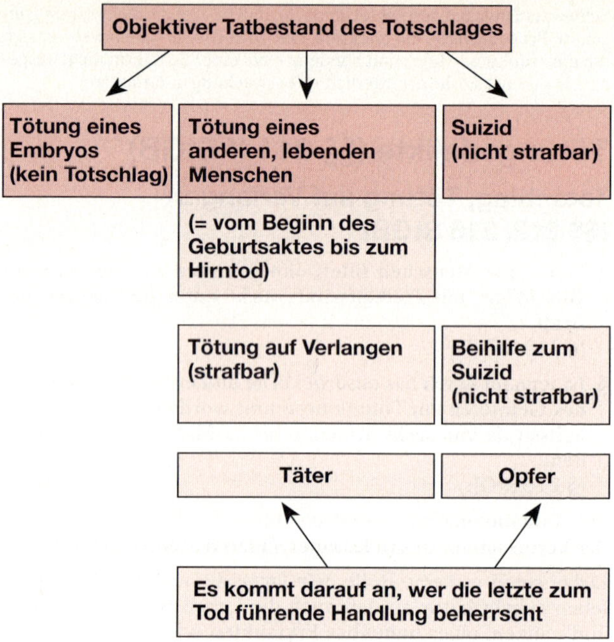

Abb. **58** Darstellung des objektiven Tatbestandes des Totschlages unter Berücksichtigung der Abgrenzung von strafbarer Tötung auf Verlangen und strafloser Beihilfe zum Suizid

aktives Tun wie auch durch Unterlassen erfolgen (Verhungernlassen eines Kindes durch die Mutter).

Tötungsobjekt ist der Mensch von der Geburt bis zum Tod

Geschütztes Rechtsgut ist der lebende Mensch. Mensch im Sinne des Strafgesetzbuches wird man mit **Beginn des Geburtsaktes**. Dieser beginnt mit dem Einsetzen der **Eröffnungswehen**, unabhängig davon, ob sie spontan oder künstlich hervorgerufen werden. Beim „Kaiserschnitt" dürfte die Öffnung des Uterus der Geburtsakt sein. Ein Embryo ist damit kein Mensch im strafrechtlichen Sinne. Seine „Tötung" wird als Schwangerschaftsabbruch behandelt, nicht aber als Totschlag.

Das Ableben wird durch den Hirntod bestimmt

Das **Menschsein endet** mit dem Eintritt des Todes. Für das Strafrecht allein entscheidend ist der sog. **Hirntod** im Unterschied zum Herz- und Kreislaufstillstand. Wann der Hirntod vorliegt ist eine medizinisch zu beantwortende Frage. Er ist eingetreten, wenn die Funktion des Gesamthirnes aufgrund einer irreversiblen Zellschädigung erloschen ist. Wichtigstes Hilfsmittel zur Feststellung des Hirntodes ist das Elektroenzephalogramm (EEG) neben anderen Untersuchungen (z. B. Angiographie, evozierte Potentiale). Hier wird das Vorliegen eines sog. **Null-Linien-EEGs** gefordert. Die Dauer dieser Nullinie hängt wiederum von der Diagnose ab, da es auch andere pathophysiologische Zustände (z. B. Barbituratvergiftung) gibt, die eine Nullinie verursachen.

Selbstmord ist straflos

Nachdem sich die Tötungshandlung **gegen einen anderen Menschen** richten muß, ist die **Selbsttötung (Suizid) straflos**. Voraussetzung ist jedoch, daß diese auf einem *ernsthaften, freien und selbstverantwortlichen Willensentschluß* beruht. Dies ist vor allem beim sog. *Bilanzselbstmord* der Fall. Hier setzt ein psychisch Gesunder aus wohl überlegten Gründen und in freier Willensbestimmung seinem Leben ein Ende (er *bilanziert* sein bisheriges Leben und kommt zu dem Ergebnis, daß eine Fortsetzung sinnlos ist).

Entscheidend ist, daß der Suizident weiß, was er tut

Beihilfe zum Selbstmord ist straflos

Nachdem bei einem Suizid-(versuch) keine Straftat vorliegt, ist auch die Teilnahme an ihm in Form der **Beihilfe** oder Anstiftung straflos. Die *straflose Beihilfe zu Selbstmord* ist abzugrenzen zur *strafbaren Tötung auf Verlangen (§ 216 StGB)*. Beihilfe liegt vor, wenn dem Suizidenten nach der Unterstützungshandlung des anderen noch die **freie Entscheidung** über Leben und Tod verbleibt. Eine strafbare Tötung liegt dann vor, wenn der Täter die todbringende Handlung selbst ausführt.

Fall 33:

Seit Monaten liegt der Patient Müller auf der onkologischen Station. Er befindet sich im Endstadium seiner Krebserkrankung mit erheblichen Schmerzen. Eine Heilung ist nicht mehr möglich. Nunmehr entschließt er sich bei Vollbesitz seiner geistigen Kräfte, seinem Leben ein Ende zu setzen. Er bittet die ihm vertraute Nachtschwester, ihm ein tödlich wirkendes Mittel zu besorgen, welches er dann einnehmen und dann sterben könnte. Die Nachtschwester besorgt ihm das Mittel und legt es ihm auf den Nachttisch. Von dort nimmt es der Patient und verstirbt unmittelbar darauf. Ohne Einnahme dieses Mittels würde er noch leben.

Hat sich die Nachtschwester strafbar gemacht? **?**

Fall 34:

Wie **Fall 33**. Der Patient Müller hat seinen Entschluß, sein Leben zu beenden, später gefaßt und liegt jetzt völlig aphatisch im Bett. Er ist zwar geistig immer noch bei klarem Bewußtsein, jedoch körperlich nicht mehr fähig, das auf dem Nachttisch liegende Mittel selbst einzunehmen. Da bittet er die Nachtschwester, ihm die Tabletten zu geben. Diese nimmt sie in die Hand, legt sie dem Patienten auf die Zunge, setzt ihm das Wasserglas an die Lippen und kippt das Glas, so daß das Wasser in den Mund läuft und die Tablette mit in den Magen nimmt. Daraufhin verstirbt der Patient wunschgemäß.

Hat sich die Nachtschwester strafbar gemacht? **?**

Im **Fall 33** hat sich Patient Müller frei und ernsthaft entschieden zu sterben. Dieser beabsichtigte Suizid ist straflos. Wenn ihm nun die Nachtschwester hilft, diesen Entschluß in die Tat umzusetzen, hilft sie ihm bei einer straflosen Tat. Dies bedeutet, daß auch die Hilfe straflos ist – jedenfalls dann, wenn es nur bei einer Hilfestellung bleibt, der Patient aber noch den letzten Akt der Selbsttötung in der eigenen Hand hält. Dieser letzte Akt ist das Nehmen der Tablette vom Nachttisch in den Mund. Dies macht er noch selbst. Die Nachtschwester hat sich hier nicht strafbar gemacht.

Im **Fall 34** ist die Sachlage anders. Hier übernimmt die Schwester auch noch den letzten Akt selbst. Damit hat sie quasi selbst die Herrschaft über den Tod in der Hand. Hier liegt keine bloße Hilfe mehr vor, sondern sie führt die Tat selbst durch. Hier macht sie sich einer Tötung schuldig.

Die Suizidentscheidung ist solange als freiverantwortlich anzusehen, als keine Anzeichen für psychische Störungen oder Zwangsvorstellungen erkennbar sind, die die natürliche Einsichts- und Urteilsfähigkeit hinsichtlich der Tragweite dieses Schrittes beeinträchtigt haben können.

In vielen Fällen liegt nur ein sog. **Appellsuizidversuch** vor, bei dem ein ernstliches Tötungsverlangen fehlt. Hier soll nur die Umwelt alarmiert werden, um eine gründliche Änderung der äußeren Situation zu erreichen.

Ist der Suizident nicht **freiverantwortlich**, oder das Tötungsverlangen nicht ernsthaft, macht sich derjenige, der dies erkennt und dennoch den Suizid veranlaßt, unterstützt oder nicht verhindert wegen Tötung oder unterlassener Hilfeleistung strafbar.

Zur Problematik der **Sterbehilfe** vgl. S. 164 ff.

Mord (§ 211 StGB)

§

§ **Der Mörder wird mit lebenslanger Freiheitsstrafe bestraft.**

Mörder ist, wer aus Mordlust, zur Befriedigung des Geschlechtstriebs, aus Habgier oder sonst aus niedrigen Beweggründen, heimtückisch oder grausam oder mit gemeingefährlichen Mitteln oder um eine andere Straftat zu ermöglichen oder zu verdecken, einen Menschen tötet.
(§ 211 StGB)

Mord ist Totschlag unter besonders verwerflichen Umständen

Begriffsmäßig setzt jeder Mord die Begehung eines Totschlages, d. h. die vorsätzliche Tötung eines anderen Menschen voraus. Bezüglich des Tötens eines anderen Menschen kann daher auf obige Ausführungen beim Totschlag verwiesen werden.

Ein Totschlag wird dann zum Mord, wenn verschiedene Umstände hinzukommen:

- ❖ ein bestimmter Beweggrund,
- ❖ eine bestimmte Art und Weise der Tatbegehung,
- ❖ ein bestimmter Zweck, das Motiv der Tat.

Diese Umstände müssen besonders verwerflich sein.

Damit unterscheiden sich Mord und Totschlag **nicht** durch eine bestimmte geplante Vorgehensweise oder eine besonders hervorgehobene Absicht, sondern durch besonders verwerfliche Umstände (Abb. **59**).

Mord ist die Tötung
- bei besonders verwerflichem Motiv
- bei besonders grausamer Weise
- in Zusammenhang mit anderen Straftaten

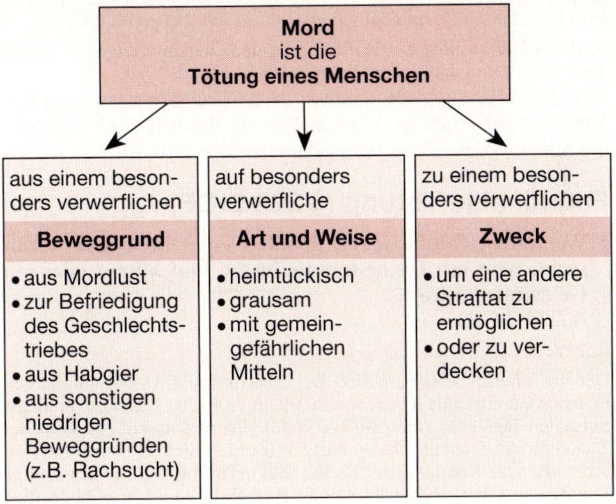

Abb. **59** Mordtatbestand mit seinen einzelnen Elementen

Folgende 3 Beispiele sollen die komplizierten Unterschiede verdeutlichen:

Fall 35:

Schwester Rosa arbeitet seit Jahren in einer Sterbeklinik und muß oft mitansehen, wie todkranke Patienten, die ohnehin nur noch dahinsiechen ein qualvolles Ende erleben. Als sie eines Tages voll Mitleid ist und ein Patient große Schmerzen erleidet, nimmt sie, als der Patient schläft, eine Spritze und injiziert ihm eine tödliche Dosis eines Giftes.

Wie hat sich Rosa strafbar gemacht? **?**

Fall 36:

Schwester Rosa hat immer mehr Schwierigkeiten mit ihrem Ehemann. Auch wegen des dauernden Schichtdienstes als Krankenschwester kommt es zu immer häufigeren Auseinandersetzungen. Eines Tages beschließt sie, ihn zu töten. Da ihr Ehemann körperlich Rosa weit überlegen ist, besorgt sie sich ein schnell wirkendes Gift und gibt es in den morgentlichen Kaffee. Als ihr Ehemann davon trinkt, stirbt er.

Wie hat sich Rosa strafbar gemacht? **?**

Fall 37:

Der Ehemann von Rosa hat die ständigen Streitigkeiten auch satt. Er beschließt seinerseits Rosa zu töten. Dazu nimmt er eine Pistole, tritt ihr gegenüber und drückt ab.

?

Wie hat er sich strafbar gemacht?

Im **Fall 35** begeht die Krankenschwester Rosa einen Mord, da sie **heimtückisch** handelt, indem sie die **Arg- und Wehrlosigkeit** des Patienten ausnutzt, der schläft und keinen Angriff auf sein Leben befürchtet.

Auch im **Fall 36** liegt ein Mord vor, da der Ehemann die Tasse Kaffee arglos trinkt und damit Rosa **heimtückisch** gehandelt hat.

Im **Fall 37** liegt dagegen kein Mord, sondern nur Totschlag vor, da kein Mordmerkmal erfüllt ist, insbesondere der Ehemann nicht heimtükkisch gehandelt hat. Er ist Rosa offen gegenüber getreten.

Fahrlässige Tötung (§ 222 StGB)

§

§ Wer durch Fahrlässigkeit den Tod eines Menschen verursacht, wird mit Freiheitsstrafe bis zu fünf Jahren oder mit Geldstrafe bestraft.
(§ 222 StGB)

Fall 38:

Der noch junge belastbare Arzt Dr. Christoph hat wieder einmal den üblichen Bereitschaftsdienst von 20.00 bis 7.00 Uhr. Nachdem er zuvor normalen Tagdienst von 7.00 bis 16.00 Uhr und anschließend in der Zwischenzeit ebenfalls Dienst hatte, war er letztlich 26 Stunden ununterbrochen im Krankenhaus. Es war viel los und er konnte nur wenige Stunden schlafen. Nun soll er noch eine einfache, nicht eilbedürftige aber seit langem geplante Operation durchführen. Müde und abgespannt geht er ans Werk, da kein anderer Arzt da ist. Die Gesamtorganisation des Krankenhauses und insbesondere der Station, auf der Dr. Christoph tätig ist, sieht ein derartiges Tätigwerden des Bereitschaftsarztes vor. Dr. Christoph ist pflichtbewußt und führt die Operation trotz seiner Übermüdung durch. Dabei unterläuft ihm aufgrund seines körperlich geschwächten Zustandes ein Fehler, der den Tod des Patienten zur Folge hat.

?

Hat sich Dr. Christoph strafbar gemacht?

Fahrlässige Tötung, wenn der Sorgfaltsverstoß zum Tode eines Menschen führt

Der Straftatbestand der fahrlässigen Tötung besteht aus 2 Komponenten. Zum einen muß die Handlung des Täters zum Tod des Menschen geführt haben (S. 140f.). Zum anderen hat der Täter fahrlässig gehandelt, d. h. er hat den Tod zwar nicht gewollt, diesen aber dadurch verursacht, indem er die objektiv gebotene Sorgfalt verletzt hat. Er wäre persönlich jedoch in der Lage gewesen, die Sorgfaltspflichten zu beachten und sein Verhalten danach zu richten (S. 115).

Im **Fall 38** hat Dr. Christoph zwar objektiv einen Fehler bei der Operation gemacht, der tödliche Folgen nach sich zog. Daß er diesen Fehler gemacht hat, kann man ihm aber u. U. nicht vorwerfen, da er zu müde war, um sich richtig zu verhalten. Er war körperlich nicht mehr in der Lage, optimales zu leisten.

Für Dr. Christoph bestand jedoch auch die Sorgfaltspflicht, eine Operation, die immer mit gewissen Risiken verbunden ist, nicht in ermüdetem Zustand durchzuführen. Es gehört zum Allgemeinwissen, daß der Mensch im ermüdeten Zustand nicht mehr voll leistungsfähig ist. Diese Sorgfaltspflicht hat Dr. Christoph verletzt. Er ist daher wegen fahrlässiger Tötung zu verurteilen.

Andererseits war es für die Führung des Krankenhauses ohne weiteres vorhersehbar, daß bei einer derartigen Organisation letztendlich eine Übermüdung des Bereitschaftsarztes eintreten kann. Es ist auch vorhersehbar, daß junge Ärzte sich diesem Druck beugen und auch im Falle der Übermüdung operieren. Das Aufstellen einer solchen Organisation verstößt daher gegen die Pflicht dem Patienten gegenüber bestmögliche Sorgfalt walten zu lassen. Das heißt, die, für die Organisation im Krankenhaus zuständigen Mitarbeiter (letztendlich der Leiter des Krankenhauses) haben sich möglicherweise auch wegen fahrlässiger Tötung strafbar gemacht.

Unterlassene Hilfeleistung (§ 323c StGB)

§

§ **Wer bei Unglücksfällen oder gemeiner Gefahr oder Not nicht Hilfe leistet, obwohl dies erforderlich und ihm den Umständen nach zuzumuten, insbesondere ohne eigene Gefahr und ohne Verletzung anderer wichtiger Pflichten möglich ist, wird mit Freiheitsstrafe bis zu einem Jahr oder mit Geldstrafe bestraft.**
(§ 323c StGB)

Hilfeleistung ist allgemeine Bürgerpflicht

Bei schweren Unglücksfällen ist **jedermann** verpflichtet, im Rahmen des Erforderlichen und Zumutbaren, Hilfe zu leisten. Dies entspringt der mitmenschlichen Solidarität und der allgemeinen Hilfspflicht. Die 2 Säulen dieses Tatbestandes bestehen aus der entstandenen **Notlage** und der erforderlichen **Hilfspflicht** (Abb. **60**).

Hilfe leisten

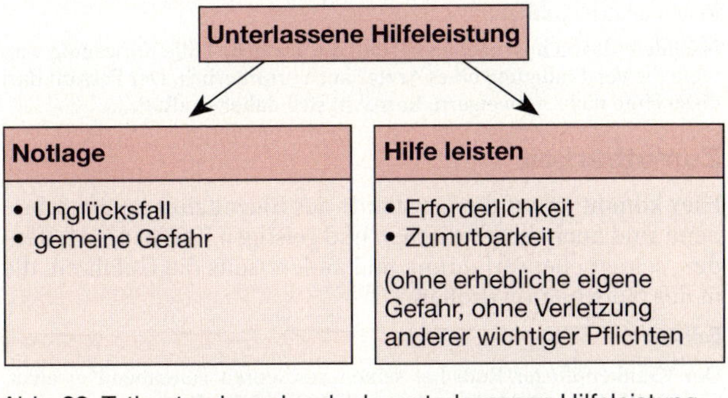

Abb. **60** Tatbestandsmerkmale der unterlassenen Hilfeleistung

Notlagen

Unglücksfall

Unglücksfall

Als **Unglücksfall** ist jedes **plötzlich eintretende Ereignis**, das einen erheblichen Personen- oder Sachschaden anrichtet oder zu verursachen droht zu sehen.

Beispiele:
- ❖ Verkehrsunfall,
- ❖ spontan eintretende, sich steigernde Schmerzen innerhalb einer bestehenden Krankheit,
- ❖ Selbstmord.

Gemeine Gefahr

Gemeine Gefahr

Gemeine Gefahr bezieht sich auf eine Notlage, die die Allgemeinheit betrifft.

Beispiele:
- ❖ Überschwemmung,
- ❖ Feuer.

Hilfe leisten

Erforderlichkeit

Hilfe erforderlich

Die Hilfeleistung ist erforderlich, wenn ohne sie die Gefahr besteht, daß ein weiterer Schaden eintritt.

Fall 39:

Auf der Heimfahrt von seinem Schichtdienst kommt Kurt an einen frischen Verkehrsunfall, bei dem mehrere Personen verletzt wurden. Hier gibt er sich als Krankenpfleger zu erkennen und greift sofort zu den notwendigen Sofortmaßnahmen. Unter anderem bittet er, einen nicht am Unfall beteiligten Autofahrer, ärztliche Hilfe über sein Autotelefon anzufordern. Dieser meint dagegen, Kurt solle sich nicht so „aufspielen" und verweist auf andere Passanten, die viel früher am Unfallort waren.

? Macht er sich strafbar?

Nachdem davon auszugehen ist, daß die ärztliche Hilfe notwendig war, wäre die Verständigung eines Arztes auch erforderlich. Der Passant darf diese Hilfe nicht verweigern. Er macht sich daher strafbar.

Zumutbarkeit

Hilfeleistung zumutbar

Hier kommt es auf die Umstände des Einzelfalles an. Entscheidend sind auch die physischen und geistigen Kräfte des Helfenden, seine Lebenserfahrung und andererseits die Gefahren, die in der Notsituation drohen.

Fall 40:

Der Krankenpfleger Rudi hat seinen verdienten Feierabend erreicht. Gerade als er nach Hause gehen will, kommt der Rettungswagen und liefert einen Notfallpatienten von einem Verkehrsunfall ein. Dieser blutet stark, es muß sofort etwas geschehen. Der diensthabende Arzt bittet Rudi zu bleiben, da starker Personalmangel herrsche und kein anderer Pfleger zur Verfügung stehe. Rudi meint jedoch, daß er ein Recht auf seinen Feierabend habe und ihm ein weiterer Dienst schon deshalb nicht zuzumuten wäre, weil er schon 8 Stunden Schichtdienst hinter sich habe. Als er zudem erfährt, daß der Patient an AIDS erkrankt ist, hält er jegliche Hilfe aufgrund der damit zusammenhängenden Ansteckungsgefahr sowieso für unzumutbar.

Hat er Recht?

?

Unabhängig von seiner beruflichen Eigenschaft als Krankenpfleger sieht sich Rudi mit einem Unglücksfall konfrontiert. Er ist daher zur Hilfe verpflichtet. Sie ist ihm auch zumutbar, da diesbezüglich sein – unstreitig bestehendes – Recht auf Feierabend zurückstehen muß. Auch hinsichtlich der Ansteckungsgefahr ist es ihm zumutbar zu helfen, da er sich dagegen schützen kann.

Zu der Frage, unter welchen Voraussetzungen ein behandelnder Arzt bzw. das Pflegepersonal sich aufgrund unterlassener Hilfeleistung strafbar machen, wenn sie nichts zur Rettung eines Patienten nach einem Selbstmordversuch unternehmen (S. 164 ff.).

Verletzung von Privatgeheimnissen (§ 203 StGB)

§

§ **Wer unbefugt ein fremdes Geheimnis, namentlich ein zum persönlichen Lebensbereich gehörendes Geheimnis (...), offenbart, das ihm als**

1. Arzt, (...) oder Angehörigen eines anderen Heilberufes, der für die Berufsausübung oder die Führung der Berufsbezeichnung eine staatlich geregelte Ausbildung erfordert,

2. (...)

anvertraut worden war oder sonst bekanntgeworden ist, wird mit Freiheitsstrafe bis zu einem Jahr oder mit Geldstrafe bestraft.

Den in Absatz 1 Genannten stehen ihre berufsmäßig tätigen Gehilfen und die Personen gleich, die bei ihnen zur Vorbereitung auf den Beruf tätig sind. (...)

(Auszug aus § 203 StGB)

Vertrauen des Patienten als Grundlage effektiver Heilbehandlung

Dieser Vorschrift kommt gerade in den Pflegeberufen erhöhte Bedeutung zu, da gerade das Pflegepersonal eine Menge von privaten und intimen Dingen der ihm anvertrauten Menschen erfährt. Gerade bei den Heilberufen ist es von entscheidender Wichtigkeit, daß zwischen den Patienten und dem Pflegepersonal ein Vertrauensverhältnis entsteht, da sich der Patient regelmäßig in einer Ausnahmesituation befindet, in der er sich meist ausgeliefert fühlt. Müßte er nun darum fürchten, daß intime Einzelheiten aus seinem persönlichem Umfeld anderen Personen offenbart werden, könnte er nicht all dies mitteilen, was aber wichtig für seinen Genesungsprozeß wäre.

Verletzung von Privatgeheimnissen: unbefugte Weitergabe von persönlichen Daten des Patienten

Der Tatbestand der Verletzung von Privatgeheimnissen ist bei Vorliegen der in Abb. **61** aufgeführten Merkmale erfüllt.

Der Täter muß „Geheimnisträger“ sein und er muß ein ihm anvertrautes Geheimnis unbefugt, d. h. unberechtigt jemandem offenbaren (weitergeben).

Liegt nun eine Verletzung von Privatgeheimnissen vor, kann diese Straftat nur verfolgt werden, wenn der Verletzte (z. B. der Patient) **Strafantrag** stellt.

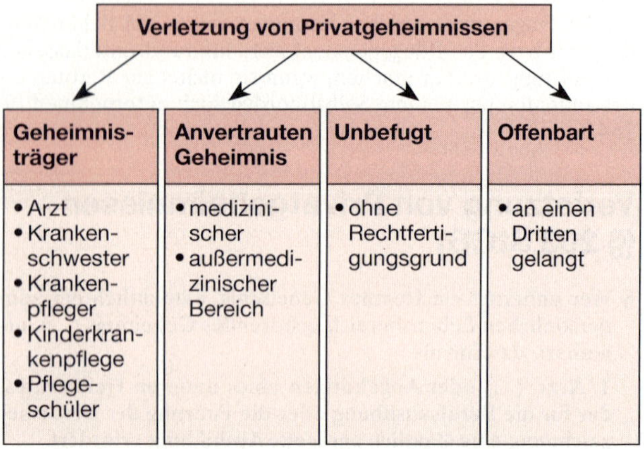

Abb. **61** Tatbestand der Verletzung von Privatgeheimnissen

Geheimnisträger

Das Krankenpflegepersonal als Geheimnisträger

Nur ein bestimmter Personenkreis kann sich einer Verletzung von Privatgeheimnissen strafbar machen. Dieser zeichnet sich dadurch aus, daß die oben angeführte Vertrauensstellung bei ihm zum wichtigen Bestandteil des Berufes gehört. Unter diese **Geheimnisträger** fallen vor allem die Heilberufe wie Ärzte, (Kinder-) Krankenpflegepersonal aber auch die in Ausbildung zu diesen Berufen befindlichen Schüler.

Beispiel

Andere Geheimnisträger sind:

- Apotheker,
- Hebammen,
- Berufspsychologen,

- Rechtsanwälte,
- Steuerberater,
- Erziehungsberater,
- Sozialarbeiter,
- Beamte,
- Richter u.ä.

Geheimnis

Geheimnisse sind Tatsachen, die nicht jedermann bekannt sind und die derjenige, den sie betreffen, aus „verständlichem" Interesse geheimhalten will.

Geheimnisse sind Tatsachen, von denen der Patient will, daß sie nicht „weitererzählt" werden

Für die Angehörigen der Heilberufe kommen hier zunächst einmal alle mit der Krankenbehandlung im Zusammenhang stehenden Umstände wie Krankheitsgeschichte, Untersuchungsbefunde, Aufzeichnungen des Arztes, Röntgenaufnahmen oder ähnliches in Betracht. Aber auch im außermedizinischen Bereich wird das Pflegepersonal eine Vielzahl von Tatsachen über den Patienten erfahren, an denen er ein Geheimhaltungsinteresse hat.

Fall 41:

Schwester Jutta arbeitet auf der gynäkologischen Abteilung eines Krankenhauses, als dort eines Tages die berühmte ledige Sängerin Isabella zur Behandlung eines Abganges eingeliefert wird. Jutta erhält sogar ein Autogramm und zeigt dieses Stolz ihrer Busenfreundin. Diese will nun wissen, wie Jutta zu dem Autogramm kommt.

Was darf ihr Jutta sagen?

?

Mit Sicherheit will Isabella den Abort geheimhalten. Es ist jedoch auch wahrscheinlich, daß sie die Tatsache ihres Aufenthaltes in der gynäkologischen Abteilung ebenfalls nicht weitererzählt haben will. Für Jutta wäre es daher am sichersten, wenn sie überhaupt nichts davon erwähnen würde, daß sich Isabella im Krankenhaus aufhält.

Anvertraut

Nicht alles was eine Krankenschwester erfährt ist ihr anvertraut. Das Geheimnis muß ihr **in ihrer Eigenschaft als Angehöriger ihrer Berufsgruppe** mitgeteilt worden sein.

Anvertraut = als Pflegepersonal erfahren

Anvertraut ist ein Geheimnis dann, wenn es der Schwester oder dem Arzt im Zusammenhang mit der Ausübung des Berufes vermittelt wurde, wobei es unerheblich ist, ob dies mündlich, schriftlich oder in sonstiger Weise geschieht.

Fall 42:

Der Krankenpfleger Ernst trifft seine alten Freunde auf einem Kegelabend. Im Verlauf des Abends teilt ihm sein Mitspieler mit, daß er HIV-positiv sei und will nun von ihm als Krankenpfleger den weiteren Verlauf der Krankheit erfahren. Ein anderer Mitspieler namens Willi erzählt ihm „im Vertrauen", daß er sich auf der letzten Thailand-Reise

„einen Tripper" geholt habe, und daß Ernst bei seinem nächsten Urlaub diesbezüglich aufpassen soll.

?

Ernst fragt sich nun, ob er diese Informationen seiner Freundin erzählen darf.

Dieses Beispiel zeigt sehr deutlich, daß einer Pflegeperson auch im privaten Bereich Umstände bekannt werden, die möglicherweise ein „Geheimnis" darstellen und deswegen mitgeteilt wurden, weil sie Angehörige des Pflegeberufes sind – **und damit „anvertraut" wurden**. So hat Ernst nur deswegen von der HIV-Infizierung erfahren, weil sein Mitspieler von ihm als Krankenpfleger wissen wollte, was nun weiter geschieht. Wäre Ernst kein Krankenpfleger, hätte er wohl nicht von dieser Krankheit erfahren.

Anders verhält es sich mit der Information von Willi. Der Umstand, daß Willi an Gonorrhö erkrankt ist, stellt sicherlich ein „Geheimnis" dar, da dieser wohl ein verständliches Interesse an der Geheimhaltung haben wird. Damit ist aber noch nicht gesagt, daß er es Ernst auch „anvertraut" hat. So wie im Beispiel beschrieben, will er seinem Freund Ernst – wenn auch nur „im Vertrauen" – nur einen Ratschlag erteilen, was er auch getan hätte, wenn Ernst kein Krankenpfleger wäre. Damit hängt diese Mitteilung in keiner Weise mit dem Beruf zusammen.

Teilt daher Ernst die „Tripper-Geschichte" seiner Freundin mit, begeht er zwar einen „Vertrauensbruch", er macht sich aber nicht strafbar. Über die AIDS-Infektion muß er jedoch schweigen.

Keine Schweigepflicht mehr, wenn die Daten anderweitig bekannt werden

Die Schweigepflicht besteht nur in dem Umfang, in dem der Arzt, die Schwester usw. die Tatsachen in beruflicher Eigenschaft erfahren haben. Haben sie diese Umstände aus anderen Gründen schon früher gekannt oder ist ihnen das gleiche später anderweitig bekannt geworden, unterliegen die Tatsachen insoweit nicht der Schweigepflicht.

Fall 43:

Schwester Maria erfährt von ihrer Nachbarin, daß deren Ehemann wieder einmal wegen stärker Bauchschmerzen in das Krankenhaus eingeliefert wurde. Sie meint zudem, daß dies bei dem täglichen Alkoholkonsum kein Wunder sei.

Im Krankenhaus wird der Nachbar zufällig auf die Station von Schwester Maria gelegt. Daher erfährt sie auch, daß bei ihm eine schwere Leberzirrhose diagnostiziert wurde.

?

Welche Informationen darf Maria nun ihrem Ehemann mitteilen?

Sie darf all dies mitteilen, was sie „als Nachbarin" erfahren hat. Hierzu gehört der Umstand, daß der Nachbar in das Krankenhaus eingeliefert wurde, sowie die Tatsache, daß er erhebliche Bauchschmerzen hatte. Auch die Meinung von dessen Ehefrau, es werde wohl am Alkohol liegen, darf sie mitteilen. Nicht mehr jedoch den Umstand, daß er an Leberzirrhose leidet. Letzteres hat sie nur erfahren, weil sie als Krankenschwester Zugang zu solchen Informationen hatte.

Offenbaren

Offenbart ist das Geheimnis, wenn

Offenbaren = Mitteilen der geheimen Tatsache und der betreffenden Person

❖ die geheime Tatsache als solche **und**
❖ die Person, die diese Tatsache betrifft

in irgendeiner Weise einem anderen mitgeteilt worden ist.

Eine Mitteilung, aus der die betreffende Person nicht hervorgeht, sondern anonym bleibt, begründet daher noch kein Offenbaren.

Fall 44:

Schwester Adelheid erzählt in ihrer Mitteilungsfreude daheim ganz aufgeregt, daß sie einen jungen Menschen in ihrem Alter auf Station bekommen habe, der sich bereits im Endstadium von Krebs befindet.

Hat sie ihre Schweigepflicht verletzt?

?

Solange sie nicht mitteilt, wer dieser junge Mensch ist, bleibt die Mitteilung anonym. Es liegt somit noch kein Offenbaren vor.

Für das Offenbaren spielt es keine Rolle, wie die Mitteilung geschieht (mündlich, schriftlich, in sonstiger Weise) und an wen die Mitteilung erfolgt.

Auf die Art und Weise der Mitteilung kommt es nicht an

Fall 45:

Zufällig wird auf die Station von Schwester Andrea die Sekretärin ihres Ehemannes Heinz eingeliefert. Dieser weiß davon und will nun den Grund erfahren. Auf seine verständliche Frage an Andrea, ob es etwas ernsteres sei und er mit längerer Abwesenheit rechnen müsse, nickt Andrea lediglich mit dem Kopf. Heinz will aus Rücksicht auf die Schweigepflicht nicht näher auf seine Ehefrau eindringen.

Hat sich Andrea bereits strafbar gemacht?

?

Ja! Bereits das Kopfnicken war eine Offenbarung des Geheimnisses „länger andauernder Krankenhausaufenthalt". Daran ändert auch der Umstand nichts, daß Andrea diese Mitteilung ihrem Mann gegenüber gemacht hat, nicht einmal, wenn sie ihn bittet, die Information für sich zu behalten.

Ein Offenbaren liegt auch dann vor, wenn das Geheimnis einem anderen, seinerseits zur Verschwiegenheit Verpflichteten mitgeteilt wird.

Unbefugtes Offenbaren auch dann, wenn Mitteilung an Geheimnisträger erfolgt

Unbefugt

Die Offenbarung des Geheimnisses muß unbefugt geschehen. Es gibt nun eine Vielzahl von „Befugnissen", die es erlauben, diese Geheimnisse anderen mitzuteilen. Hier kommt insbesondere die **Zustimmung** desjenigen in Betracht, den das Geheimnis betrifft, aber auch einige andere **Rechtfertigungsgründe** (Abb. **62**).

Unbefugt = ohne Berechtigung

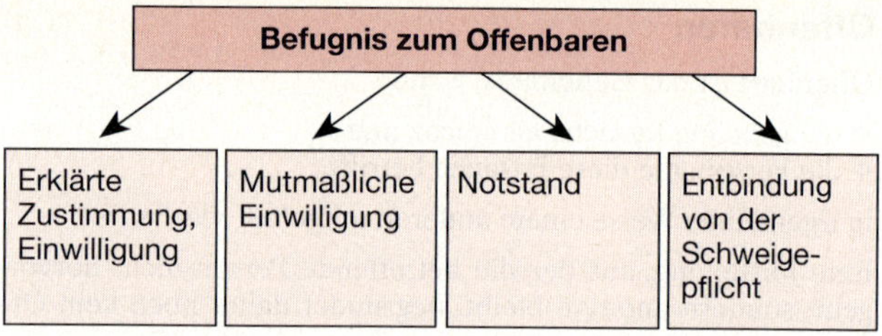

Abb. **62** Befugnis zum Offenbaren eines Geheimnisses

Zustimmung bzw. Einwilligung

Entbindung von der Schweigepflicht durch den Patienten

Diese Zustimmung des Patienten nennt man auch *Entbindung von der Schweigepflicht* (zur Einwilligung vgl. S. 133 ff.).

Es muß die Zustimmung desjenigen vorliegen, den das Geheimnis betrifft. Dies ist im Bereich der Krankenpflege der Patient und zwar auch dann, wenn der Schweigepflichtige die Information von einem Dritten hat.

Bei Kindern (unter 14 Jahren) erfolgt Entbindung von der Schweigepflicht durch die Eltern

Bei Patienten zwischen 14 und 18 Jahren kommt es auf den Einzelfall an

Bei **minderjährigen Patienten** (unter 18 Jahren) kommt es für die Wirksamkeit der Zustimmung auf die natürliche Einsichts- und Urteilsfähigkeit an. Als grober Anhaltspunkt wird man davon ausgehen können, daß bei Minderjährigen unter 14 Jahren in der Regel die erforderliche Einsichtsfähigkeit für eine wirksame Zustimmung nicht vorhanden ist mit der Folge, daß hier der Erziehungsberechtigte zustimmen müßte. Andererseits würde eine Mitteilung an den Erziehungsberechtigten kein unbefugtes Offenbaren darstellen. Im Alter zwischen 14 und 18 Jahren kommt es auf den Einzelfall an, der von der Art des Eingriffes und den eventuellen Nachwirkungen der Behandlung abhängt.

Fall 46:

Die 15jährige Katja geht zur selben Frauenärztin wie ihre Mutter. Als die Ärztin auf Bitten von Katja ihr die „Pille" (zum Zweck der Empfängnisverhütung) verschreibt, teilt sie dies der Mutter bei deren nächsten Besuch mit, weil sie meint, die Mutter müsse wissen, was die Tochter „treibt". Wenige Monate später hat Katja – trotz Pille – einen Abort. Auch dies teil die Ärztin der Mutter mit.

? Hat sich die Frauenärztin strafbar gemacht?

Bezüglich der Mitteilung des Abortes ist die Sachlage klar. Dieser bedeutet für die 15jährige einen derart gravierenden Eingriff – Beendigung einer Schwangerschaft vor der 28. Woche – , daß zumindest mit psychischen Nachwirkungen zu rechnen ist. Hier ist von keiner Schweigepflichtsverletzung auszugehen.

Anders liegt die Sachlage beim Verschreiben der Pille. Hier kommt es darauf an, wie die Ärztin den geistigen und körperlichen Entwicklungsstand der 15jährigen beurteilt. Bei einer entsprechend gereiften Persönlichkeit von Katja kann die Mitteilung an die Mutter bereits strafbar sein.

Diese Zustimmung der Offenbarung ist an keine Form gebunden; sie kann schriftlich, mündlich oder auch in sonstiger Weise erfolgen. Auch ist sie jederzeit und ohne weiteres widerrufbar. Sie kann auch auf bestimmte Tatsachen beschränkt werden.

Die Entbindung von der Schweigepflicht ist formlos möglich

Mutmaßliche Einwilligung

Eine solche liegt dann vor, wenn der Patient, könnte er gefragt werden, seine Zustimmung erteilen würde, oder wenn ohne weiteres davon ausgegangen werden kann, daß er einverstanden ist (hier wird die Einwilligung vermutet).

Vermutete Einwilligung
- bei Mitteilung an Pflegepersonal
- an weiterbehandelnde Personen

So wird man davon ausgehen können, daß der Patient damit einverstanden ist, wenn das Pflegepersonal vom Arzt erfährt, welche Diagnose vorliegt, da diese wiederum Voraussetzung für eine erfolgversprechende Pflege ist.

Bei der Mitteilung an Ehegatten und Angehörige des Patienten wird man allerdings nicht in jedem Fall davon ausgehen können, daß der Patient einverstanden ist.

Fall 47:

Eine Patientin wird mit starken Unterbauchschmerzen in das Krankenhaus eingeliefert. Es stellt sich bald heraus, daß eine Eileiterschwangerschaft besteht. Die Patientin wird sofort operiert. Nach der Operation trifft die Stationsschwester Anna den sorgenvollen Ehemann, der sie sogleich befragt, wie es seiner Ehefrau geht und was ihr fehlt. Anna teilt ihm daraufhin, um ihn zu beruhigen, mit, daß es seiner Ehefrau gut gehe und eine sofortige Operation nötig war, da es aufgrund der Eileiterschwangerschaft zu starken inneren Blutungen gekommen sei.

Daraufhin verläßt der Ehemann bestürzt das Krankenhaus, da er seit Monaten keinen sexuellen Kontakt mehr mit seiner Ehefrau hatte.

Fall 47 zeigt deutlich, daß man sehr vorsichtig mit der mutmaßlichen Einwilligung umgehen muß. Die Ehefrau hatte ein befruchtetes Ei, jedoch war der Samen nicht von ihrem Ehemann. Daher dürfte sie wohl mit der Offenbarung ihres Geheimnisses durch die Schwester nicht einverstanden gewesen sein. Anna hat sich strafbar gemacht.

Soweit erkennbar ein Wille der Offenbarung entgegensteht, ist dieser stets zu beachten, auch wenn dies noch so unvernünftig erscheinen mag und kann jedenfalls nicht durch eine mutmaßliche Einwilligung ersetzt werden.

Notstand (§ 34 StGB)

Aus Notstand kann die Offenbarung gerechtfertigt sein, wenn es um die Abwendung ernstlicher Gefahren für Leib und Leben geht.

Mitteilung zur Gefahrenabwehr zulässig

Dies kann bei der Warnung von Kontaktpersonen vor Ansteckung, die vom Patienten ausgeht, der Fall sein.

Fall 48:

Jungunternehmer Meyer wird wegen starken Hustens vom Arzt untersucht. Nach Durchführung diverser Untersuchungen wird bei ihm eine offene Lungentuberkulose diagnostiziert. Er wird in ein Sanatorium eingewiesen. Als Mitglieder seines Freundeskreises ihn besuchen wollen, teilt ihnen die Krankenschwester mit, daß Ansteckungsgefahr besteht und die Freunde keinen Kontakt mit ihm haben dürfen. Herr Meyer ist darüber sehr erbost und will wegen Verletzung der Schweigepflicht Strafanzeige gegen die Schwester erstatten.

? Wird er Erfolg haben?

Die Krankenschwester hat sich nicht strafbar gemacht. Sie war sogar verpflichtet, die Personen zu warnen, die möglicherweise hätten angesteckt werden können.

Fall 49:

Kumpel Rudi ist alkoholkrank. Ungeachtet dessen und entgegen ärztlicher Bitte fährt er ständig mit seinem Pkw zur Arbeit und von dort zu seinen Außenstellen. Er ist auf seinen Führerschein angewiesen. Sein Hausarzt kennt diese Umstände und die Tatsache, daß Rudi ständig alkoholisiert fährt. Er überlegt, ob er der Führerscheinbehörde dies mitteilen darf.

Von einem alkoholisierten Aotofahrer gehen ständig Gefahren für Leib und Leben anderer Verkehrsteilnehmer aus. Um dies zu verhindern, darf der Arzt der Behörde die Mitteilung auch gegen den Willen seines Patienten machen.

Entbindung von der Schweigepflicht aufgrund gesetzlicher Vorschriften

Besondere gesetzliche Vorschriften, die von der Schweigepflicht entbinden

Gemäß **§ 138 StGB** besteht eine Verpflichtung für jedermann zur Anzeige von bestimmten geplanten Verbrechen. Diese Pflicht trifft auch den Schweigepflichtigen. Es handelt sich dabei um gravierende, einzeln aufgeführte Straftaten.

Hierzu zählen:

- Vorbereitung eines Angriffskrieges,
- Hochverrat,
- Geldfälschung,
- Menschenhandel,
- Mord und Totschlag,
- Raub u.ä.

Gemäß **§§ 12, 13 des Gesetzes zur Bekämpfung von Geschlechtskrankheiten** besteht eine Verpflichtung, bestimmte Krankheiten mitzuteilen (S. 319 ff.).

Das gleiche gilt gemäß **§ 3 ff des Bundesseuchengesetzes** (S. 317 ff.).

Freiheitsberaubung (§ 239 StGB)

§ **Wer widerrechtlich einen Menschen einsperrt oder auf andere Weise des Gebrauchs der persönlichen Freiheit beraubt, wird mit Freiheitsstrafe bis zu fünf Jahren oder mit Geldstrafe bestraft.**
(§ 239 StGB)

§

Zweck dieser Vorschrift ist der Schutz der persönlichen Fortbewegungsfreiheit des Menschen, wobei das Alter dieses Menschen genauso unerheblich ist, wie die Tatsache, ob er zurechnungsfähig ist. Es kommt nur auf seinen natürlichen Willen an, seinen Aufenthaltsort zu verändern.

Geschützt ist die natürliche Fortbewegungsmöglichkeit

Diesen Willen haben z. B. nicht Kinder in einem Alter, in dem sie noch nicht laufen können, Schlafende oder Bewußtlose. Andererseits können Menschen, die ihren Aufenthaltsort nur mit Hilfe anderer oder mit Hilfsmittel verlassen können, der Freiheit dadurch beraubt werden, indem man ihnen die Hilfsmittel wegnimmt.

Als Mittel, die Freiheit zu berauben, kommt vor allem das **Einsperren** aber auch das **Festbinden** oder die **Fesselung („Fixierung“)** in Betracht.

Fixierung = Freiheitsberaubung

Gerade in der Krankenpflege aber auch in der Altenpflege kommt es immer wieder vor, daß Patienten oder alte, möglicherweise verwirrte Menschen kurzzeitig oder über einen längeren Zeitraum eingesperrt bzw. festgehalten werden müssen, da sie sich sonst selbst oder anderen ungewollt Schaden zufügen würden.

Fixierungen kommen in Form von Fuß-, Körper- oder Handfesseln vor. Aber auch das Anbringen eines Gitters am Bett eines alten Menschen ist als Freiheitsberaubung zu sehen, wenn er dieses Gitter nicht selbst überwinden kann.

Sogar so selbstverständliche Maßnahmen wie Narkose, Anbinden des Armes beim Anlegen einer Infusionslösung oder Festbinden eines Körperteils während der Operation stellen eine „Beraubung“ der persönlichen Fortbewegungsfreiheit dar.

Maßnahmen, die die Fortbewegung des Patienten verhindern, dienen der Freiheitsberaubung

Die Maßnahmen des Pflegepersonals sind dann nicht strafbar, wenn diesbezüglich ein Rechtfertigungsgrund vorliegt und sich die Maßnahme innerhalb dessen Grenzen bewegt.

Folgende Rechtfertigungsgründe kommen in Betracht:

Einwilligung

Willigt der Patient in die Maßnahme wirksam ein (S. 133 ff.), darf seine Freiheit beschränkt werden.

Freiheitsberaubung nicht strafbar bei Vorliegen eines Rechtfertigungsgrundes

Regelmäßig wird eine Einwilligung vorliegen, wenn während einer Behandlung ein Körperteil des Patienten fixiert wird und der Patient trotz voller Einsichtsfähigkeit nicht widerspricht (Festschnallen eines Armes vor Injektion). Auch bei der Narkose willigt der Patient wirksam ein, wenn er zuvor aufgeklärt wurde.

Einwilligung als Rechtfertigungsgrund

Ist der Patient im **Vollbesitz seiner geistigen Kräfte** und willigt er in eine vernünftige und für ihn notwendige Behandlung nicht ein, darf er nicht gegen seinen Willen festgehalten werden, auch wenn dies zu seinem eigenen Schaden ist.

Fall 50:

Ein alkoholkranker Patient begibt sich wiederholt freiwillig und auf ärztliches Anraten in eine stationäre Therapie. Nachdem er den Entzug hinter sich gebracht hat, glaubt er seine Sucht von selbst in den Griff zu bekommen. Obwohl die behandelnden Ärzte ihm dringend raten, die Entwöhnungsphase im Krankenhaus zu verbringen und hier auch ein Konzept entwickelt haben, will der Patient das Krankenhaus verlassen. Der diensthabende Oberarzt weist den Krankenpfleger an, den Patienten zurückzuhalten, da ansonsten der ganze Entzug umsonst gewesen sei.

? Darf der Pfleger die Weisung ausführen?

Er darf die Weisung nicht ausführen, da er sich ansonsten strafbar machen würde. Hält er den Patienten fest, liegt eine Freiheitsberaubung vor, wenn das Festhalten nicht gerechtfertigt ist. Der Rechtfertigungsgrund der Einwilligung liegt nicht vor, da der Patient trotz Vollbesitz seiner geistigen Kräfte das Krankenhaus verlassen will. Auch wenn der Abbruch der Therapie noch so unvernünftig erscheint, darf er nicht zwangsweise festgehalten werden.

Fall 51:

Susanne wird am Magen operiert. Gleich nach der Operation, als sie sich von der Narkose erholt hat und im Vollbesitz ihrer geistigen Kräfte ist, will sie das Krankenhaus verlassen. Bestürzt eilt der Krankenpfleger Bernd herbei und erklärt ihr, daß sie als Frischoperierte keinesfalls aufstehen dürfe. Auch sei die Wunde noch ganz frisch. Zudem könnten Blutungen beim sofortigen Verlassen des Bettes entstehen. Ungeachtet dessen macht Susanne Anstalten, das Bett zu verlassen. Bernd weiß sich nicht anders zu helfen als Susanne zu fixieren.

? Macht er sich strafbar?

Auch wenn das Verhalten von Susanne noch so unvernünftig erscheint, allein aus ihrem Verhalten kann man nicht schließen, daß sie „unzurechnungsfähig“ ist. Eine Einwilligung in die freiheitsbeschränkende Maßnahme liegt damit nicht vor. Da auch kein anderer Rechtfertigungsgrund greift, macht sich Bernd strafbar.

Anders wäre die Sachlage, wenn Susanne unter den Nachwirkungen der Narkose stünde und damit noch nicht frei verantwortlich handeln könnte.

Unzurechnungsfähiger Patient

Ist bei einem Patienten oder einem alten Menschen die Einwilligungsfähigkeit nicht mehr vorhanden, kommt es auf die Einwilligung seines gesetzlichen Vertreters oder Betreuers an. Diese Einwilligung ist notfalls auch einzuholen.

Fall 52:

Der bekannte Professor Dr. K. wird völlig hilflos aufgefunden. Er ist in einem völlig desolaten Zustand. Aufgrund wirrer Äußerungen kommt er in die psychiatrische Abteilung des nächsten Krankenhauses. Dort stellt man eine Geisteskrankheit fest, die den Verlust der Einsichtsfähigkeit von Dr. K. zur Folge hat. Dennoch will er das Krankenhaus sofort wieder verlassen.

Wie kann er am Verlassen gehindert werden?

?

Nachdem er selbst in seinen weiteren Aufenthalt nicht einwilligt, aber auch mangels Einsichtsfähigkeit gar nicht einwilligen könnte und kein anderer Rechtfertigungsgrund greift (von Dr. K. geht keinerlei Gefahr aus) müßte er entlassen werden. Gemäß § 1896 BGB bestellt das Vormundschaftsgericht einen *Betreuer* wenn ein Volljähriger aufgrund einer psychischen Krankheit seine Angelegenheiten nicht mehr besorgen kann. Dieser Betreuer kann dann die Einwilligung für den Aufenthalt des Patienten erteilen.

Notstand (§ 34 StGB)

Notstand als Rechtfertigungsgrund

Ist von dem Patienten zwar kein Angriff zu befürchten, geht von ihm aber unmittelbar und gegenwärtig eine ernsthafte Gefahr aus, so dürfen freiheitsberaubende Maßnahmen ergriffen werden, wenn dadurch die Gefahr für Leib, Leben, Freiheit, Ehre, Eigentum oder ein anderes Rechtsgut abgewendet werden kann.

Besondere gesetzliche Befugnisse

Beispiele:

- Verhaftung und vorläufige Festnahme (§§ 112, 127 StPO),
- einstweilige Unterbringung (§ 126a StPO),
- zwangsweise Blutentnahme (§ 81a StPO),
- Unterbringungsgesetze in den einzelnen Bundesländern,
- Bundesseuchengesetz.

Freiheitsberaubende Maßnahmen können durch bestimmte Gründe gerechtfertigt sein. Dies jedoch nur so lange, wie die Voraussetzungen der Rechtfertigungsgründe vorliegen. So kann eine zunächst durch Notwehr gebotene Fixierung rechtswidrig werden, wenn kein gegenwärtiger Angriff mehr zu befürchten ist.

Für die Fälle, in denen dennoch länger andauernde Maßnahmen der Freiheitsentziehung erforderlich sind, können diese nur aufgrund richterlicher Anordnung, so bei der freiheitsentziehenden Unterbringung (S. 330 f.) oder mit Einwilligung des Betreuers erfolgen.

Berufsrelevante Nebengesetze des Strafrechtes

Gesetz zum Schutz von Embryonen (ESchG)

Menschliches Leben geht vor Forschungsfreiheit

Die Fortpflanzungsmedizin ist in Bereiche vorgestoßen, in denen der Gesetzgeber die Gefahr sah, daß das grundgesetzlich geschützte Leben mißbraucht und manipuliert werden könnte. Dabei wird dem menschlichen Leben ein höherer Rang eingeräumt als der Forschungsfreiheit. Als menschliches Leben ist hier vor allem das vorgeburtliche ab dem Zeitpunkt der Zeugung zu verstehen.

Über den Zeitpunkt des Beginns dieses Schutzes sagt § 8 ESchG folgendes:

§

§ **Als Embryo im Sinne dieses Gesetzes gilt bereits die befruchtete, entwicklungsfähige menschliche Eizelle vom Zeitpunkt der Kernverschmelzung an, (...).**
(§ 8 Abs.1 ESchG)

Menschliches Leben ab Verschmelzung von Ei und Samen

Menschliches Leben im Sinne des Embryonenschutzgesetzes beginnt mit der Kernverschmelzung von menschlicher Ei- und Samenzelle.

Das Embryonenschutzgesetz enthält nun eine Vielzahl von Tätigkeiten, die unter Strafe gestellt werden. Im folgenden soll nur ein knapper Überblick davon gezeigt werden (Abb. **63**):

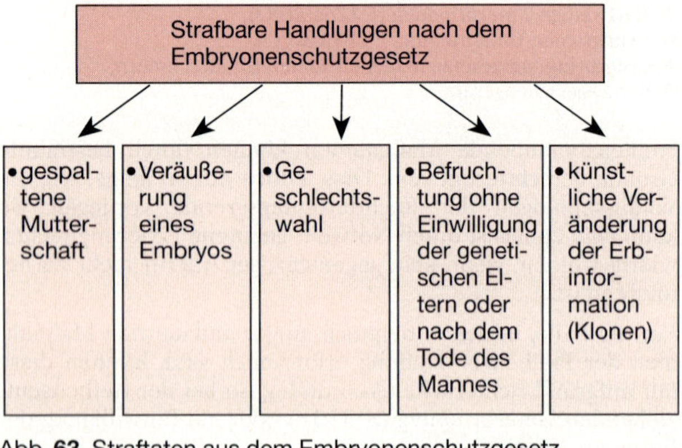

Abb. **63** Straftaten aus dem Embryonenschutzgesetz

Gespaltene Mutterschaft (Leihmutterschaft)

Leihmutterschaft

Durch **§ 1 ESchG** soll verhindert werden, daß auf eine Frau eine **fremde Eizelle** übertragen wird. Es würden somit die genetische (leibliche) Mutter und die austragende „Mutter" 2 verschiedene Personen sein. Insofern werden negative Auswirkungen auf das Kind befürchtet, das sowohl durch die Erbanlagen als auch durch die in der Schwangerschaft bestehenden Beziehungen geprägt ist.

Veräußerung eines Embryos

Veräußerung eines Embryos

§ 2 ESchG beinhaltet das Verbot, einen Embryo zu veräußern, der entweder außerhalb des Körpers der Frau erzeugt (extrakorporal) oder einer Frau vor Abschluß seiner Einnistung in der Gebärmutter entnommen wurde. Auch darf ein Embryo zu keinem anderen Zweck als seiner Erhaltung abgegeben, erworben oder verwendet werden.

Geschlechtswahl

Geschlechtswahl

Bestraft wird auch gemäß **§ 3 ESchG** wer es unternimmt, eine menschliche Eizelle mit einer Samenzelle künstlich zu befruchten, die nach dem Geschlecht ausgewählt worden ist. Dies darf lediglich dann gemacht werden, wenn die Auswahl der Samenzelle dazu dient, das Kind vor der Erkrankung einer schwerwiegenden geschlechtsgebundenen Erbkrankheit zu bewahren.

Befruchtung ohne Einwilligung

Befruchtung ohne Einwilligung

Gemäß **§ 4 ESchG** ist es verboten, daß eine Frau künstlich befruchtet wird, ohne daß sie und der Mann, dessen Samen verwendet wird, eingewilligt haben, oder daß der Frau ohne Einwilligung ein Embryo übertragen wird.

Auch darf eine Eizelle nicht mit dem Samen eines Mannes nach dessen Tod (z. B. Samen von der „Samenbank") künstlich befruchtet werden. Hier kommt es auf die Einwilligung der Frau nicht an.

Künstliche Veränderung der Erbinformation

Künstliche Veränderung der Erbinformation

Die **§§ 5, 6, 7 ESchG** schützen die Erbinformation einer Keimbahnzelle vor künstlicher Veränderung. Sie sollen weiterhin das *Klonen*, die Bildung von *Chimären* und *Hybridwesen* verhindern.

Klonen
Chimären

Klonen bedeutet die künstliche Herstellung von genetisch identischen Zwillingen. Chimären sind Lebewesen, die aus einem Zellverband hervorgegangen sind, der nicht nur die Zellen

Hybridwesen

des ursprünglichen Embryos enthält. Hybridwesen sind Wesen, die aus einer Kreuzung zwischen artverschiedenen Eltern (z. B. zwischen Mensch und Tier) hervorgegangen sind.

Die künstliche Befruchtung darf nur von einem Arzt vorgenommen werden

Darüber hinaus darf auch die zulässige künstliche Befruchtung und die Übertragung eines menschlichen Embryos auf eine Frau **nur von einem Arzt** vorgenommen werden.

Auch wenn das Embryonenschutzgesetz in erster Linie nur die Ärzte anspricht, da nur sie bestraft werden können, kann sich natürlich jeder Krankenpfleger oder jede Krankenschwester strafbar machen, die dem Arzt vorsätzlich Hilfe zu einer Straftat leistet.

Homologe und heterologe Insemination

Eine besondere Problematik hat das Embryonenschutzgesetz nicht geregelt, nämlich die Zulässigkeit der **heterologen Insemination**.

Bei der **homologen Insemination** wird der Samen des **Ehe**mannes genommen. Bei der **heterologen** Samenübertragung stammt der Samen nicht vom Ehemann. Trotzdem gilt gemäß § 1591 BGB der Ehemann als Vater des Kindes, solange er die Ehelichkeit nicht anficht.

Daher ist derzeit die Zulässigkeit der heterologen Insemination nicht unproblematisch und wird heftig diskutiert.

Gesetz über die freiwillige Kastration und andere Behandlungsmethoden

§

§ Kastration in Sinne dieses Gesetzes ist eine gegen die Auswirkungen eines abnormen Geschlechtstriebes gerichtete Behandlung, durch welche die Keimdrüsen eines Mannes absichtlich entfernt oder dauernd funktionsunfähig gemacht werden.
(§ 1 KastrG)

Kastration = dauerhafter Wegfall des Geschlechtstriebes

Die Kastration geschieht durch operative Entfernung der Keimdrüsen oder Funktionsausschaltung durch Bestrahlung. Folgen davon sind das Fehlen der Geschlechtskraft und des Geschlechtsempfindens sowie eine Beeinflussung der Hormonbildung.

Die Kastration im juristischen Sinne schließt eine medikamentöse (vorübergehende und reversible) Kastration nicht ein.

Anders: Sterilisation

Die Kastration ist von der **Sterilisation** zu unterscheiden, bei der der Geschlechtstrieb nicht berührt wird, sondern nur die Fortpflanzungsfähigkeit eines Mannes oder einer Frau auf Dauer aufgehoben wird. Hier werden lediglich der Samenstrang oder die Eileiter unterbrochen, ein Einfluß auf die Fähigkeit zum Sexualverkehr besteht nicht. Gravierende Einwirkungen auf die Persönlichkeit des Menschen sind hier im Gegensatz zur Kastration nicht zu erwarten.

Nicht unter dieses Gesetz fallen die Fälle, in denen **aufgrund einer Krankheit** (z. B. Krebs) Hoden bzw. Eierstöcke entfernt werden müssen.

Da die Kastration ein erheblicher Eingriff in die Natur des Menschen ist, ist sie an bestimmte Voraussetzungen gebunden. Werden diese nicht beachtet, macht sich der Arzt eines Verbrechens der schweren Körperverletzung gemäß § 224 StGB schuldig. Für das Krankenpflegepersonal, welches hier mithilft, kommt eine Beihilfe zu diesem Verbrechen in Betracht.

Kastration trotz Einwilligung des Patienten strafbar, wenn die gesetzlichen Voraussetzungen nicht vorliegen

Das folgende Schaubild (Abb. **64**) soll einen Überblick über die Voraussetzungen der Zulässigkeit der Kastration aufzeigen:

Kastration durch den Arzt

Kastration aus medizinischen Gründen § 2 Abs. 1 KastrG	**Kastration aus kriminologischen Gründen § 2 Abs. 2 KastrG**
• Einwilligung des Betroffenen • Behandlung medizinisch angezeigt, um bei dem Betroffenen schwerwiegende Krankheiten, die mit seinem abnormen Geschlechtstrieb zusammenhängen, zu verhüten, zu heilen oder zu lindern • der Betroffene hat das 25. Lebensjahr vollendet • es sind keine körperlichen oder seelischen Nachteile zu erwarten, die zu dem angestrebten Erfolg außer Verhältnis stehen • die Behandlung wird nach den Erkenntnissen der medizinischen Wissenschaft vorgenommen	• Einwilligung des Täters • der Täter hat das 25. Lebensjahr vollendet • es sind keine körperlichen oder seelischen Nachteile zu erwarten, die zu dem angestrebten Erfolg außer Verhältnis stehen • die Behandlung wird nach den Erkenntnissen der medizinischen Wissenschaft vorgenommen • der abnorme Geschlechtstrieb läßt nach der Persönlichkeit und bisherigen Lebensführung des Täters die Begehung bestimmter sexuell motivierter Delikte erwarten • die Kastration ist nach den Erkenntnissen der medizinischen Wissenschaft angezeigt, um diesen Gefahren zu begegnen und dem Täter bei seiner künftigen Lebensführung zu helfen

Abb. **64** Arten der zulässigen Kastration

Ausgewählte Strafrechtsprobleme im Bereich der Kranken- und Altenpflege

Verabreichen von Injektionen

Die Frage, ob eine Krankenschwester oder ein Krankenpfleger eine Injektion vornehmen darf oder nicht, läßt sich nicht generell mit ja oder nein beantworten.

Es ist hierbei entscheidend, welche Qualifikation/Ausbildung die Schwester vorweist, welche Berufserfahrung sie hat und um welche Art von Injektion es sich handelt.

Injektionen, Infusionen, Blutentnahme = ärztlicher Aufgabenbereich

Laut Stellungnahme der Bundesärztekammer vom 16. 2. 1974 sind *Injektionen, Infusionen und Blutentnahmen Eingriffe, die zum Verantwortungsbereich des Arztes gehören.*

Diese Ansicht wird von der Arbeitsgemeinschaft Deutscher Schwesternverbände in ihrer Stellungnahme hierzu vom Januar 1980 und der Deutschen Krankenhausgesellschaft (Stellungnahme vom 11. 3. 1980) geteilt.

Lediglich der Deutsche Berufsverband für Krankenpflege e.V. vertritt die Ansicht, daß *die Verabreichung von intramuskulären, intrakutanen und subkutanen Injektionen in den Tätigkeitsbereich der 3jährig ausgebildeten Krankenpflegeperson fällt* (Stellungnahme vom Januar 1980).

Der herrschenden Ansicht in der Rechtsprechung folgend fällt das Verabreichen einer Injektion in den Aufgaben- und Verantwortungsbereich des Arztes, da die Injektion einen Eingriff in die körperliche Integrität darstellt.

Übertragung auf Pflegepersonal u.U. zulässig, wenn das Pflegepersonal über ausreichende Kenntnisse (theoretische und praktische) und die erforderliche Erfahrung verfügt

Wenn auch der Arzt grundsätzlich für die Injektion zuständig ist, so kann unter bestimmten Voraussetzungen diese Tätigkeit an die Krankenschwester übertragen werden.

Hierfür gilt folgender Grundsatz:

Die Durchführung von Injektionen darf im Rahmen der ärztlichen Anordnung dem medizinischen Assistenzpersonal (wie Krankenschwester u.ä.) übertragen werden, wenn es die hierfür erforderlichen Kenntnisse und Erfahrungen besitzt, und der Eingriff wegen seiner besonderen Gefährlichkeit im Einzellfall nicht das persönliche Handeln des Arztes erfordert.

Nachdem das Verabreichen von Injektionen grundsätzlich im Verantwortungsbereich des Arztes bleibt, hat er auch die Übertragung des Injizierens verantwortungsbewußt auszuüben.

Im einzelnen ist hier folgendes auszuführen:

Entsprechende Qualifikation

Qualifikation =
- theoretische Kenntnisse
- praktische Erfahrung

Eine Krankenschwester darf eine Injektion nur verabreichen, wenn sie aufgrund ihrer Kenntnisse und ihrer Erfahrung sowohl die **Technik des Injizierens beherrscht** als auch über theoretische Grundkenntnisse des zu verabreichenden Medikamentes verfügt.

Qualifikation bei der jeweiligen Pflegeperson im Zeitpunkt der Injektion

Damit kann keinesfalls von einer generellen Eignung einer geprüften Krankenschwester ausgegangen werden. Die Erlaubnis zum Führen einer Berufsbezeichnung (Krankenschwester, Arzthelferin usw.) reicht als Qualifikationsnachweis ebensowenig aus wie umgekehrt bestimmten Assistenzberufen die Befähigung von vornherein abgesprochen werden kann. Entscheidend ist vielmehr der Grad der durch die vorgeschriebene Berufsausbildung und die Zusatzausbildung erworbenen Fähigkeit, die gerade im Zeitpunkt des Eingriffes noch vorliegen muß.

Keine generelle Eignung aufgrund einer Berufsbezeichnung

So kann es theoretisch im konkreten Einzelfall ohne weiteres möglich sein, daß eine Krankenpflegehelferin durch langjährige Berufserfahrung die Fähigkeit besitzt, eine bestimmte Injektion zu verabreichen, während im gleichen Fall eine examinierte Krankenschwester diese Injektion nicht setzten darf (weil sie z. B. lange Jahre diese Tätigkeit nicht mehr ausgeübt hat und damit ihre diesbezügliche Fähigkeit verloren hat).

Art der Injektion

Je gefährlicher die Art der Injektion, desto höher muß der Kenntnisstand sein

Je höher die Gefährlichkeit des Injizierens ist, desto eher muß sie der Arzt selbst durchführen. Diese Gefährlichkeit kann sich aus der Art der Injektion ergeben (intrakutane, subkutane, intramuskuläre, intravenöse Injektion) oder aus dem Medikament, welches durch die Injektion verabreicht wird.

Von der Gefährlichkeit hängt auch ab, wie hoch die Qualifikation der Schwester sein muß, wenn sie selbst die Injektion durchführen will bzw. muß. Das bedeutet demzufolge, daß eine Schwester befugt sein kann, eine subkutane Injektion zu verabreichen, nicht jedoch eine intravenöse.

Ärztliche Überwachung

Auswahl und Überwachung der Hilfsperson durch Arzt

Soweit der Arzt das Verabreichen einer Injektion an die Krankenschwester delegiert, hat er diese sorgfältig **auszuwählen**, sie erforderlichenfalls **anzuleiten** und dann falls nötig zu **überwachen**.

Der Umfang dieser Aufgaben hängt wieder davon ab, um welche Art der Injektion es sich handelt bzw. welche Gefahren hiermit verbunden sind. Für den Arzt genügt es nicht, wenn er sich einen „Spritzenschein“ zeigen läßt, ohne nachzufragen, ob dieser ausgewiesene Wissensstand noch bei der Schwester vorhanden ist. Kennt er die Schwester jedoch und ihre Fähigkeit zum Injizieren, kann er natürlich darauf vertrauen, daß sie diese Fähigkeit nicht „über Nacht" verloren hat.

Wie oben bereits erwähnt, gibt es verschiedene Injektionen (intrakutan, subkutan, intravenös und intramuskulär) und daneben noch Infusion, Transfusion und die Blutentnahme.

Bei der Frage, was die Krankenschwester darf, sind ihre Fähigkeiten ausschlaggebend und nicht die Art der Tätigkeit. Diese spielt nur insofern eine Rolle, als ihre Qualifizierung und auch das Maß der Sorgfalt des Arztes mit der Zunahme der Gefährlichkeit des Eingriffes steigen.

Bzgl. der Befugnis zur Verabreichung einer Injektion ist entscheidend
- die Art der Injektion
- der Kenntnisstand und Erfahrungsschatz der Pflegekraft

Es kann daher nicht grundsätzlich gesagt werden, welche Arten von Injektionen durchgeführt werden dürfen und welche nicht. Entscheidend ist und bleibt der Einzelfall, d. h. die individuelle Krankenschwester und deren Kenntnisstand.

Unabhängig von diesen Ausführungen bleibt es dem Krankenhausträger als dem Arbeitgeber des Pflegepersonales unbenommen, innerbetriebliche Regelungen zu treffen. So kann z. B. grundsätzlich das Übertragen der intravenösen Injektion auf die Schwester durch den Arzt untersagt werden, mit der Konsequenz, daß diese auch dann nicht „spritzen" muß bzw. darf, wenn sie es könnte. Weigert sie sich unter Berufung auf diese Regelung zu injizieren, handelt sie richtig (Ausnahme: Notfall).

Innerbetriebliche Regelungen berühren das Strafrecht nicht!

Andererseits kann eine innerbetriebliche Regelung niemals zum Gegenstand haben, daß z. B. eine examinierte Schwester intravenös spritzen muß (was ja dann auch bei derjenigen gelten würde, die es überhaupt nicht kann).

Sterbehilfe

Menschenwürde auch im Zeitpunkt des Todes

Selbstbestimmungsrecht des Patienten bis zu seinem Ableben

Seit die Medizin derartige Fortschritte macht, daß der Zeitpunkt des Todes entscheidend vom Gebrauch der modernen Medizin samt ihrer Apparaturen abhängig gemacht wird, drängt sich die Frage auf, wo die Grenzen der Manipulierbarkeit des Todes liegen. Hier ist insbesondere das Selbstbestimmungsrecht über das eigene Leben zu respektieren, nachdem der Mensch nicht zum bloßen Objekt der Medizin degradiert werden darf.

Die Sterbehilfe bewegt sich in einem Spannungsfeld zwischen den beiden gleichermaßen durch das Grundgesetz geschützten Werten der

- **Menschenwürde** (keine Lebenserhaltung gegen den Willen des Menschen um jeden Preis – Recht auf menschenwürdigen Tod) und dem

- **Recht auf Leben** (keine gezielte Lebensverkürzung gegen den Willen des Menschen).

Ob die Sterbehilfe strafbar ist kann nicht mit ja oder nein beantwortet werden. Hier muß man zwischen den einzelnen Formen der Sterbehilfe unterscheiden (Abb. **65**).

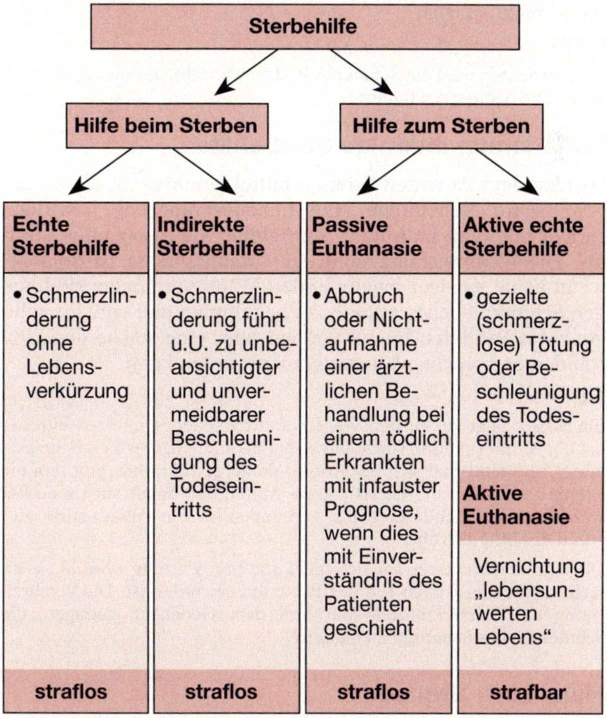

Abb. **65** Arten der Sterbehilfe

Unter einem **Sterbenden** versteht man einen **Menschen, der an einer irreversiblen Krankheit leidet oder bei dem die Schädigung infaust verläuft und dessen Tod in kurzer Zeit eintreten wird.**

Sterbender = unheilbar Erkrankter kurz vor dem Tod

Hilfe beim oder im Sterben

Hilfe beim/im Sterben = Erleichterung des Todes

Die Hilfe beim Sterben soll dem Patienten den eintretenden Tod **erleichtern**.

Sogenannte echte Sterbehilfe

Betreuung des Sterbenden als Aufgabe des Pflegepersonals

Arzt und Pflegepersonal haben auch die Aufgabe, einen im Sterben liegenden Patienten zu betreuen und seinen Schmerz sowie seine Angst zu lindern. Das Sterben soll ihm erträglich gemacht werden. Werden dazu **Medikamente eingesetzt, die keine lebensverkürzende Wirkung** haben, spricht man von einer Hilfe **beim** Sterben oder der „echten" Sterbehilfe.

Sie ist nicht strafbar.

Fall 53:

Dem Patienten wird ein Schmerzmittel verabreicht, das unschädlich ist, aber seine Schmerzen lindert.

Sogenannte indirekte Sterbehilfe

Verabreichung von Medikamenten, die als unerwünschte Nebenfolge das Leben verkürzen

Werden dem Patienten **Schmerzmittel verabreicht, die als unerwünschte Nebenfolge eine Lebensverkürzung bewirken**, spricht man von **indirekter Sterbehilfe.** Sie ist ebenfalls straflos. Die Verabreichung derartiger Medikamente ist zulässig, wenn keine weniger eingreifenden Mittel vorhanden sind, um den Schmerz ebenso effektiv zu bekämpfen und eine Einwilligung des Patienten hierzu vorliegt oder eine solche den Umständen entsprechend angenommen werden kann.

Fall 54:

Ein Patient liegt im Sterben. Wegen unerträglicher Schmerzen bittet er um ein Schmerzmittel. Nachdem er bereits seit längerer Zeit Schmerzmittel bekommt und sich der Körper daran gewöhnt hat, gibt ihm die Krankenschwester ein derart starkes Mittel, daß damit auch eine Beschleunigung des Todeseintrittes verbunden ist. Der Patient stirbt aufgrund des Mittels früher.

Die Krankenschwester hat sich nicht strafbar gemacht, obwohl sie ursächlich für den frühen Tod des Patienten geworden ist. Die Verabreichung des Schmerzmittels war von dem Gedanken getragen, die Schmerzen des Patienten zu mildern.

Hilfe zum Sterben

Hilfe zum Sterben = Beschleunigung des Todes

Die Hilfe **zum** Sterben soll beim Patienten bewirken, daß dessen Tod beschleunigt eintritt.

Passive Euthanasie

Abbruch einer lebensnotwendigen Behandlung

Zunächst ist als selbstverständlich zu betonen, daß Arzt und Pflegekraft alles ausschöpfen müssen, um den Krankheitszustand zu verbessern. Ist dann eine Grenze erreicht, ab der es nur noch darum geht, den Tod hinauszuschieben, stellt sich die Frage, ob eine weitere Behandlung durchgeführt werden muß oder ob eine begonnene Behandlung abgebrochen werden darf. Hier ist wie folgt zu unterscheiden:

- **Lehnt der Patient trotz Aufklärung eine Behandlung ab** und ist er einwilligungsfähig, darf sie nicht durchgeführt bzw. muß sie abgebrochen werden. Es gibt keinen Behandlungszwang.

Kein Behandlungszwang

- Kann der Patient seinen Willen nicht mehr äußern, kommt es auf seinen **vermuteten Willen** an. Willigt der Patient mutmaßlich in den Abbruch der Behandlung ein, kann diese eingestellt werden.

  Hier kann u.U. ein sog. **Patiententestament** von Bedeutung sein, in dem der Patient festgelegt hat, daß „Lebenserhaltung um jeden Preis" zu unterlassen ist (allerdings problematisch, da es fraglich ist, ob dieser „letzte Wille" zum Zeitpunkt kurz vor dem Tod noch Gültigkeit hat).

Patiententestament

- Äußerst problematisch ist die Frage, wann eine Behandlung eines Todkranken abgebrochen werden darf oder eine Behandlung nicht fortgeführt werden braucht, wenn **keine Einwilligung des Betroffenen** vorliegt, da der Patient irreversible Schäden aufweist.

  Hat der Sterbensprozeß bereits unwiderruflich eingesetzt und sollen dem Patienten Schmerzen erspart werden, kann der Abbruch gerechtfertigt sein.

  Verspürt der Todkranke allerdings keine Schmerzen, darf die Behandlung nicht abgebrochen werden, es sei denn, es sind die notwendigen Mittel nicht vorhanden, den Todeseintritt zu verhindern.

  Die Behandlung eines unheilbar erkrankten, nicht mehr entscheidungsfähigen Patienten kann auch dann abgebrochen werden, wenn dies dem mutmaßlichen Willen des Patienten entspricht. An dieses mutmaßliche Einverständnis sind jedoch strenge Anforderungen zu stellen. Hierbei soll es nach dem Bundesgerichtshof vor allem auf frühere mündliche oder schriftliche Äußerungen des Patienten, seine religiöse Überzeugung, seine sonstigen persönlichen Wertvorstellungen, seine altersbedingte Lebenserwartung oder das Erleiden von Schmerzen ankommen (so BGH – 1 StR 357/94 – vom 13. 9. 1994).

Abbruch der Behandlung eines Todkranken ohne dessen Einverständnis äußerst problematisch

Aktive echte Sterbehilfe

Hierunter versteht man jede Handlung des „Helfenden", die darauf abzielt, das Leben des Sterbenden vorzeitig zu beenden. Die Beweggründe können durchaus durch Mitleid und Mitgefühl geprägt sein, um dem Sterbenden ein weiteres qualvolles Dahinsiechen zu ersparen. Es gilt hier jedoch der Grundsatz:

Bewußte und gezielte Lebensverkürzung ist strafbar

Jede gezielte aktive Lebensverkürzung ist unzulässig und daher strafbar.

Fall 55:

Schwester Erika kann nicht mehr zusehen, wie der krebsleidende Patient schmerzgekrümmt dahinsiecht. Auf sein Flehen, sein Leben zu beenden, verabreicht ihm Erika eine tödliche Injektion.

Erika macht sich der Tötung auf Verlangen strafbar, da sie aktiv das Leben des Patienten beendet. Hier wird nicht lediglich eine Behandlung abgebrochen oder ein schmerzstillendes Mittel verabreicht, sondern das Leben gezielt beendet. Dies ist strafbar.

Sogenannte echte oder aktive Euthanasie

Es gibt kein Leben „ohne Wert". Die „Vernichtung" jeglichen Lebens ist Totschlag oder Mord

Hierunter versteht man die **„Vernichtung lebensunwerten Lebens"**.

Der Begriff wurde vor allem durch die Vernichtung menschlichen Lebens durch die Euthanasieaktionen in der Zeit des Nationalsozialismus in Deutschland geprägt. Bei dem betroffenen Personenkreis handelte es sich nicht um Sterbende, sondern um Menschen mit oft geistigen oder körperlichen Mißbildungen, oder Menschen die für den Staat angeblich ohne Wert waren. Eine derartige Lebensverkürzung ist ohne Ausnahme strafbar.

Sogenannte Früheuthanasie

Bei schwerstgeschädigten Neugeborenen stellt sich die Frage, ob unter allen Umständen eine Behandlungspflicht besteht.

Grundsätzlich ist jedoch auch hier von einer Unzulässigkeit gezielter Lebensverkürzung auszugehen.

Inwieweit jedoch alle Behandlungsmöglichkeiten ausgeschöpft werden müssen, wenn das Leben auf Dauer nicht erhalten werden kann, richtet sich wohl nach den Grundsätzen des **Behandlungsabbruches bei Sterbenden.** Im einzelnen ist hier jedoch vieles umstritten.

Zivilrecht

Das Zivilrecht (Privatrecht) regelt die Rechtsbeziehungen der Bürger untereinander.

Zivilrecht = Bürger gegen Bürger
Öffentliches Recht = Staat gegen Bürger oder Bürger gegen Staat

Während im öffentlichen Recht und im Strafrecht auf der einen Seite der Staat steht und auf der anderen Seite der Bürger, stehen sich im Zivilrecht die Bürger selbst gegenüber.

Beispiel:
Die Krankenschwester Christa fährt mit ihrem Pkw nach der Arbeit über eine „rote Ampel" und verursacht dadurch einen Verkehrsunfall. Der andere Verkehrsteilnehmer Rudolf wird dadurch verletzt, sein Pkw ist beschädigt.

Wenn Rudolf seinen Schaden ersetzt bekommen will, stehen sich mit Rudolf und Christa 2 Bürger gegenüber. Die Regulierung des Schadensersatzes und evtl. Schmerzensgeld ist eine Frage des Zivilrechtes.

Wenn der Staatsanwalt Christa wegen fahrlässiger Körperverletzung anklagt, steht Christa nur der Staat gegenüber. Dies ist eine Frage des Strafrechtes (als Teil des öffentlichen Rechtes).

Die wichtigste Rechtsquelle des Zivilrechtes ist das **Bürgerliche Gesetzbuch (BGB)**. Es ist am 1. 1. 1900 in Kraft getreten.

Das Zivilrecht gliedert sich wieder in verschiedene Rechtsgebiete auf, wie z. B.

- Schuldrecht (hier stehen sich Schuldner und Gläubiger gegenüber),
- Familienrecht (Ehepartner stehen sich gegenüber),
- Arbeitsrecht (Arbeitgeber gegen Arbeitnehmer) usw.

Schuldrecht

Inhalt des Schuldrechtes: Rechte und Pflichten der Vertragsparteien

Das Schuldrecht ist ein Teil des Zivilrechtes und regelt die rechtlichen Beziehungen zwischen Personen, die in einem Schuldverhältnis zueinander stehen. Dieses Schuldverhältnis entsteht meist durch einen Vertrag, den die beteiligten Personen miteinander schließen (z. B. Kaufvertrag, Mietvertrag, Werkvertrag).

Beispiel:

Der 16jährige Schüler Bernd kauft sich ein neues Mofa. 2 Wochen später stellt er fest, daß die Bremse defekt ist. Nun will er, daß das neuwertige Mofa kostenlos repariert wird.

?

All die Fragen, die hier auftauchen können (Kam mit dem minderjährigen Bernd überhaupt ein Vertrag zustande? Hat er Rechte aus Gewährleistung wegen des Mangels?), sind Gegenstand des Schuldrechtes.

Zustandekommen eines Vertrages

Der Vertrag wird zwischen 2 oder mehreren Partnern geschlossen, indem das Angebot des einen vom anderen verbindlich angenommen wird. Dabei müssen die Vertragspartner geschäftsfähig sein.

Geschäftsfähigkeit

Geschäftsfähigkeit = Fähigkeit eines Menschen, Verpflichtungen einzugehen

Die Geschäftsfähigkeit ist die Fähigkeit eines Menschen, Rechtsgeschäfte (z. B. Vertrag) selbständig rechtswirksam vorzunehmen. Es bestehen 3 Formen der Geschäftsfähigkeit (Abb. **66**):

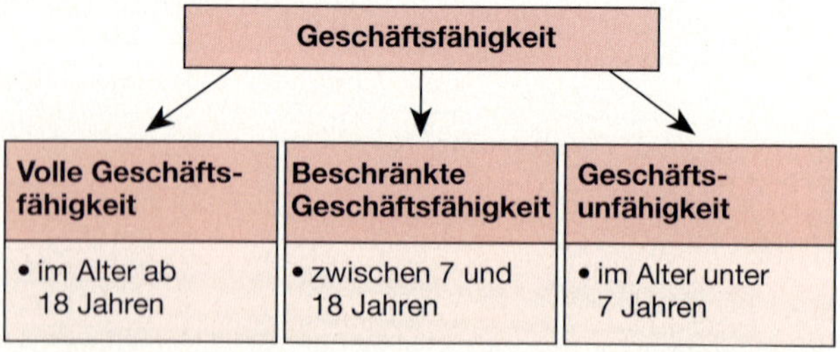

Abb. **66** Die verschiedenen Formen der Geschäftsfähigkeit

Volle Geschäftsfähigkeit

Der Gesetzgeber geht davon aus, daß jeder Mensch ab Vollendung seines 18. Lebensjahres voll geschäftsfähig ist. Dies ist ein Grundsatz, der nur dann nicht gilt, wenn der Betroffene sich in einem Zustand befindet, der ihm eine freie Willensentschließung nicht ermöglicht (z. B. Geisteskrankheit).

Volle Geschäftsfähigkeit ab Vollendung des 18. Lebensjahres

Beschränkte Geschäftsfähigkeit

Beschränkt geschäftsfähig sind Minderjährige, die das 7. Lebensjahr aber noch nicht das 18. Lebensjahr vollendet haben.

Beschränkt geschäftsfähig = Jugendliche zwischen 7 und 18 Jahren

Diese Beschränkung der Geschäftsfähigkeit hat folgenden Inhalt:

- Der Minderjährige bedarf zu einer Willenserklärung (z. B. Abschluß eines Vertrages) die Einwilligung seines gesetzlichen Vertreters (z. B. seiner Eltern).

  (Nachträgliche) Genehmigung erforderlich

  Hat der Minderjährige einen Vertrag abgeschlossen, und willigt sein gesetzlicher Vertreter nicht ein, kommt der Vertrag nicht zustande. Willigt der gesetzliche Vertreter ein, kommt der Vertrag mit dem **Minderjährigen** zustande.

- Der Minderjährige kann ohne Einwilligung seines gesetzlichen Vertreters einen Vertrag abschließen, wenn er seinen Teil der Leistung mit Mitteln bewirkt, die ihm zu diesem Zweck oder die ihm zur freien Verfügung überlassen wurden (sog. „Taschengeldparagraph").

  Sog. „Taschengeldparagraph"

Beispiel:

Der 15jährige Severin erhält ein monatliches Taschengeld von 50 DM. Damit kauft er sich 2 Schallplatten. Dieser Kaufvertrag ist wirksam, da Severin seine Leistung mit dem Taschengeld bewirkt hat, welches ihm zur freien Verfügung belassen wurde.

- Wird dem Minderjährigen von seinem Erziehungsberechtigten erlaubt, ein Arbeitsverhältnis einzugehen, so ist er für Rechtsgeschäfte, die damit in Zusammenhang stehen unbeschränkt geschäftsfähig. Er kann auch selbst kündigen. Hierunter fällt allerdings nicht die Berufsausbildung.

  Wirksame Erklärung im Rahmen eines Arbeitsverhältnisses

Beispiel:

Der 17jährige Tobias ist in der Ausbildung zum Krankenpfleger. Nebenbei haben ihm seine Eltern erlaubt, sich als Zeitungsausträger etwas hinzuzuverdienen.

Tobias kann nun eigenständig und ohne Einwilligung seiner Eltern den Arbeitsvertrag bezüglich des Zeitungaustragens kündigen. Für diese Kündigung ist er unbeschränkt geschäftsfähig – seine Ausbildung darf er aber nicht ohne die Zustimmung der Eltern beenden.

Geschäftsunfähigkeit:

Geschäftsunfähig sind:
- Kinder unter 7 Jahren
- Geisteskranke

Geschäftsunfähig sind:

- ❖ Kinder **unter 7 Jahren,**
- ❖ wer **geisteskrank** ist und dadurch keine freie Willensbestimmung hat,
- ❖ die Erklärung eines Bewußtlosen, Volltrunkenen, unter Drogeneinfluß, Fieber oder Hypnose Stehenden ist ebenfalls nichtig.

Geschäftsunfähige können keine Rechtsgeschäfte abschließen. Tun sie es dennoch, sind ihre Willenserklärungen nichtg.

Vertragsschluß

Zustandekommen eines Vertrages durch 2 sich deckende Willenserklärungen

Ein Vertrag kommt zustande, indem ein Partner dem anderen ein Angebot unterbreitet, und dieser es annimmt. Beides (Angebot und Annahme) sind Willenserklärungen, die übereinstimmen müssen (Abb. **67**).

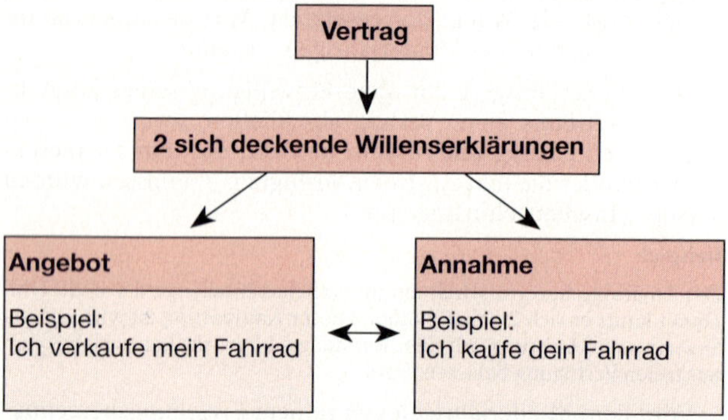

Abb. **67** Zustandekommen eines Vertrages

Die Übereinstimmung von Angebot und Annahme muß in allen wesentlichen Punkten vorliegen. Hierzu gehört beim Kaufvertrag vor allem der Kaufpreis und der Zustand der Ware. Weichen die Vorstellungen der beiden Partner voneinander ab, kommt kein Vertrag zustande.

Beispiel:

Krankenschwester Gabi kauft nach Feierabend im Supermarkt ein. Dabei entdeckt sie ein vermeintliches Sonderangebot von 500g Kaffee zum Preis von 6 DM.

Diesen beschließt sie zu kaufen und legt ihn in ihren Wagen. An der Kasse stellt sich heraus, daß die Preisauszeichnung fehlerhaft war und der Kaffee 8 DM kostet. Gabi meint, der Preis von 6 DM sei bereits bindend.

Im Supermarkt kommt der Kaufvertrag an der Kasse zustande.

Angebot: Gabi sagt: „Ich möchte den Kaffee zum Preis von 6 DM kaufen".

Annahme: Supermarkt (Verkäuferin) sagt: „Ich verkaufe den Kaffee für 8 DM."

Da sich Angebot und Annahme in einem wesentlichen Punkt nicht dekken, kommt kein Kaufvertrag zustande. Die einmal vorgenommene Auszeichnung ist nicht bindend.

Ein Vertragspartner kann sich bei Abschluß des Vertrages auch vertreten lassen. Dennoch kommt der Vertrag zwischen dem Vertragspartner und dem Vertretenen zustande.

Vertretung möglich

Beispiel:

Die Krankenschwester Gabi schließt einen Arbeitsvertrag mit dem Pflegeleiter Otto ab. Vertragspartner sind Gabi und das Krankenhaus bzw. sein Träger und nicht Otto. Dieser handelte nur als Vertreter.

Verträge werden formlos geschlossen. Sie brauchen weder schriftlich abgefaßt zu sein noch ist die Unterschrift der Vertragspartner erforderlich. Allein das gesprochene Wort gilt. Bei vielen Geschäften des täglichen Lebens ist dies selbstverständlich (z. B. der Einkauf im Supermarkt).

Keine bestimmte Form erforderlich

Aber auch wenn Sachen von höherem Wert gekauft werden, ist kein schriftlicher Kaufvertrag nötig, allerdings aus Beweiszwecken oft sinnvoll.

Schriftform aus Beweiszwecken sinnvoll

Beispiel:

Eines Tages besucht Otto seinen Freund Heiko. Im Laufe des Gespräches vereinbaren beide ernsthaft, daß Otto seinen neuen Mercedes zum Preis von 80 000 DM an Heiko verkauft. Einen schriftlichen Vertrag fertigen sie nicht an.

Als Otto am nächsten Tag von Heiko 80 000 DM will, meint dieser Otto scherze wohl, da er doch niemals soviel Geld habe. Im übrigen läge kein Kaufvertrag vor und es gebe ja auch keine Zeugen.

Hier irrt Heiko. Es lag bei beiden eine ernsthafte Willenserklärung darüber vor, daß der Mercedes zum Preis von 80 000 DM verkauft werden sollte. Auf eine Schriftform kommt es nicht an. Heiko muß 80 000 DM bezahlen, auch wenn er insgeheim an einen Scherz geglaubt hat. Dies hätte er zum Ausdruck bringen müssen. Entscheidend ist, ob die Willenserklärung für Otto als ernsthaft aufzufassen ist.

Wenn Heiko argumentiert, es gäbe doch keine Zeugen, so ist dies ein Problem des Nachweises. Ein Vertrag jedenfalls wurde geschlossen.

Ausnahmsweise sieht das Gesetz in bestimmten Fällen die Schriftform vor. In diesen Fällen aber ist der Vertrag unwirksam, wenn diese Schriftform nicht eingehalten wurde.

Schriftform in Ausnahmefällen nötig

Beispiel:

- Der Kaufvertrag über ein Grundstück bedarf der notariellen Beurkundung.
- Ein Ehevertrag muß schriftlich abgefaßt und notariell beurkundet sein.

Anfechtung der Willenserklärung u.U. möglich

Hat sich einer der beiden Vertragspartner bei Abgabe seiner Willenserklärung (Angebot oder Annahme) geirrt, kann er diese Erklärung **anfechten**. Bei wirksamer Anfechtung fällt die Willenserklärung weg und der Vertrag kommt rückwirkend nicht zustande. Möglicherweise macht sich aber der Anfechtende schadensersatzpflichtig.

Beispiel:

Schwester Kerstin bestellt 20 Gros Rollen WC-Papier (= 3 000 Rollen) in der Annahme, es handele sich um 20 große Rollen.

Die Bestellung ist eine Willenserklärung. Kerstin hat sich geirrt. Sie kann die Erklärung anfechten und muß nicht die 3 000 Rollen abnehmen.

Inhalt eines Vertrages

Freie Gestaltung von Verträgen

Im Rahmen der Rechtsordnung ist jeder Mensch frei, seine Lebensverhältnisse zu gestalten. Damit hat er auch die Freiheit, jegliche Art von Verträgen, zu schließen. Diese Vertragsfreiheit beinhaltet sowohl die Freiheit, einen Vertrag überhaupt abzuschließen als auch die Freiheit, den Inhalt eines Vertrages frei zu gestalten (Abb. **68**).

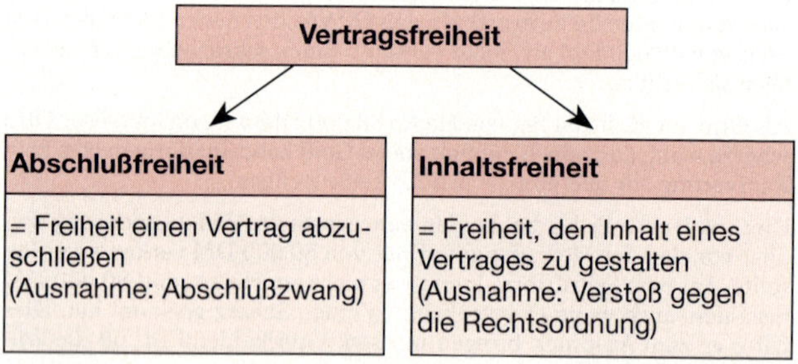

Abb. **68** Inhalt der Vertragsfreiheit

Abschlußfreiheit

Grundsätzlich ist niemand gezwungen, einen bestimmten Vertrag abzuschließen.

Abschlußfreiheit: kein Zwang, einen Vertrag abzuschließen

Beispiele:

- In einer Großstadt weigert sich der Wirt einer Gaststätte, einen Ausländer zu bedienen. Er weist ihn ohne Grund aus dem Lokal. Der Gast beschwert sich und meint, er müsse wie alle anderen gleich behandelt werden.
- Ein an Grippe erkrankter Patient begibt sich zu einem Arzt für Allgemeinmedizin, um behandelt zu werden. Der Arzt weigert sich ohne Grund und meint, er solle zu einem anderen Arzt gehen.

In den beiden Fällen ist weder der Wirt noch der Arzt verpflichtet, einen Bewirtungs- oder Behandlungsvertrag abzuschließen. Zwar ist das Verhalten des Wirtes und des Arztes nicht zu akzeptieren. Es bewegt sich aber noch innerhalb der Abschlußfreiheit.

Ausnahmen von der Abschlußfreiheit bestehen dort, wo die Versorgung der Menschen mit wichtigen Gütern sichergestellt werden muß. Dies ist in der Regel dort problematisch, wo nur ein Anbieter vorhanden ist (Monopolstellung).

Ausnahmen von der Abschlußfreiheit, z. B. bei Monopolstellung

Einen Abschlußzwang gibt es daher im Bereich der Grundversorgung (z. B. Strom, Gas, Wasser), für den Bereich der Bundespost und dort, wo lebenswichtige Güter angeboten werden, ohne daß die Möglichkeit besteht, den Bedarf anderweitig zu befriedigen.

Beispiel:

In einem Dorf gibt es nur einen Allgemeinarzt. Der nächste hat seine Praxis in der 20 km entfernten Stadt. Kommt hier der Patient mit Grippe zu ihm, liegt zwar kein Notfall vor (er könnte ja mit dem Taxi in die Stadt fahren), es ist aber für den Patienten nicht zumutbar, sich mit Grippe zu einem anderen Arzt zu begeben.

Der Arzt darf aber ablehnen, wenn er einen sachlichen Grund hierfür hat (z. B. wenn er selbst erkrankt ist).

Inhaltsfreiheit

Grundsätzlich unterliegt die inhaltliche Ausgestaltung eines Vertrages keinen Grenzen. Es gibt jedoch folgende Ausnahmen:

Inhaltsfreiheit: freie Gestaltung des Vertragsinhaltes

- Ein Vertrag darf nicht gegen ein gesetzliches Verbot verstoßen, § 134 BGB.

  Beispiel:

  Abschluß eines Behandlungsvertrages zwischen Patientin und Arzt zur Vornahme eines strafbaren Schwangerschaftsabbruches.

- Ein Vertrag, der gegen die guten Sitten verstößt ist nichtig, § 138 BGB

  Beispiel:

  Vertrag über den „Verkauf" eines lebenswichtigen einpaarigen Organes zum Zweck der Organtransplantation.

Nach dem Inhalt der Verträge kann man bestimmte Vertragstypen unterscheiden, die eigenen gesetzlichen Vorschriften unterliegen. Die wichtigsten sollen kurz vorgestellt werden (Abb. **69**):

Verschiedene Vertragstypen je nach Inhalt der Verträge

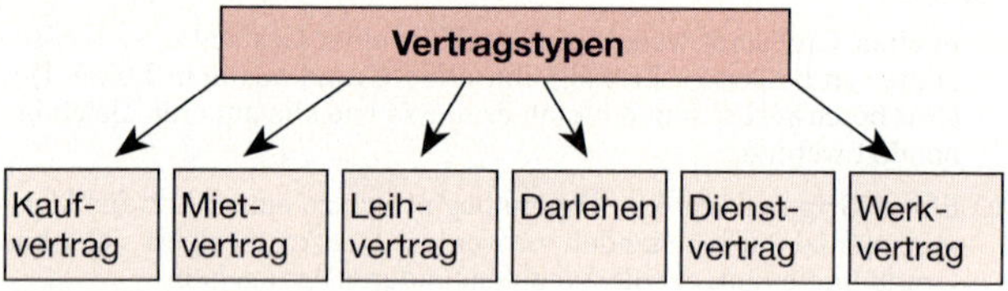

Abb. **69** Verschiedene Vertragsarten

Kaufvertrag

Pflicht des Verkäufers: Übergabe der Ware
Pflicht des Käufers: Abnahme und Kaufpreiszahlung

Durch einen Kaufvertrag verpflichtet sich der **Verkäufer** einer Sache, diese dem **Käufer** zu übergeben und ihm das Eigentum daran zu verschaffen. Der Käufer verpflichtet sich gegenüber dem Verkäufer, den vereinbarten Kaufpreis zu bezahlen, und die Sache abzunehmen (§ 433 BGB).

Beispiel:

Max ist Eigentümer eines neuen Autos. Dieses will er Moritz für 50 000 DM verkaufen. Beide sind sich einig. Damit ist ein Kaufvertrag zustandegekommen. Max ist nun verpflichtet, Moritz das Auto zu geben, Moritz ist verpflichtet, 50 000 DM zu bezahlen und das Auto abzunehmen.

Rückgängigmachen des Kaufvertrages bei Vorliegen eines Mangels (Fehlers)

Bei Übergabe der Sache an den Käufer muß diese mangelfrei sein. Ist sie mit einem Mangel behaftet, kann der Käufer den Kauf rückgängig machen (Wandelung) und die Sache zurückgeben oder eine Herabsetzung des Kaufpreises verlangen (Minderung) (§ 462 BGB).

Beispiel:

Max kauft sich 1 Paar neue Schuhe. Als er sie 1 Woche getragen hat, merkt er, daß die Sohle abgeht. Er kann nun die Schuhe zurückgeben und den ursprünglichen Kaufpreis verlangen (er ist nicht auf einen Umtausch angewiesen!) oder den Kaufpreis mindern und das zuviel bezahlte Geld zurückverlangen.

Merkt Max nach dem Kauf, daß ihm die Schuhe nicht gefallen oder zu klein sind, kann er diese nicht ohne weiteres wieder zurückgeben, da sie ja keinen Mangel haben. Gewährt der Verkäufer dennoch einen „**Umtausch**", geschieht dies kulanter Weise auf freiwilliger Basis. Max hat aber keinen Anspruch hierauf.

Verjährung der Gewährleistung nach 6 Monaten

Die Mängel (sog. Gewährleistungsansprüche) können nur innerhalb von **6 Monaten** geltend gemacht werden, außer es wurden andere Abmachungen getroffen.

Mietvertrag

Durch den Mietvertrag verpflichtet sich der **Vermieter**, dem **Mieter** den Gebrauch der vermieteten Sache während der Mietzeit zu gewähren.

Mietvertrag verpflichtet zur Überlassung der Sache und zur Zahlung der Miete

Der Mieter ist verpflichtet, die Miete zu bezahlen (535 BGB).

Nach Beendigung muß der Mieter die gleiche Sache wieder zurückgeben. Das Mietverhältnis endet mit dem Ablauf der Zeit, für die es eingegangen ist oder durch Kündigung. Die Kündigungsfristen sind abhängig vom Inhalt des Mietvertrages und von der Dauer des Mietverhältnisses.

Leihvertrag

Durch einen Leihvertrag wird der **Verleiher** einer Sache verpflichtet, dem **Entleiher** den Gebrauch der Sache **unentgeltlich** (sonst läge eine Miete vor) zu gestatten (§ 598 BGB).

Leihvertrag (Leihe) führt zur unentgeltlichen Überlassung der Sache

Der Entleiher ist verpflichtet, die geliehene Sache nach Ablauf der bestimmten Zeit wieder zurückzugeben.

Beispiel:

Max leiht sich von Moritz einen Rasenmäher. Dafür braucht Moritz nichts zu bezahlen. Allerdings muß er den Rasenmäher wieder zurückgeben, wenn ihn Moritz braucht, es sei denn es ist eine bestimmte Zeit vereinbart.

Darlehensvertrag

Wenn der **Darlehensnehmer** vom **Darlehensgeber** Geld oder andere Sachen erlangt, so ist er verpflichtet, dem Darlehensgeber **vergleichbare** Sachen wieder zurückzugeben (§ 607 BGB).

Darlehensvertrag: die erhaltene Sache wird „verbraucht“; vergleichbare Sachen müssen zurückgegeben werden

Beide können vereinbaren, daß für dieses Darlehen Zinsen zu bezahlen sind. Entscheidend für das Darlehen ist jedoch, daß die überlassene Sache selbst nicht wieder zurückgegeben werden muß.

Beispiel:

Max „leiht“ sich von Moritz 1 Pfund Kartoffeln aus, um daraus Knödel zu machen und diese zu essen. Damit kann er aber die erhaltenen Kartoffeln natürlich nicht mehr zurückgeben. Er ist aber verpflichtet, vergleichbare Kartoffeln zurückzugeben. Es liegt ein Darlehen und keine Leihe vor.

Dienstvertrag

Dienstvertrag verpflichtet zur Leistung von Diensten und zur Entlohnung. Ein bestimmtes Ergebnis wird nicht geschuldet

Im Dienstvertrag verpflichtet sich eine Person, die **vereinbarten Dienste abzuleisten**, die andere zur **Zahlung der Vergütung** (§ 611 BGB).

Entscheidend ist daher beim Dienstvertrag, daß nur die Dienste (= menschliche Arbeitskraft) als solche geschuldet werden, nicht dagegen das Ergebnis dieser Tätigkeit.

Behandlungsvertrag = Dienstvertrag

Der bedeutendste Dienstvertrag ist der **Arbeitsvertrag**. Hier verspricht der Arbeitnehmer, seine Dienste zur Verfügung zu stellen. Auch der **Arzt- oder Behandlungsvertrag** ist ein Dienstvertrag, da der Arzt nur seine Dienste verspricht, aber nicht den Erfolg seiner Behandlung.

Tritt der Erfolg nicht ein, bleibt der Anspruch auf Lohn erhalten.

Werkvertrag

Werkvertrag verpflichtet die Herstellung eines bestimmten Werkes und Vergütung

Im Werkvertrag verspricht der Unternehmer **die Herstellung eines Werkes**, der Besteller die Entrichtung der vereinbarten Vergütung (§ 631 BGB).

Entscheidend ist hierbei, daß der Vertrag erst erfüllt ist, wenn das versprochene Werk hergestellt ist. Vorher braucht die Vergütung nicht bezahlt zu werden.

Beispiel:

- Max will sich ein Haus bauen. Dazu beauftragt er ein Bauunternehmen. Dieses schuldet das fertige Haus. Bevor die vereinbarten Bauabschnitte nicht ordnungsgemäß fertiggestellt sind und damit „der Erfolg" vorliegt, braucht er nicht zu bezahlen.
- Seine Ehefrau läßt sich beim Friseur „Dauerwellen" machen. Auch dies ist ein Werkvertrag mit der Folge, daß sie nichts bezahlen muß, bevor die Haartracht ordnungsgemäß gefertigt ist.

Haftungsfragen im Bereich der Krankenpflege

Wird einem Menschen durch einen anderen ein Schaden zugefügt, stellt sich die Frage, ob er hierfür Ersatz bekommt (Schadensersatz). Ein derartiger Anspruch setzt in aller Regel ein Verschulden des Verursachers voraus.

Grundsätzliches zum Schadensersatzrecht

Der Geschädigte erhält Schadensersatz, wenn der Schädiger einen geschlossenen **Vertrag schuldhaft verletzt** oder wenn er eine **unerlaubte Handlung** (Delikt) begangen hat (Abb. **70**).

Schadensersatzanspruch besteht, wenn:
- ein Vertrag schuldhaft verletzt wird (vertragliche Haftung)
- schuldhaft ein Rechtsgut verletzt wird (unerlaubte Handlung)

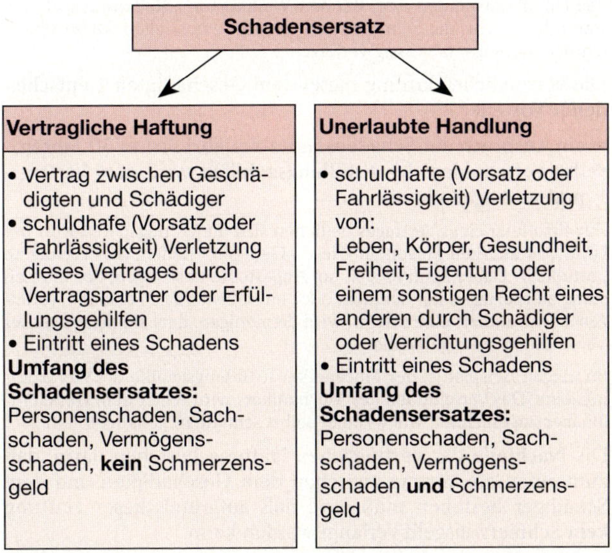

Abb. **70** Voraussetzungen des Schadensersatzanspruches

Beim Schadensersatzrecht wird der Schädiger nicht bestraft. Es regelt vielmehr den eingetretenen Schaden. Liegt eine Straftat vor, wird diese **zusätzlich** noch durch den Staat verfolgt.

Beispiel:

Schwester Hilde fährt auf dem Krankenhausparkplatz beim Ausparken ein anderes Fahrzeug an und beschädigt es. Diesen Schaden muß sie (bzw. ihre Versicherung) bezahlen. Eine Straftat liegt hier nicht vor.

Fährt sie bei „Rot" über die Kreuzung und es kommt zu einem Unfall mit Körperverletzung, muß sie ebenfalls den Schaden bezahlen (bzw. ihre Versicherung). Zusätzlich wird sie noch wegen fahrlässiger Körperverletzung bestraft.

Vertragliche Haftung

Schadensersatzanspruch bei Verletzung von Vertragspflichten oder vertraglichen Nebenpflichten

Die vertragliche Haftung setzt voraus, daß ein wirksamer Vertrag besteht und dieser schuldhaft verletzt wurde. Dabei kommt auch die Verletzung einer Nebenpflicht in Betracht. Folge der Verletzung muß der Eintritt eines Schadens sein.

Beispiel:

Beim Reifenwechsel vergißt der Mechaniker die Schrauben festzuziehen. Infolgedessen löst sich ein Reifen und es kommt dadurch zum Unfall.

Hier muß die Autowerkstatt für alle Schadensposten haften, die durch den Unfall entstanden sind. Bei dem Werkvertrag „Reifenwechsel" bestand die Pflicht, die Schrauben wieder fest anzuziehen. Diese Pflicht wurde zumindest fahrlässig verletzt.

Vorteil der vertraglichen Haftung:
- Verjährung in 30 Jahren
- auch ein Verschulden von Hilfskräften (Erfüllungsgehilfen) reicht

Die vertragliche Haftung bietet dem Geschädigten 2 **entscheidende Vorteile**:

- ein Anspruch auf Schadensersatz verjährt erst in 30 Jahren,
- das Verschulden des **Erfüllungsgehilfen** wird dem Vertragspartner zugerechnet.

Zur Erfüllung eines Vertrages bedienen sich die Vertragspartner oft der Hilfe von anderen Personen. Diese „Gehilfen" helfen, den Vertrag zu „erfüllen". Dabei kann es sich um Angestellte desjenigen, der die Leistung zu erbringen hat, handeln oder um selbständige Personen. Verletzen sie schuldhaft eine Pflicht, wird demjenigen, dem sie helfen, dieses Verschulden hinzugerechnet.

Im obigen Beispiel ist der Mechaniker Erfüllungsgehilfe des Werkstattinhabers. Das Verschulden des Mechanikers wird daher dem Werkstattinhaber zugerechnet, wie wenn er selbst schuldhaft gehandelt hätte.

Kein Schmerzensgeld bei vertraglicher Haftung!

Die **Nachteile** der vertraglichen Haftung bestehen darin, daß zum einen ein Vertrag zwischen dem Geschädigten und dem Schädiger bestehen muß, und daß aufgrund dieser Haftung **kein** Schmerzensgeld verlangt werden kann.

Unerlaubte Handlung

Die Rechtsordnung schützt ganz bestimmte wichtige Rechtsgüter, indem sie bei deren Verletzung dem Inhaber dieser Rechtsgüter einen Schadensersatzanspruch zugesteht.

Schadensersatzanspruch bei Verletzung eines wichtigen Rechtsgutes (=unerlaubte Handlung)

Zu diesen Rechtsgütern zählen vor allem:

- ❖ Leben,
- ❖ Körper,
- ❖ Gesundheit,
- ❖ Eigentum.

Wer nun diese Rechtgüter schuldhaft verletzt, ist dem anderen zum Schadensersatz verpflichtet. Dabei braucht kein Vertrag vorzuliegen.

Beispiel:

An einer Kreuzung übersieht ein Autofahrer den auf der Hauptstraße fahrenden Fahrradfahrer und fährt ihn an. Dieser stürzt. Das Fahrrad ist beschädigt, die Kleidung verschmutzt, das Bein gebrochen und der Fahrradfahrer kann 4 Wochen nicht zur Arbeit.

All diese Schäden, einschließlich Schmerzensgeld und Lohnausfall muß der Autofahrer ersetzen (bzw. seine Haftpflichtversicherung).

Die Haftung aus unerlaubter Handlung hat einen entscheidenden **Vorteil**: Nur bei dieser Haftung kann der Geschädigte Schmerzensgeld geltend machen.

Vorteil der Haftung aus unerlaubter Handlung:
- Schmerzensgeld

Andererseits besteht hier der **Nachteil**, daß das Verschulden einer Hilfsperson dem Schädiger nicht automatisch zugerechnet wird. Dieser kann sich im Gegensatz zur vertraglichen Haftung erfolgreich darauf berufen, daß er diese Hilfsperson ordnungsgemäß ausgewählt und überwacht hat.

Nachteil der Haftung aus unerlaubter Handlung:
- eingeschränkte Haftung für Hilfskraft (Verrichtungsgehilfen)

Schadensersatzanspruch des Patienten gegenüber dem Krankenhaus, Arzt und Pflegepersonal (Abb. 71)

Ausgangsfall:

Ernst muß wegen einer Blinddarmoperation ins Krankenhaus. Dort passiert ihm folgendes:

- Vor der Operation bittet die Krankenschwester Anne, daß Ernst seine Armbanduhr auf dem Nachttisch ablegt. Dort wird sie von der Schwester Susanne gestohlen.
- Während der Operation vergißt der Oberarzt Dr. Richard eine Nadel in der Bauchhöhle. Es kommt daraufhin zu weiteren inneren schmerzhaften Verletzungen.
- Als Schwester Kerstin ihm eines morgens Kaffee bringt, schüttet sie ihm diesen aus Versehen über das Gesicht.

Schadensersatzansprüche des Patienten

gegenüber dem Krankenhaus	gegenüber dem behandelnden Arzt	gegenüber dem Krankenhauspersonal
• bei Verletzung einer Vertragspflicht durch den Erfüllungsgehilfen • bei unerlaubter Handlung durch den Verrichtungsgehilfen	• aus Vertrag, wenn zwischen ihm und dem Patienten ein solcher geschlossen wurde • aus unerlaubter Handlung	• nicht aus Vertrag • aus unerlaubter Handlung

Die einzelnen Rechtsbeziehungen zwischen Patient einerseits und Krankenhaus, Arzt sowie Pflegepersonal andererseits sind streng zu unterscheiden

Abb. **71** Verschiedene Schadensersatzansprüche des Patienten

Schadensersatzansprüche des Patienten gegenüber dem Krankenhaus

Schadensersatzanspruch wegen Vertragsverletzung

Haftung des Krankenhauses bei schuldhafter Verletzung von:
- Versorgung
- Behandlung durch Arzt oder Pflegepersonal

Hat der Patient mit dem Krankenhaus einen „totalen Krankenhausaufnahmevertrag" (S. 192) geschlossen, so hat er gegenüber dem Krankenhaus einen Anspruch auf ärztliche Behandlung und auf Versorgung. Wird bei Erfüllung dieser Pflichten dem Patienten schuldhaft ein Schaden zugefügt, haftet das Krankenhaus.

Das Krankenhaus bedient sich zur Erfüllung seiner Pflichten verschiedener Personen wie Arzt und Pflegepersonal. Soweit diesen bei Erfüllung der Vertragspflicht ein Verschulden trifft, wird dies dem Krankenhaus zugerechnet.

Im **Ausgangsfall** ist das Krankenhaus bei der Versorgung des Patienten verpflichtet, daß dessen Eigentum und insbesondere seine Wertsachen verwahrt werden. Dies ist nicht geschehen. Ernst bekommt daher seine Uhr erstattet. Hätte Schwester Anne die Uhr übrigens ordnungsgemäß verwahrt und wäre sie dort von Schwester Susanne gestohlen worden, würde Ernst die Uhr nicht ersetzt bekommen. Das Krankenhaus träfe nämlich kein Verschulden. Schwester Susanne ist auch nicht bei ihrem Diebstahl in Erfüllung einer vertraglichen Pflicht tätig geworden, so daß ihr Verhalten nicht dem Krankenhaus zugerechnet werden kann.

Im Rahmen der ärztlichen Behandlung wird Dr. Richard für das Krankenhaus tätig. Sein Behandlungsfehler wird dem Krankenhaus zugerechnet. Ernst bekommt daher auch alle Schäden vom Krankenhaus erstattet, die aus dem Behandlungsfehler entstanden sind.

Auch Schwester Kerstin wird für das Krankenhaus tätig. Ihr Mißgeschick wird ebenfalls dem Krankenhaus hinzugerechnet. Ernst bekommt daher den Schaden ersetzt, der durch das Verschütten des Kaffees entstanden ist.

Schmerzensgeld bekommt er jedoch aus vertraglicher Haftung nicht.

Kein Schmerzensgeld bei vertraglicher Haftung

Schadensersatzanspruch aus unerlaubter Handlung

Das Krankenhaus selbst haftet für unerlaubte Handlungen seiner Beschäftigten (Verrichtungsgehilfen z. B. Arzt, Pflegepersonal). Allerdings haftet es **nicht** mehr, wenn es bei der Auswahl derjenigen Person, die den Schaden verursacht hat, die erforderliche Sorgfalt hat walten lassen.

Haftung für Fehler der Beschäftigten aus unerlaubter Handlung nur bei schuldhafter Auswahl des Personals

Bei einer Haftung aus unerlaubter Handlung hat der Geschädigte auch Anspruch auf Schmerzensgeld.

Im **Ausgangsfall** kommt nur eine Haftung des Krankenhauses für seine Verrichtungsgehilfen (Arzt und Schwester) in Betracht. Kann es allerdings geltend machen, daß es bei der Auswahl dieser Personen ordnungsgemäß vorgegangen ist, haftet es nicht mehr. Dann hat Ernst keinen Anspruch gegenüber dem Krankenhaus wegen unerlaubter Handlung und damit auch nicht auf Schmerzensgeld.

Schadensersatzansprüche des Patienten gegenüber dem Arzt

Schadensersatzanspruch wegen Vertragsverletzung

Da beim „totalen Krankenhausaufnahmevertrag" (S. 192) kein Vertrag zwischen dem Arzt und dem Patienten besteht, kommt auch keine vertragliche Haftung in Betracht.

Haftung des Arztes bei schuldhafter Verletzung des Behandlungsvertrages

Beim „gespaltenen Krankenhausaufnahmevertrag" (S. 192) schließt der Patient einen Vertrag mit dem Arzt. Wird dieser Behandlungsvertrag von diesem nun verletzt, macht sich der Arzt schadensersatzpflichtig.

Soweit er sich zur Erfüllung seines Behandlungsvertrages eines Gehilfen bedient, wird dem Arzt dessen Verhalten zugerechnet.

Liegt im **Ausgangsfall** ein totaler Krankenhausaufnahmevertrag vor, dann besteht zwischen dem Arzt und dem Patienten kein Vertrag; folglich kommt es zu keiner vertraglichen Haftung.

Falls ein Vertrag zwischen dem Arzt und dem Patienten besteht (gespaltener Krankenhausaufnahmevertrag), haftet Dr. Richard für seinen Behandlungsfehler. Ernst bekommt jedoch kein Schmerzensgeld.

Für das Verschwinden der Uhr und das Verschütten des Kaffees haftet Dr. Richard nicht, da diese Personen nicht in Erfüllung seiner Behandlungspflicht gehandelt haben.

Schadensersatzanspruch aus unerlaubter Handlung

Haftung aus unerlaubter Handlung des Arztes bei dessen Verschulden

Die Haftung aus unerlaubter Handlung tritt ein, wenn der Arzt oder sein Verrichtungsgehilfe ein Rechtsgut des Patienten verletzt. Bei dieser Haftung besteht auch Anspruch auf Schmerzensgeld.

Im **Ausgangsfall** haftet Dr. Richard für die Schäden, die durch das Vergessen der Nadel entstanden sind (evtl. Kosten einer Nachoperation). Auch muß er Ernst ein Schmerzensgeld bezahlen.

Schadensersatzansprüche des Patienten gegenüber dem Pflegepersonal

Schadensersatzanspruch wegen Vertragsverletzung

Keine vertragliche Beziehung zwischen Pflegepersonal und Patient

Ein Schadensersatzanspruch wegen Vertragsverletzung kommt hier nicht in Betracht, da in keinem Fall zwischen dem Patienten und dem Krankenpflegepersonal ein Vertrag zustande kommt.

Schadensersatzanspruch aus unerlaubter Handlung

Haftung aus unerlaubter Handlung bei schuldhaftem Verhalten des Pflegepersonals

Aus unerlaubter Handlung haftet das Pflegepersonal immer, wenn es schuldhaft ein Rechtsgut des Patienten verletzt. Dann kommt auch ein Schmerzensgeld in Betracht.

Im **Ausgangsfall** haftet sowohl Schwester Susanne, da sie durch den Diebstahl das Eigentum von Ernst „verletzt" hat, als auch Schwester Kerstin, da sie durch das Verschütten von Kaffee die Gesundheit von Ernst beeinträchtigt hat. Im letzteren Fall muß Kerstin auch ein Schmerzensgeld bezahlen.

Rechtsstellung des Patienten

Bei einem Patienten handelt es sich um einen kranken Menschen, der sich in ärztliche Behandlung begibt. Diese Behandlung schafft eine Rechtsstellung des Patienten zum Arzt und zum Krankenhaus sowie deren Gehilfen. Sie ist durch bestimmte Besonderheiten gekennzeichnet.

Rechtsbeziehung zwischen Arzt und Patient

Arztvertrag als Dienstvertrag

Bei der Aufnahme einer ärztlichen Behandlung kommt es in der Regel zu vertraglichen Beziehungen zwischen dem niedergelassenen Arzt und dem Patienten. Dieser Vertrag ist ein **Dienstvertrag** (§ 611 BGB). In diesem Dienstvertrag verpflichtet sich der Arzt, seine **Dienste** zu erbringen, d. h., die Behandlung durchzuführen. Dagegen verspricht er keinen bestimmten Erfolg. Auch bei einer Operation steht eindeutig die Dienstleistung und nicht der Erfolg im Vordergrund. Damit steht der Arzt nicht für den Erfolg seiner Behandlung ein oder mit anderen Worten, der Arzt hat auch dann Anpruch auf sein Honorar, wenn die Behandlung zu keinem Erfolg führt. Auch haftet er nicht, wenn der Erfolg ausbleibt, es sei denn, es trifft ihn daran ein Verschulden.

Vertrag zwischen Arzt und Patient:
- Verpflichtung des Arztes zur Behandlung
- Verpflichtung des Patienten zur Mitwirkung und Zahlung des Honorares

Auf der anderen Seite ist der Patient verpflichtet, das vereinbarte Honorar selbst oder durch die Versicherung zu entrichten sowie an der Behandlung mitzuwirken(Abb. 72).

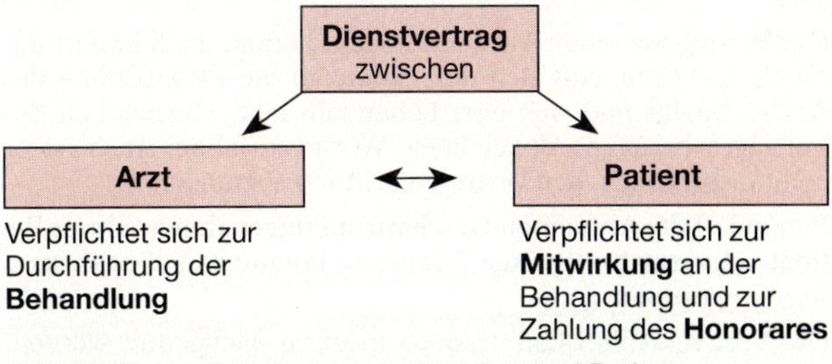

Abb. 72 Rechtsbeziehung zwischen Arzt und Patient

Beispiel:

Helmut begibt sich zu seinem Urologen Dr.Martin und will sich sterilisieren lassen. Dr.Martin ist einverstanden. Lange Zeit nach Durchführung der Operation zeugt Helmut dennoch ein Kind. Nun ist er der Ansicht, daß Dr.Martin keinen Anspruch auf das Honorar hat und zudem schadensersatzpflichtig ist und den Mangel beseitigen muß.

? Hat er Recht?

Helmut hätte Recht, wenn zwischen beiden ein Werkvertrag abgeschlossen worden wäre. Dann müßte Dr. Martin für den Erfolg der Behandlung, nämlich der Zeugungsunfähigkeit einstehen. So aber liegt auch in diesem Fall ein Dienstvertrag vor, der Dr. Martin nur verpflichtet, Helmut nach den Regeln der ärztlichen Kunst zu behandeln. Dies hat er getan. Trifft ihn an der fehlgeschlagenen Behandlung kein Verschulden, hat er trotz weiterer Zeugungsfähigkeit einen Anspruch auf sein Honorar und ist auch nicht zum Schadensersatz verpflichtet.

Kein Vertrag zwischen Patient und den Hilfspersonen des Arztes

Soweit sich der Arzt der Hilfe anderer Personen bedient, um seinen Pflichten aus dem Vertrag nachzukommen, kommt zwischen dem Patienten und diesen Personen kein Vertrag zustande. Diese sind nur als Erfüllungsgehilfen anzusehen.

So kommt zwischen der Sprechstundengehilfin oder der Arzthelferin und dem Patienten kein Vertrag zustande.

Zustandekommen des Arztvertrages

Der Vertrag zwischen dem Arzt und einem voll geschäftsfähigen Patienten kommt zustande, indem der Patient eine Behandlung wünscht, der Arzt zusagt und sich beide über das Honorar einig sind.

Sowohl Kassenpatienten als auch Privatpatienten schließen einen Vertrag mit dem Arzt

Dabei spielt es keine Rolle, ob der Patient bei einer gesetzlichen Krankenkasse versichert ist (Kassenpatient) oder nicht (Privatpatient). In beiden Fällen kommt zwischen Arzt und Patient ein Dienstvertrag zustande.

Während der Privatpatient selbst verpflichtet ist, das Honorar zu entrichten (er kann es dann von seiner Versicherung wieder zurückverlangen), hat der Arzt gegenüber dem Kassenpatienten keinen Honoraranspruch sondern insoweit nur gegenüber der kassenärztlichen Vereinigung.

Zustandekommen des Arztvertrages:
- mündlich
- stillschweigend
- schriftlich

Der Vertrag zwischen Arzt und Patient kommt auch bereits dadurch zustande, daß sich der Patient in die Praxisräume des Arztes begibt und sich dort behandeln läßt. Hinsichtlich des Vertrages brauchen dabei keine Worte zu fallen. Auch ist es nicht erforderlich, den Vertrag schriftlich abzufassen.

Bei Geschäftsunfähigen: Ein- bzw. Nachholung der Einwilligung

Behandelt der Arzt einen **Geschäftsunfähigen** (bewußtloser Patient oder ein Kind unter 7 Jahren), kommt mit diesem kein Vertrag zustande.

Der Vertragsschluß kann jedoch insofern nachgeholt werden, als die Eltern des Kindes der Behandlung einwilligen oder der zunächst ohnmächtige Patient bei Wiedererlangung seines Bewußtseins die Behandlung fortsetzt.

Beispiel:

Bei einem Motorradunfall erleidet Helmut einen Schädelbasisbruch und wird im Zustand der Bewußtlosigkeit im Krankenhaus versorgt. Als er sein Bewußtsein wiedererlangt hat, bleibt er im Krankenhaus und läßt sich weiter behandeln. Bei seiner Entlassung weigert er sich zu bezahlen, da er glaubt, es sei kein Vertrag zustandegekommen.

Helmut hat insofern recht, als ein Vertrag auch die Willenserklärung des Patienten voraussetzt. Als er bewußtlos war, konnte er keinen Vertrag abschließen. Nachdem er jedoch wieder bei Bewußtsein war, hat er dadurch den Vertragsabschluß nachgeholt, als er sich weiter behandeln ließ. Es bestand daher für die gesamte Zeit ein Vertrag.

Bei einem **beschränkt Geschäftsfähigen** (Jugendliche zwischen 7 und 18 Jahren) kommt der Vertrag zwischen ihm und dem Arzt zustande, wenn der gesetzliche Vertreter nachträglich zustimmt oder der Jugendliche das Honorar mit Mitteln finanziert, die ihm hierfür zur Verfügung gestellt wurden.

Beispiel:

Die in der Ausbildung befindliche 15jährige Katja läßt sich die Pille verschreiben. Sie kann diese mit ihrer Ausbildungsvergütung bezahlen. Der Vertrag kommt hier zwischen ihr und dem Arzt zustande.

Keine Behandlungspflicht

Auch bei dem Zustandekommen eines Arztvertrages herrscht grundsätzlich Abschlußfreiheit, d.h. der Arzt ist nicht verpflichtet, einen Patienten zu behandeln.

Behandlungspflicht bei:
- Notfall
- fehlender ärztlicher Alternative

Hiervon gibt es jedoch Ausnahmen:

- Liegt ein Notfall vor, muß der Arzt behandeln. Dies ergibt sich schon aus der Pflicht zur Hilfeleistung, deren Unterlassen strafbar wäre.
- Liegt kein Notfall vor, muß der Arzt behandeln, wenn der Patient ansonsten ohne ärztliche Hilfe bleiben würde.
- Liegen konkrete Verdachtsmomente für eine HIV-Infizierung vor, darf der Arzt die Behandlung davon abhängig machen, daß sich der Patient einem Aids-Test unterzieht, wenn die Behandlung mit Blutkontakten verbunden ist.

Inhalt des Arztvertrages

Nach Abschluß des Arztvertrages treffen **den Arzt und den Patienten** bestimmte vertragliche **Haupt-** und **Nebenpflichten**. Dabei ist es unerheblich, ob es sich um einen Kassenpatienten oder einen Privatpatienten handelt. Beim Kassenpatienten unterliegt der Arzt allerdings dem kassenärztlichen Wirtschaftlichkeitsgebot (§ 12 I 1 SGB V). Dies bedeutet, daß der Versicherte keinen Anspruch hat auf nicht notwendige oder unwirtschaftliche Leistungen.

Hauptpflichten des Arztes

Vertragliche Hauptpflicht des Arztes: Behandlung des Patienten

Die wesentliche Hauptpflicht des Arztes besteht in der Behandlung des **Patienten**. Der Arzt muß die ärztliche Behandlung nach den Regeln der ärztlichen Kunst durchführen. Diese Behandlung beinhaltet:

- Anamnese,
- Untersuchung,
- Erhebung von Befunden,
- Diagnose,
- Behandlung,
- Indikation.

Die Grenzen der Vertragsfreiheit liegen dort, wo die ärztliche Behandlung gegen die guten Sitten und gegen ein Gesetz verstößt.

So kann (und darf) sich ein Arzt nicht dazu verpflichten, zum Zwecke der Transplantation einem Spender ein lebenswichtiges nichtpaariges Organ zu entnehmen.

Nebenpflichten des Arztes

Vertragliche Nebenpflichten des Arztes: u.a. Dokumentation, Aufklärung usw.

Außer dieser Behandlungspflicht ergeben sich aus dem Arztvertrag für diesen noch eine Reihe von Nebenpflichten (Abb. 73):

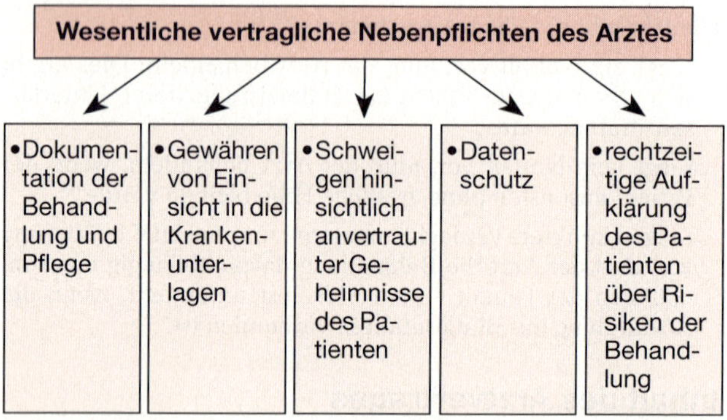

Abb. **73** Nebenpflichten des Arztes

Dokumentationspflicht

Dokumentationspflicht

Der Arzt ist zur Dokumentation seiner Tätigkeit einschließlich pflegerischer Maßnahmen verpflichtet. Diese Dokumentation muß er ausführlich, sorgfältig und vollständig durchführen.

Art, Inhalt und Umfang der Dokumentation sind vom Dokumentationszweck abhängig.

Die Dokumentation der Therapie soll sicherstellen, daß ein mit- oder nachbehandelnder Arzt über die Krankengeschichte und die Medikation informiert ist. Dies hat zur Folge, daß der Arzt schonungslos alles über die Anamnese, die Diagnose und die Therapie dokumentieren muß, unabhängig davon, ob es sich um Fakten handelt, die dem Patienten nicht zugänglich sein dürfen.

Inhalt der Dokumentation:
- Anamnese
- Diagnose
- Therapie
- Medikation
- Krankheitsverlauf

Auch das Pflegepersonal unterliegt dieser Dokumentationspflicht und zwar sowohl hinsichtlich der „Behandlungspflege" als auch der „Grundpflege".

Einsicht in die Krankenunterlagen

Der Umfang des Rechtes des Patienten auf Einsicht in die Krankenunterlagen hängt vom Zweck der Einsicht ab.

Einsicht in die Krankenunterlagen

Außerhalb eines Prozesses hat der Patient nur Anspruch auf Einsicht in Befunde und Aufzeichnungen über Behandlungsmaßnahmen (z. B. Medikation, Operationsberichte, Fieberkurven, EKG, EEG, Laborergebnisse, Röntgenaufnahmen). Hierunter fallen nicht die Aufzeichnungen, die subjektive Wertungen des Arztes enthalten (z. B. persönliche Eindrücke über den Patienten, Verdachtsdiagnose).

Der Umfang des Einsichtsrechtes in die Krankenunterlagen hängt vom Zweck der Einsicht ab

Vor einem Prozeß bezieht sich das Einsichtsrecht auf Informationen, die der Vorbereitung eines Prozesses dienen. Auch hier können sich aus therapeutischen Aspekten Beschränkungen ergeben.

Das umfassendste Recht auf Einsicht ergibt sich **innerhalb eines Prozesses**. Hier kann das Gericht die Vorlage sämtlicher Krankenunterlagen fordern. Es gibt keine Beschränkungen aus therapeutischer Sicht.

Nach dem Tod des Patienten geht das Einsichtsrecht auf die Erben und die nächsten Angehörigen über, es sei denn, es widerspricht dem Willen des Verstorbenen.

Einsichtsrecht der Erben

Schweigepflicht, Aufklärungspflicht, Datenschutz

Vergleiche hierzu bezüglich

Schweigepflicht, Aufklärungspflicht, Datenschutz

❖ der Schweigepflicht S. 147 ff.,
❖ der Aufklärungspflicht S. 135 ff.,
❖ des Datenschutzes S. 312 ff.

Pflichten des Patienten

Vertragliche Pflichten des Patienten:
- Mitwirkungspflicht
- Honorarzahlung

Aus dem Arztvertrag ergeben sich auch Pflichten des Patienten (Abb. **74**).

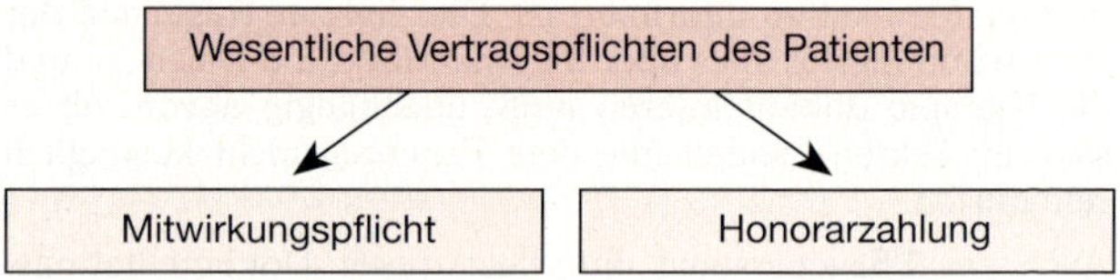

Abb. **74** Vertragspflichten des Patienten

Mitwirkungspflicht

Mitwirkungspflicht:
- Duldung der Untersuchung
- aktive Mitarbeit (Einnahme von Medikamenten usw.)

Der Patient ist aufgrund des Arztvertrages verpflichtet, an der Behandlung mitzuwirken. Diese umfaßt auch eine Duldung der Untersuchung und Behandlung.

Bei der Anamnese muß er wahrheitsgetreue Angaben machen und anschließend die ärztlichen Anordnungen befolgen.

Die Mitwirkungspflicht des Patienten kann von diesem allerdings nicht erzwungen und nicht eingeklagt werden. Der Arzt kann aber im Falle des Scheiterns der Behandlung bei einem eventuellen Schadensersatzanspruch des Patienten die unterlassene Mitwirkung geltend machen und gegebenenfalls die Behandlung beenden bzw. den Arztvertrag kündigen.

Beispiel:

Ein Patient nimmt die vom Arzt verordneten Medikamente zur Vorbeugung eines Herzinfarktes nicht ein. Weigert er sich nachhaltig, kann der Arzt seinerseits die Behandlung beenden.

Honorarzahlung

Beim Kassenpatienten: Anspruch nur gegenüber kassenärztlicher Vereinigung

Beim Kassenpatienten ist der Honoraranspruch nicht gegenüber dem Patienten sondern gegenüber der kassenärztlichen Vereinigung begründet.

Beim Privatpatienten: Anspruch gegenüber Patient

Beim Privatpatienten regelt sich die Höhe des Honorares nach der **Gebührenordnung für Ärzte** (GOÄ) in Verbindung mit dem Gebührenverzeichnis. Die Gebührenordnung sieht für ärztliche Maßnahmen Mindest- und Höchstsätze vor.

Beendigung des Arztvertrages

Das Vertragsverhältnis zwischen Arzt und Patient endet, wenn der Zweck des Arztvertrages erreicht und die Behandlung abgeschlossen ist.

Beendigung des Arztvertrages:
- Behandlung abgeschlossen
- Tod einer Vertragspartei
- Kündigung
- einvernehmliche Aufhebung

Das Vertragsverhältnis endet aber auch, wenn einer der beiden Vertragsparteien stirbt oder beide einvernehmlich diesen Vertrag aufheben.

Die bis dahin erbrachten Teilleistungen des Arztes müssen allerdings honoriert werden. Gegebenenfalls geht die Honorarforderung auf die Erben des Patienten über.

Das Vertragsverhältnis kann aber auch von einer der beiden Seiten gekündigt werden. Hier ist zwischen der Kündigung durch den Patienten und durch den Arzt zu unterscheiden:

Kündigung durch Patient jederzeit möglich

Kündigung durch den Patienten. Sie ist grundsätzlich jederzeit möglich. Dies gilt sowohl für den Privatpatienten als auch für den Kassenpatienten, für letzteren allerdings mit der Einschränkung, daß er bei einer Kündigung ohne wichtigen Grund die durch die Kündigung entstandenen Mehrkosten selbst zu tragen hat.

Kündigung durch Arzt mit Einschränkungen jederzeit möglich

Kündigung durch den Arzt. Diese ist ebenfalls jederzeit möglich, allerdings mit folgenden Einschränkungen:

- Er kann jederzeit (ohne wichtigen Grund) kündigen, wenn die notwendige Behandlung des Patienten anderweitig sichergestellt ist.
- Er darf darüber hinaus kündigen, wenn ein **wichtiger Grund** vorliegt. Ein solcher kann z. B. sein: Nichteinnahme verschriebener Medikamente, Verleumdung, Beschimpfung, Bedrohung des Arztes.
- Er kann nicht kündigen, soweit er zur Hilfeleistung in einem Notfall verpflichtet ist.

Rechtsbeziehung zwischen Krankenhaus und Patient

Begibt sich ein Patient in das Krankenhaus, so will er die ärztliche Behandlung und die Versorgung in Anspruch nehmen. Aus diesem doppelten Anspruch ergeben sich 3 verschiedene Vertragstypen (Abb. 75).

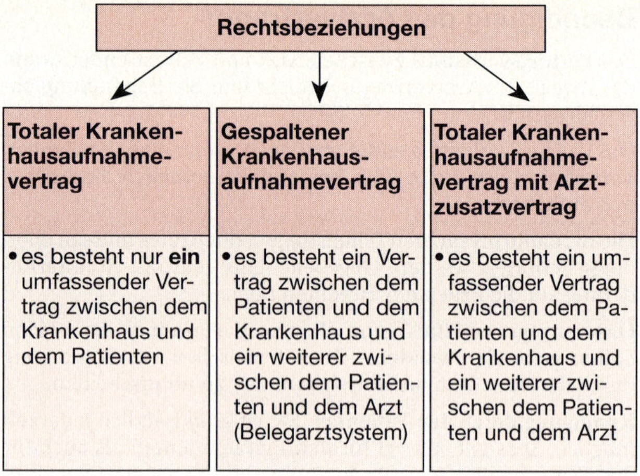

Abb. **75** Krankenhausaufnahmevertrag

Totaler Krankenhausaufnahmevertrag

Totaler Krankenhausaufnahmevertrag
Inhalt:
- Unterkunft
- Versorgung
- Behandlung

Beim totalen Krankenhausaufnahmevertrag schließ der Patient einen einzigen Vertrag mit dem Krankenhausträger ab. Dieser beinhaltet sowohl die ärztliche Behandlung als auch die Versorgung mit Pflege, Nahrung und Unterkunft.

Es liegt ein gemischter Vertrag vor, der Elemente des Beherbergungsvertrages, Mietvertrages (Zimmer), Kaufvertrages, Werkvertrages (Verpflegung) und Dienstvertrages (Arzt) beinhaltet.

Das Krankenhaus schuldet demnach sowohl die Versorgung als auch die ärztliche Behandlung. Die jeweiligen Ärzte werden nur als Erfüllungsgehilfen tätig. Gegen sie bestehen keine vertraglichen Ansprüche.

Gespaltener Krankenhausaufnahmevertrag

Gespaltener Krankenhausaufnahmevertrag

Beim gespaltenen Krankenhausaufnahmevertrag kommen 2 Verträge zustande. Der eine wird zwischen dem Krankenhausträger und dem Patienten und der andere zwischen dem Patienten und dem Arzt (oder mehreren Ärzten) geschlossen.

Krankenhaus schuldet:
- Unterkunft
- Versorgung

Arzt schuldet:
- Behandlung

In diesem Fall schuldet das Krankenhaus nur die Versorgung und der Arzt persönlich die ärztliche Behandlung.

Dieser Vertragstyp liegt vor allem beim sog. Belegarztsystem vor, bei dem das Krankenhaus frei praktizierenden Ärzten die Betten mit Versorgung des Patienten zur Verfügung stellt. Die Ärzte selbst sind nicht beim Krankenhaus angestellt.

Totaler Krankenhausaufnahmevertrag mit Arztzusatzvertrag

Totaler Krankenhausaufnahmevertrag mit Arztzusatzvertrag

Hier kommt zum totalen Krankenhausaufnahmevertrag noch ein zusätzlicher Vertrag zwischen dem Patienten und seinem Arzt zustande. Dieser kann dann eigens dem Patienten gegenüber abrechnen.

Bei diesem zusätzlichen Arzt handelt es sich meist nicht um einen Belegarzt, sondern um einen bestimmten Arzt des Krankenhauses (z. B. Chefarzt).

Vertragliche Nebenpflichten des Krankenhauses:
- Dokumentation
- Verwahrung

Aus dem Krankenhausaufnahmevertrag ergeben sich für den Krankenhausträger neben diesen Hauptpflichten (Versorgung und evtl. ärztliche Behandlung) vertragliche Nebenpflichten.

- So besteht auch für den Krankenhausträger die Verpflichtung zur ärztlichen und pflegerischen **Dokumentation** (S. 188 f.).
- Im Rahmen der Versorgung des Patienten besteht die Pflicht, für eine **Verwahrung** der vom Patienten eingebrachten Sachen zu sorgen. Dabei genügt es, wenn es dem Patienten ermöglicht wird, seine Wertsachen bei der Verwaltung abzugeben oder wenn ihm ein Wertfach auf der Station zur Verfügung gestellt wird.

Soweit sich der Krankenhausträger zur Erfüllung seiner vertraglichen Pflichten der Hilfe anderer Personen bedient, kommt zwischen diesen und dem Patienten kein Vertrag zustande. Sie sind nur Erfüllungsgehilfen des Krankenhausträgers.

Beispiel:

Die Krankenschwester verabreicht dem Patienten eine Injektion auf Anordnung des Belegarztes und bringt ihm anschließend das Essen.

In beiden Fällen entstehen keine vertraglichen Beziehungen zwischen der Krankenschwester und dem Patienten; im ersten Fall ist sie Erfüllungsgehilfe des anordnenden Arztes, im zweiten Fall des Krankenhausträgers.

Erbrecht

Wesen und Umfang des Erbrechtes

Regelungen des Erbrechts in den §§ 1922 –2385 BGB

Das Erbrecht befaßt sich mit der Frage, was mit dem Vermögen eines Menschen nach dessen Tod geschieht. Die Antwort hierauf enthält im wesentlichen das **Bürgerliche Gesetzbuch** (BGB) in den §§ 1922 – 2385.

Erblasser, Erbfall, Erbschaft (Nachlaß), Erbe, Erbengemeinschaft

Stirbt ein Mensch, so nennt man diesen den **Erblasser**. Sein Tod löst den **Erbfall** aus. All sein Vermögen, das er hinterläßt nennt man **Erbschaft** oder **Nachlaß**. Mit dem Erbfall geht das gesamte Vermögen auf den **Erben** über. Sind mehrere Erben vorhanden, bilden sie eine **Erbengemeinschaft**.

Erbfähigkeit

Erben kann jeder Mensch, unabhängig von seinem Alter (auch Kinder können erben), seiner Staatsangehörigkeit oder seines Wohnsitzes. Es genügt, wenn er zur Zeit des Erbfalles gezeugt, aber noch nicht geboren ist. Allerdings muß er zum Zeitpunkt des Erbfalles noch leben. Stirbt er unmittelbar nach dem Erbfall, ist er noch Erbe geworden und vererbt nun seinerseits.

Auch juristische Personen, wie z. B. der eingetragene Verein, können erben. Dagegen können Tiere nicht erben.

Übergang aller Rechte und Pflichten des Erblassers auf den Erben

Der Erbe tritt nun zum Zeitpunkt des Erbfalles vollständig an die Stelle des Erblassers. Er übernimmt das gesamte Vermögen (einschließlich der Schulden), so wie es zum Zeitpunkt des Todes des Erblassers vorhanden war, d. h. mit allen Rechten und Pflichten.

Beispiel:

Als der Erblasser stirbt hinterläßt er nur seinen einzigen Sohn. Der Nachlaß besteht aus folgenden Teilen:

- Grundstück mit Haus,
- vermietete Eigentumswohnung,
- Bargeld,
- Girokonto,
- Wertpapiere,
- offene Werkstattrechnung,
- noch nicht abgeschlossener Behandlungsvertrag mit dem Zahnarzt,
- bestelltes Auto,
- Mitgliedschaft im Sportverein.

? Welche Teile des Nachlasses gehen nun auf den Sohn über?

Alle Rechte und Pflichten des Erblassers lassen sich in vermögensbezogene und in höchstpersönliche (eng an die individuelle Person gebundene) Rechte einteilen. Erstere fallen alle in den Nachlaß, letztere erlöschen mit dem Tod des Erblassers.

Höchstpersönliche Rechte des Erblassers erlöschen, vermögensbezogene gehen auf den Erben über

Im obigen Beispiel zählen zu den höchstpersönlichen Rechten der Behandlungsvertrag mit dem Zahnarzt sowie die Mitgliedschaft in einem gemeinnützigen Verein, hier der Sportverein. Alles andere „erbt" der Sohn. Bezüglich der vermieteten Eigentumswohnung wird er automatisch Vermieter gegenüber den Mietern, er muß die offene Werkstattrechnung bezahlen, genauso wie er das bestellte Auto abnehmen muß, obwohl er selbst gar keines bestellt hat.

Erbfolge

Im Falle des Todes hinterläßt jeder Erblasser einen oder mehrere Erben. Diese kann er zu seinen Lebzeiten selbst bestimmen (testamentarische Erbfolge). Ist dies nicht der Fall, bestimmt das Gesetz, wer Erbe wird (gesetzliche Erbfolge) (Abb. **76**). Sind keine Angehörigen des Erblassers mehr vorhanden und hat er keine Erben bestimmt, erbt letztendlich der Staat.

Erbe:
- gesetzlich bestimmt
- vom Erblasser bestimmt
- letztendlich der Staat, wenn kein Erbe vorhanden ist

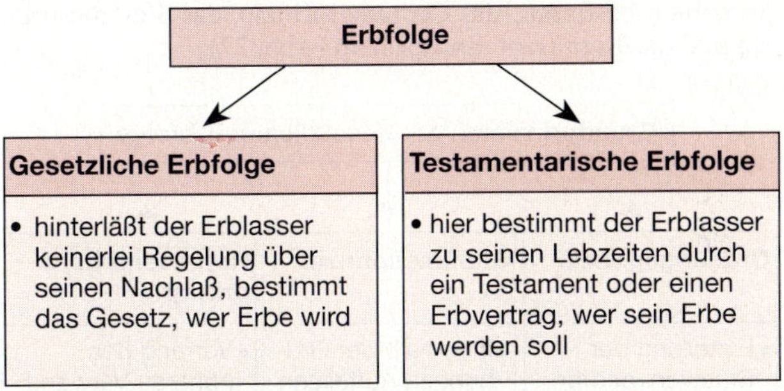

Abb. **76** Regelung der Erbfolge

Der **letzte Wille** des Erblassers hat Vorrang. Wird nach seinem Ableben ein Testament vorgefunden, richtet sich die Erbfolge ausschließlich nach dessen Inhalt. Soweit nahe Angehörige nicht berücksichtigt wurden, steht ihnen allenfalls ein Pflichtteil (S. 211 ff.) zu.

Testament vor gesetzlicher Erbfolge

Beispiel:

Der Großbauer Helmut hinterläßt seine junge Ehefrau mit den gemeinsamen 3 Kindern. Zu seinem Vermögen zählen eine erhebliche Barschaft und ein großer landwirtschaftlicher Besitz. In seinem Testament bestimmt er: *„Im Falle meines Todes soll alles der örtliche Sportverein erben."*

Hier hat Helmut praktisch seine gesamte Familie enterbt. Sein gesamtes Vermögen geht auf den Sportverein über. Nur dieser wird Erbe. Die Ehefrau und seine Kinder erhalten nur den Pflichtteil.

Gesetzliche Erbfolge

Die gesetzliche Erbfolge sieht nur
- Verwandte und
- den Ehegatten

als Erben vor

Als gesetzliche Erben kommen nur die **(Bluts-)Verwandten** des Erblassers und seine **Ehefrau** in Betracht.

- Mit dem Erblasser **verschwägerte** Personen können keine gesetzlichen Erben werden.
- **Adoptierte** Kinder sind wie eigene, blutsverwandte Kinder zu behandeln.
- Der **geschiedene** Ehegatte erbt nicht mehr. Dies gilt auch dann, wenn zum Zeitpunkt des Erbfalles die Voraussetzungen der Scheidung gegeben sind (die Ehe muß zerrüttet sein) und der Erblasser die Scheidung beantragt oder ihr zugestimmt hat.

Gesetzlicher Erbe

Das gesetzliche Erbrecht wird durch 3 Prinzipien bestimmt:
- Ordnungsprinzip
- Stammesprinzip
- Repräsentationsprinzip

Die gesetzliche Erbfolge wird im wesentlichen von 3 Grundprinzipien bestimmt: das Ordnungsprinzip, das Stammesprinzip und das Repräsentationsprinzip (Abb. 77).

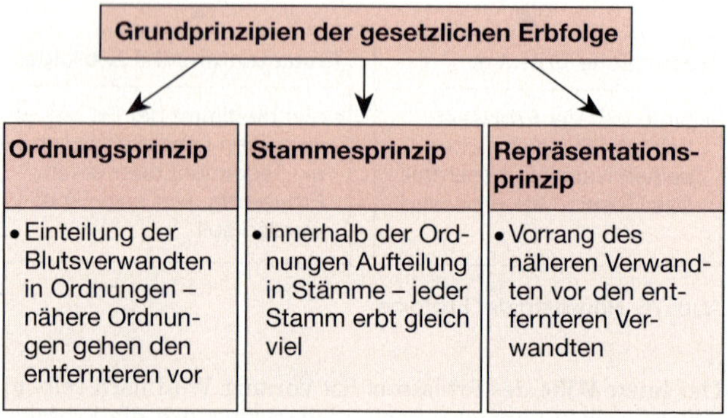

Abb. **77** Die 3 Grundprinzipien, die die gesetzliche Erbfolge prägen

Ordnungsprinzip

Einteilung der Verwandten in Ordnungen

Die Verwandten des Erblassers werden nun in bestimmte Gruppen (sog. „Ordnungen") eingeteilt. Diese Ordnungen bestimmen die Reihenfolge, in der die Verwandten zum Zuge kommen. Das Vermögen des Erblassers soll nämlich nicht auf alle Verwandten gleichermaßen verteilt werden, sondern es sollen die näheren Verwandten bevorzugt werden (Abb. 78).

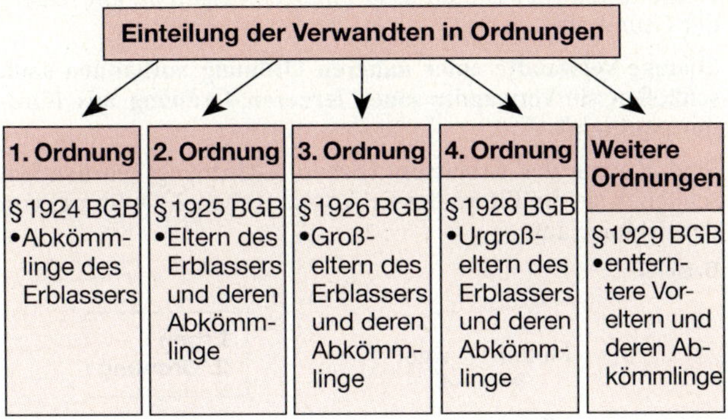

Abb. **78** Ordnungsprinzip

Erben 1. Ordnung

Die Erben 1. Ordnung sind die Abkömmlinge des Erblassers, d. h. seine eigenen (und adoptierten) Kinder und die Kinder seiner Kinder (Enkel und Urenkel des Erblassers usw.).

1. Ordnung: Abkömmlinge

Erben 2. Ordnung

Zu den Erben der 2. Ordnung zählen die Eltern des Erblassers und deren Abkömmlinge. Das sind neben seinen Eltern die Geschwister des Erblassers und deren Kinder (Neffen und Nichten des Erblassers).

2. Ordnung: Eltern des Erblassers und deren Abkömmlinge

Erben 3. Ordnung

Die Erben der 3. Ordnung sind die Großeltern des Erblassers und deren Abkömmlinge. Zu diesen gehören sowohl Onkel und Tante des Erblassers als auch deren Kinder, nämlich der Cousin (Vetter) und die Cousine (Base) des Erblassers sowie wiederum deren Kinder usw.

3. Ordnung: Großeltern des Erblassers und deren Abkömmlinge

Erben 4. Ordnung

Erben der 4. Ordnung sind die Urgroßeltern des Erblassers und deren Abkömmlinge.

4. Ordnung: Urgroßeltern des Erblassers und deren Abkömmlinge

So lassen sich alle Verwandten des Erblassers in Ordnungen einteilen. Die 5. und weitere Ordnungen ergeben sich nach dem gleichen Prinzip. Es geht immer zurück auf die Voreltern und deren Abkömmlinge. Auch wenn die Voreltern schon lange nicht mehr leben, können doch Abkömmlinge von ihnen da sein (auch wenn sie der Erblasser noch nie gesehen hat und von deren Existenz gar nichts weiß).

Hat man die Verwandten in Ordnungen eingeteilt, gilt folgender Grundsatz:

Ordnungsprinzip: nähere Ordnungen gehen den entfernteren vor

Solange Verwandte einer näheren Ordnung vorhanden sind, schließen sie Verwandte einer ferneren Ordnung aus (Ordnungsprinzip).

Sind Kinder des Erblassers (Erben 1. Ordnung) vorhanden, schließen sie die Eltern des Erblassers (Erben 2. Ordnung) von der Erbfolge aus.

Beispiel:

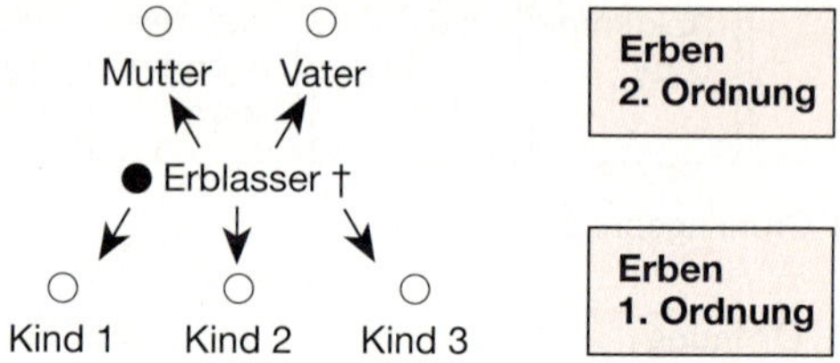

In diesem Beispiel erben nur die Kinder des Erblassers.

Stammesprinzip

Stammesprinzip: jeder Stamm bekommt gleich viel

Nach der Einteilung der Verwandten in verschiedene Ordnungen kommt ein weiterer Grundsatz zur Anwendung:

Sind innerhalb der gleichen Ordnung mehrere Erben vorhanden, bildet jeder Abkömmling einen Stamm. Jeder Stamm erbt zu gleichen Teilen (Stammesprinzip).

Sind 3 Kinder des Erblassers vorhanden, bildet jedes Kind einen Stamm. Alle 3 erben zu gleichen Teilen.

Beispiel:

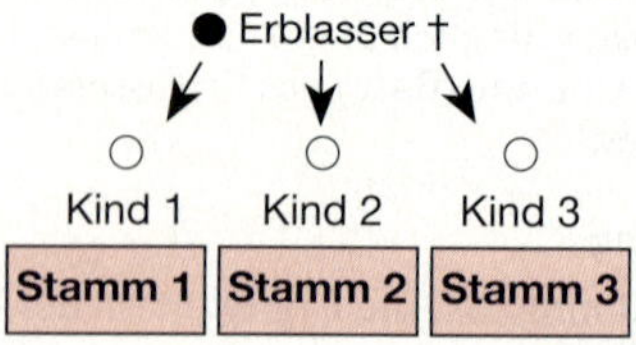

Repräsentationsprinzip

Innerhalb des jeweiligen Stammes kommt der dritte Grundsatz zur Anwendung:

Sind innerhalb eines Stammes mehrere Erben vorhanden, so erbt der dem Erblasser am nächsten stehende Verwandte. Die weiter entfernten sind ausgeschlossen (Repräsentationsprinzip).

Repräsentationsprinzip: Vorrang des näheren Verwandten vor den entfernteren Verwandten

Haben die Kinder des Erblassers ihrerseits Kinder (= Enkel des Erblassers), schließen die Kinder des Erblassers die Enkel von der Erbfolge aus. Ist jedoch ein Kind verstorben, kommen die Enkel innerhalb dieses Stammes wieder zum Zuge.

Beispiel:

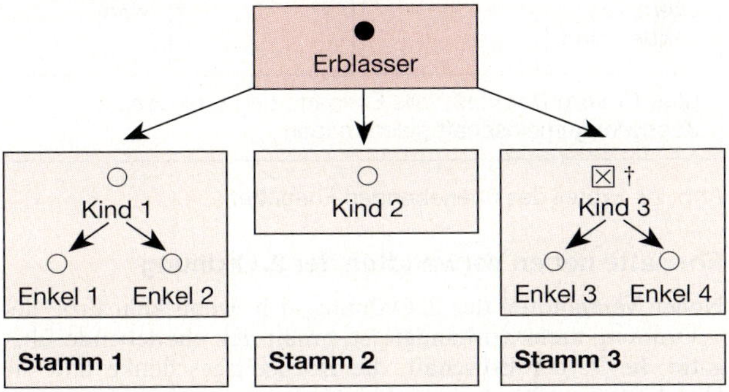

Alle 3 Stämme erben zu gleichen Teilen (Stammesprinzip). Innerhalb des ersten Stammes schließt das lebende Kind 1 die Enkel 1 und 2 von der Erbfolge aus. Bei Stamm 3 leben nur noch die Enkel. Sie erhalten den gesamten Anteil des Stammes 3 in 2 gleichen Teilen.

Gesetzliches Erbrecht des Ehegatten

Als gesetzliche Erben kommen an sich nur die Blutsverwandten des Erblassers in Betracht. Da der Ehegatte mit dem Erblasser nicht verwandt ist, ist sein Erbrecht eigenständig in § 1931 BGB geregelt (Abb. **79**). Bei der Berechnung des Erbteiles kommt es auf 2 entscheidende Umstände an:

Eigenes Erbrecht des Ehegatten; abhängig von Vorhandensein weiterer Erben und vom Güterstand

- Vorhandensein weiterer Erben,
- Güterstand der Ehegatten.

Ehegatte neben Verwandten der 1. Ordnung

Der überlebende Ehegatte erhält neben Verwandten der 1. Ordnung (Abkömmlinge des Erblassers) $^1/_4$ der Erbschaft.

Ehegatte neben Verwandten der 1. Ordnung: $^1/_4$ der Erbschaft

Des weiteren erhält er die Hochzeitsgeschenke und die zum ehelichen Haushalt gehörenden Gegenstände, soweit er sie zur Führung eines angemessenen Haushaltes benötigt.

Der überlebende Ehegatte erhält:

den gesamten Nachlaß	$^{1}/_{4}$ vom Nachlaß	$^{1}/_{2}$ vom Nachlaß	$^{1}/_{2}$ vom Nachlaß
• wenn außer ihm weder Verwandte der 1. oder 2. Ordnung noch Großeltern vorhanden sind	• wenn noch Verwandte der 1. Ordnung vorhanden sind	• wenn **nur** Verwandte der 2. Ordnung vorhanden sind	• wenn von der 3. Ordnung nur noch die Großeltern vorhanden sind
plus $^{1}/_{4}$ vom Nachlaß, falls Ehegatte und Erblasser in Zugewinngemeinschaft gelebt haben			

Abb. **79** Erbteil des überlebenden Ehegatten

Ehegatte neben Verwandten der 2. Ordnung

Ehegatte neben Verwandten der 2. Ordnung: $^{1}/_{2}$ der Erbschaft

Neben Verwandten der 2. Ordnung, d. h. wenn kein Erbe der 1. Ordnung mehr vorhanden ist, erhält der überlebende Ehegatte die $^{1}/_{2}$ der Erbschaft, die Hochzeitsgeschenke und die Haushaltsgegenstände in vollem Umfang.

Ehegatte neben Verwandten der 3. Ordnung

Ehegatte neben Großeltern: $^{1}/_{2}$ der Erbschaft

Bei den Verwandten der 3. Ordnung (weder Verwandte der 1. noch der 2. Ordnung sind vorhanden) kommt es nur darauf an, ob die Großeltern des Erblassers oder noch ein Teil von ihnen lebt. Ist dies der Fall, erhält der überlebende Ehegatte die $^{1}/_{2}$ des Nachlasses (einschließlich der Hochzeitsgeschenke und der Haushaltsgegenstände).

Sind weder Verwandte der 1. oder 2. Ordnung noch Großeltern des Erblassers vorhanden, erbt der Ehegatte alles

Leben die Großeltern nicht mehr, erhält der überlebende Ehegatte **die ganze Erbschaft** auch dann, wenn noch Abkömmlinge der Großeltern (und damit Verwandte der 3. Ordnung) vorhanden wären.

Sind nur noch Erben 4. oder entfernterer Ordnungen da, erbt der Ehegatte alles.

Diese gesetzlichen Erbteile erhält der überlebende Ehegatte in jedem Fall, unabhängig davon, in welchem Güterstand er mit dem Erblasser gelebt hat.

Erbteil bei Zugewinngemeinschaft wird um $^{1}/_{4}$ erhöht

- Lebte der überlebende Ehegatte mit dem Erblasser in **Zugewinngemeinschaft** (S. 218 f.), erhält er im Fall des Todes pauschal ein weiteres $^{1}/_{4}$ des Erbes als Zugewinnausgleich dazu. Sein gesetzlicher Erbteil erhöht sich damit um $^{1}/_{4}$.

Damit erbt der überlebende Ehegatte neben den Kindern $^{1}/_{4}$ und 1 weiteres $^{1}/_{4}$ und somit die $^{1}/_{2}$ des Nachlasses.

Beispiel:

Der Erblasser hinterläßt seinen Ehegatten, mit dem er in Zugewinngemeinschaft gelebt hat, seine Eltern und 2 Kinder:

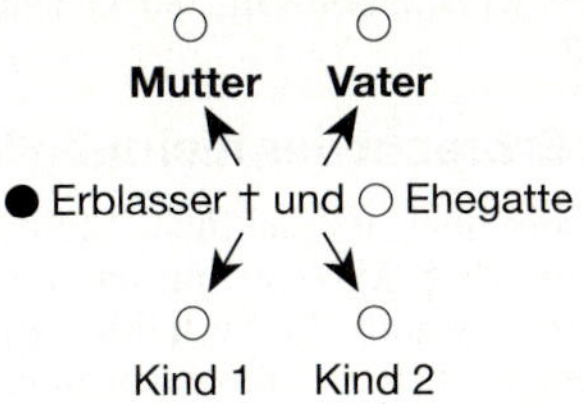

Vater und Mutter des Erblassers erben nichts, da sie Erben der 2. Ordnung sind und noch Erben der 1. Ordnung da sind.

Neben Verwandten der 1. Ordnung erhält der Ehegatte $^{1}/_{4}$ plus $^{1}/_{4}$ als pauschalen Zugewinnausgleich und damit die Hälfte des Nachlasses.

Die Kinder bekommen die andere $^{1}/_{2}$ je zu gleichen Teilen, also jedes $^{1}/_{4}$.

Wären im obigen Beispiel keine Kinder vorhanden, würde der Ehegatte neben den Eltern des Erblassers (Erben der 2. Ordnung) die $^{1}/_{2}$ plus $^{1}/_{4}$ als pauschalen Zugewinnausgleich und somit $^{3}/_{4}$ des Nachlasses erhalten. Die Eltern des Erblassers bekämen insgesamt das restliche $^{1}/_{4}$, d. h. jeder $^{1}/_{8}$.

Erbteil bei Gütertrennung
- kein Zugewinnausgleich
- sind noch 1 oder 2 Kinder vorhanden, erbt jeder zu gleichen Teilen
- im übrigen bleibt es bei $^{1}/_{4}$

- War zwischen dem Erblasser und dem Ehegatten **Gütertrennung** (S. 219) vereinbart, gilt folgende Besonderheit:

  Ein Zugewinnausgleich findet nicht statt.

  Sind neben dem überlebenden Ehegatten 1 oder 2 Kinder des Erblassers vorhanden, so erben der überlebende Ehegatte und jedes Kind zu gleichen Teilen. An die Stelle von verstorbenen Kindern treten deren Abkömmlinge. Sind mehr Kinder vorhanden, bleibt es bei dem $^{1}/_{4}$, welches der Ehegatte erhält.

  Hinterläßt der Erblasser 1 Kind und seinen Ehegatten, erhalten beide die $^{1}/_{2}$ des Erbes.

  Hinterläßt er 2 Kinder nebst Ehegatten, erhalten alle 3 je $^{1}/_{3}$ des Nachlasses.

  Sind mehr Kinder vorhanden, bekommt der Ehegatte $^{1}/_{4}$. Den Rest teilen sich die vorhandenen Kinder zu gleichen Teilen.

Erbteil bei Gütergemeinschaft

Bestand zwischen dem Erblasser und dem überlebenden Ehegatten **Gütergemeinschaft** (S. 219), so erbt der überlebende Ehegatte neben Verwandten der 1. Ordnung $^1/_4$, neben Verwandten der 2. Ordnung und den Großeltern die $^1/_2$ des Nachlasses. Zu diesem zählen das Sondergut, das Vorbehaltsgut und der Anteil des Erblassers am Gesamtgut.

Die Ehegatten können auch vereinbart haben, daß die Gütergemeinschaft nach dem Tod mit den gemeinschaftlichen Kindern fortgesetzt wird. Dann fällt der Gesamtgutanteil nicht in den Nachlaß.

Gesetzliches Erbrecht des nichtehelichen Kindes

Erbersatzanspruch des nichtehelichen Kindes in Höhe seines gesetzlichen Erbteiles = nur Geldbetrag in Höhe des gesetzlichen Erbteiles

Erst seit dem Gesetz über die rechtliche Stellung der nichtehelichen Kinder vom 19. 8. 1969 gelten das nichteheliche Kind und sein Vater als verwandt. Im Verhältnis zur Mutter war es schon immer dem ehelichen Kind in erbrechtlicher Hinsicht gleichgestellt. Gegenüber seinem Vater hat das nichteheliche Kind einen Erbanspruch, der **wertmäßig** dem gesetzlichen Erbteil eines ehelichen Kindes entspricht. Allerdings handelt es sich hierbei nur um einen Geldanspruch (sog. **Erbersatzanspruch**). Damit wird das nichteheliche Kind nicht Erbe des Vaters, es sei denn, es ist der einzige gesetzliche Erbe.

Beispiel:

Der Vater stirbt und hinterläßt seine Ehefrau, mit der er in Zugewinngemeinschaft gelebt hat sowie seine 2 ehelichen und 1 nichteheliches Kind. Der Nachlaß besteht aus einem Haus im Wert von 600 000 DM.

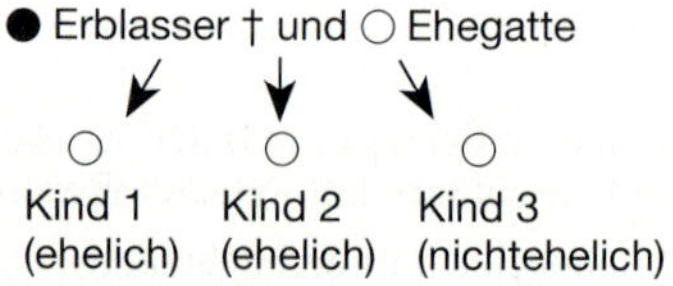

Es erben: Ehefrau $^1/_4$ plus $^1/_4 = ^1/_2$; die beiden Kinder je $^1/_4$. Allen 3 Personen zusammen gehört das Haus.

Das nichteheliche Kind wird nicht Erbe. Sein Erbersatzanspruch berechnet sich folgendermaßen: wäre es ehelich, wären 3 Kinder vorhanden. Dann bekäme jedes $^1/_6$ des Erbes. Der Erbersatzanspruch beträgt somit $^1/_6$ des Erbes. Das nichteheliche Kind kann somit (von den ehelichen Kindern) den Betrag von 100 000 DM verlangen.

Eigentümer des Hauses werden nur die ehelichen Kinder und der Ehegatte. Sie bilden eine Erbengemeinschaft.

Vorzeitiger Erbausgleich des nichtehelichen Kindes

Das nichteheliche Kind kann im Alter zwischen 21 und 26 Jahren von seinem Vater einen vorzeitigen Erbausgleich verlangen.

Dieser Betrag beläuft sich auf das 3fache des Unterhaltes, den der Vater dem Kind im Durchschnitt der letzten 5 Jahre jährlich zu leisten hatte.

Testamentarische Erbfolge

Abweichend von der gesetzlichen Erbfolge kann der Erblasser zu seinen Lebzeiten bestimmen, wer sein Vermögen oder Teile davon erben soll. Diese, auf dem **Willen des Erblassers** beruhende Bestimmung nennt man **„letztwillige Verfügung"**. Sie hat gegenüber der gesetzlichen Erbfolge Vorrang.

Anordnungen des Erblassers:
- Testament
- Erbvertrag

Als letztwillige Verfügung kommen insbesondere das Testament oder der Erbvertrag in Betracht.

Testierfähigkeit

Die Fähigkeit, ein Testament errichten zu können, nennt man Testierfähigkeit. Sie ist bei einem Minderjährigen gegeben, wenn er das 16. Lebensjahr vollendet hat (allerdings mit der Einschränkung, daß er nur ein notarielles Testament errichten kann). Bei Volljährigen liegt sie unproblematisch vor.

Testierfähigkeit: ab 16 Jahren (für ein notarielles Testament)

Ist jemand aufgrund einer Geisteskrankheit, Geistesschwäche oder Bewußtseinsstörung nicht in der Lage, die Bedeutung einer Willenserklärung einzusehen und nach dieser Einsicht zu handeln, kann er ein Testament nicht errichten.

Keine Testierfähigkeit bei „Bewußtseinsstörung"

Steht jemand unter Betreuung (S. 230f.), so kann aus seiner Betreuungsbedürftigkeit nicht generell auf seine Testierunfähigkeit geschlossen werden. Es kommt vielmehr entscheidend darauf an, ob er aus den oben genannten Gründen in der Lage ist, die Bedeutung einer abgegebenen Erklärung zu verstehen.

Eigenhändiges Testament

Das eigenhändige Testament kann von jedermann, der volljährig und im Besitz seiner geistigen Kräfte ist, zu seinen Lebzeiten selbst verfaßt werden. Damit ist sichergestellt, daß das gesamte Vermögen oder Teile davon unabhängig von der gesetzlichen Erbfolge denjenigen zufließen, die der Erblasser bestimmt hat.

Zwingende Voraussetzungen des eigenhändigen Testamentes:
- eigenhändig geschrieben und
- unterschrieben

Voraussetzung ist lediglich, daß das Testament **eigenhändig geschrieben** und **unterschrieben** ist (Abb. **80**).

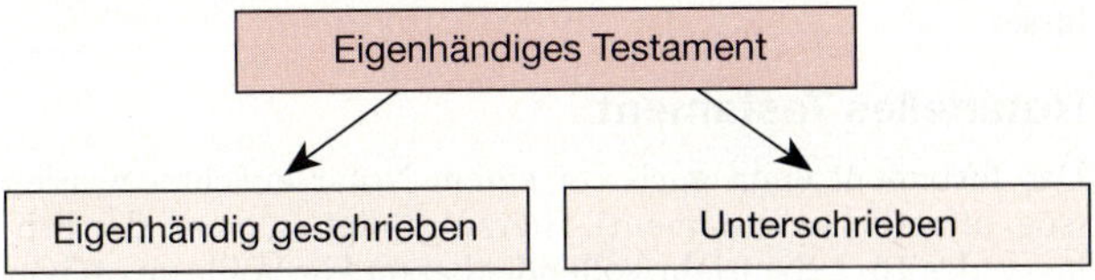

Abb. **80** Voraussetzungen des eigenhändigen Testamentes

Eigenhändig geschriebenes Testament

Eigenhändig geschrieben = handschriftlich

Das Testament muß vollständig handschriftlich geschrieben sein. Damit soll die Echtheit dieses Schriftstückes sichergestellt werden.

Ist das Testament mit der Schreibmaschine verfaßt oder hat sich der Erblasser – vielleicht aus Schwäche – die Hand führen lassen, ist es ungültig, auch wenn es unterschrieben ist.

Unterschriebenes Testament

Unterschrieben

Durch die eigenhändige Unterschrift bestätigt der Erblasser, daß das Testament von ihm ist, er es so gewollt hat und es sich nicht um einen bloßen Entwurf handelt. Dabei genügt als Unterschrift der Vorname oder Nachname, ja sogar der Künstlername oder ein Kosename, wenn die Bezeichnung eindeutig ist.

Beispiel:

> *Hiermit setze ich meine Schwester Franziska zu meiner Alleinerbin ein.*
>
> *Fabian*

Kein Notar, kein Zeuge nötig

Zur Abfassung eines handschriftlichen Testamentes benötigt man weder einen Notar, noch Zeugen. Man kann es zu Hause aufbewahren und jederzeit ändern oder vernichten.

Von mehreren Testamenten gilt immer das letzte

Hat der Erblasser später ein anderes Testament verfaßt, gilt dieses und macht das frühere ungültig, soweit es zum späteren in Widerspruch steht. Daher ist es sinnvoll, das Testament mit einem **Datum** zu versehen, damit unzweifelhaft ist, welches das spätere Testament ist. Wirksamkeitsvoraussetzung ist das Datum jedoch nicht.

Hinterlegung des Testamentes beim Amtsgericht möglich

Um dieses Testament vor dem Zugriff Unberechtigter zu schützen, kann es beim Amtsgericht des Wohnsitzes des Erblassers hinterlegt werden. Damit ist sichergestellt, daß es nicht verfälscht, vernichtet und auch im Erbfall gefunden wird. Die Gebühren sind gering und richten sich nach dem Wert des Nachlasses.

Notarielles Testament

Testament vor dem Notar schon ab dem 16. Lebensjahr

Das Testament kann auch vor einem Notar errichtet werden (sog. öffentliches Testament). Hierzu genügt es, wenn der Erblasser das 16. Lebensjahr vollendet hat und im Vollbesitz seiner geistigen Kräfte ist. Er kann dem Notar gegenüber seinen letzten Willen mündlich oder durch Übergabe einer offenen Schrift erklären.

Der Vorteil des notariellen Testamentes liegt darin, daß es vor einer Fälschung sicher ist. Der Notar ist auch verpflichtet, das Testament in amtliche Verwahrung beim Amtsgericht zu geben. Ist jemand des Schreibens unkundig oder zwischen 16 und 18 Jahren alt, ist er sogar auf die Mitwirkung eines Notars angewiesen.

3-Zeugen-Testament

Außer den ordentlichen Testamenten (eigenhändiges und notarielles Testament) gibt es auch außerordentliche, sog. Nottestamente. Neben dem Nottestament vor dem Bürgermeister und dem Seetestament kommt hier vor allem das sog. 3-Zeugen-Testament in Betracht. Folgende Voraussetzungen müssen dabei beachtet werden (Abb. **81**):

3-Zeugen-Testament als Nottestament, wenn der Erblasser nicht mehr schreiben kann

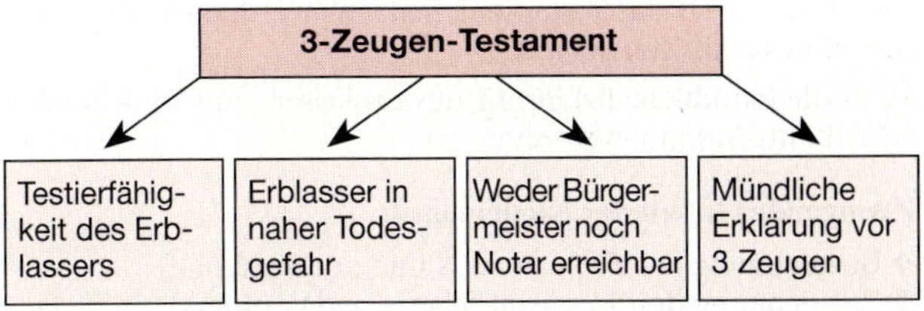

Abb. **81** Voraussetzungen des 3-Zeugen-Testamentes

Voraussetzungen:
- Testierfähigkeit
- hohe Todesgefahr
- Bürgermeister/ Notar unerreichbar
- mündliche Erklärung vor 3 Zeugen

Beispiel:

Kerstin macht an einem Winterwochenende eine Skitour zusammen mit 5 Freunden. Bei einem Lawinenabgang wird sie lebensgefährlich verletzt und bricht sich alle Gliedmaßen. Zu allem Unglück wird die Gruppe durch extreme Schneefälle von der Umwelt abgeschnitten. Kerstin sieht ihr Ende nahen und will noch abweichend von der gesetzlichen Erbfolge ihren Ehemann als Alleinerben einsetzen. Sie kann aber nicht mehr schreiben. Weder ein Notar noch der Bürgermeister sind erreichbar.

Für Kerstin besteht nur die Möglichkeit, ein sog. 3-Zeugen-Testament zu erstellen.

Testierfähigkeit des Erblassers

Siehe hierzu S. 203.

Erblasser in naher Todesgefahr

Derjenige, der das Testament errichten will muß sich zum Zeitpunkt des Entschlusses in einer nahen Todesgefahr befinden. Dieser Todesgefahr gleichbedeutend ist die Befürchtung des Eintrittes einer bis zum Tod fortdauernden Testierunfähigkeit.

Nahe Todesgefahr: große Gefahr des Todeseintrittes

Weder Notar noch Bürgermeister rechtzeitig erreichbar

Kein Notar oder Bürgermeister erreichbar

Die Todesgefahr muß so nahe sein, daß vor dem Ableben nicht mehr rechtzeitig ein Notar oder der Bürgermeister der Gemeinde, in der sich der Erblasser befindet, verständigt werden können. Kann eine dieser Personen verständigt werden, so ist ein Nottestament vorrangig vor diesen zu erstellen.

Mündliche Erklärung vor 3 Zeugen

Mündliche Erklärung vor 3 ständig anwesenden Zeugen

Die Erklärung des Erblassers muß mündlich erfolgen. Die Übergabe eines Schriftstückes reicht nicht. Die Erklärung muß vor 3 Personen abgegeben worden sein. Diese 3 Zeugen müssen während der gesamten Dauer des Testiervorganges ständig anwesend sein. Ein Austausch ist nicht gestattet.

Bei diesen Zeugen ist zu beachten, daß sie oder ihre Angehörigen nicht durch das Testament bedacht werden dürfen, sonst scheiden sie als Zeugen aus.

Anfertigung einer Niederschrift

Über die mündliche Erklärung des Erblassers muß eine Niederschrift aufgenommen werden.

Zwingender Inhalt der Niederschrift

Zwingender Inhalt der Niederschrift

- Bezeichnung des Erblassers (Name und Vorname),
- Bezeichnung der 3 Zeugen (Name und Vorname),
- Erklärung des Erblassers,
- Eigenhändige Unterschrift der 3 Zeugen nach Vorlesen der Niederschrift in Gegenwart des Erblassers,
- Unterschrift des Erblassers, soweit dieser dazu in der Lage ist.

Vorlesen und Genehmigung der Erklärung

Vorlesen der Niederschrift

Die Niederschrift muß in Gegenwart des Erblassers und der 3 Zeugen vorgelesen und vom Erblasser gebilligt werden. Auch dieser Vorgang soll in der Niederschrift festgehalten werden.

Beispiel einer Niederschrift unter Beachtung der Minimalanforderungen:

anwesend: der Erblasser: Fabian Schwarz
als Zeugen: Christian Mayer,
Teresa Rombach
Helena Riedel

Der Erblasser erklärt:

„Mein alleiniger Erbe soll meine Krankenschwester Franziska sein."

Christian Mayer *Teresa Rombach* *Helena Riedel*

Gemeinschaftliches Testament

Ein gemeinschaftliches Testament kann nur von Ehegatten errichtet werden. Wird vor dem Erbfall die Ehe geschieden, wobei es ausreicht, wenn die Voraussetzungen der Scheidung gegeben waren und der Erblasser die Scheidung beantragt oder ihr zugestimmt hat, wird das Testament ungültig.

Gemeinschaftliches Testament:
- nur von Ehegatten
- handschriftlich verfaßt und unterschrieben von einem Ehegatten
- mit unterschrieben von anderem Ehegatten

Das gemeinschaftliche Testament kann in der Form eines eigenhändigen Testaments abgefaßt werden. Hier genügt es, wenn ein Ehegatte das Testament handschriftlich verfaßt und der andere auch mit unterschreibt.

Beispiel:

Wir setzen uns gegenseitig zu Erben ein
Elisabeth Martin

Diese Art von Testament kann auch als „Nottestament“ errichtet werden.

Eine besondere Form des gemeinsamen Testamentes ist das sog. **Berliner Testament**. Hier setzen sich die Ehegatten zunächst als Alleinerben ein und bestimmen für den Fall des Ablebens des zunächst Überlebenden, daß dann die gemeinsamen Kinder erben sollen.

„Berliner Testament“: zunächst erbt der überlebende Ehegatte, dann die Kinder

Beispiel:

Wir setzen uns gegenseitig zu Erben ein.
Nach dem Tod des Überlebenden soll unser
Nachlaß an die gemeinsamen Kinder fallen.
Elisabeth Martin

Inhalt des Testamentes

Das Testament soll den letzten Willen des Erblassers wiedergeben. So bestimmt er, wer sein Vermögen oder bestimmte einzelne Teile davon nach seinem Tod erhalten soll (Abb. **82**):

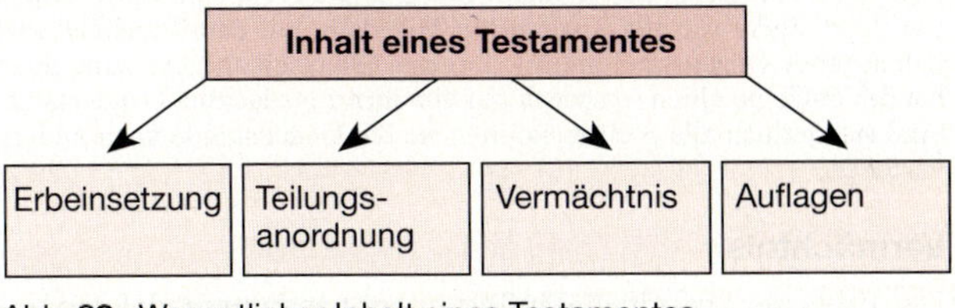

Abb. **82** Wesentlicher Inhalt eines Testamentes

Erbeinsetzung

Erbeinsetzung = Bestimmung des Rechtsnachfolgers des Erblassers

Der Erblasser bestimmt in seinem Testament wer Erbe seines Vermögens werden soll. Dies kann eine einzelne Person (Alleinerbe) oder mehrere Personen (Erbengemeinschaft) sein. In letzterem Fall kann der Erblasser zugleich bestimmen, zu welchen Bruchteilen die Erben eingesetzt werden.

Zum Zeitpunkt des Erbfalles werden die Erben automatisch kraft Gesetzes Eigentümer der hinterlassenen Vermögensgegenstände. Dabei spielt es keine Rolle, ob sie überhaupt etwas von dem Erbfall oder ihrer Erbenschaft wissen. Sie „schlüpfen" quasi zum Zeitpunkt des Erbfalles in die Haut des Erblassers und sind sofort Träger der Rechte und Pflichten, wie sie der Erblasser zu seinen Lebzeiten war. Hiervon ausgenommen sind nur dessen höchstpersönliche Rechte und Pflichten (S. 195).

Teilungsanordnung

Teilungsanordnung = Wunsch des Erblassers, wie seine Vermögensgegenstände zu verteilen sind

Hinterläßt der Erblasser mehrere Vermögensgegenstände und mehrere Erben, so steht jedem einzelnen Erben das Eigentum an diesen Gegenständen zu.

Beispiel:

Der Erblasser hinterläßt ein Haus, ein Auto, ein wertvolles Gemälde und ein Fahrrad. Erben werden seine 3 Kinder Anton, Berta, Cäsar.

Zum Zeitpunkt des Erbfalles wird jedes einzelne der 3 Kinder Eigentümer des Hauses, des Autos, des Gemäldes und des Fahrrades insgesamt. Kein Kind kann einzelne Teile dieser Erbschaft verkaufen, da diese Teile auch den anderen gehören. Es kann nur seinen Anteil an der Erbschaft insgesamt veräußern.

Der Erblasser kann in seinem Testament anordnen, wie sein Nachlaß auf die einzelnen Erben verteilt werden soll. Allerdings ist diese Anordnung für die Erben nicht zwingend. Falls sie sich einig sind, können sie das Vermögen auch anders verteilen.

In obigem Beispiel könnte der Erblasser bestimmen:

Das Haus soll Anton, das Gemälde Berta und das Fahrrad Cäsar erhalten. Jetzt sind zwar alle 3 weiterhin Miterben, mit dem Ergebnis, daß jedem jeder Gegenstand gehört. Bei der Erbauseinandersetzung aber hat der einzelne einen Anspruch auf den ihm zugedachten Gegenstand. Sind sich jedoch alle 3 einig, können sie die Gegenstände auch anders verteilen.

Vermächtnis

Vermächtnis = Zuwendung an jemanden im Todesfall, ohne daß er Erbe wird

Der Erblasser kann in einem Testament bestimmen, daß ein bestimmter Gegenstand oder ein bestimmter Geldbetrag einer Person zugute kommen soll, ohne daß diese Erbe wird.

Beispiel:

Der Erblasser Otto bestimmt in seinem Testament, daß seine Ehefrau und seine Tochter sein Vermögen erben sollen. Gleichzeitig will er aber seinem langjährigen Freund Heiko seine kostspielige Stereoanlage hinterlassen, ohne daß er diesen aber zu seinem Erben machen will.

Das Testament sieht dann so aus:

> *Meine Ehefrau Angelika und meine Tochter Katharina sollen zu gleichen Teilen alles erben. Heiko soll meine Stereoanlage erhalten.*
> *Otto*

Im Erbfall gehört nun zunächst den Erben das gesamte Vermögen des Erblassers, mithin auch die Stereoanlage. Heiko kann aufgrund seines Vermächtnisses von den Erben verlangen, daß er die Stereoanlage erhält.

Auflagen

Der Erblasser kann auch in seinem Testament bestimmen, daß die Erben oder ein Vermächtnisnehmer eine bestimmte Leistung zu erbringen hat.

Auflage = Erblasser bestimmt, daß der Erbe eine Leistung zu erbringen hat

Beispiel:

Der Erblasser Otto bestimmt in seinem Testament, daß Heiko dafür, daß er die Stereoanlage erhält, für die nächsten 2 Jahre den Kundendienst am Fahrzeug, welches er seiner Ehefrau hinterläßt, kostenfrei durchführen soll.

Die Erben können nun dafür sorgen, daß diese Auflage durchgeführt wird.

Gesetzliches Erbrecht des Staates

Ist weder durch Testament ein Erbe bestimmt, noch ein gesetzlicher Erbe vorhanden bzw. kann keiner ermittelt werden, gilt der Staat (Fiskus) als gesetzlicher Erbe. Er kann dieses Erbe nicht ausschlagen.

Für Nachlaßverbindlichkeiten haftet er allerdings nur beschränkt in Höhe des Erbes.

Der Staat erbt, wenn
- kein gesetzlicher und
- kein testamentarischer

Erbe vorhanden ist

Ausschlagung des Erbes

Wird jemand Erbe (gesetzlicher oder testamentarischer), so ist er nicht verpflichtet, dieses Erbe anzunehmen. Er kann es ausschlagen. Dies geschieht durch eine Erklärung gegenüber dem Nachlaßgericht am Ort des Erblassers.

Auch das Vermächtnis kann ausgeschlagen werden. Dies ist gegenüber dem Erben zu erklären.

Ausschlagung des Erbes gegenüber dem Nachlaßgericht innerhalb von 6 Wochen

Pflichtteil trotz Ausschlagung möglich

Wichtig. Diese Erklärung muß innerhalb einer Frist von **6 Wochen** ab dem Zeitpunkt erfolgen, ab dem der Erbe weiß, daß er Erbe geworden ist. Eine Verlängerung dieser Frist ist nicht möglich. Sie findet auch dann Anwendung, wenn der Erbe diese Frist nicht kennt.

Schlägt ein Pflichtteilsberechtigter sein Erbe aus, kann er anschließend trotzdem seinen Pflichtteil geltend machen.

Beispiel:

Der Erblasser Otto bestimmt, daß Alleinerben seine Ehefrau und seine Tochter Katharina werden sollen. Dies verbindet er mit der Auflage, daß Katharina die lebenslange Pflege ihrer Mutter übernehmen muß.

Katharina wägt nun ab und kommt zu dem Schluß, daß sie eine derartige Verpflichtung nicht eingehen will. Sie kann ihre Erbschaft ausschlagen und nur den Pflichtteil verlangen.

Rechte und Pflichten des Erben

Völliges Eintreten des Erben in die Rechte und Pflichten des Erblassers

Der Erbe tritt vollständig in die Rechte und Pflichten des Erblassers ein. Er kann demzufolge mit dem Nachlaß machen, was er will.

Sind mehrere Personen Erben geworden, stehen ihnen **gemeinsam** diese Rechte und Pflichten zu.

Der oder die Erben haften aber auch für die Nachlaßverbindlichkeiten, d. h. für die Schulden, die der Erblasser hinterlassen hat bzw. die aufgrund des Erbfalles entstanden sind (z. B. Beerdigungskosten, Vermächtnisse, Pflichtteilsansprüche, Erbersatzanspruch des nichtehelichen Kindes).

Der Erbe haftet hierbei nicht nur mit dem Nachlaß, sondern mit seinem gesamten Vermögen!

Beschränkung der Haftung auf den Nachlaß

Der Erbe kann seine Haftung aber auch auf den Nachlaß beschränken. Diese Beschränkung geschieht durch Nachlaßkonkurs oder Nachlaßverwaltung.

Ein Nachlaßkonkurs kommt in Betracht, wenn feststeht, daß der Nachlaß zur Tilgung der Verbindlichkeiten nicht ausreicht. Ist dies noch zweifelhaft, wird von den Erben eine Nachlaßverwaltung beantragt. Die Durchführung erfolgt dann durch einen Nachlaßverwalter.

Auseinandersetzung der Erbengemeinschaft

Hat der Erblasser sein Vermögen mehreren Erben hinterlassen, bilden diese zunächst eine Erbengemeinschaft. Da kein Erbe für sich allein über den Nachlaß oder Teile davon verfügen kann, muß die Gemeinschaft früher oder später auseinandergesetzt werden.

Die Auseinandersetzung erfolgt dadurch, daß sich die Erben über die Aufteilung der Nachlaßgegenstände einigen. Dabei sollte eine Teilungsanordnung des Erblassers beachtet werden.

Auseinandersetzung:
- Einigung der Erben
- Vermittlung des Nachlaßgerichtes
- Klage

Können sich die Erben nicht einigen, kann jeder Erbe das Nachlaßgericht um Vermittlung anrufen. Daraufhin wird das Nachlaßgericht einen Teilungsplan vorlegen, der allerdings von den Erben nicht akzeptiert werden muß.

Findet zwischen den Erben auch durch Vermittlung des Nachlaßgerichtes keine Einigung statt, kann jeder Erbe die übrigen Miterben, soweit sie sich der Auseinandersetzung widersetzen, verklagen, in einen Auseinandersetzungsplan einzuwilligen.

Pflichtteil

Die Frage nach einem Pflichtteil entsteht nur bei der testamentarischen Erbfolge. Hinterläßt der Erblasser kein Testament, kommt die gesetzliche Erbfolge zur Anwendung, auch wenn dies im Ergebnis noch so ungerecht ist und dem Willen des Erblassers nicht entspricht.

Der Pflichtteil kommt für einen Verwandten in Betracht, der im Testament nicht bedacht wurde

Beispiel:

Otto und Angelika leben seit Jahren zusammen wie ein Ehepaar. Beide sorgen füreinander, auch als Otto pflegebedürftig erkrankt. Sie haben nun auch vor zu heiraten. Das Aufgebot ist bereits bestellt, als Otto stirbt. Er hinterläßt kein Testament.

Die einzige Verwandte, die Otto hat, ist eine Enkelin seiner Urgroßmutter, die er noch niemals gesehen hat. Sie wird nun Alleinerbin. Angelika geht leer aus.

Wäre überhaupt kein Verwandter vorhanden, würde der Staat erben.

Pflichtteilsberechtigte Personen

Die Freiheit des Erblassers, in seinem Testament über sein Vermögen zu verfügen, findet seine Grenze im Pflichtteilsrecht.

Dem Erblasser ist es völlig freigestellt, wen er als Erben bestimmt

Zunächst kann der Erblasser in seinem Testament die Personen bezeichnen, die seinen Nachlaß erben sollen. Damit ist festgelegt, wer Erbe wird. Alle anderen Personen, insbesondere Verwandte, die der Erblasser nicht bedacht hat, kommen als Erbe nicht mehr in Betracht. Sie sind quasi enterbt.

Nun hat der Gesetzgeber entschieden, daß die nächsten Angehörigen des Erblassers zumindest einen Teil des Erbes erhalten sollen.

Pflichtteil nur möglich für:
- Abkömmlinge des Erblassers
- Ehepartner
- Eltern, wenn keine Abkömmlinge

Diese nächsten Angehörigen nennt man Pflichtteilsberechtigte.

Pflichtteilsberechtigt sind nur:

- die Abkömmlinge des Erblassers,
- sein Ehepartner,
- seine Eltern, wenn keine Abkömmlinge vorhanden sind.

Andere Personen gehen bei Nichtberücksichtigung im Testament leer aus, auch wenn sie zum Erblasser verwandt waren oder sich bis zu seinem Tod um ihn gekümmert haben.

Andererseits kann der Erblasser nicht ohne weiteres einen Pflichtteilsberechtigten „enterben".

„Enterben" bedeutet, daß die Abkömmlinge oder der Ehepartner nur den Pflichtteil erhalten

Auch wenn der Erblasser in seinem Testament ausdrücklich bestimmt, daß eine bestimmte Person bei seinem Ableben nichts bekommen soll, hat dies nur zur Folge, daß diese nicht Erbe wird. Einen eventuellen Pflichtteil kann sie jedoch geltend machen.

Beispiel:

Als Hans stirbt, hinterläßt er ein ansehnliches Vermögen. Kinder hat er keine. In seinem Testament bestimmt er seine Ehefrau Angelika zur Alleinerbin, da er zu seinen Lebzeiten mit seinen Eltern im Streit gelebt hat. Diese wollten auch nichts mehr von ihm wissen. Ausdrücklich nimmt er im Testament auf, daß sie nichts bekommen sollen.

Aufgrund des Testamentes erbt Angelika alles. Die Eltern von Hans sind jedoch pflichtteilsberechtigt. Diesen Pflichtteil konnte Otto ihnen auch durch das Testament nicht nehmen.

Ausschluß des Pflichtteiles nur in engen Grenzen möglich:
- Entziehung des Pflichtteiles
- Erbunwürdigkeit

Es gibt jedoch unter engen Voraussetzungen die Möglichkeit, daß der Erblasser den Pflichtteilsberechtigten auch den Pflichtteil **entzieht**.

Die Entziehung des Pflichtteiles geschieht durch Testament. Voraussetzung ist jedoch, daß Entziehungsgründe vorliegen. Hierbei handelt es sich um schwerwiegende Gründe wie Tötungsversuch, körperliche Mißhandlung oder ein sonstiges Verbrechen gegen den Erblasser oder gegen seine nächsten Angehörigen.

Eine weitere Möglichkeit, den Pflichtteil zu verlieren, ist der Umstand, daß der Erbe **erbunwürdig** ist.

Die Erbunwürdigkeit wird durch denjenigen geltend, dem der Wegfall des Erbunwürdigen zustatten kommt.

Gründe, die eine Anfechtung des Erbschaftserwerbes rechtfertigen können z. B. sein:

Tötung des Erblassers, Verhinderung des Abfassens eines Testamentes durch den Erblasser, Testamentsfälschung.

Beispiel:

Ein Ehemann tötet seine wohlhabende Ehefrau, um sie anschließend zu beerben. Verwandte der Ehefrau können nun den Erbschaftserwerb durch den Ehemann anfechten. Hinterläßt die Ehefrau keine Verwandten, kann der Staat als immer möglicher Erbe die Anfechtung wegen Erbunwürdigkeit geltend machen.

Pflichtteilshöhe

Die Höhe des Pflichtteiles beträgt die 1/2 **des gesetzlichen Erbteiles** und kann nur in Geld ausbezahlt werden.

Pflichtteilsanspruch = Geldanspruch in Höhe der 1/2 des Wertes des gesetzlichen Erbteils

Dies bedeutet, daß der Pflichtteilsberechtigte nicht Erbe und zwar auch nicht Erbe zur 1/2 seines gesetzlichen Anteiles wird. Er hat nur einen Anspruch gegenüber den Erben auf den Geldbetrag, der wertmäßig der 1/2 seines gesetzlichen Erbteiles entspricht. Auf einzelne Gegenstände aus der Erbschaft hat er keinen Anspruch.

Schenkungen, die der Erblasser zu seinen Lebzeiten getätigt hat, schmälern sein Vermögen. Um nun zu verhindern, daß der Erblasser auf diese Weise dafür sorgt, daß dem Pflichtteilsberechtigten nichts mehr zufließt, hat der Gesetzgeber folgendes bestimmt:

Schenkungen, die der Erblasser **innerhalb der letzten 10 Jahre** vor dem Erbfall getan hat, bleiben bei der Berechnung des Erbes unberücksichtigt, d. h. bei der Berechnung des Nachlaßwertes werden diese Schenkungen hinzugezählt.

Berücksichtigung von Schenkungen des Erblassers innerhalb der letzten 10 Jahre

Beispiel:

Der Erblasser hinterläßt nur 2 Söhne, Fabian und Severin. Mit Severin überwirft er sich derart, daß er ihn „enterben“ will. Er setzt in seinem Testament Fabian als Alleinerben ein. Zudem schenkt er ihm 2 Jahre vor seinem Tod sein Haus im Wert von 500 000 DM. Die Erbschaft beziffert sich im übrigen auf 100 000 DM Bargeld und ein Auto im Wert von 40 000 DM.

Wie hoch ist der Pflichtteil von Severin?

?

Alleiniger Erbe wird aufgrund des Testamentes Fabian. Damit wird er Eigentümer des Autos und des Geldbetrages von 100 000 DM. Das Haus gehört ihm ohnehin aufgrund der Schenkung. Severin erbt nichts – er ist quasi „enterbt“.

Sein Pflichtteil errechnet sich wie folgt: **Pflichtteil = die 1/2 des gesetzlichen Erbes.**

Der gesetzliche Erbteil von Severin beträgt die 1/2 des Erbes. Sein Pflichtteil dementsprechend wertmäßig 1/4 des Erbes.

Der Wert des Erbes beträgt nun 40 000 DM (Auto) und 100 000 DM Bargeld. Hinzu kommt die Schenkung innerhalb der letzten 10 Jahre und zwar 500 000 DM (Haus). Damit hat das Erbe einen Wert von insgesamt 640 000 DM. Hiervon hat Severin Anspruch auf Ausbezahlung von (= 640 000 : 4 = 160 000 DM).

Verjährung des Anspruches auf den Pflichtteil nach 3 Jahren

Der Pflichtteilsanspruch verjährt nach **3 Jahren**.

Erbschaftssteuer

Erbschaft und Schenkung = steuerpflichtig

Grundsätzlich ist jeder, der eine Schenkung oder eine Erbschaft erhält, steuerpflichtig. Bei der Bemessung der Steuer sind 3 Grundüberlegungen maßgebend (Abb. **83**):

- Bewertung des Nachlasses (wie hoch ist der Wert des Nachlasses),
- Steuersatz (prozentualer Anteil am Nachlaß),
- eventuelle Befreiungen.

Höhe der Erbschaftssteuer abhängig von:
- Bewertungsmaßstab
- Steuersatz
- Befreiungen

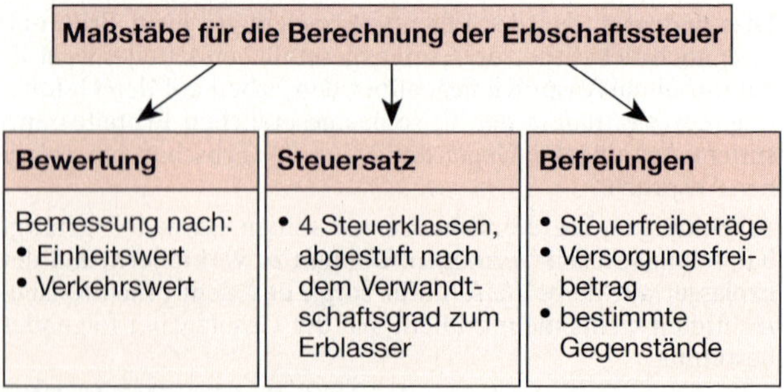

Abb. **83** Bemessung der Erbschaftssteuer

Bewertung des Nachlasses

Berechnung des Nachlaßwertes

Zunächst ist der Wert der hinterlassenen Gegenstände zu ermitteln. So wird bei landwirtschaftlichem Grundbesitz nur der Einheitswert, bei sonstigem Grundbesitz der Einheitswert plus 40 % berechnet.

Im übrigen ist der üblich Verkehrswert maßgebend.

Steuersatz

Einteilung der Erben in 4 Steuerklassen, je nach Verwandtschaftsgrad

Der Steuersatz bestimmt den Teil, der an den Staat abzuführen ist. Dabei werden die Erben in 4 Kategorien eingeteilt, je nach Verwandtschaftsgrad zum Erblasser.

- ❖ Steuerklasse I: Ehegatte, Kinder usw.,
- ❖ Steuerklasse II: Eltern, Voreltern usw.,
- ❖ Steuerklasse III: Geschwister, Schwiegereltern usw.,
- ❖ Steuerklasse IV: die übrigen.

So beträgt z. B. der Versteuerungsprozentsatz bei einem errechneten Nachlaßwert von 100 000 DM beim Ehegatten 4 % (= 4 000 DM) und bei der Schwägerin 24 % (=24 000 DM).

Befreiungen

Das Erbschaftssteuergesetz sieht folgende Freibeträge vor:

- beim Ehegatten: 250 000 DM,
- übrige Personen der Steuerklasse I: 90 000 DM,
- Personen der Steuerklasse II: 50 000 DM,
- Personen der Steuerklasse III: 10 000 DM,
- Personen der Steuerklasse IV: 3 000 DM.

Allgemeine Freibeträge und Herausnahme bestimmter Gegenstände von der Berechnung des Nachlaßwertes

Der Ehegatte erhält zudem noch einen Versorgungsfreibetrag von 250 000 DM und ebenso die Kinder gestaffelt nach ihrem Alter.

Steuerfrei bleiben auch bestimmte Gegenstände wie Hausrat, bestimmte geringwertige Gegenstände und unter bestimmten Umständen, dem Denkmalschutz unterstehende Gegenstände.

Schulden und sonstige Verbindlichkeiten werden vom zu ermittelnden Gesamtvermögen abgesetzt.

Familienrecht

Die Familie ist die kleinste Einheit unseres Staates. Als solche genießt sie auch in Art. 6 GG verfassungsmäßigen Schutz.

Familienrecht:
- Eherecht
- Kindschaftsrecht
- Vormundschaftsrecht

Das Familienrecht selbst beschäftigt sich nun mit den rechtlichen Beziehungen zwischen den Ehepartnern, die den Kern der Familie bilden und den dazu gehörigen Kindern. Ergänzt werden diese Regelungen durch das Vormundschaftsrecht, wenn die elterliche Fürsorge im Einzelfall wegfällt. Damit gliedert sich das Familienrecht in 3 große Teile:

❖ Eherecht,
❖ Kindschaftsrecht,
❖ Vormundschaftsrecht.

Eherecht

Eherecht: rechtliche Beziehung zwischen den Ehepartnern

Die Ehe ist rechtlich gesehen ein Vertrag zwischen einem Mann und einer Frau (Ehepartner bzw. Verlobte), der auf Lebenszeit geschlossen wird (§ 1353 BGB).

Zustandekommen der Ehe

Für das Zustandekommen einer Ehe müssen im wesentlichen 3 Voraussetzungen vorliegen (Abb. **84**):

Eheschließung:
- mindestens 16 Jahre alt
- kein Eheverbot vorhanden
- vor dem Standesbeamten bei gleichzeitiger Anwesenheit

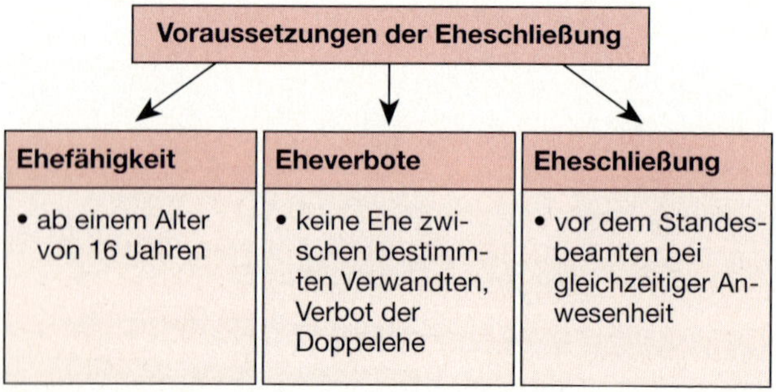

Abb. **84** Eheschließung

❖ die beiden Verlobten müssen ehefähig sein,
❖ es dürfen keine Eheverbote vorliegen,
❖ es müssen die besonderen Formvorschriften der Eheschließung beachtet werden.

Ehefähigkeit

Ehefähigkeit ab 16 Jahren

Eine Ehe **soll** nicht vor Eintritt der Volljährigkeit (mit Vollendung des 18. Lebensjahres) eingegangen werden.

Das Vormundschaftsgericht kann jedoch hiervon auf Antrag eine Befreiung erteilen, wenn einer der beiden Verlobten das 16. Lebensjahr vollendet hat und der andere volljährig ist. Damit ist die Ehefähigkeit grundsätzlich ab dem 16. Lebensjahr gegeben.

Häufigster Anwendungsfall für diese Ausnahmeregelung ist der Umstand, daß beide Verlobten ein gemeinsames Kind erwarten. Hier wird das Vormundschaftsgericht nach reiflicher Prüfung u.U. eine Ausnahme erteilen.

Eheverbote

Eheverbote:
- Heirat unter bestimmten Verwandten und Verschwägerten
- Verbot der Doppelehe

Das derzeit geltende Recht untersagt die Eheschließung in folgenden Fällen:

❖ keine Ehe zwischen Verwandten in gerader Linie (Vater und Tochter),
❖ keine Ehe zwischen (Halb-) Geschwistern,
❖ keine Ehe zwischen verschwägerten in **gerader** Linie (Schwiegervater und Schwiegertochter). Hiervon kann das Vormundschaftsgericht eine Befreiung erteilen. Verschwägerung in der Seitenlinie ist kein Ehehindernis (Schwager und Schwägerin),
❖ keine neue Ehe, bevor die frühere aufgelöst ist (Verbot der Doppelehe),
❖ keine gleichgeschlechtliche Ehe.

Ausnahme. Besteht zwischen den Verwandten in gerader Linie und den Geschwistern das Verwandtschaftsverhältnis aufgrund einer Adoption, so kann von diesem Eheverbot eine Befreiung erteilt werden. Damit kann der Adoptivvater seine Adoptivtochter heiraten; ebenso Adoptivgeschwister einander.

Eheschließung

Formvorschriften:
- Standesbeamter
- gleichzeitige Anwesenheit der Verlobten
- 2 Zeugen

Eine Ehe kann nur vor einem Standesbeamten geschlossen werden. Hierbei müssen beide Verlobte anwesend sein. Eine Vertretung ist nicht möglich. Vor diesem Standesbeamten und in Gegenwart von 2 Zeugen müssen sie bei gleichzeitiger Anwesenheit erklären, die Ehe miteinander eingehen zu wollen.

In der Regel geht der Eheschließung ein Aufgebot voran. Hiervon kann jedoch Befreiung erteilt werden.

Eheliches Güterrecht

Güterrecht: Regelung der vermögensrechtlichen Verhältnisse in der Ehe

Das eheliche Güterrecht beschäftigt sich mit der Frage, welche vermögensrechtlichen Wirkungen die Ehe auf das Vermögen der Ehegatten haben. Hier gibt es 3 unterschiedliche Modelle (Abb. **85**):

3 verschiedene Güterstände:
- Zugewinngemeinschaft
- Gütertrennung
- Gütergemeinschaft

Ehelicher Güterstand

Zugewinngemeinschaft	**Gütertrennung**	**Gütergemeinschaft**
• gilt, wenn nichts anderes vereinbart ist • nur der in der Ehezeit erzielte Zugewinn wird bei Beendigung des Güterstandes aufgeteilt	• muß mit notariellem Vertrag vereinbart werden • die Vermögensmassen der Ehefrau und des Ehemannes bleiben getrennt	• muß mit notariellem Vertrag vereinbart werden • das Vermögen des Ehemannes und der Ehefrau werden im wesentlichen ein gemeinsames Vermögen

Abb. **85** Güterstände

Zugewinngemeinschaft

Zugewinngemeinschaft:
- Eigentum der Ehegatten bleibt getrennt
- das während der Ehe neu hinzugekommene Eigentum wird bei Scheidung hälftig geteilt
- bei Tod bekommt der überlebende 1/4 des Nachlasses anstelle des Zugewinnausgleiches dazu

Vereinbaren die beiden Ehegatten keinen besonderen Güterstand, dann leben sie kraft Gesetzes im Güterstand der Zugewinngemeinschaft, welchen das Gesetz als Normalfall ansieht.

Bei der Zugewinngemeinschaft gibt es 2 getrennte Vermögensmassen. Das Vermögen des Mannes und das Vermögen der Frau werden nicht gemeinsames Vermögen der Ehegatten. Dies gilt auch für das Vermögen, das die Ehegatten nach der Eheschließung erwerben.

Streng genommen kann man auch bei bestehender Ehe jeden Gegenstand dem Eigentum der Frau oder des Mannes zuordnen.

Die Besonderheit dieses Güterstandes wirkt sich erst im Fall der Scheidung oder des Todes eines Ehegatten aus. Im Fall der Scheidung ist der während der Ehezeit von den Ehegatten erzielte Zugewinn, d. h. das hinzuerworbene Vermögen, zu teilen. Der Gesetzgeber geht davon aus, daß beide Ehegatten den gleichen Teil dazu beigetragen haben, dieses „Mehr" an Vermögen zu schaffen. An diesem Gewinn sollen dann auch beide hälftig beteiligt werden.

Im Todesfall eines Ehegatten wird der Zugewinnausgleich pauschal in der Form durchgeführt, daß der gesetzliche Erbteil des überlebenden Ehegatten um $^1/_4$ des Nachlasses erhöht wird.

Gütertrennung

Abweichend vom gesetzlichen Güterstand können die Verlobten vor der Ehe **oder** die Ehegatten **nach** der Eheschließung durch einen notariellen Vertrag den Güterstand der Gütertrennung vereinbaren.

Gütertrennung:
- das Vermögen des Mannes und der Frau bleiben getrennt
- kein Ausgleich im Fall des Todes oder der Scheidung

Haben die Ehegatten Gütertrennung vereinbart, stehen beide in vermögensrechtlicher Hinsicht so, als wenn keine Ehe bestehen würde. Jedem Ehegatten steht sein Eigentum zu.

Im Fall der Scheidung oder des Todes eines Ehegatten findet kein Ausgleich mehr statt. Allenfalls beerbt im Wege der Erbfolge der eine Ehegatte den anderen.

Gütergemeinschaft

Auch dieser Güterstand kann vor oder nach der Eheschließung von beiden Partnern notariell vereinbart werden.

Der wesentliche Inhalt der Gütergemeinschaft ist der Umstand, daß das Vermögen des Mannes und das Vermögen der Frau gemeinschaftliches Vermögen beider Ehegatten wird. Auch das während der Ehezeit hinzukommende Vermögen wird gemeinschaftliches Vermögen (Gesamtgut).

Gütergemeinschaft: das Vermögen des Mannes und der Frau werden gemeinsames Vermögen

Ehescheidung

Die Scheidung der Ehe bedeutet die Aufhebung des einmal abgeschlossenen lebenslangen Vertrages. Sie kann nur und ausschließlich durch ein gerichtliches Urteil erfolgen.

Voraussetzung der Ehescheidung: Scheitern der Ehe

Die Ehescheidung ist unter bestimmten Voraussetzungen möglich (Abb. **86**). Danach kann eine Ehe **auf Antrag** eines oder beider Ehegatten geschieden werden, wenn sie **gescheitert** ist. Bei der Antwort, ob eine Ehe gescheitert ist, kommt es nicht darauf an, wen von beiden Ehegatten ein Verschulden an diesem Scheitern trifft. Allein der objektive Umstand des Scheiterns der Ehe ist für die Scheidung maßgebend. Die Ehe muß zerrüttet sein (Zerrüttungsprinzip).

Es gilt folgender Grundsatz:

§
Ehe gescheitert wenn:
- Ehegemeinschaft nicht mehr besteht
- sie nicht mehr hergestellt werden kann

§ Die Ehe ist gescheitert, wenn die Ehegemeinschaft nicht mehr besteht und nicht erwartet werden kann, daß die Ehegatten sie wieder herstellen (§ 1565 BGB).

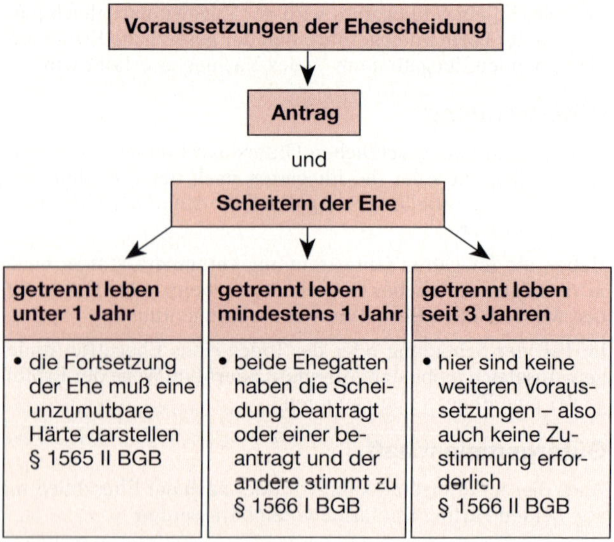

Abb. **86** Voraussetzungen der Ehescheidung

Wichtige Begriffe des Scheidungsrechtes sind:

❖ das Scheitern der Ehe und
❖ das Getrenntleben.

Scheitern: endgültiger Bruch zwischen den Ehegatten = Lebensgemeinschaft besteht nicht mehr = getrennt leben für eine bestimmte Zeit

Scheitern bedeutet, daß es zwischen beiden Ehegatten zum endgültigen Bruch gekommen und eine Heilung dieses Bruches nicht mehr möglich ist. Nach außen hin ist dies an dem Umstand erkennbar, daß die eheliche Lebensgemeinschaft nicht mehr besteht und eine Wiederherstellung nicht zu erwarten ist. Dabei spielen die Gründe dieses Scheiterns keine Rolle. Die Lebensgemeinschaft besteht nicht mehr, wenn die beiden Ehegatten über einen bestimmten Zeitraum voneinander getrennt leben.

Getrennt leben: Aufhebung der häuslichen Lebensgemeinschaft

Die Ehegatten **leben getrennt**, wenn zwischen ihnen keine häusliche Gemeinschaft besteht und ein Ehegatte sie erkennbar nicht herstellen will, weil er die eheliche Lebensgemeinschaft ablehnt. Die häusliche Gemeinschaft besteht auch dann nicht mehr, wenn die Ehegatten innerhalb der gemeinsamen Wohnung getrennt leben.

Scheidung wegen unzumutbarer Härte

Getrennt leben unter 1 Jahr und Unzumutbarkeit der Ehe

Dieser Scheidungsgrund ist der absolute Ausnahmefall, da schon sehr schwerwiegende Tatbestände erfüllt sein müssen. Es ist dabei an schwere körperliche oder seelische Mißhandlung des einen Ehegatten durch den anderen zu denken.

Bei einer einmaligen körperlichen Auseinandersetzung liegt noch keine unzumutbare Härte vor, es sei denn es handelte sich um eine gravierende Auseinandersetzung (z. B. versuchte Tötung).

Scheidung nach 1 Trennungsjahr

Getrennt leben nach 1 Jahr

Leben beide Ehegatten seit 1 Jahr (vom Auseinandergehen bis zum Zeitpunkt der mündlichen Verhandlung im Scheidungsprozeß) getrennt, kann die Ehe geschieden werden, wenn beide Ehegatten dies wollen (sog. einvernehmliche Scheidung).

Weitere Voraussetzungen, insbesondere ein Verschulden eines Ehegatten am Scheitern der Ehe ist nicht notwendig.

Scheidung nach 3 Trennungsjahren

Getrennt leben nach 3 Jahren

Wenn die Ehegatten 1 Jahr getrennt gelebt haben, einer der Ehegatten sich aber nicht scheiden lassen will, muß der andere nachweisen, daß die Ehe gescheitert ist. Dies wird oft nur in Ausnahmefällen gelingen (z. B. Alkoholmißbrauch des anderen Ehegatten). Gelingt dem scheidungswilligen Ehegatten dieser Nachweis nicht, muß er zumindest 3 Jahre vom anderen Ehegatten getrennt leben.

Nach 3 Trennungsjahren ist die Scheidung auch dann möglich, wenn sich ein Ehegatte weigert, sich scheiden zu lassen.

Keine Scheidung bei Härtefall

Auch wenn eine Ehe gescheitert ist, darf sie nicht geschieden werden, wenn und solange die Aufrechterhaltung der Ehe im Interesse der minderjährigen Kinder ausnahmsweise notwendig ist oder wenn die Scheidung für den, der sie ablehnt, eine schwere Härte darstellen würde.

Diese Härteklausel ist nur für extreme Ausnahmefälle gedacht.

Scheidungsfolgen

Das Gericht entscheidet in jedem Fall über:
- Scheidung
- Sorgerecht für Kinder
- Versorgungsausgleich

Jede Scheidung einer Ehe hat neben seelischen Folgen auch rechtliche Konsequenzen (Abb. 87). Dabei muß das Familiengericht neben der Scheidung zwingend über 2 Punkte entscheiden:

❖ das Sorgerecht für die gemeinschaftlichen minderjährigen Kinder,

❖ den Versorgungsausgleich.

Die Ehegatten können unter sich regeln:
- Unterhalt
- Zugewinnausgleich
- Aufteilung des Hausrates und der Ehewohnung

Weitere Folgen können die Ehepartner unter sich regeln oder durch das Familiengericht regeln lassen:

❖ Unterhalt des geschiedenen Ehegatten,
❖ Zugewinnausgleich bei der Zugewinngemeinschaft,
❖ Aufteilung des Hausrats und der Ehewohnung.

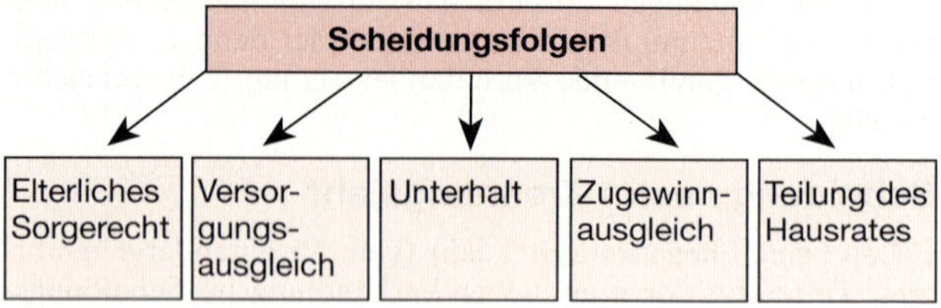

Abb. **87** Rechtliche Konsequenzen der Scheidung

Elterliches Sorgerecht

Sorgerecht über die gemeinsamen ehelichen Kinder

Wird eine Ehe geschieden, bestimmt das Familiengericht, welchem Elternteil die elterliche Sorge für ein gemeinschaftliches Kind zustehen soll.

In der Regel wird das Gericht einem der beiden geschiedenen Ehegatten das Sorgerecht übertragen. Es kann jedoch auch auf Wunsch der Eltern ihnen ein gemeinsames Sorgerecht einräumen.

Entscheidend ist das Wohl des Kindes

Ausschlaggebend für die Entscheidung über das Sorgerecht ist **das Wohl des Kindes**. Hierbei sind seine Bindungen insbesondere an die Eltern und Geschwister zu berücksichtigen. Zu diesem Zweck werden die Kinder vom Familienrichter, wenn sie alt genug sind, angehört. Diese Anhörung findet in Abwesenheit der Eltern statt. Zusätzlich holt das Gericht die Stellungnahme des Jugendamtes ein, das die häuslichen Verhältnisse an Ort und Stelle überprüft.

Die einmal getroffene Sorgerechtsentscheidung kann später abgeändert werden, wenn sich die Umstände dementsprechend ändern.

Dem anderen Elternteil bleibt ein **Umgangs- und Besuchsrecht**. Hierüber entscheidet das Familiengericht nur, wenn sich die Eltern nicht einigen können.

Versorgungsausgleich

Versorgungsausgleich

Das herkömmliche Bild der Ehe und Familie sieht so aus, daß der Ehemann durch seine Arbeitsleistungen in einem Beschäftigungsverhältnis und die Ehefrau durch die Führung des Haushaltes und die Erziehung der Kinder zum gemeinsamen Unterhalt beitragen. Dabei erwirbt nur der erwerbstätige Ehepartner Rentenansprüche. Diese Versorgungsrechte sind nach heutigem Verständnis der Ehe gemeinsam erwirtschaftet und müssen nach Beendigung der Ehe gleichmäßig verteilt werden.

Ausgleichspflichtige Versorgungsansprüche (z. B. Rente) sind dabei nur solche, die durch Arbeit während der Ehezeit erworben worden sind. Hierzu gehören in erster Linie beamtenrechtliche Versorgungsansprüche (sog. Pensionen), Ansprüche aus der gesetzlichen Rentenversicherung (Renten bei Arbeitern und Angestellten), Ansprüche aus einer betrieblichen Altersversorgung und evtl. private Rentenversicherungen.

Gleichmäßige Aufteilung der erworbenen Versorgungsansprüche unter den geschiedenen Ehegatten

Dieser Ausgleich findet im Prinzip so statt, daß die Hälfte der von einem Ehegatten während der Ehezeit erworbenen Versorgungsansprüche zum Zeitpunkt der Scheidung auf einen anderen übertragen werden.

Haben beide Ehegatten Versorgungsansprüche während der Ehezeit erworben, findet der Ausgleich so statt, daß die $1/2$ des Differenzbetrages auf denjenigen übertragen wird, der weniger Versorgungsansprüche erworben hat.

Beispiel:

Hat der Ehemann Rentenansprüche während der Ehezeit in Höhe von monatlich 800 DM erworben und seine Ehefrau keine, so findet ein Ausgleich statt, indem 400 DM monatliche Rentenansprüche auf das Rentenkonto der Ehefrau übertragen werden.

Zugewinnausgleich

Im Falle der Scheidung müssen die Vermögensverhältnisse der Ehegatten getrennt werden.

Zugewinnausgleich

Beim Güterstand der **Gütertrennung** ist dies unproblematisch, da ja ohnehin getrennte Vermögensmassen vorhanden sind.

Bei Gütertrennung

Bei dem Güterstand der **Gütergemeinschaft** wird nach Bereinigung der Verbindlichkeiten das Gesamtgut geteilt.

Bei Gütergemeinschaft

Beim Güterstand der **Zugewinngemeinschaft** muß ein Zugewinnausgleich durchgeführt werden. Sind sich die Ehepartner einig, braucht hierfür nicht das Gericht bemüht zu werden, was letztendlich kostengünstiger ist.

Bei Zugewinngemeinschaft

Beim Ausgleich kommen folgende Grundsätze zur Anwendung:

Zunächst ist zu wiederholen, daß während der Ehezeit jeder Ehegatte für sich selbst Gegenstände zum Eigentum erworben hat. Jeder zieht nun Bilanz. Zugewinn ist der Betrag, um den das Endvermögen eines Ehegatten das Anfangsvermögen übersteigt.

Anfangsvermögen ist das Vermögen, das einem Ehepartner bei Beginn der Ehe gehörte.

Endvermögen minus Anfangsvermögen ist der Zugewinn

Endvermögen ist das Vermögen, das einem Ehepartner zum Zeitpunkt der Scheidung zusteht.

Anfangsvermögen und Endvermögen können nicht weniger als „Null“ sein, auch wenn nur Schulden vorhanden sind.

Zugewinn = Endvermögen minus Anfangsvermögen

Soweit der Zugewinn des einen Ehegatten den Zugewinn des anderen übersteigt, muß er die 1/2 des Überschusses an den anderen ausbezahlen.

Beispiel:

Evi und Helmut lassen sich scheiden. Sie führen den Zugewinnausgleich wie folgt durch:

Evi		**Helmut**	
Anfangsvermögen:		**Anfangsvermögen:**	
Auto	2 000 DM	Auto	30 000 DM
Bargeld	48 000 DM	Bargeld	0 DM
Summe	50 000 DM	Summe	30 000 DM
Endvermögen:		**Endvermögen:**	
Hausanteil	300 000 DM	Hausanteil	300 000 DM
Guthaben Bank	10 000 DM	Guthaben Bank	60 000 DM
– Schulden	200 000 DM	– Schulden	200 000 DM
Summe:	110 000 DM	Summe:	160 000 DM
Endvermögen	110 000 DM	Endvermögen	160 000 DM
Anfangsvermögen	– 50 000 DM	Anfangsvermögen	– 30 000 DM
Zugewinn:	**60 000 DM**	**Zugewinn:**	**130 000 DM**

Ausgleich des Zugewinnes:	
Zugewinn Helmut	130 000 DM
minus Zugewinn Evi	60 000 DM
	70 000 DM
Hälfte:	35 000 DM

Helmut muß an Evi 35 000 DM ausbezahlen.

Hausratsteilung

Hausratsteilung

Auch die Hausratsteilung unterliegt der gütlichen Einigung der beiden Ehepartner. Gelingt dies nicht, muß das Familiengericht entscheiden.

Zum Hausrat gehört die gesamte Wohnungseinrichtung, sowie alle Gegenstände, die zum Haushalt gehören (z. B. Fernseher, Bücher, Wäsche, Vorräte usw.). Nur soweit die Gegenstände höchstpersönlichen Charakter haben (z. B. Schmuck, Familienandenken) bleiben diese ausgeklammert.

Auch darüber, wem die Ehewohnung zustehen soll müssen sich die Ehepartner einigen oder das Gericht muß dies entscheiden.

Unterhaltszahlung

Kann ein Ehegatte nach der Scheidung nicht selbst für seinen Unterhalt sorgen, so hat er gegen den anderen Ehegatten einen Anspruch auf Unterhalt. Gründe hierfür können sein:

Unterhaltszahlung an den geschiedenen Ehegatten

- Krankheit,
- Alter,
- Vorhandensein von Kindern, wegen deren Betreuung der Ehegatte keiner Erwerbstätigkeit nachkommen kann.

Hauptanwendungsfall der Unterhaltspflicht gegenüber einem geschiedenen Ehegatten ist der Unterhalt wegen Betreuung eines Kindes.

Unterhaltsberechtigung wegen der Betreuung der gemeinschaftlichen Kinder

Dieser Unterhaltsanspruch kommt in Betracht solange und soweit von diesem Ehegatten wegen der Pflege und Erziehung eines gemeinschaftlichen Kindes eine Erwerbstätigkeit nicht erwartet werden kann. Dabei kommt es entscheidend darauf an, wieviele Kinder versorgt werden müssen und wie alt sie sind.

Beispiel:

Ist ein Kind unter 8 Jahren zu versorgen, wird dem betreuenden Elternteil in der Regel keine Erwerbstätigkeit zugemutet. Im Alter zwischen 8 und 14 Jahren ist eine Halbtagesbeschäftigung zumutbar. Sind die Kinder älter, kann der betreuende Ehegatte wieder einer Erwerbstätigkeit nachgehen.

Im Einzelfall und wenn mehrere Kinder vorhanden sind kann von diesen Grundsätzen abgewichen werden.

Unter bestimmten Umständen kann ein Ehepartner vom anderen den Unterhalt für eine Ausbildung verlangen.

Die Höhe des Unterhaltes bestimmt sich nach den ehelichen Lebensverhältnissen. Er umfaßt den gesamten Lebensbedarf. Zur Berechnung bedient sich die Praxis der „Düsseldorfer Tabelle".

Berechnung der Höhe des Unterhaltes nach der „Düsseldorfer Tabelle"

Nach dieser Tabelle hat ein unterhaltsberechtigter Ehegatte Anspruch auf 3/7 des anrechnungsfähigen Nettoeinkommens des Unterhaltspflichtigen.

Auch der Unterhalt für die Kinder kann der „Düsseldorfer Tabelle" entnommen werden.

Der Unterhaltsanspruch kann bei grober Ungerechtigkeit ausgeschlossen sein. Hier sieht das Gesetz 7 Ausschlußgründe vor.

Ausschluß des Unterhaltsanspruchs

Beispiele:

- Kurze Dauer der Ehe (Ehezeit weniger als 2 bis 3 Jahre),
- schwere Straftaten gegen den Unterhaltspflichtigen,

- ❖ mutwillige Herbeiführung der Bedürftigkeit,
- ❖ Fehlverhalten des Unterhaltsberechtigten gegenüber dem Unterhaltspflichtigen.

Erlöschen des Unterhaltsanspruches bei Wiederheirat

Der Unterhaltsanspruch erlischt auch mit der **Wiederheirat** des Berechtigten.

Wichtige Bestimmungen aus dem Familienrecht

Aus der Fülle des Familienrechts sollen im weiteren nur noch die wichtigsten Bestimmungen und Begriffe erläutert werden.

Elterliche Sorge

Die elterliche Sorge steht grundsätzlich beiden Eltern gemeinsam zu

Die elterliche Sorge (Abb. 88) ist eine Folge des Erziehungsrechtes der Eltern und unterliegt dem Schutz des Grundgesetzes in Art. 6 GG. Inhaber der elterlichen Sorge sind grundsätzlich die Eltern gemeinsam, aber auch u.U. ein Elternteil allein.

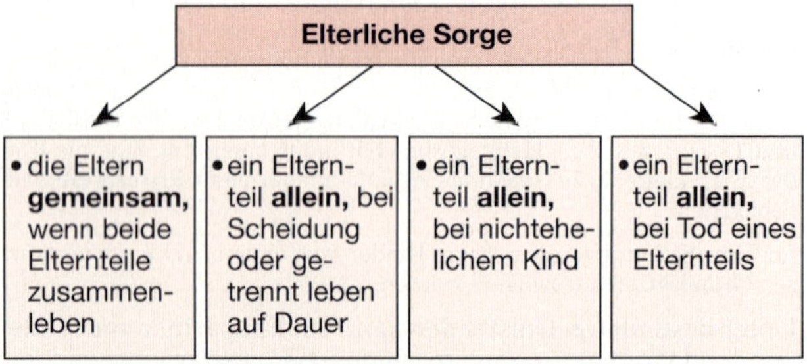

Abb. **88** Erziehungsrecht der Eltern

Gemeinsames Sorgerecht von Mutter und Vater

Die elterliche Sorge von minderjährigen ehelichen Kindern steht der Mutter und dem Vater **gemeinsam** zu (§ 1626 BGB).

Bei Meinungsverschiedenheiten müssen sie versuchen, sich zu einigen. Gelingt ihnen das in einer Angelegenheiten nicht, die für das Kind von erheblicher Bedeutung ist, so kann das Vormundschaftsgericht auf Antrag eines Elternteiles die Entscheidung einem Elternteil übertragen (§ 1628 BGB). Das Gericht entscheidet daher in dieser Frage nicht selbst. Wichtige Entscheidungen können z. B. sein: Bestimmung des Religionsbekenntnisses, die Art der Ausbildung, Durchführung einer Impfung.

Vertretung des Kindes nur gemeinsam möglich

Das **gemeinsame** Sorgerecht bewirkt, daß die Eltern das Kind nur gemeinschaftlich vertreten können. Die Einwilligung zu einem ärztlichen Heileingriff bei einem Kind muß daher von **beiden** Elternteilen eingeholt werden.

Sorgerecht bei einem Elternteil allein bei:
- Tod eines Elternteils
- Scheidung
- getrennt lebenden Eltern auf Dauer

Leben die **Eltern auf Dauer getrennt**, bestimmt das Familiengericht auf Antrag eines Elternteiles, wem das Sorgerecht zusteht. Im Falle der **Scheidung der Eltern** muß das Gericht diese Frage entscheiden (§§ 1671, 1672 BGB). Es kann auch beiden Elternteilen das Sorgerecht zusprechen.

Entscheidung des Vormundschaftsgerichtes bei Mißbrauch des Sorgerechtes

Die elterliche Sorge für das **nichteheliche Kind** steht ausschließlich der Mutter zu (§ 1705 BGB). Das Kind erhält für die Besorgung bestimmter Angelegenheiten einen Pfleger. Diese Pflegschaft kann jedoch durch das Vormundschaftsgericht aufgehoben werden. Der Vater erlangt die elterliche Sorge nur, wenn er die Mutter heiratet, das Kind adoptiert oder wenn das Kind für ehelich erklärt wird. Wird das körperliche, geistige oder seelische Wohl des Kindes durch mißbräuchliche Ausübung der elterlichen Sorge, durch Vernachlässigung des Kindes oder durch Versagen der Eltern gefährdet, kann das Vormundschaftsgericht die erforderlichen Maßnahmen treffen (§ 1666 BGB).

Mißbräuchliche Ausübung der elterlichen Sorge

Ein **Sorgerechtsmißbrauch** kann vorliegen bei körperlicher Mißhandlung des Kindes, Weigerung, bei dem Kind eine erforderliche Operation vornehmen zu lassen, Uneinsichtigkeit bei der Befolgung ärztlich angeordneter Medikamentierung, Ablehnung einer erforderlichen psychiatrischen Unterbringung, Anhalten zu Straftaten

Die elterliche Sorge umfaßt die **Personensorge** und die **Vermögenssorge** (Abb. **89**):

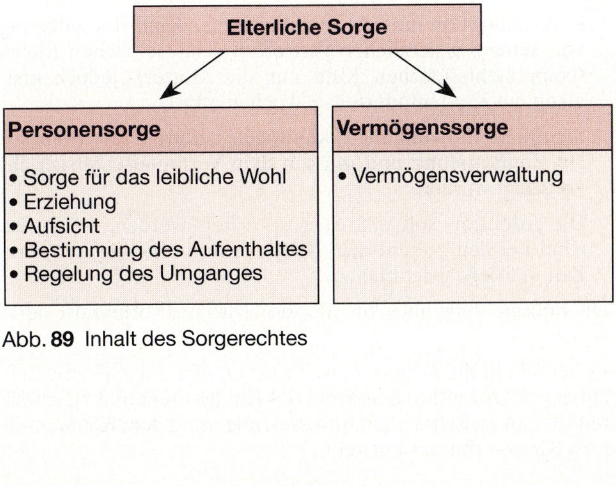

Abb. **89** Inhalt des Sorgerechtes

Personensorge

Personensorge = Sorge um das Kind selbst

Die Personensorge umfaßt die Sorge für das leibliche Wohl des Kindes (Verpflegung, Bekleidung, Behandlung im Krankheitsfall), die Erziehung, die Aufsicht, die Bestimmung des Aufenthaltes und die Regelung des Umganges.

Vermögenssorge

Vermögenssorge = Sorge um das Vermögen des Kindes

Im wesentlichen wird das gesamte Vermögen des Kindes von seinen Eltern verwaltet.

Die Eltern können auch das Vermögen oder Eigentum des Kindes in Besitz nehmen und dem Kind entziehen, notfalls auch mit Gewalt. Dabei ist stets das Wohl des Kindes zu beachten.

Adoption

Durch die Adoption wird das Kind mit dem Annehmen „verwandt"

Die Adoption eines minderjährigen Kindes bewirkt, daß das Kind die rechtliche Stellung eines ehelichen Kindes des Annehmenden wird. Mit der Adoption erlischt das Verwandtschaftsverhältnis des Kindes und seiner Abkömmlinge zu den bisherigen Verwandten (§ 1755 BGB).

Voraussetzungen der Adoption:
- Mindestalter des Annehmenden: 25 Jahre
- keine Gefährdung von Interessen der leiblichen Kinder
- Einwilligung von Kind bzw. gesetzlicher Vertreter und dessen Eltern/Mutter
- notarielle Beurkundung der Einwilligung

Folgende Vorausetzungen müssen bei einer Adoption vorliegen:

- Der Annehmende muß voll geschäftsfähig und mindestens 25 Jahre alt sein (bei einem Ehepaar genügt es, wenn ein Partner 25 der andere mindestens 21 Jahre alt ist).
- Die Interessen bereits vorhandener leiblicher Kinder dürfen nicht gefährdet werden und umgekehrt.
- In die Adoption müssen einwilligen: das Kind (Einwilligung von seinem gesetzlichen Vertreter), seine leiblichen Eltern (beim nichtehelichen Kind nur die Mutter), jedoch erst, wenn das Kind mindestens 8 Wochen alt ist.
- Sämtliche Einwilligungserklärungen bedürfen der notariellen Beurkundung und müssen dem Vormundschaftsgericht vorgelegt werden.
- Die Adoption **soll** erst ausgesprochen werden, wenn das Kind bei den zukünftigen Adoptiveltern eine angemessene Zeit in Pflege gelebt hat.

Oberstes Gebot: Wohl des Kindes und Entstehung einer Eltern-Kind-Beziehung

Die Entscheidung über die Adoption trifft das Vormundschaftsgericht.

Es beschließt die Adoption, wenn neben den obigen Voraussetzungen die Adoption dem Wohl des Kindes dient und zu erwarten ist, daß zwischen dem Annehmenden und dem Kind ein Eltern-Kind-Verhältnis entsteht.

Zur Beantwortung dieser Fragen kann sich das Vormundschaftsgericht der Hilfe des Jugendamtes und der Adoptionsvermittlungsstelle bedienen.

Keine private Vermittlung von Adoptivkindern

Die Vermittlung von Adoptionen von minderjährigen Kindern darf nur durch die zuständigen Stellen betrieben werden. Dies sind in erster Linie die von den Jugendämtern eingerichteten Adoptionsvermittlungsstellen sowie die entsprechenden Stellen des Diakonischen Werkes, des Caritasverbandes und der Arbeiterwohlfahrt.

Pflegekind

Von der Adoption ist die **Aufnahme eines Pflegekindes** zu unterscheiden .

Pflegekinder sind Kinder unter 16 Jahren, die sich dauernd oder regelmäßig für einen Teil des Tages in fremder Pflege befinden.

Vormundschaft

Das Vormundschaftsrecht umfaßt 3 unterschiedliche Bereiche (Abb. 90):

- ❖ Vormundschaft über Minderjährige,
- ❖ Betreuung Erwachsener,
- ❖ Pflegschaft.

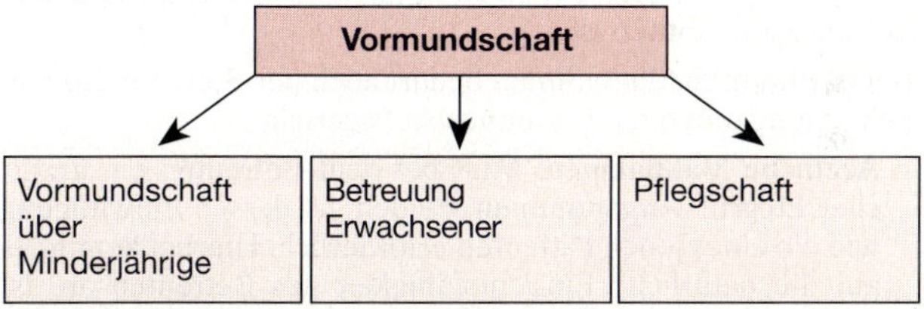

Abb. **90** Bereiche der Vormundschaft

Vormundschaft über Minderjährige

Vormundschaft bei Minderjährigen, die keine Eltern haben

Ein Minderjähriger erhält einen Vormund, wenn er nicht unter elterlicher Sorge steht (§ 1773 BGB).

Dies ist z. B. der Fall, wenn beide Eltern tot sind oder wenn ihnen die elterliche Sorge (z. B. wegen Mißbrauches) entzogen wurde. Dies gilt auch für den Fall, daß die Eltern zur Vertretung des Minderjährigen nicht berechtigt sind.

Dies kann der Fall sein, wenn die elterliche Sorge ruht (z. B. die Eltern befinden sich in einer Justizvollzugsanstalt).

Vormund = gesetzlicher Vertreter

Der Vormund wird zum gesetzlichen Vertreter seines **Mündels**.

Die Vormundschaft und der Vormund werden vom Vormundschaftsgericht angeordnet bzw. bestellt. Haben die Eltern vor ihrem Tod durch Testament einen Vormund benannt, so ist dieser als Vormund zu berufen.

Betreuung Erwachsener

Vormundschaft bei Erwachsenen, die aufgrund ihrer Gesundheit nicht in der Lage sind, selbst zu handeln

Für Volljährige, die aufgrund

❖ einer psychischen Krankheit,
❖ einer körperlichen,
❖ geistigen oder
❖ seelischen Behinderung

Keine Entmündigung mehr, sondern Betreuung, soweit erforderlich

ihre Angelegenheiten ganz oder teilweise nicht besorgen können, bestellt das Vormundschaftsgericht einen Betreuer. Dieses Recht über die Betreuung Erwachsener hat die frühere Entmündigung abgelöst. War früher der Entmündigte weitgehend ohne Rechte, sind nunmehr Eingriffe in Rechte der Betroffenen nur soweit zulässig, als dies erforderlich ist.

Bei der Bestellung des Betreuers soll das Vormundschaftsgericht die Wünsche des Betroffenen berücksichtigen, soweit dies seinem Wohlergehen nicht zuwiderläuft.

Weitestgehende Berücksichtigung der Wünsche des Betreuten

Auch der Betreuer hat den Wünschen des Betreuten zu entsprechen, soweit dies dessen Wohl nicht zuwiderläuft und dem Betreuer zuzumuten ist.

Genehmigung des Vormundschaftsgerichtes erforderlich bei:
- lebensbedrohlichen Eingriffen
- Sterilisation
- Unterbringung

Bei bestimmten Maßnahmen bedarf auch der Betreuer der Genehmigung durch das Vormundschaftsgericht:

- **Ärztliche Maßnahmen.** Muß bei dem Betreuten ein ärztlicher Eingriff vorgenommen werden, ist dessen Einwilligung wie die eines jeden Patienten erforderlich. Hierbei kommt es auf die natürliche Einsichtsfähigkeit des Betreuten an. Ist diese nicht gegeben, muß an seiner Stelle der Betreuer zustimmen.

  Dessen Zustimmung bedarf aber dann der Genehmigung durch das Vormundschaftsgericht, wenn die Gefahr besteht, daß der Betreute aufgrund der Maßnahme stirbt oder einen schweren gesundheitlichen Schaden erleidet.

  Muß der Eingriff schnellstmöglich vorgenommen werden, kann auf die Genehmigung verzichtet werden.

- **Sterilisation.** Die Einwilligung des Betreuers (der eigens für die Sterilisation bestellt wird) in die Sterilisation des Betreuten bedarf der Genehmigung durch das Vormundschaftsgericht.

  Sie ist trotzdem unzulässig, wenn der Betreute widerspricht (Verbot der Zwangssterilisation!). Im übrigen darf sie nur vorgenommen werden, wenn der Betreute auf Dauer einwilligungsunfähig bleibt und anzunehmen ist, daß die Gefahr einer Schwangerschaft besteht, die nicht durch zumutbare Mittel verhindert werden kann und die Gefahr für das Leben oder die Gesundheit der Schwangeren mit sich bringt.

- **Unterbringung.** Die Unterbringung des Betreuten durch den Betreuer bedarf der Genehmigung durch das Vormundschaftsgericht.
- **Aufgabe einer Mietwohnung.** Diese Aufgabe durch den Betreuer ist nur mit Zustimmung des Vormundschaftsgerichtes möglich.

Pflegschaft

Pflegschaft nur für ganz bestimmte Bereiche

Im Unterschied zur Vormundschaft, die die Fürsorge für **alle** Angelegenheiten umfaßt, greift die Pflegschaft nur für bestimmte Bereiche ein. So gibt es insbesondere in folgenden Bereichen eine Pflegschaft:

- **Ergänzungspflegschaft.** Für den Pflegling, der unter elterlicher Sorge oder unter Vormundschaft steht wird ein Pfleger für Angelegenheiten bestellt, an deren Besorgung die Eltern oder der Vormund verhindert sind.

Beispiel:

Im Strafprozeß soll das Kind gegen seinen Vater als Zeuge aussagen. Kann es über sein Zeugnisverweigerungsrecht nicht selbst entscheiden, wäre an sich sein gesetzlicher Vertreter zuständig. Dieser ist aber hier verhindert.

Bei der Klage eines Kindes gegen beide Eltern wegen Unterhaltes sind seine gesetzlichen Vertreter verhindert.

In diesen Fällen wird ein Pfleger bestellt, der die Vertretung des Kindes übernimmt.

- **Pflegschaft für eine Leibesfrucht.** Bereits für die Leibesfrucht kann ein Pfleger zur Wahrung ihrer zukünftigen Rechte bestellt werden, wenn der künftige elterliche Sorgeberechtigte diese Rechte nicht wahrnehmen kann.

Unterhaltspflichten

Das Gesetz sieht folgende Unterhaltspflichten vor (Abb. **91**):

- Ehegatten untereinander,
- geschiedene Ehegatten gegenseitig,
- nichtehelicher Vater gegenüber der Mutter des Kindes,
- zwischen Verwandten in gerader Linie (Kind / Eltern).

Bei jeder Unterhaltspflicht ist erforderlich, daß der Unterhaltsberechtigte **bedürftig** und der Unterhaltsverpflichtete **leistungsfähig** ist.

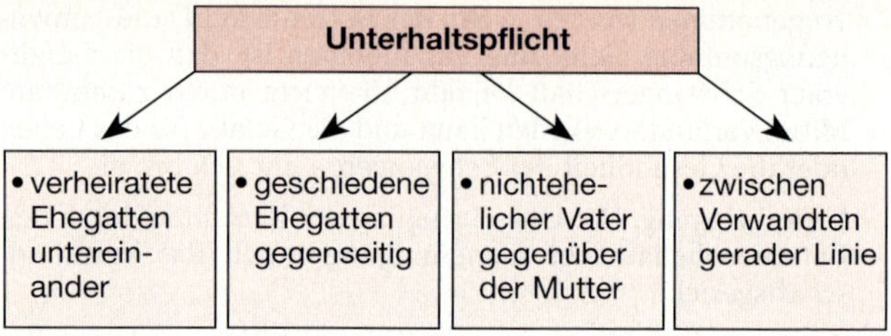

Abb. **91** Formen der Unterhaltspflichten

Bedürftigkeit des Unterhaltsberechtigten

Bedürftig ist, wer außerstande ist, sich selbst zu unterhalten, sei es aufgrund mangelnden Einkommens oder mangelnden Vermögens. Falls möglich ist der Bedürftige grundsätzlich gehalten, seine Arbeitskraft einzubringen.

Leistungsfähigkeit des Unterhaltsverpflichteten

Leistungsfähig ist, wer Unterhalt zahlen kann, ohne seinen eigenen angemessenen Unterhalt zu gefährden. Der Mindestbetrag, der dem Unterhaltspflichtigen in jedem Fall selbst zusteht nennt man **Selbstbehalt**.

Die Höhe des Selbstbehaltes hängt zum einen davon ab, ob der Unterhaltspflichtige erwerbstätig ist und zum anderen vom Verwandtschaftsgrad zum Unterhaltsberechtigten. Er liegt zur Zeit zwischen 1000 und 1400 DM.

Unterhaltspflicht zwischen verheirateten Ehegatten

Unterhaltspflicht zwischen verheirateten Ehegatten

Die Ehegatten sind einander verpflichtet, durch ihre Arbeit und mit ihrem Vermögen die Familie angemessen zu unterhalten (§ 1360 BGB).

Ist einem Ehegatten die Haushaltsführung überlassen (Hausfrau, Hausmann), so erfüllt er durch diese Tätigkeit seine Unterhaltspflicht.

Leben die Ehegatten getrennt, so kann der eine Ehegatte von dem anderen ebenfalls Unterhalt verlangen. Der Nichterwerbstätige braucht nicht arbeiten, wenn dies von ihm nach seinen persönlichen Verhältnissen (z. B. wegen Kinderbetreuung) nicht erwartet werden kann.

Unterhaltspflicht zwischen geschiedenen Ehegatten

Unterhaltspflicht zwischen geschiedenen Ehegatten

Kann ein geschiedener Ehegatte nicht selbst für seinen Unterhalt sorgen, so hat er gegen den anderen Ehegatten einen Anspruch auf Unterhalt (§ 1569 BGB).

Unterhaltsansprüche kommen in der Regel in Betracht, wenn ein Ehegatte das gemeinschaftliche Kind zu versorgen hat und ihm wegen des Alters des Kindes eine Berufstätigkeit nicht zugemutet werden kann (S. 225).

Unterhaltspflicht des nichtehelichen Vaters gegenüber der Mutter

Unterhaltspflicht des nichtehelichen Vaters gegenüber der Mutter

Die Mutter des nichtehelichen Kindes kann von dessen Vater die Entbindungskosten und die durch die Schwangerschaft und Entbindung entstandenen notwendigen Aufwendungen verlangen, soweit hier nicht der Arbeitgeber oder die Krankenversicherung eintritt.

Desweiteren ist der Vater des Kindes der Mutter für die Dauer von 6 Wochen vor und 8 Wochen nach der Geburt zum Unterhalt verpflichtet.

Unterhaltspflicht zwischen Verwandten in gerader Linie

Unterhaltspflicht zwischen Verwandten in gerader Linie (Kind/Eltern)

Verwandte in gerader Linie sind verpflichtet, einander Unterhalt zu gewähren (§ 1601 BGB).

Diese Unterhaltspflicht besteht insbesondere zwischen Kindern (auch nichtehelichen) und ihren Eltern, aber auch zwischen Großeltern und Enkeln. Nicht unterhaltspflichtig sind sich Geschwister.

Die Unterhaltspflicht dauert solange als ihre Voraussetzungen vorliegen.

Zwischen mehreren Unterhaltsverpflichteten besteht auch eine Rangfolge dergestalt, daß Abkömmlinge vor den Verwandten der aufsteigenden Linie unterhaltspflichtig sind. In erster Linie ist jedoch der Ehepartner unterhaltspflichtig.

Beispiel:

Wird eine alleinstehende Mutter unterhaltsbedürftig, müssen zunächst ihre Kinder für den Unterhalt sorgen und dann erst die Eltern der Mutter.

Anspruch auf eine angemessene Ausbildung

Der Unterhaltsanspruch des Kindes umfaßt auch die Kosten einer **angemessenen Ausbildung**. Hier ist jedoch nur eine sinnvolle, den Anlagen und Fähigkeiten des Kindes entsprechende und zu einer Berufsmöglichkeit hinführende Ausbildung zu berücksichtigen.

Hat das Kind bereits einen Beruf erlernt, stellt sich die Frage, ob eine weitere Ausbildung von den Eltern finanziert werden muß. Diese Frage wird bei einer weiterführenden Ausbildung eher zu bejahen sein, während auf eine zweite, andere Ausbildung nur ausnahmsweise ein Anspruch besteht.

Art und Weise des Unterhaltes werden durch die Eltern bestimmt

Die Eltern können grundsätzlich unverheirateten Kindern gegenüber frei bestimmen, in welcher Art sie den Unterhalt gewähren wollen. Bei minderjährigen Kindern hängt die Art der Unterhaltsgewährung unmittelbar mit der Erziehung zusammen. So wird Unterhalt in erster Linie in Form von Verpflegung, Wohnung und Kleidung im Haushalt der Eltern geleistet. Hierzu gehört auch ein angemessenes Taschengeld.

Als Folge des elterlichen Erziehungsrechtes kann der Unterhalt auch unter bestimmten Umständen beschränkt werden, z. B. durch Kürzung des Taschengeldes.

Unterhaltsanspruch des nichtehelichen Kindes

Nicht anders zu beurteilen ist grundsätzlich der **Unterhaltsanspruch des nichtehelichen Kindes** gegenüber seinen Eltern.

In der Regel wird die Mutter ihre Unterhaltspflicht dadurch erfüllen, daß sie die Pflege und Erziehung des Kindes übernimmt. Der Vater hat den Geldbedarf in Form einer monatlichen Rente aufzubringen.

Regelunterhalt

Bis zur Vollendung des 18. Lebensjahres gilt das Kind ohne Nachweis als bedürftig und kann den **„Regelunterhalt“** verlangen. Dieser ergibt sich aus der „Verordnung zur Berechnung des Regelunterhaltes“.

Beispiel: (Stand 1. 7. 1992)

- bis zum Alter von 6 Jahren: 291 DM,
- bis zum Alter von 12 Jahren: 353 DM,
- bis zum Alter von 18 Jahren: 418 DM.

Von diesen Beträgen kann im Einzelfall unter bestimmten Umständen nach oben und nach unten abgewichen werden.

Arbeitsrecht

Arbeitsrecht als Schutzrecht der Arbeitnehmer

Das Arbeitsrecht behandelt die Rechtsbeziehungen, die zwischen dem Arbeitnehmer und dem Arbeitgeber bestehen. Diesen Beziehungen kommen insofern Bedeutung zu, als eine Vertragspartei (der Arbeitnehmer) sich in einer Lage befindet, die durch die persönliche Abhängigkeit vom anderen Vertragspartner (Arbeitgeber) geprägt ist. Insofern ist das Arbeitsrecht in weiten Bereichen als Schutzrecht der Arbeitnehmer zu verstehen.

Arbeitsverhältnis

Arbeitsverhältnis: Leistung von abhängiger Arbeit gegen Bezahlung von Lohn

Dem Arbeitsverhältnis liegt immer ein Arbeitsvertrag zugrunde. Hierin verpflichtet sich der Arbeitnehmer zur Leistung von abhängiger, d. h. unselbständiger Arbeit, deren Inhalt vom Arbeitgeber bestimmt wird, die unter der Leitung des Arbeitgebers steht und nach seinen Weisungen erfolgt.

Andererseits ist der Arbeitgeber verpflichtet, den vereinbarten Lohn zu bezahlen.

Zustandekommen des Arbeitsvertrages

Arbeitsvertrag: Einigkeit über zu leistende Arbeit und den zu zahlenden Lohn

Der Arbeitsvertrag kommt durch 2 übereinstimmende Willenserklärungen dergestalt zustande, daß über die wesentlichen Teile der Beschäftigung eine Einigung erzielt wird. Hierzu gehört auf der einen Seite die zu leistende Arbeit und auf der anderen Seite der zu zahlende Lohn.

Kein Formzwang

Der Abschluß des Arbeitsvertrages ist grundsätzlich an keine bestimmte Form gebunden. Er kann schriftlich, mündlich oder auch durch schlüssiges Handeln abgeschlossen werden.

Beispiel:

Krankenschwester Martha bewirbt sich für eine ausgeschriebene Stelle im Krankenhaus. Nach Einigung mit der Leitung fängt sie am 1. 6. 1995 an. Erst im September kommt die Verwaltung dazu, einen schriftlichen Vertrag zu verfassen.

Das Arbeitsverhältnis beginnt dennoch bereits am 1. 6. 1995.

Hiervon gibt es jedoch Ausnahmen, die gesetzlich oder in einem Tarifvertrag geregelt sind. So besagt § 12 Krankenpflegegesetz, daß der Träger der Ausbildung mit dem Schüler einen schriftlichen Ausbildungsvertrag zu schließen hat.

Verbot bestimmter Beschäftigungen

Zwar gilt auch bei Arbeitsverträgen die Vertragsfreiheit. Dies bedeutet, daß es jedem frei steht, ob und mit wem er einen Arbeitsvertrag abschließen will. Andererseits gibt es zum Schutz bestimmter Arbeitnehmer Vorschriften, die den Abschluß eines Arbeitsvertrages verbieten.

Beispiele für Abschluß- und Beschäftigungsverbote:

- **Verbot der Beschäftigung Jugendlicher.** Nach § 25 Jugendarbeitsschutzgesetz dürfen Arbeitgeber, die sich bestimmter Straftaten schuldig gemacht haben keine Jugendlichen beschäftigen.

- **Verbot der Beschäftigung ausländische Arbeitnehmer ohne Arbeitserlaubnis** (Ausnahme: Angehörige der Mitglieder der EU).
- **Verbote für Frauen.** Keine Beschäftigung von Frauen in Bergwerken, Kokereien u.ä. Verbot von bestimmten Tätigkeiten für Schwangere.
- **Verbot der Beschäftigung von Kindern** (unter 14 Jahren).

In aller Regel geht dem Zustandekommen eines Arbeitsverhältnisses eine Bewerbung oder eine Vorstellung bei dem neuen Arbeitgeber voraus.

Beispiel:

Krankenschwester Veronika ist in einem Augsburger Krankenhaus beschäftigt. Als ihr Freund nach Hamburg versetzt wird, kündigt sie und bewirbt sich dort um eine entsprechende Stelle im Krankenhaus. Daraufhin wird sie von einem Hamburger Krankenhaus gebeten, sich persönlich vorzustellen. Bei dem Vorstellungsgespräch wird sie unter anderem gefragt, ob sie schwanger sei oder beabsichtige zu heiraten. Darüber hinaus will der neue Arbeitgeber ihre Zeugnisse sehen und wissen, ob sie vorbestraft ist.

Veronika hat nun folgende Fragen: **?**

- ❖ Muß sie in Augsburg Urlaub nehmen, um nach Hamburg zu fahren?
- ❖ Wer zahlt die Reisekosten und den Verdienstausfall während der Fahrt nach Hamburg?
- ❖ Muß sie die gestellten Fragen beantworten?

Freistellungsanspruch des Arbeitnehmers gegenüber dem bisherigen Arbeitgeber unter Lohnfortzahlung bei Bewerbung um neue Stelle

Steht der Arbeitnehmer zum Zeitpunkt einer Bewerbung für eine neue Arbeitsstelle noch in einem Beschäftigungsverhältnis, welches aber bereits gekündigt ist, hat er gegenüber seinem bisherigen Arbeitgeber Anspruch auf Freistellung unter Lohnfortzahlung für die Vorstellung bei einem eventuellen neuen Arbeitgeber (§ 629 BGB).

Veronika muß sich daher keinen Urlaub nehmen, sondern kann von ihrem bisherigen Arbeitgeber verlangen, für das Vorstellungsgespräch freigestellt zu werden. Er muß auch in dieser Zeit den Lohn weiter bezahlen.

Erstattung der Auslagen durch den möglichen neuen Arbeitgeber

Fordert der möglicherweise zukünftige neue Arbeitgeber den Bewerber auf, zu einem Vorstellungsgespräch zu erscheinen, hat er die dem Bewerber erwachsenden Auslagen zu erstatten. Dies gilt auch dann, wenn das neue Arbeitsverhältnis später nicht zustande kommt.

Veronika kann daher vom Hamburger Krankenhaus die Erstattung ihrer Fahrtkosten, Übernachtungs- und Verpflegungskosten verlangen.

Dieser Anspruch besteht nicht, wenn Veronika ohne Aufforderung nach Hamburg gefahren wäre.

Fragerecht des Arbeitgebers

Bei der Einstellung hat der neue Arbeitgeber ein Interesse daran, den Bewerber näher kennenzulernen. Er wird hierzu ein Einstellungsgespräch führen und/oder einen Einstellungsfragebogen vorlegen. Hier stellt sich dann schnell die Frage, wo die Grenzen des Fragerechtes sind.

Fragen nur zulässig, wenn sie im Zusammenhang mit der beruflichen Tätigkeit stehen

Dabei gilt grundsätzlich, daß nur solche Fragen gestellt werden dürfen, die mit dem Arbeitsplatz oder der Tätigkeit im Zusammenhang stehen.

Stellt der Arbeitgeber eine unzulässige Frage, braucht sie der Bewerber nicht zu beantworten. Beantwortet sie der Bewerber bewußt falsch, dürfen ihm daraus keine Nachteile erwachsen.

Unzulässige Fragen braucht man nicht beantworten

Fragen nach folgenden Punkten kommen beispielsweise in Betracht:

- **Beruflicher Werdegang** (Leistungsnachweise, Zeugnisse). Hiernach darf gefragt werden.
- **Krankheiten.** Hiernach darf nur gefragt werden, wenn eine bestehende oder zurückliegende Krankheit Einfluß auf die vorgesehene Arbeitsleistung haben könnte.
- **Gewerkschaftszugehörigkeit**. Hiernach darf nicht gefragt werden.
- **Heirat**. Hiernach darf nicht gefragt werden.
- **Religions- und Parteizugehörigkeit**. Hiernach darf nur gefragt werden, wenn konfessionelle Krankenhäuser oder partei- oder religionspoilitisch gebundene Betriebe einstellen.
- **Schwangerschaft.** Im Grundsatz darf hiernach nicht gefragt werden (Ausnahmen: bestehendes Beschäftigungsverbot für die Bewerberin, Ungeeignetheit des Arbeitsplatzes, z. B. Stripteasetänzerin, objektive Gefährdung des ungeborenen Kindes oder der Schwangeren durch die auszuübende Tätigkeit, z. B. Tätigkeit bei einem Facharzt für Mikrobiologie und Infektionsepidemiologie).
- **Vorstrafen**. Hiernach darf nur gefragt werden, wenn die zu besetzende Stelle dies erfordert (bei Bewerbung für die Stelle als Kraftfahrer darf nach verkehrsrechtlichen, bei einem Kassierer nach vermögensrechtlichen und bei der Einstellung eines Krankenpflegepersonales nach betäubungsmittelrechtlichen Vorstrafen gefragt werden).

Inhalt des Arbeitsverhältnisses

Einfluß auf das Arbeitsverhältnis haben:
- Arbeitsvertrag
- Tarifvertrag
- Betriebsvereinbarung
- betriebliche Übung
- Direktionsrecht
- Gesetz

Der Inhalt des Arbeitsverhältnisses wird nicht nur durch den Arbeitsvertrag als solchen sondern auch durch das Gesetz, durch kollektivrechtliche Vereinbarungen (Tarifvertrag und Betriebsvereinbarung), durch die betriebliche Übung und durch das Direktionsrecht näher bestimmt (Abb. **92**).

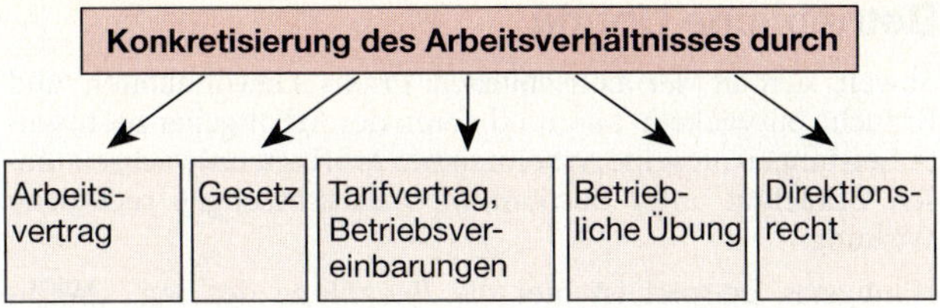

Abb. **92** Bestimmung des Inhaltes eines Arbeitsverhältnisses

Arbeitsvertrag

Arbeitsvertrag: Festlegung der Tätigkeit und des Lohnes

Im Arbeitsvertrag wird festgelegt, welche Tätigkeit der Arbeitnehmer zu verrichten hat. Als weiterer wesentlicher Punkt wird die Höhe des Lohnes (Stundenlohn oder Monatslohn) und die Arbeitzeit festgehalten.

Bezüglich der Arbeitszeit und des Lohnes kann aber auch auf den Inhalt eines Tarifvertrages Bezug genommen werden. Dann wird diese Verweisung Inhalt des Arbeitsvertrages.

Gesetz

Gesetz: enthält Mindestarbeitsbedingungen

Das Gesetz beeinflußt das Arbeitsverhältnis insofern, als hier bestimmte Mindestarbeitsbedingungen festgelegt sind. Dazu gehören unter anderem die Regelungen des Bundesurlaubsgesetzes, der Arbeitszeitverordnung und bestimmter Schutzbestimmungen für Arbeitnehmer in besonderen Lagen (Schwerbehindertengesetz, Mutterschutzgesetz u.ä.).

Beispiel:

Im Ausbildungsvertrag des 17jährigen Schülers Erwin zum Krankenpfleger ist über die Dauer des Urlaubes nichts enthalten. Woher weiß er nun, wieviele Tage Urlaub er hat?

Hier hilft ein Blick in das Jugendarbeitsschutzgesetz (§ 19 II). Dort ist festgehalten, daß ihm 25 Werktage Urlaub zustehen.

Tarifvertrag, Betriebsvereinbarung

Tarifvertrag: zwingende Regelungen für die tarifgebundenen Parteien

In Tarifverträgen, die zwischen den betreffenden Gewerkschaften und Arbeitgeberverbänden geschlossen werden, sind Regelungen enthalten, die für tarifgebundene Arbeitgeber und Arbeitnehmer unmittelbare und zwingende Wirkung entfalten. Von diesen Regelungen in den Tarifverträgen (z. B. Lohn, Arbeitszeit) kann nur zugunsten des Arbeitnehmers abgewichen werden.

Betriebsvereinbarung: Regelungen innerhalb eines bestimmten Betriebes

Betriebsvereinbarungen werden zwischen dem Betriebsrat und dem Arbeitgeber geschlossen. Damit sind sie für alle Arbeitnehmer dieses Betriebes anzuwenden.

Betriebliche Übung

Betriebliche Übung: evtl. Ansprüche aus einer bisher geübten Praxis

Soweit sich in der betrieblichen Praxis Gewohnheiten und Bräuche entwickeln, aufgrund deren der Arbeitgeber bestimmte Leistungen an seine Arbeitnehmer erbringt, entwachsen diesen Bräuchen unter bestimmten Voraussetzungen rechtliche Wirkung.

Häufigstes Beispiel ist hier die Bezahlung des sog. „Weihnachtsgeldes", soweit dies nicht ohnehin tarifvertraglich geregelt ist.

Direktionsrecht

Direktionsrecht: nähere Konkretisierung der Arbeitsleistung durch den Arbeitgeber

Durch die Ausübung des Direktionsrechtes ist es dem Arbeitgeber möglich, einseitig das Arbeitsverhältnis zu gestalten („er ordnet an"). Dem Arbeitgeber steht hier das sog. Leitungs- und Weisungsrecht zu. Er hat insbesondere die Arbeitsleistung nach Art, Ort und Zeit zu bestimmen.

Pflichten aus dem Arbeitsverhältnis

Aus dem Arbeitsverhältnis ergeben sich Grund- und Nebenpflichten (Abb. **93**): die **Arbeitspflicht** des Arbeitnehmers und die **Lohnzahlungspflicht** des Arbeitgebers.

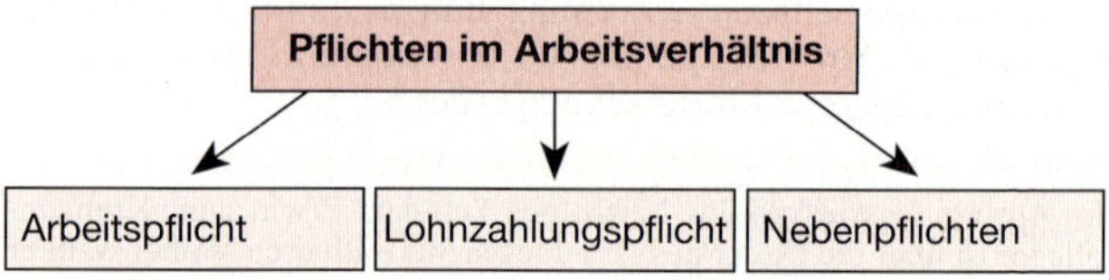

Abb. **93** Pflichten des Arbeitgebers und Arbeitnehmers

Arbeitspflicht des Arbeitnehmers

Persönliche Arbeitspflicht des Arbeitnehmers

Der Arbeitnehmer ist verpflichtet, die Arbeitsleistung persönlich zu erbringen.

Beispiel:

Krankenschwester Gabi sieht sich nach durchzechter Nacht nicht in der Lage, ihren Dienst durchzuführen. Sie überlegt, ob sie an ihrer Stelle ihre Schwester schicken kann, die ebenfalls Krankenschwester ist und gerade Zeit hat.

Auch wenn hier die Vertreterin durchaus in der Lage wäre, bessere Arbeit zu leisten, so ist doch Gabi selbst verpflichtet zu arbeiten.

Die genaue Art der zu leistenden Tätigkeit ergibt sich aus dem Arbeitsvertrag. Zu einer anderen Arbeit besteht grundsätzlich keine Verpflichtung. Der Arbeitnehmer ist nur verpflichtet, solche Arbeiten auszuführen, die sich innerhalb des vereinbarten Berufsbildes halten.

Arbeitspflicht nur bezüglich berufsspezifischer Tätigkeit (Ausnahme: Notfall)

Beispiel:

Im Krankenhaus besteht gerade Personalmangel in der Küche. Andererseits befindet sich auf der Intensivstation gerade kein Patient. Die Krankenhausleitung bestimmt daher, daß einer der beiden dort tätigen Intensivpfleger in der Küche auszuhelfen hat.

Eine derartige Weisung müßte nicht befolgt werden, weil es nicht zum Berufsbild des Intensivpflegers gehört, in der Küche zu arbeiten. Ein Notfall liegt auch nicht vor.

Eine Ausnahme gilt hier in Notfällen. Der Arbeitnehmer muß auch solche Arbeiten durchführen, die nicht zu seinem Tätigkeitsbereich gehören, aber erforderlich sind, um eine Gefahr abzuwenden. Derartige Notfälle sind unvorhergesehene Situationen, die auch durch eine korrekte Personalplanung nicht verhindert werden können.

Berufsfremde Tätigkeiten nur im Notfall

Beispiel:

Gerade als der Krankenpfleger Otto nach Schichtwechsel das Krankenhaus verlassen will werden mehrere Patienten eingeliefert, die durch eine Gasexplosion erheblich verletzt wurden. Otto bekommt die zulässige Anweisung hierzubleiben und seinen Dienst fortzusetzen.

Eine Grenze des Weisungsrechtes ist auch dort zu ziehen, wo der Inhalt der Weisung gegen gesetzliche Vorschriften verstößt oder wo die Weisung sittenwidrig wäre.

Grenzen des Weisungsrechtes

Beispiel:

Der Oberarzt weist die auf seiner Station tätige Schwester Ilse an, bei einem Patienten eine intravenöse Injektion zu setzen. Diese teilt ihm mit, daß sie sich dies nicht zutraue. Der Oberarzt besteht darauf und verläßt die Station.

Ilse muß dieser Weisung nicht nachkommen (allerdings sollte sie dies dem Arzt mitteilen und gegebenenfalls dokumentieren!).

Bezüglich des Umfanges der Arbeitspflicht schuldet der Arbeitnehmer während der Arbeitszeit den vollen Einsatz seiner geistigen und körperlichen Fähigkeiten. Er braucht allerdings nicht über seine Kräfte zu arbeiten.

Voller persönlicher Einsatz wird geschuldet

Lohnzahlungspflicht des Arbeitgebers

Der Arbeitnehmer erhält seinen Lohn in regelmäßigen Zeitabschnitten (z. B. monatlich). Arbeitsvertraglich schuldet der Arbeitgeber an sich den Bruttolohn. Er ist jedoch verpflichtet, die Lohnsteuer und die Sozialversicherungsbeiträge einzubehalten und sie an das Finanzamt bzw. die Sozialversicherungsträger abzuführen.

Bruttolohn, Nettolohn

Den Betrag, den der Arbeitnehmer nach Abzug dieser Abgaben erhält, nennt man Nettolohn.

Nebenpflichten aus dem Arbeitsverhältnis, insbesondere die Treuepflicht

Wesentliche Nebenpflicht: die Treuepflicht gegenüber dem Arbeitgeber
- Information über
  - drohende Schäden
  - Nichterscheinen wg. Krankheit
- Schweigen

Die Treuepflicht besteht darin, daß der Arbeitnehmer sich nach besten Kräften für die Interessen des Arbeitgebers und des Betriebes einsetzt und alles unterläßt, was diesen schaden könnte. Als Folge dieser Treuepflicht besteht die Informationspflicht, die besagt, daß der Arbeitnehmer voraussehbare Arbeitsverhinderung rechtzeitig mitteilt, sich bei Krankheit unverzüglich meldet und auch ansonsten drohende oder eingetretene Schäden bekannt gibt.

In Tendenzbetrieben (z. B. Kirche oder Gewerkschaft) darf sich der Arbeitnehmer nicht gegen diese Tendenz stellen. Auch kann ihm eine bestimmte Lebensführung auferlegt werden.

Zur Treuepflicht gehört auch die Pflicht, Stillschweigen über Verhaltensweisen des Arbeitgebers zu bewahren, wenn dieser durch die Offenbarung geschädigt werden könnte.

Verletzung der Arbeitspflicht

Verletzung der Artbeitspflicht: keine Arbeitsleistung, schlechte Arbeitsleistung

Der Arbeitnehmer kann seine Arbeitspflicht dadurch verletzen, daß er die ihm zugewiesene Arbeit überhaupt nicht leistet (verspäteter Arbeitsbeginn oder Nichtleistung) und dadurch, daß er eine mit Mängeln behaftete Arbeitsleistung erbringt (Schlechtleistung) (Abb. **94**).

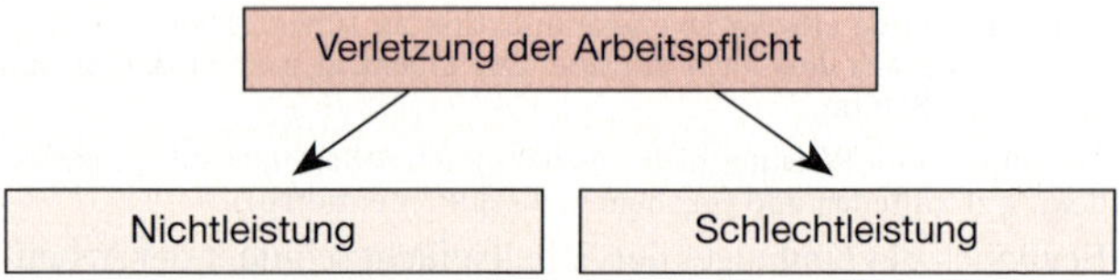

Abb. **94** Mängel der Arbeitsleistung

Beispiel:

Krankenpfleger Fabian hat Geburtstag. Er feiert lange und verschläft am nächsten Tag. Infolgedessen kommt er 1 Stunde zu spät zur Arbeit. Am nächsten Tag erscheint er gar nicht zur Arbeit, da er erkältet ist. Nun will die Krankenhausverwaltung für die Zeit, in der er nicht gearbeitet hat, Lohn abziehen.

Nichtleistung der Arbeit

Hier gilt folgender Grundsatz:

Ohne Arbeit kein Lohn!

Leistet der Arbeitnehmer seine Arbeit dauernd oder vorübergehend nicht, so stellt sich die Frage nach der Lohnfortzahlung und des Schadensersatzes des Arbeitnehmers, da er seine Hauptpflicht verletzt hat. Dabei kommt es für die weiteren Folgen darauf an, ob ihn hierbei ein Verschulden trifft.

- Trifft ihn **kein** Verschulden, wird er von der Arbeitsleistung frei. Er behält seinen Anspruch auf Lohnzahlung.

  Keine Arbeitsleistung ohne Verschulden des Arbeitnehmers: Lohnfortzahlung

  Im Krankheitsfall muß der Arbeitgeber nach dem Lohnfortzahlungsgesetz für die maximale Dauer von 6 Wochen den Lohn weiter zahlen.

  So hat Fabian trotz seines Nichterscheinens aufgrund der Erkältung weiterhin Anspruch auf Lohnfortzahlung, die Fehlstunde wegen „Verschlafens" wird ihm jedoch vom Lohn abgezogen.

- Trifft ihn ein Verschulden, so verliert er zunächst den Anspruch auf seinen Lohn. Desweiteren kann der Arbeitgeber Ersatz des Schadens geltend machen, der ihm durch das Nichterscheinen seines Arbeitnehmers entstanden ist.

  Keine Arbeitsleistung durch Verschulden des Arbeitnehmers: Kein Lohn, evtl. Schadensersatz

  Mußte der Arbeitgeber für notwendige, nicht aufschiebbare Arbeiten eine Ersatzkraft einstellen, kann er diese Kosten gegenüber seinem Arbeitnehmer geltend machen.

Schlechtleistung der Arbeit

Der Arbeitnehmer erbringt eine Schlechtleistung, wenn er für seine Verhältnisse zu langsam oder zu flüchtig arbeitet oder ihm das Arbeitsergebnis nicht gelingt.

In diesem Fall kommt es darauf an, ob den Arbeitnehmer hier ein Verschulden trifft. Ist die nicht der Fall, bleibt der Lohnanspruch in voller Höhe bestehen.

Bei ständigen Fehlleistungen steht dem Arbeitgeber u.U. das Recht auf Kündigung zu.

Beendigung des Arbeitsverhältnisses

Beendigung des Arbeitsverhältnisses durch:
- Aufhebung
- Kündigung
- Tod des Arbeitnehmers
- Zeitablauf

Das Arbeitsverhältnis stellt eine dauerhafte Rechtsbeziehung dar, das zunächst ohne bestimmte zeitliche Begrenzung geschlossen wurde (unbefristet). Jedoch muß auch diese Beziehung beendet werden können, wenn die Vertragsparteien es wollen. Es gibt im wesentlichen 4 Möglichkeiten, ein Arbeitsverhältnis zu beenden (Abb. **95**):

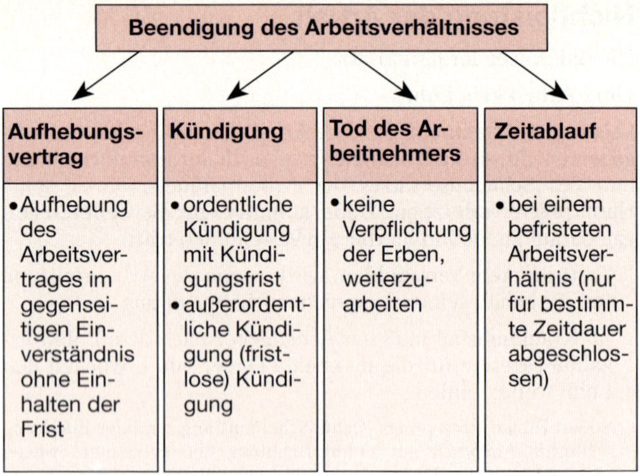

Abb. **95** Möglichkeiten zur Beendigung des Arbeitsverhältnisses

Aufhebungsvertrag

Aufhebungsvertrag = einvernehmliche Auflösung des Arbeitsvertrages

So wie der Arbeitsvertrag durch übereinstimmenden Willen der Vertragsparteien geschlossen werden kann, kann er – wie jeder andere Vertrag auch – wieder jederzeit einvernehmlich aufgehoben werden.

Es braucht weder eine „Kündigungsfrist" eingehalten zu werden, noch kommen hier die besonderen Kündigungsschutzbestimmungen zur Anwendung, so daß auch das Arbeitsverhältnis mit einer Schwangeren durch einen Aufhebungsvertrag gelöst werden kann.

Der Vorteil dieser Beendigungsart liegt darin, daß die Vertragsparteien die Bedingungen, unter denen sie ihr Einverständnis erteilen, frei vereinbaren können. So kann der Arbeitnehmer seine Zustimmung davon abhängig machen, daß der Arbeitgeber ihm eine bestimmte Geldsumme (Abfindung) bezahlt. Der Vorteil für den Arbeitgeber kann darin liegen, daß er keine Kündigungsfrist einzuhalten braucht.

Kündigung

Kündigung: formlos möglich

Die Kündigung ist eine einseitige Willenserklärung, d. h. es genügt, wenn sie einer der beiden Vertragspartner dem anderen gegenüber erklärt.

Die Kündigungserklärung bedarf grundsätzlich keiner bestimmten Form. Sie kann mündlich oder schriftlich erfolgen.

Jedoch können Tarifvertrag, Arbeitsvertrag oder das Gesetz eine Schriftform vorsehen. Dann ist sie erst wirksam, wenn die Schriftform eingehalten ist.

Angabe von Gründen nur ausnahmsweise nötig

Die Kündigung kann ohne Angabe von Gründen erfolgen. Auch hier kann jedoch der Tarifvertrag oder der Arbeitsvertrag vorsehen, daß bei der Kündigung die Gründe anzugeben sind. Bei einer fristlosen Kündigung muß der Kündigende auf Verlangen des anderen diesem die Gründe mitteilen (§ 626 II 3 BGB).

Bei einer Kündigung sind 2 Arten zu unterscheiden (Abb. **96**):

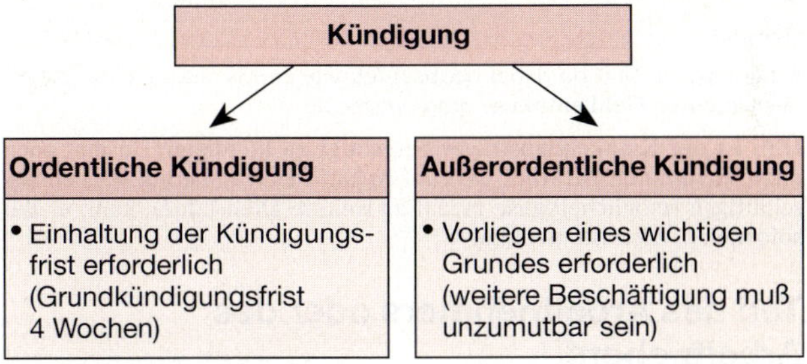

Abb. **96** Kündigungsarten

Ordentliche Kündigung

Kündigungsfrist: zunächst 4 Wochen

Wird ein Arbeitsverhältnis gekündigt, so ist grundsätzlich eine Kündigungsfrist einzuhalten. Diese Frist beträgt bei der Kündigung durch den Arbeitgeber sowie durch den Arbeitnehmer grundsätzlich **4 Wochen** zum 15. oder zum Ende eines Monates. Die Kündigungsfristen sind für Angestellte wie für Arbeiter gleich lang.

Verlängerung der Kündigungsfrist aufgrund längerer Betriebszugehörigkeit

Nach längerer Betriebszugehörigkeit (hier zählt nur die Zeit ab dem 25. Lebensjahr) verlängert sich die Kündigungsfrist für eine Kündigung **durch den Arbeitgeber** auf bis zu 7 Monate. Tarifvertraglich können alle Kündigungsfristen verkürzt oder verlängert werden. Durch den Arbeitsvertrag kann die Kündigungsfrist verlängert werden, verkürzt nur bei einer Beschäftigungsdauer von bis zu 3 Monaten und bei Kleinbetrieben (unter 20 Beschäftigte).

Beispiel:

Krankenpfleger Rudi will kündigen. Er ist 30 Jahre alt und seit 8 Jahren im Krankenhaus beschäftigt. Will er zum 15. März 1995 kündigen, muß seine Kündigung bis spätestens am 15. 2. 1995 (=4 Wochen vorher) bei seinem Arbeitgeber eingegangen sein.

Will ihm das Krankenhaus kündigen, muß eine Kündigungsfrist von 2 Monaten beachtet werden. Diese ergibt sich daraus, daß Rudi eine zu berücksichtigende Beschäftigungsdauer von 5 Jahren hat, bei der sich die Kündigungsfrist auf 2 Monate verlängert.

Außerordentliche Kündigung

Fristlose Kündigung nur bei wichtigem Grund

Gemäß § 626 BGB kann das Arbeitsverhältnis sowohl vom Arbeitgeber als auch vom Arbeitnehmer ohne Einhaltung einer Frist gekündigt werden, wenn **ein wichtiger Grund** hierfür vorliegt. Dieser ist dann gegeben, wenn Tatsachen vorliegen, aufgrund derer dem Kündigenden die Fortsetzung des Arbeitsverhältnisses nicht einmal bis zum Ablauf der Kündigungsfrist zugemutet werden kann.

Beispiel:

Rudi wird auf Station dabei beobachtet, wie er aus einer Geldbörse eines Patienten Geld entnimmt und einsteckt.

Hier ist der Krankenhausträger berechtigt zu kündigen. Da ihm auch nicht zuzumuten ist, Rudi bis zum Ablauf der Kündigungsfrist zu beschäftigen (möglicherweise macht er weitere Diebstähle), kann er ihn sofort, d. h. fristlos entlassen.

Tod des Arbeitnehmers oder des Arbeitgebers

Tod des Arbeitgebers: Arbeitsverhältnis besteht mit den Erben fort

Stirbt der Arbeitgeber oder der Arbeitnehmer stellt sich die Frage, ob dessen Erben an seine Stelle treten. Dies wird man beim Arbeitgeber häufig bejahen können.

Beispiel:

Der Fabrikbesitzer Helmut stirbt. Seine Ehefrau führt den Betrieb als Alleinerbin weiter. Das Arbeitsverhältnis zwischen Helmut und dessen Arbeitern geht auf dessen Ehefrau über.

Eine Ausnahme wird man allerdings dort sehen, wo die Tätigkeit an die Person des Arbeitgebers gebunden ist.

Beispiel:

Helmut ist krank und bettlägrig. Er wird von Schwester Karin gepflegt. Als er stirbt, endet das Arbeitsverhältnis zwischen beiden.

Tod des Arbeitnehmers: Arbeitsverhältnis endet

Stirbt der Arbeitnehmer endet das Arbeitsverhältnis, da gemäß § 613 BGB der Arbeitnehmer seine Dienste in seiner Person zu leisten hat.

Zeitablauf

Ist das Arbeitsverhältnis für eine bestimmte Zeit eingegangen worden, so endet es automatisch mit Ablauf dieser Zeit. Eine Kündigung braucht hier nicht ausgesprochen zu werden.

Berufsbildung

Die Berufsbildung gliedert sich nach dem Berufsbildungsgesetz in

Berufsbildung:
- Berufsausbildung
- berufliche Fortbildung
- berufliche Umschulung

- **Berufsausbildung** (berufliche Grundbildung sowie Vermittlung von Fertigkeiten und Kenntnissen für eine qualifizierte berufliche Tätigkeit),
- **berufliche Fortbildung** (Erhaltung und Erweiterung der beruflichen Fertigkeiten und Kenntnisse),
- **berufliche Umschulung** (Befähigung zu einer anderen beruflichen Tätigkeit).

Für die Ausbildung der Berufe in der Krankenpflege wird das Berufsbildungsgesetz durch das Gesetz über die Berufe in der Krankenpflege (**Krankenpflegegesetz** – KrPflG) ersetzt. Das KrPflG findet Anwendung für die Ausbildung zu folgenden Berufen:

Die Berufsausbildung im Krankenpflegewesen regelt das Krankenpflegegesetz

- ❖ Krankenschwester,
- ❖ Krankenpfleger,
- ❖ Kinderkrankenschwester,
- ❖ Kinderkrankenpfleger,
- ❖ Krankenpflegehelferin,
- ❖ Krankenpflegehelfer.

Inhalt der Berufsausbildung

Inhalt der Berufsausbildung ist die Vermittlung von Fertigkeiten und Kenntnissen, die für eine qualifizierte berufliche Tätigkeit notwendig ist.

Die Berufsausbildung soll praktische und theoretische Kenntnisse vermitteln, um eine qualifizierte berufliche Tätigkeit ausüben zu können

Gemäß § 4 KrPflG soll die Ausbildung zur (Kinder-) Krankenpflege die Kenntnisse, Fähigkeiten und Fertigkeiten zur verantwortlichen Mitwirkung bei der Verhütung, Erkennung und Heilung von Krankheiten vermitteln.

Die Ausbildung zur Krankenpflege**hilfe** soll die Kenntnisse, Fähigkeiten und Fertigkeiten für die Versorgung der Kranken sowie die damit verbundenen hauswirtschaftlichen und sonstigen Assistenzaufgaben in Stations-, Funktions- und sonstigen Bereichen des Gesundheitswesens vermitteln.

Probezeit

Die Berufsausbildung beginnt mit einer **Probezeit**, in der geprüft werden soll, ob der Auszubildende oder Schüler für den angestrebten Beruf geeignet ist. Innerhalb dieser Probezeit kann der Ausbildungsvertrag jederzeit ohne Einhaltung einer Frist schriftlich gekündigt werden (§ 19 I KrPflG).

Pflichten des Ausbilders

Pflichten des Ausbilders:
- umfassende Vermittlung von Kenntnissen
- Ausbildungsvergütung (auch während der Unterrichtszeit)

Der Ausbilder ist verpflichtet, den Auszubildenden / Schüler in sachlicher und persönlicher Hinsicht auszubilden. Er hat ihm die Kenntnisse und Fähigkeiten zu vermitteln, die der spätere Beruf voraussetzt. Er muß ihm auch eine Ausbildungsvergütung gewähren.

Die Ausbildung darf nicht nur dem konkreten Arbeitsanfall entsprechend erfolgen, sondern es müssen alle im Rahmen des Berufsbildes üblichen Arbeiten übertragen werden.

In der Krankenpflegeausbildung muß dem Schüler damit Gelegenheit gegeben werden, auf verschiedenen Stationen eines Krankenhauses die unterschiedlichen Anforderungen der Krankenpflege kennenzulernen.

Zur persönlichen Ausbildung gehört die charakterliche Förderung und Bewahrung vor sittlichen und körperlichen Gefährdungen.

Der Ausbilder ist auch verpflichtet, Arbeitsmittel zur Verfügung zu stellen und den Auszubildenden zum Schulbesuch anzuhalten. Hierzu ist er unter Fortzahlung der Vergütung von der Arbeit freizustellen.

Der Ausbilder darf dem Auszubildenden / Schüler nur Verrichtungen übertragen, die dem Ausbildungszweck dienen und denen er körperlich gewachsen ist.

Pflichten des Auszubildenden / Schülers

Pflichten des Schülers:
- Teilnahme an Ausbildungsmaßnahmen
- Befolgen von Weisungen

Der Auszubildende ist verpflichtet, gemäß dem Ausbildungsvertrag zu arbeiten und an den Ausbildungsmaßnahmen teilzunehmen. Auch muß er den Weisungen des Ausbilders Folge leisten, soweit sie im Rahmen der Ausbildung erfolgen.

Die Schüler der Krankenpflege müssen darüber hinaus die Schweigepflicht beachten, die für sie als Beschäftigte in einem Krankenhaus gilt.

Verletzt der Auszubildende / Schüler seine Pflichten, kann dies u.U. zu einer Kündigung berechtigen.

Beendigung des Ausbildungsverhältnisses

Ende des Ausbildungsverhältnisses bei den Krankenpflegeberufen: nach 1 Jahr bzw. nach 3 Jahren

Das Ausbildungsverhältnis endet, wenn das Ziel der Ausbildung erreicht ist. Dies ist in der Regel mit der erfolgreichen Ablegung der Prüfung der Fall.

Bei der Ausbildung in den Krankenpflegeberufen endet das Ausbildungsverhältnis gemäß § 18 I KrPflG mit dem Ablauf der Ausbildungszeit (d. h. nach 1 bei der Krankenpflegehilfe oder nach 3 Jahren bei der Krankenpflege), unabhängig davon, wann die Prüfung war.

Verlängerung der Ausbildung bei Nichtbestehen der Prüfung

Besteht der Schüler die Prüfung nicht, so verlängert sich das Ausbildungsverhältnis auf seinen schriftlichen Antrag hin bis zur nächstmöglichen Wiederholungsprüfung, höchstens jedoch um 1 Jahr (§ 18 II KrPflG).

Kündigung

Nur wenn der Auszubildende / Schüler seinen Beruf aufgibt oder wechselt kann er während der Dauer der Ausbildung mit einer Frist von 4 Wochen kündigen. Sonst kann nur gekündigt werden, wenn ein **wichtiger Grund** (S. 246) vorliegt. Die Kündigung muß in allen Fällen schriftlich erfolgen.

Arbeitnehmerschutz

Schutzbedürfnis des Arbeitnehmers aufgrund seiner abhängigen Stellung

Der Arbeitnehmer befindet sich in einer abhängigen Situation. Gerade in wirtschaftlich schlechten Zeiten ist er auf seinen Arbeitsplatz angewiesen, um das Einkommen für sich und seine Familie sicherzustellen. Der Gesetzgeber hat hier ein Schutzbedürfnis erkannt und in verschiedenen Gesetzen diesem dadurch Rechnung getragen, als er Arbeitnehmern in bestimmten Lagen bestimmte Rechte eingeräumt hat.

Im folgenden sollen hier die wesentlichen kurz behandelt werden.

Kündigungsschutz

Ein besonderes Schutzbedürfnis hat der Arbeitnehmer im Falle seiner Kündigung durch den Arbeitgeber. Hier regeln eine Reihe von Gesetzen, in welchen Fällen dieses Kündigungsrecht des Arbeitgebers eingeschränkt oder ausgeschlossen ist.

Neben dem allgemeinen Kündigungsschutz besteht gegenüber bestimmten Personen sogar ein Verbot der ordentlichen Kündigung (z. B. gegenüber Abgeordneten [Art. 48 II 1 GG], Betriebsrats- und Personalratsmitgliedern [§ 15 I,II KSchG], Schwangeren [§ 9 I MSchG], Schwerbehinderten [§ 12 SchwbG]).

Kündigungsschutz, wenn:
- länger als 6 Monate im gleichen Betrieb beschäftigt
- mehr als 5 Arbeitnehmer im Betrieb

Den Kern des allgemeinen Kündigungsschutzes stellt das Kündigungsschutzgesetz (KSchG) dar. Es ist nur auf Arbeitsverhältnisse anwendbar, wenn:

- ❖ der Arbeitnehmer in diesem Betrieb länger als 6 Monate beschäftigt war und
- ❖ der Betrieb in der Regel mehr als 5 Arbeitnehmer beschäftigt.

Eine **ordentliche** Kündigung ist nur wirksam, wenn sie **sozial gerechtfertigt** ist.

Kündigung zulässig, wenn:
- betriebsbedingt
- personenbedingt
- verhaltensbedingt

Sozial gerechtfertigt ist eine Kündigung, wenn folgende Gründe vorliegen (Abb. **97**):

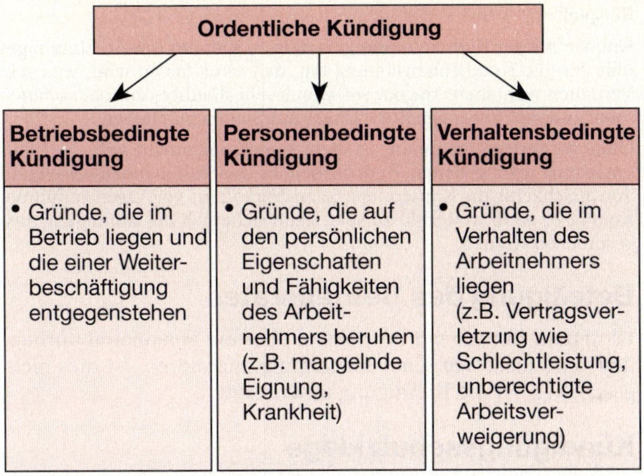

Abb. **97** Soziale Rechtfertigung einer ordentlichen Kündigung

Betriebsbedingte Kündigung

Kündigung der „sozial Stärkeren" bei Arbeitsplatzverlust aus betrieblichen Gründen

Bei einer betriebsbedingten Kündigung liegen die Gründe für eine Entlassung im Betrieb selbst. Dies ist der Fall, wenn der Arbeitsplatz des Arbeitnehmers weggefallen ist, sei es aufgrund Auftragsmangels oder Rationalisierung.

Fällt ein Arbeitsplatz weg, muß der Arbeitgeber demjenigen kündigen, der nach seinen Sozialdaten den geringsten Schutz bedarf. Bei der sozialen Auswahl kommt es unter anderem auf das Lebensalter des Arbeitnehmers an, die Dauer seiner Betriebszugehörigkeit und auf bestehende Unterhaltspflichten.

Personenbedingte Kündigung

Mangelnde Eigenschaften und Fähigkeiten des Arbeitnehmers

Gründe, die in der Person des Arbeitnehmers liegen, können eine Kündigung rechtfertigen, wenn nach Abwägung mit den Interessen des Arbeitgebers ein Fortbestehen des Arbeitsverhältnisses nicht möglich erscheint. Der Arbeitgeber ist jedoch gehalten zu prüfen, ob der Arbeitnehmer im Betrieb nicht anderweitig beschäftigt werden kann.

Verhaltensbedingte Kündigung

Verhalten des Arbeitnehmers nicht weiter hinnehmbar

Ist das Verhalten des Arbeitnehmers für den Arbeitgeber nicht mehr hinnehmbar, kann er das Arbeitsverhältnis kündigen. In aller Regel bedarf es jedoch zuerst einer Abmahnung, d. h. einer Mißbilligung des Verhaltens, um dem Arbeitnehmer die Gelegenheit zu geben, sein Verhalten zu ändern.

Beispiel:

Krankenpfleger Rudi kommt regelmäßig zu spät zur Arbeit. Eines Tages teilt ihm die Krankenhausleitung mit, daß er entlassen wird, weil sein Verhalten nicht mehr tragbar sei. Durch sein ständiges zu spät kommen seien andere Pfleger gehalten, länger auf Station zu bleiben.

Ohne vorherige Abmahnung ist diese Kündigung unwirksam. Die Stationsleitung wäre gehalten, Rudi auf sein Fehlverhalten hinzuweisen und ihm gleichzeitig die Konsequenz seines Verhaltens vor Augen zu führen. Kommt er dann weiterhin zu spät, kann sicherlich die Kündigung ausgesprochen werden.

Beteiligung des Betriebsrates

Zwingende Beteiligung des Betriebsrates

Ist in dem Betrieb ein Betriebsrat oder ein Personalrat vorhanden, sind diese **vor** einer Kündigung anzuhören. Ist dies nicht geschehen, ist die Kündigung unwirksam.

Kündigungsschutzklage

Klage notwendig, um Kündigungsschutz zu erhalten

Will ein Arbeitnehmer geltend machen, daß seine Kündigung sozial ungerechtfertigt ist, so muß er **innerhalb von 3 Wochen** nach Zugang der Kündigung Klage beim Arbeitsgericht auf Feststellung erheben, daß das Arbeitsverhältnis durch die Kündigung nicht aufgelöst ist (§ 4 KSchG).

Erhebt der Arbeitnehmer diese Klage nicht rechtzeitig, kann er später nicht mehr behaupten, die Kündigung sei sozial ungerechtfertigt.

Mutterschutz

Mutterschutz für die werdende Mutter und 8/12 Wochen nach der Entbindung

Das Mutterschutzrecht will die Frau in einer bestimmten Zeit vor und nach der Entbindung arbeitsrechtlich besonders schützen. Diese Schutzbestimmungen (Abb. **98**) sind im Mutterschutzgesetz (MuSchG) enthalten. Es gilt für alle Frauen, die in einem Arbeitsverhältnis stehen.

Das MuSchG gilt nicht nur für Arbeiterinnen und Angestellte, sondern auch für Auszubildende, Praktikantinnen oder Lernschwestern. Es gilt sowohl in der Probezeit als auch in einem Aushilfsarbeitsverhältnis oder einer Teilzeitbeschäftigung.

Gefahrenschutz

Abstimmung des Arbeitsplatzes auf die Bedürfnisse der Schwangeren und Stillenden

Der Arbeitsplatz der Frau ist in der Zeit ihrer Schwangerschaft so weit wie möglich auf ihre besonderen Bedürfnisse einzurichten.

Bei häufiger Beschäftigung im Stehen oder Gehen ist für ausreichende Sitzgelegenheit zu sorgen, bei sitzender Tätigkeit für kurze Unterbrechungen.

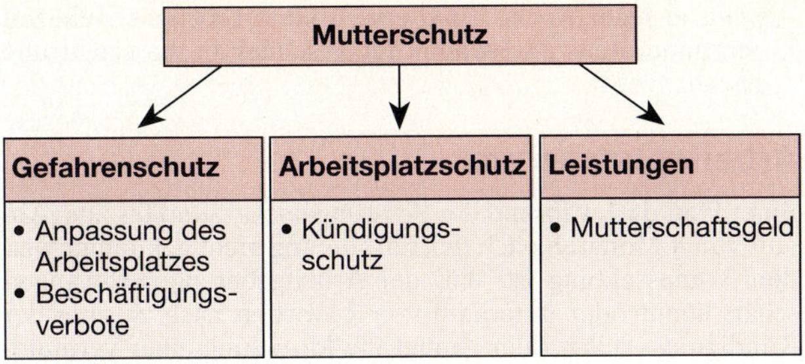

Abb. **98** Mutterschutzbestimmungen

Ähnliches gilt bei stillenden Müttern. Hier muß die Möglichkeit geschaffen werden, während der Pausen in einem geeigneten Raum auszuruhen und zu stillen.

Das Mutterschutzgesetz sieht zur Abwehr von Gefahren für das Kind und die werdende Mutter besondere **Beschäftigungsverbote** vor, z. B.:

Verbot bestimmter Tätigkeiten
- gefährliche Arbeiten
- schwere körperliche Anstrengungen
- Nachtarbeit
- Mehrarbeit

- Keine Beschäftigung vor der Entbindung, wenn das Leben oder die Gesundheit von Mutter oder Kind bei Fortdauer der Beschäftigung gefährdet ist.
- Keine Beschäftigung mit schweren körperlichen Arbeiten, oder mit Arbeiten, von denen schädliche Einwirkungen ausgehen (Röntgenstrahlen, Chemotherapeutika).
- Keine Arbeiten, bei denen regelmäßig Lasten von mehr als 5 kg Gewicht von Hand gehoben, bewegt oder befördert werden (Baden von Patienten ohne Hilfsmittel).
- Keine schweren körperlichen Arbeiten.
- Keine Arbeiten im Akkord oder am Fließband.

Insbesondere gelten Beschäftigungsverbote zu bestimmten Zeiten:

Absolute Beschäftigungsverbote in der Zeit von:
6 Wochen vor der Geburt
8/12 Wochen nach der Geburt

- **Keine Beschäftigung in den letzten 6 Wochen vor der Entbindung.**
- **Keine Beschäftigung nach der Entbindung für die Dauer von 8 Wochen bzw. 12 Wochen bei Früh- und Mehrlingsgeburten.**

Zeitliches Beschäftigungsverbot vor und nach der Entbindung:

6 Wochen ←——— Entbindung ———→ 8 Wochen

- Keine Mehrarbeit, keine Arbeit in der Nacht zwischen 20 und 6 Uhr und nicht an Sonn- und Feiertagen. (Ausnahme vom Sonn- und Feiertagsverbot: u. a. in der **Krankenpflege**, wenn in jeder Woche 1mal eine ununterbrochene Ruhezeit von mindestens 24 Stunden im Anschluß an die Nachtruhe gewährt wird).

Arbeitsplatzschutz

Verbot der Kündigung während der Schwangerschaft und innerhalb von 4 Monaten nach der Entbindung

Einer Frau darf während der Schwangerschaft und bis zum Ablauf von 4 Monaten nach der Entbindung nicht gekündigt werden. Voraussetzung ist, daß der Arbeitgeber die Schwangerschaft kennt oder innerhalb von 2 Wochen nach Zugang der Kündigung erfährt (hier genügt die Mitteilung einer vermuteten Schwangerschaft). Hat die Schwangere nach dieser Zeit noch keine Kenntnis von ihrer Schwangerschaft, genügt es, wenn sie dem Arbeitgeber unverzüglich diesen Umstand mitteilt, sobald sie von ihrer Schwangerschaft weiß.

Entscheidend ist der Zeitpunkt des Zuganges der Kündigung. Wird die Frau erst nach Zugang der Kündigung schwanger (die Schwangerschaft beginnt mit der Befruchtung), ist die Kündigung wirksam, auch wenn die Kündigungsfrist erst nachher abläuft.

Bei Fehlgeburt oder Schwangerschaftsabbruch endet der Kündigungsschutz.

Ausnahmen möglich

Eine Ausnahme vom Kündigungsschutz gilt dann, wenn die für den Arbeitsschutz zuständige oberste Landesbehörde oder die von ihr bestimmte Stelle in besonderen Fällen ausnahmsweise die Kündigung für zulässig erklärt.

Der Kündigungsschutz wirkt auch noch im Erziehungsurlaub. Während dieser Zeit darf ebenfalls nicht gekündigt werden (S. 300).

Kein Schutz vor sonstigen Beendigungsgründen

Die Frau ist während dieser Fristen nur vor einer Kündigung geschützt, nicht aber vor der Auflösung des Arbeitverhältnisses aus anderen Gründen (z. B. Zeitablauf der Ausbildung).

Leistungen

Finanzieller Ausgleich für die Einschränkungen in der Beschäftigung

Soweit die Frau durch Beschäftigungsverbote oder Einschränkungen ihrer Arbeitsfähigkeit finanzielle Einbußen erleidet, erhält sie hierfür einen finanziellen Ausgleich (u. a. Mutterschaftsgeld).

Freistellung bei Vorsorgeuntersuchungen

Der Arbeitgeber muß der Frau zur Durchführung der Vorsorgeuntersuchungen während und nach der Schwangerschaft Freizeit unter Weiterzahlung des Lohnes gewähren.

Jugendarbeitsschutz

Geregelt ist der Jugendarbeitsschutz (Abb. **99**) im Jugendarbeitsschutzgesetz (JArbSchG). Dieses gilt für die Beschäftigung von Personen, die noch nicht 18 Jahre alt sind.

Jugendarbeitsschutz für Arbeitnehmer unter 18 Jahren

Ausgenommen hiervon sind Tätigkeiten, die nur geringfügiger Natur sind, soweit sie gelegentlich erbracht werden.

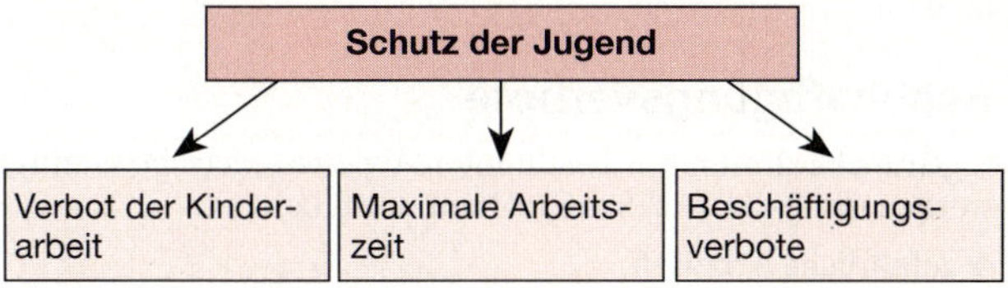

Abb. **99** Jugendarbeitsschutz

Verbot der Kinderarbeit

Die Beschäftigung von Kindern (unter 14 Jahren) ist grundsätzlich verboten (§ 5 JArbSchG). Dies gilt auch für Tätigkeiten, die sie als Hobby betreiben, um das Taschengeld aufzubessern (z. B. Zeitungsaustragen), soweit sie regelmäßig arbeiten.

Kinder unter 14 Jahren dürfen nicht arbeiten

Eine Ausnahme hiervon gilt für Beschäftigungen im Rahmen einer entsprechenden Therapie oder einer richterlichen Weisung. Kinder über 13 Jahren dürfen von den Eltern in der Landwirtschaft bis zu 3 Stunden täglich und mit Einwilligung der Eltern bei der Ernte bis zu 3 Stunden werktäglich oder mit dem Austragen von Zeitungen bis zu 2 Stunden werktäglich beschäftigt werden. Darüber hinaus kann die Aufsichtsbehörde in bestimmtem Umfang für die Beschäftigung von Kindern bei Theatervorstellungen und Musikaufführungen eine Ausnahme bewilligen.

Ausnahmen:
- Therapieauflage
- richterliche Weisung
- Landwirtschaft
- Ernte
- Zeitungsaustragen
- Theater-/Musikaufführungen

Arbeitszeit

Jugendliche dürfen grundsätzlich nicht mehr als 8 Stunden täglich und nicht mehr als 40 Stunden wöchentlich beschäftigt werden (§ 8 JArbSchG).

Maximale Arbeitszeit:
- 8 Stunden täglich
- 40 Stunden wöchentlich

Nach Beendigung der täglichen Arbeit ist den Jugendlichen mindestens 12 Stunden ununterbrochene Freizeit zu gewähren.

Auch dürfen sie nur in der Zeit zwischen 6 und 20 Uhr beschäftigt werden (Verbot der Nachtarbeit).

Verbot der Nachtarbeit

Ausnahmen für Jugendliche über 16 Jahren

Bestimmte Ausnahmen gelten hier für Jugendliche über 16 Jahren. So dürfen sie im Gaststätten- und Schaustellergewerbe bis 22 Uhr, in mehrschichtigen Betrieben bis 23 Uhr, in der Landwirtschaft ab 5 Uhr oder bis 21 Uhr und in Bäckereien ab 5 Uhr beschäftigt werden.

Jugendliche dürfen nur an 5 Tagen in der Woche beschäftigt werden. Eine Ausnahme gilt hier unter anderem für die Tätigkeit in Krankenanstalten sowie in Alten-, Pflege- und Kinderheimen.

Beschäftigungsverbote

Beschäftigungsverbot für bestimmte Arbeiten

Jugendliche dürfen mit bestimmten Arbeiten nicht beschäftigt werden (§ 22–24 JArbSchG). Hierunter fallen:

- gefährliche Arbeiten,
- Arbeiten, die ihre Leistungsfähigkeit übersteigen,
- Arbeiten, bei denen sie sittlichen Gefahren ausgesetzt sind (z. B. Beschäftigung in einem Stripteaselokal),
- Akkordarbeit,
- Arbeiten unter Tage (Bergbau).

Tarifvertragsrecht

Der Tarifvertrag ist ein **schriftlicher** Vertrag zwischen den Tarifvertragsparteien. Dies sind Gewerkschaften und einzelne Arbeitgeber oder Arbeitgeberverbände.

Tarifvertrag = schriftlicher Vertrag zwischen Arbeitgeberverband und Gewerkschaft

Der Tarifvertrag beinhaltet insbesondere Rechte und Pflichten der Tarifpartner und Rechtsnormen über den Inhalt, den Abschluß und die Beendigung von Arbeitsverhältnissen.

So besteht derzeit ein Tarifvertrag **zur Regelung der Rechtsverhältnisse der Schülerinnen / Schüler, die nach Maßgabe des Krankenpflegegesetzes oder des Hebammengesetzes ausgebildet werden** zwischen einerseits der Bundesrepublik Deutschland, der Tarifgemeinschaft deutscher Länder und der Vereinigung der kommunalen Arbeitgeberverbände und andererseits der Gewerkschaft Öffentliche Dienste, Transport und Verkehr (ÖTV).

Der Inhalt des Tarifvertrages ist nur für diejenigen Personen bindend, die Mitglieder der Tarifvertragsparteien sind.

Bindung an den Tarifvertrag nur für die Mitglieder des Arbeitgeberverbandes und der Gewerkschaft

Der oben erwähnte Tarifvertrag entfaltet daher in einem Arbeitsverhältnis nur dann Wirkung, wenn sowohl der Krankenhausträger als auch der Krankenpflegeschüler Mitglieder der Tarifvertragsparteien sind.

Beispiel:

Die Schülerin Erna ist Mitglied in der ÖTV, ihr Freund Tobias nicht. Beide sind in einem städtischen (kommunalen) Krankenhaus beschäftigt. Als Tobias im Juli auf dem Gehaltskonto von Erna ihr Urlaubsgeld von 300 DM erblickt, wendet er sich an seine Ausbildungsleitung und beansprucht ebenfalls das Urlaubsgeld. Dort wird ihm aber mitgeteilt, daß diesbezüglich in seinem Arbeitsvertrag nichts steht. Tobias wendet dagegen ein, daß auch in Ernas Arbeitsvertrag nichts über das Urlaubsgeld ausgesagt wird.

Hat er nun Anspruch auf die 300 DM?

?

Wenn im Arbeitsvertrag nichts über die Bezahlung von Urlaubsgeld geregelt ist, hat der Arbeitnehmer keinen Anspruch hierauf, es sei denn eine andere Norm sieht die Bezahlung vor. In Betracht kommt hier lediglich der Tarifvertrag. Und tatsächlich besteht zwischen u. a. der Vereinigung der kommunalen Arbeitgeberverbände und der ÖTV ein Tarifvertrag über die Gewährung von Urlaubsgeld und zwar in Höhe von 300 DM. Da das Krankenhaus Mitglied der Vereinigung der kommunalen Arbeitgeberverbände und Erna Mitglied der ÖTV ist, steht ihr zu Recht das Urlaubsgeld zu. Tobias ist nicht Mitglied der ÖTV. Insofern kann er keine Rechte aus dem Tarifvertrag herleiten, da dieser für in gar nicht gilt. Es steht dem Arbeitgeber aber frei, auf freiwilliger Basis die entsprechenden Leistungen an die nicht tarifgebundenen Arbeitnehmer zu zahlen. Dies wird er in der Regel auch tun, da sonst viele Beschäftigte allein deswegen der Gewerkschaft beitreten würden.

Zwischen Arbeitsvertrag und Tarifvertrag gilt die für den Arbeitnehmer günstigere Norm

Die Tarifnormen wirken zwischen den tarifgebundenen Personen wie ein Gesetz. Dabei kommt es nicht darauf an, ob die betreffenden Parteien den Tarifvertrag überhaupt kennen.

Der Tarifvertrag ergänzt somit den Arbeitsvertrag. Soweit in beiden Verträgen widersprechende Regelungen enthalten sind, ist der Tarifvertrag ausschlaggebend. Dies gilt dann nicht, wenn die Regelung im Arbeitsvertrag für den Arbeitnehmer günstiger ist.

Beispiel:

Hat im obigen Beispiel Erna im Arbeitsvertrag ein Urlaubsgeld von 200 DM vereinbart, hat sie dennoch Anspruch auf die im Tarifvertrag festgelegten 300 DM. Hat sie jedoch im Arbeitsvertrag 500 DM vereinbart, hat sie hierauf einen Anspruch, da insoweit der Arbeitsvertrag für sie günstiger ist als der Tarifvertrag.

Betriebsverfassung

War früher der Arbeitgeber der allein bestimmende Faktor in einem Betrieb, so bezweckt nun das Betriebsverfassungsrecht den Schutz des Arbeitnehmers gegenüber den Maßnahmen des Arbeitgebers. Die Arbeitnehmerschaft soll so an seinen Entscheidungen beteiligt werden. Es kommt daher zu einer Demokratisierung des Arbeitsverhältnisses.

Betriebsverfassung als demokratisches Element in der Arbeitswelt

Personalrat

Die gesetzlichen Bestimmungen der Betriebsverfassung sind für die Arbeiter und Angestellten in der Privatwirtschaft im **Betriebsverfassungsgesetz** und für die Arbeiter und Angestellten im öffentlichen Dienst in den **Personalvertretungsgesetzen** der Länder geregelt.

Gesetzliche Grundlagen:
- Betriebsverfassungsgesetz
- Personalvertretungsgesetze

Die Personalvertretungsgesetze der Länder finden vor allem in Krankenhäusern Anwendung, deren Träger die Gemeinden oder Gemeindeverbände sind.

Kern der Personalvertretung ist der **Personalrat.** Er wird alle 4 Jahre neu in geheimer und unmittelbar Wahl gewählt. Die Zahl seiner Mitglieder hängt von der Zahl der Beschäftigten im jeweiligen Betrieb ab, wobei erst ab einer Beschäftigtenzahl von 5 Personen ein Personalrat gebildet wird.

Personalrat als Vertreter der Arbeitnehmer

Besteht das Krankenhaus aus bis zu 20 Beschäftigten, besteht der Personalrat nur aus einer Person, bis 50 Beschäftigte aus 3 und bis 150 Beschäftigte aus 5 Mitgliedern usw. Personalratsmitglieder dürfen bei der Wahrnehmung ihrer Aufgaben nicht behindert und aufgrund ihrer Tätigkeit nicht benachteiligt oder begünstigt werden. Dies gilt auch für ihre berufliche Entwicklung.

Keine Benachteiligung der Personalratsmitglieder

Bezüglich der Angelegenheiten und Tatsachen, die sie bei Ausübung dieser Tätigkeit erfahren haben, haben sie Stillschweigen zu bewahren.

Schweigepflicht

Die Tätigkeit des Personalrates ist ein Ehrenamt und unentgeltlich zu führen. Allerdings darf durch die Versäumung der Arbeitszeit keine Minderung der Dienstbezüge eintreten. Ein Personalratsmitglied kann sogar u.U. Dienstbefreiung begehren, wenn es über seine regelmäßige Arbeitszeit hinaus erheblich mehr beansprucht wird.

Kündigungsverbot eines Mitgliedes des Personalrates

Die ordentliche Kündigung ist gemäß § 15 II KSchG ausgeschlossen.

Aufgaben des Personalrates

Die Aufgaben des Personalrates sind vielfältig. Sie unterscheiden sich je nach dem Grad der Mitwirkung an den Entscheidungen des Arbeitgebers und reichen von Mitspracherechten bis zur echten Mitbestimmung.

Mitwirkung im Sinne von Mitarbeit

Die allgemeinen Aufgaben des Personalrates ergeben sich daraus, daß er das „Bindeglied" zwischen den Arbeitnehmern und dem Arbeitgeber darstellt.

Beispiele:

- Durchsetzung der zugunsten der Beschäftigten geltenden Gesetze, Verordnungen, Tarifverträge und Anordnungen,
- Entgegennahme von Anregungen und Beschwerden von den Beschäftigten und Hinwirken auf Erledigung der berechtigten Anliegen der Beschäftigten,
- Förderung der Eingliederung schutzbedürftiger Personen (z. B. Schwerbehinderte, ausländische Beschäftigte),
- Zusammenarbeit mit der Jugendvertretung.

Mitbestimmung im Sinne von Mitentscheidung

Einzelne Maßnahmen des Arbeitgebers unterliegen ausdrücklich der **Mitbestimmung** durch den Personalrat. Diese können nur dann getroffen werden, wenn der Personalrat **zustimmt**.

Beispiele:

- Einstellung, Beförderung, Höhergruppierung, Rückgruppierung, Versetzung von Beschäftigten,
- Festlegung der täglichen Arbeitszeit, Aufstellung eines Urlaubsplanes, Fragen der Lohngestaltung, Durchführung der Berufsausbildung, Maßnahmen der Unfallverhütung, betriebliches Vorschlagswesen, Inhalt von Personalfragebogen, Beurteilungsrichtlinien, **falls keine gesetzliche oder tarifliche Regelung besteht.**

Der Personalrat wirkt vor allem bei der **ordentlichen Kündigung** durch den Arbeitgeber mit. Er kann gegen die Kündigung Einwände erheben, wenn z. B. bei der Auswahl des Beschäftigten soziale Gesichtspunkte nicht oder nicht ausreichend berücksichtigt wurden oder der Beschäftigte an einem anderen Arbeitsplatz weiterbeschäftigt werden kann.

Zwingende Anhörung des Betriebs-, Personalrates

Wurde der Personalrat bei einer Kündigung nicht beteiligt, ist die Kündigung unwirksam.

Jugendvertretung

In Dienststellen bzw. Betrieben, bei denen Personalvertretungen gebildet sind und in denen in der Regel mindestens 5 Beschäftigte tätig sind, die das 18. Lebensjahr noch nicht vollendet haben, werden Jugendvertretungen gebildet.

Jugendvertretung = Vertretung der jugendlichen Arbeitnehmer im Betrieb

Wählbar sind hier alle wahlberechtigten Beschäftigten, die noch keine 24 Jahre alt sind.

Wahlberechtigt sind alle jugendlichen Beschäftigten.

Die Anzahl der Jugendvertreter hängt wiederum von der Anzahl der jugendlichen Beschäftigten ab.

Aufgaben der Jugendvertretung

Aufgaben der Jugendvertretung

- Darüber zu wachen, daß die Jugendschutzvorschriften eingehalten werden,
- Anregungen und Beschwerden von jugendlichen Beschäftigten entgegenzunehmen und auf ihre Erledigung hinzuwirken,
- Maßnahmen beim Personalrat zu beantragen, die den jugendlichen Beschäftigten dienen, insbesondere in Fragen der Berufsbildung.

Sozialrecht

Das Sozialrecht hat seine Wurzeln im Sozialstaatsprinzip (Art. 20 I GG) (S. 16 f.) und in der Unantastbarkeit der Menschenwürde (Art. 1 I 1 GG) (S. 27). Es will die soziale Gerechtigkeit und soziale Sicherheit verwirklichen und dem einzelnen ein menschenwürdiges Dasein ermöglichen.

Sozialrecht: Schutz und Förderung des sozial Schwachen

Gleichzeitig sollen nach Möglichkeit allen gleiche Voraussetzungen für die freie Entfaltung der Persönlichkeit geschaffen werden. Insbesondere bei besonderen Belastungen des Lebens soll Schutz und Förderung gewährt werden.

Wesentliche Teile des Sozialrechts:
- Sozialversicherung
- Sozialhilfe

Ein kurzer Überblick soll die wesentlichen Säulen des Sozialrechtes aufzeigen, die die Sozialhilfe und die 4 Sozialversicherungsarten (Renten-, Kranken-, Arbeitslosen- und Unfallversicherung) darstellen (Abb. **100**).

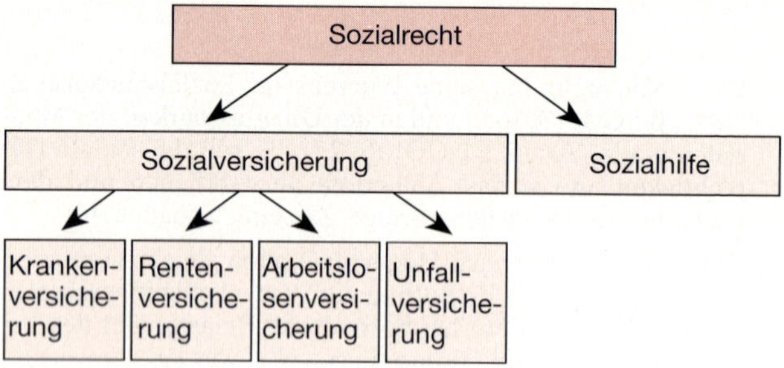

Abb. **100** Säulen des Sozialrechtes

Neben diesen großen Bereichen gibt es noch zahlreiche Einzelfälle, bei denen Sozialleistungen an die Bürger gewährt werden (z. B. Ausbildungsförderung, Kindergeld, Erziehungsgeld, Opferentschädigung, Wohngeld).

Gesetzliche Grundlagen:
- Reichsversicherungsordnung (RVO)
- Bundessozialhilfegesetz (BSHG)
- Arbeitsförderungsgesetz (AFG)
- Sozialgesetzbuch (SGB)

Als Rechtsgrundlagen kommen vor allem die Reichsversicherungsordnung (RVO) das Bundessozialhilfegesetz (BSHG), das Arbeitsförderungsgesetz (AFG) und das Sozialgesetzbuch (SGB) in Betracht.

Krankenversicherung

Sparmaßnahmen wegen Kostenexplosion

Knapp 90 % der Gesamtbevölkerung der Bundesrepublik Deutschland werden durch die gesetzliche Krankenversicherung geschützt. Aufgrund der verbesserten und vermehrten Behandlungsmöglichkeiten, die die moderne Medizin entwickelt hat, stiegen die Kosten explosionsartig.

Um diese Entwicklung einzudämmen, entschloß sich der Gesetzgeber zu Leistungskürzungen, die im **Gesundheitsreformgesetz** vom 20. 12. 1988 und im **Gesundheitsstrukturgesetz** vom 21. 12. 1992 formuliert wurden. Letzteres hat auch zum Inhalt, daß der Anstieg der Entgelte für die Leistungen gebremst und eine Zulassungsbeschränkung für Vertragsärzte vorgesehen ist.

Kreis der versicherten Personen

Bestehen der Versicherung kraft Gesetzes, ohne Zutun der beteiligten Personen

Grundsätzlich besteht – wie bei den anderen Sozialversicherungszweigen auch – ein Versicherungs**zwang**, wenn bestimmte Voraussetzungen erfüllt sind. Daneben kann aber auch unter bestimmten Umständen freiwillig ein Versicherungsverhältnis begründet werden.

Das charakteristische an dieser Zwangsversicherung besteht darin, daß sie nicht erst abgeschlossen werden muß (so wie z. B. bei der Kfz-Haftpflichtversicherung), sondern daß sie kraft Gesetzes besteht, sobald ihre Voraussetzungen vorliegen. Auf den Willen des Versicherten oder des Versicherers kommt es daher nicht an.

Versicherungspflicht

Versichert sind:
- Arbeiter, Angestellte
- Auszubildende

Der Kreis der versicherungspflichtigen Personen ist in § 5 SGB-V (= 5. Buch) enthalten. Hier werden eine Fülle von einzelnen Personengruppen aufgeführt, die versicherungspflichtig sind. Die folgende Aufzählung soll nur die wichtigsten Personengruppen umschreiben:

Arbeiter, Angestellte

Die weitaus größte Gruppe stellen die Arbeiter und Angestellten dar. Sie sind versichert, wenn sie gegen Arbeitsentgelt beschäftigt werden. Entscheidend ist allein das entgeltliche Beschäftigungsverhältnis.

Eine Ausnahme gilt für diejenigen Arbeitnehmer, die sehr viel verdienen (S. 268).

Auszubildende

Personen, die zu ihrer Berufsausbildung beschäftigt sind und ein Arbeitsentgelt oder Ausbildungsvergütung erhalten sind ebenfalls pflichtversichert.

Schüler der Krankenpflegeschulen

So sind gemäß § 5 I Nr. 1 SGB V die Schüler/-innen der Krankenpflegeschulen kraft Gesetzes krankenversichert.

Sonstige Personengruppen

Weiter gehören dem Kreis der Versicherungspflichtigen u. a. an:

- Kurzarbeiter oder Bezieher von Schlechtwettergeld ,
- Rentner (Ausnahmen möglich),
- Rehabilitanten, die an berufsfördernden Maßnahmen teilnehmen,
- Behinderte, wenn sie in anerkannten Behindertenwerkstätten tätig sind,
- Studenten und Praktikanten.

Versicherungsfreiheit

Ausgenommen von der Versicherungspflicht sind:
- Arbeitnehmer, die wenig verdienen und zeitlich geringfügig arbeiten
- Arbeitnehmer, die besonders viel verdienen

Trotz Vorliegens eines entgeltlichen Beschäftigungsverhältnisses sind bestimmte Personengruppen oder Beschäftigungen nicht versicherungspflichtig.

Geringfügige Beschäftigung

Ist ein Arbeitnehmer nur geringfügig beschäftigt, unterliegt er nicht der Versicherungspflicht. Der Begriff der „geringfügigen Beschäftigung“ ist in § 8 SGB IV definiert (Abb. **101**).

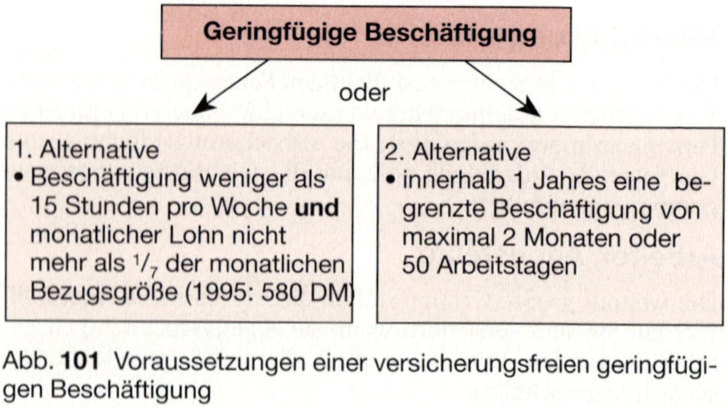

Abb. **101** Voraussetzungen einer versicherungsfreien geringfügigen Beschäftigung

Es gibt 2 Alternativen, bei deren Vorliegen eine geringfügige Beschäftigung gegeben ist:

1. Alternative

Ein Arbeitnehmer ist regelmäßig **weniger als 15 Stunden in der Woche** mit dieser Tätigkeit beschäftigt und verdient **monatlich nicht mehr als** $^1/_7$ der monatlichen Bezugsgröße. Diese beträgt für das Jahr **1995** 4060 DM. Er darf also nicht mehr als **580 DM** im Monat durch diese Tätigkeit verdienen (bzw. 470 DM in den neuen Bundesländern Ost).

Geringfügige Beschäftigung, wenn weniger als 15 Stunden pro Woche gearbeitet und nicht mehr als $^1/_7$ der Bezugsgröße verdient wird (1995: 580 DM)

Die monatliche Bezugsgröße ist das Durchschnittsentgelt der gesetzlichen Rentenversicherung. Sie wird **jährlich neu** an die Einkommensentwicklung angepaßt.

Übt ein Arbeitnehmer mehrere geringfügige Beschäftigungen dieser Alternative gleichzeitig aus, werden sie zusammengerechnet.

Beispiel:

Die Krankenschwester Ilse verdient sich neben ihrer Tätigkeit im Krankenhaus als angestellte Klavierlehrerin monatlich 580 DM hinzu. Hierfür muß sie wöchentlich 8 Stunden Unterricht geben. Gleichzeitig trägt sie 1mal pro Woche (Dauer 1 Stunde pro Woche) eine Zeitung aus und erhält hierfür 50 DM.

Ilse übt sowohl bei ihrer Tätigkeit als Klavierlehrerin als auch als Zeitungsausträgerin jeweils eine geringfügige Beschäftigung aus, da sie sowohl als Klavierlehrerin als auch als Zeitungsausträgerin weniger als 15 Stunden wöchentlich arbeitet und maximal 580 DM verdient.

Beide Tätigkeiten sind jedoch **zusammenzurechnen**. Dann aber verdient sie mit 630 DM mehr als die zulässige 580 DM. Somit liegt im Ganzen gesehen keine geringfügige Beschäftigung mehr vor. Sie ist daher sozialversicherungspflichtig.

2. Alternative

Ein Arbeitnehmer ist innerhalb 1 Jahres begrenzt beschäftigt und zwar entweder für eine Zeit von **2 Monaten** oder **50 Arbeitstagen**.

Geringfügige Beschäftigung, wenn Tätigkeit auf 2 Monate oder 50 Tage innerhalb 1 Jahres begrenzt ist

Darüber hinaus darf die Tätigkeit nicht berufsmäßig ausgeübt werden (d. h. sie darf nicht die Lebensgrundlage bilden). Auch hier werden mehrere Beschäftigungen dieser Alternative zusammengerechnet.

Bei dieser Alternative spielt es keine Rolle, wieviel der Arbeitnehmer bei seiner „Nebentätigkeit" verdient.

Beispiel:

Am 31. 10. hat Peter seine Ausbildung beendet. Bis zu Beginn seiner Arbeit als Krankenpfleger am 1. 12. jobt er als Aushilfsfahrer und verdient in dieser Zeit 4000 DM brutto.

Er möchten nun wissen, ob er für die „Nebentätigkeit" Sozialversicherungsbeiträge zahlen muß. **?**

Die Tätigkeit von Peter ist nicht versicherungspflichtig. Da er am 1. 12. beabsichtigt, als Krankenpfleger anzufangen, war seine Beschäftigung als Fahrer vorausvertraglich auf den November begrenzt.

Überschreiten der Jahresarbeitsentgeltgrenze

Keine Versicherungspflicht, wenn Einkommen über der Verdienstgrenze

Arbeitnehmer, die sehr viel verdienen, erscheinen dem Gesetzgeber nicht so schutzwürdig. Sie sind kraft Gesetzes versicherungsfrei (§ 6 I Nr.1 SGB V), können sich jedoch anderweitig bei einer privaten Krankenversicherung versichern.

Sehr viel verdienen bedeutet hier, daß der Verdienst des Arbeitnehmers die Jahresarbeitsverdienstgrenze übersteigt.

Die Jahresarbeitsverdienstgrenze liegt im Jahr 1995 bei 70 200 DM (=5850 DM monatlich). Sie beträgt 75 % der Beitragsbemessungsgrenze in der Rentenversicherung, die **jährlich neu** an die Einkommensentwicklung angepaßt wird.

Sonstige versicherungsfreie Personengruppen

Nicht unter die Versicherungspflicht fallen eine Reihe weiterer Personengruppen:

Beispiel:

- Beamte,
- Richter,
- Soldaten auf Zeit,
- Geistliche.

Familienversicherung

Familienmitglieder von der Versicherung mitumfaßt

In den Schutz der gesetzlichen Krankenversicherung sind auch die Familienmitglieder eines Versicherten einbezogen (§ 10 SGB V). Hierzu gehören der **Ehegatte** und die **Kinder** des Versicherten. Diese werden zwar dadurch nicht Mitglied der Krankenkasse, haben aber einen selbständigen Anspruch auf Leistung.

Diese zusätzliche Leistung wird von der Krankenversicherung im Unterschied zur privaten Krankenversicherung **ohne** Beitragszuschläge erbracht.

Mitversichert sind Kinder folgender Altersstufen:

- bis zum 18. Geburtstag,
- bis zum 23. Geburtstag, wenn sie nicht erwerbstätig sind,
- bis zum 25. Geburtstag, wenn sie sich in Schul- oder Berufsausbildung befinden oder wenn sie ein freiwilliges soziales Jahr leisten. Die Altersgrenze wird insoweit nach oben verschoben, als das Kind einer gesetzlichen Dienstpflicht nachgekommen ist,

- unbeschränkt, wenn sie wegen einer Behinderung außerstande sind, sich selbst zu unterhalten.

Sind die Kinder bereits selbst z. B. aufgrund einer Erwerbstätigkeit Mitglied der Krankenversicherung geworden, scheidet die Familienversicherung aus.

Träger der Krankenversicherung

Krankenkassen als Träger der Krankenversicherung

Träger der Krankenversicherung sind die Krankenkassen. Hiervon gibt es z.Zt. ca. 1300 im gesamten Bundesgebiet.

Sie unterteilen sich in:

- Ortskrankenkassen,
- Betriebs- und Innungskrankenkassen,
- landwirtschaftliche Krankenkassen,
- Seekrankenkasse,
- Bundesknappschaft,
- Ersatzkassen.

Diese Krankenkassen sind meist in Landes- und Bundesverbänden organisiert.

Die Versicherten (insbesondere Arbeitnehmer und Arbeitgeber) wählen alle 6 Jahre die Mitglieder der Vertreterversammlung, das oberste Organ der Krankenkasse.

Finanzierung der Krankenversicherung

Finanzierung durch: Beiträge der Arbeitnehmer und Arbeitgeber

Die Haupteinnahmequelle der Krankenkassen sind die Beiträge der in ihr versicherten **Arbeitnehmer** und der **Arbeitgeber**.

Nur für die Zahlung von Mutterschaftsgeld wird vom Bund eine Kostenerstattung gewährt.

Beiträge nur einkommensabhängig: unabhängig von Krankheitsrisiken und Zahl der Familienmitglieder

Für die Höhe der Beiträge allein ausschlaggebend ist der Bruttolohn des Versicherten, völlig unabhängig von den persönlichen Krankheitsrisiken und der Zahl der mitversicherten Familienmitglieder.

Darin liegt auch zugleich das soziale Element der Krankenversicherung. Im Unterschied dazu richten sich bei den Privatversicherungen die Beiträge nach den Versicherungsrisiken und der Zahl der versicherten bzw. geschützten Personen.

Aufgrund der Selbständigkeit der einzelnen Krankenkassen setzt jede für sich den Beitragssatz in ihrer Satzung selbständig fest. Die Beitragssätze sind Prozentsätze vom jeweiligen Einkommen für die Beitragsberechnung. Es gibt jedoch nach oben eine Grenze, die durch die Beitragsbemessungsgrenze festgelegt wird. Soweit der Lohn des Versicherten über dieser Grenze liegt, bleibt er für die Beitragsberechnung unberücksichtigt.

Berücksichtigung des Einkommens bis zur Beitragsgrenze

Die Beitragsbemessungsgrenze beträgt für das Jahr 1995 monatlich 5850 DM (West) bzw. 4800 DM (Ost). Sie wird **jährlich neu** der Einkommensentwicklung angepaßt.

Beitragszahlung jeweils zur Hälfte von:
- Arbeitgeber
- Arbeitnehmer

Diese Beiträge werden nun **jeweils zur Hälfte** von den Arbeitnehmern und den Arbeitgebern erbracht.

Leistungen der Krankenversicherung

Die Leistungen der Krankenversicherung sind sehr vielschichtig und reichen von der Prävention bis zur Beseitigung der Nachteile, die durch eine Krankheit eingetreten sind (Abb. **102**).

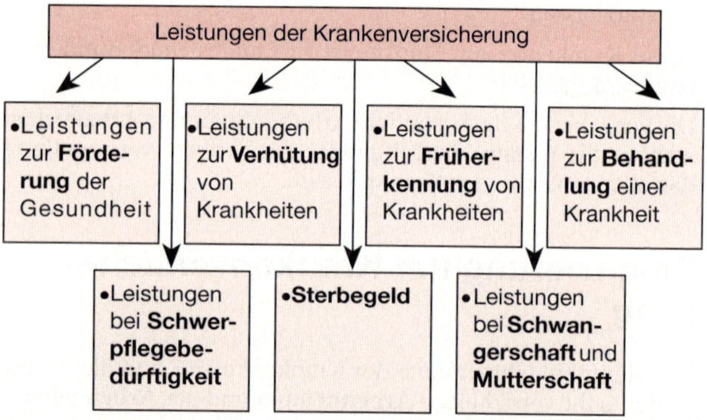

Abb. **102** Leistungsarten der Krankenversicherung

Leistungen zur Förderung der Gesundheit

Leistungen zur Förderung der Gesundheit

Gemäß § 20 SGB V haben die Krankenkassen ihre Versicherten allgemein über Gesundheitsgefährdungen und über die Verhütung von Krankheiten aufzuklären und darüber zu beraten, wie Gefährdungen vermieden und Krankheiten verhütet werden können.

Diesen Aufgaben kann die Krankenkasse durch Beratung und durch Kurse, evtl. auch durch Unterstützung von Selbsthilfegruppen nachkommen.

Leistungen zur Verhütung von Krankheiten

Hierunter fallen eine Reihe von prophylaktischen Maßnahmen wie z. B. Zahnuntersuchungen in Kindergärten oder Schulen (sog. Gruppenprophylaxe [§ 21 SGB V]).

Leistungen zur Verhütung von Krankheiten

Kinder zwischen dem 6. und 20. Lebensjahr können sich zur Verhütung von Zahnerkrankungen 1mal in jedem Kalenderjahr zahnärztlich untersuchen lassen (sog. Individualprophylaxe [§ 22 SGB V]).

Um eine Schwächung zu beseitigen, die in absehbarer Zeit voraussichtlich zu einer Krankheit führen wird, kann ein Versicherter behandelt werden (z. B. kann Müttern unter dieser Voraussetzung eine Vorsorgekur in einer Einrichtung des Müttergenesungswerkes oder einer gleichartigen Einrichtung genehmigt werden).

Den Versicherten ist ärztliche Beratung zu Fragen der Empfängnisregelung zu gewähren. Dazu gehört auch die Verschreibung von empfängnisregelnden Mitteln.

Fragen zur Empfängnisregelung

Die Kosten dieser Mittel sind jedoch nur bei Versicherten bis zum 20. Lebensjahr frei, wenn sie ärztlich verordnet werden (§ 24a II SGB V).

Leistungen zur Früherkennung von Krankheiten

Versicherte, die das **35. Lebensjahr** vollendet haben, haben jedes zweite Jahr Anspruch auf eine ärztliche Gesundheitsuntersuchung zur Früherkennung von Krankheiten (insbesondere Herz-Kreislauf- und Nierenerkrankungen sowie der Zuckerkrankheit).

Leistungen zur Früherkennung von Krankheiten

Frauen ab dem 20. Lebensjahr und Männer ab dem 45. Lebensjahr haben 1mal im Jahr Anspruch auf eine Untersuchung zur Früherkennung von Krebserkrankungen.

Krebsvorsorge bei:
- Frauen ab 20 Jahren
- Männer ab 45 Jahren

Leistungen zur Behandlung einer Krankheit

Bei den Leistungen im Krankheitsfall sieht das Gesetz die **Krankenbehandlung** und die Gewährung von **Krankengeld** vor.

Leistungen bei Krankheit:
- Krankenbehandlung
- Krankengeld

Als Krankheit versteht man einen **regelwidrigen körperlichen** oder **geistigen Zustand**, dessen Eintritt **Behandlungsbedürftigkeit** und/oder **Arbeitsunfähigkeit** zur Folge hat. Diese Regelwidrigkeit muß eine Beeinträchtigung der Körperfunktionen und einen Leidensdruck zur Folge haben.

Beispiele:

- **Haarlosigkeit** ist zwar in gewissem Sinne eine Regelwidrigkeit. Sie führt jedoch zu keiner Beeinträchtigung einer Körperfunktion und ist somit keine Krankheit im versicherungsrechtlichen Sinn (daher kein Anspruch auf Toupet).
- **Kiefer- oder Zahnfehlstellungen** sind erst dann als Krankheit anzusehen, wenn es zur Beeinträchtigung der Körperfunktionen des Beißens, Kauens oder Sprechens führt.
- **Ungewollte Unfruchtbarkeit** ist eine Krankheit.
- **Pflegebedürftigkeit** ist keine Krankheit, da dies eine natürliche Körper- und Geistesentwicklung darstellt und wie eine **Schwangerschaft** nicht regelwidrig ist.

Leistungen auch bei schuldhafter Herbeiführung der Krankheit

Für das Entstehen der Leistungsansprüche kommt es nicht auf die Ursache der Krankheit an. Auch wenn den Versicherten ein Verschulden am Zustandekommen der Krankheit trifft (z. B. Raucher, Alkoholmißbrauch usw.) muß die Krankenversicherung die Leistung gewähren.

Von diesem Grundsatz gibt es 2 Ausnahmen:

Ausnahmen:
- Arbeitsunfall
- Berufskrankheit
- vorsätzliches Herbeiführen der Krankheit

Leistungen aus der Krankenversicherung scheiden aus, wenn die Krankheit die Folge eines Arbeitsunfalles oder einer Berufskrankheit darstellt. Hier greift dann die gesetzliche Unfallversicherung (S. 281 ff.) (§ 11 IV SGB V).

Hat sich ein Versicherter eine Krankheit vorsätzlich oder bei einer von ihm begangenen vorsätzlichen Straftat zugezogen, kann die Krankenkasse ihn an den Kosten der Leistungen beteiligen (§ 52 SGB V).

Krankenbehandlung

Die **Krankenbehandlung** umfaßt im wesentlichen folgende Leistungen:

- (zahn-) ärztliche Behandlung,
- Versorgung mit Arznei-, Verband-, Heil- und Hilfsmittel,
- häusliche Krankenpflege und Haushaltshilfe,
- Krankenhausbehandlung,
- Rehabilitationsmaßnahmen.

„Wirtschaftlichkeitsgebot“ (keine „Luxus“-Behandlung)

Diese Leistungen müssen ausreichend, zweckmäßig und wirtschaftlich sein (§ 12 SGB V) (sog. Wirtschaftlichkeitsgebot). Sie dürfen das Maß des Notwendigen nicht überschreiten.

Krankengeld: 80 % vom Arbeitsentgelt

Krankengeld erhält ein Versicherter, der aufgrund seiner Krankheit arbeitsunfähig geworden ist, d. h. seine zuvor ausgeübte Tätigkeit nicht mehr oder nur auf die Gefahr hin ausüben kann, seinen Zustand zu verschlimmern.

Zu beachten ist hierbei, daß der Arbeitnehmer infolge seiner krankheitsbedingten Arbeitsunfähigkeit die ersten 6 Wochen das volle Arbeitsentgelt als Lohnfortzahlung weiter erhält. Erst danach greift das Krankengeld.

Das Krankengeld beträgt **80%** des erzielten regelmäßigen Arbeitsentgelts (§ 47 SGB V).

Das Arbeitsentgelt wird nur bis zur Beitragsbemessungsgrenze berücksichtigt (für 1995: monatlich 5850 DM im Westen). Das Krankengeld beträgt demzufolge monatlich höchstens 4680 DM.

Beispiel:

Krankenschwester Julia arbeitet im Krankenhaus und verdient dort monatlich 3000 DM.

Als sie krank wird, fragt sie sich, wie ihre finanzielle Zukunft aussieht. ?

Während der ersten 6 Wochen ihrer Krankheit erhält sie den vollen Lohn weiterbezahlt. Anschließend bekommt sie von ihrer Krankenkasse Krankengeld in Höhe von 2400 DM.

Leistungen bei Pflegebedürftigkeit

Leistungen bei Schwerpflegebedürftigkeit je nach dem Grad der Hilfsbedürftigkeit

Die Leistungen richten sich nach den 3 Pflegestufen, nach dem Grad der Pflegebedürftigkeit sowie danach, ob ambulante, teilstationäre oder stationäre Pflege erforderlich ist.

Die Pflegestufen gliedern sich wie folgt:

- **1. Stufe:** Erheblich pflegebedürftig (Hilfebedarf mindestens 1mal täglich für wenigstens 2 Verrichtungen).
- **2. Stufe:** Schwerpflegebedürftig (Hilfebedarf mindestens 3mal täglich zu verschiedenen Tageszeiten).
- **3. Stufe:** Schwerstpflegebedürftig (Bedarf rund um die Uhr).

Bei der **häuslichen Pflege** kann der Pflegebedürftige wählen zwischen dem Pflegegeld bei Versorgung durch Angehörige, Freunde oder Nachbarn oder der Sachleistung durch professionelle Pfleger.

Die Leistungen umfassen neben den Sachleistungen ein Pflegegeld, dessen Höhe von der vorliegenden Stufe abhängig ist, und die Übernahme der Kosten einer stationären Pflege bis zu einem Höchstbetrag.

Sterbegeld

Sterbegeld

Beim Tod eines Versicherten wird ein Zuschuß zu den Bestattungskosten in Höhe von 2100 DM (beim Tod eines versicherten Familienmitgliedes 1050 DM) gezahlt (§ 58 SGB V).

Das Sterbegeld läuft in Zukunft aus und wird nur noch bezahlt, wenn der Verstorbene am 1. 1. 1989 versichert war.

Leistungen bei Schwangerschaft und Mutterschaft

Leistungen bei Schwangerschaft und Mutterschaft
- Vorsorgeuntersuchungen
- Entbindungskosten
- häusliche Pflege
- Haushaltshilfe
- Mutterschaftsgeld
- Entbindungsgeld

Nachdem die Schwangerschaft keine Krankheit darstellt, hat sie der Gesetzgeber als eigenen Versicherungsfall aufgeführt (§§ 179 ff RVO).

Zu den gewährten Leistungen gehören u. a. die Schwangerenvorsorge, Entbindungskosten, häusliche Pflege, Haushaltshilfe, Mutterschaftsgeld und Entbindungsgeld.

Gemäß § 200 RVO erhält die Frau während der Schutzfristen nach dem Mutterschutzgesetz (S. 252 ff.) ein Mutterschaftsgeld. Allerdings ist dieser Anspruch auf 25 DM täglich beschränkt. Soweit sie mehr verdient hat, muß den Differenzbetrag der Arbeitgeber zuzahlen.

Versicherte Frauen, die keinen Anspruch auf Mutterschaftsgeld haben, erhalten ein einmaliges Entbindungsgeld von 150 DM (§ 200b RVO).

Rentenversicherung

Zwischen 80 und 90 % aller alten Menschen, Invaliden und Waisen erhalten Leistungen aus der gesetzlichen Rentenversicherung.

Diese gliedert sich in die Rentenversicherung der Arbeiter und Angestellten, der knappschaftlichen Rentenversicherung (für Beschäftigte im Bergbau) und der Altershilfe für Landwirte.

Träger der Arbeiterrentenversicherung sind 23 Landesversicherungsanstalten (LVA), die Bundesbahn-Versicherungsanstalt und die Seekasse. Träger der Angestelltenrentenversicherung ist die Bundesversicherungsanstalt für Angestellte (BfA). Daneben gibt es die Bundesknappschaft und 19 landwirtschaftliche Alterskassen.

Für bestimmte Berufsgruppen (z. B. Ärzte) existieren eigene Rentenversicherungen.

Kreis der versicherten Personen

Der Kreis der Rentenversicherten umfaßt im wesentlichen die gleichen Personen wie die Krankenversicherung. Hierzu gehören wieder in erster Linie diejenigen, die gegen Entgelt oder zu ihrer Berufsausbildung in einem Beschäftigungsverhältnis stehen. Im Gegensatz zur Krankenversicherung sind **alle** Arbeitnehmer ohne Obergrenze des Einkommens pflichtversichert.

Versichert sind:
- Arbeiter, Angestellte
- Auszubildende

u. a.

Des weiteren sind u. a. versichert:

- ❖ Behinderte, die in anerkannten Werkstätten oder anderen Einrichtungen tätig sind,
- ❖ bestimmte selbständig Tätige (z. B. selbständige Hebammen/Entbindungspfleger),
- ❖ Personen, die ein Kind erziehen, 3 Jahre pro Kind,
- ❖ Personen, die Krankengeld beziehen.

Darüber hinaus kann jeder Selbständige versichert werden, wenn er dies innerhalb von 5 Jahren nach Aufnahme dieser Tätigkeit **beantragt**.

Nicht versicherungspflichtig sind wie bei der Krankenversicherung Beamte und ähnliche Personen sowie Personen, die nur eine geringfügige Beschäftigung ausüben (S. 266 f.).

Finanzierung der Rentenversicherung

Finanzierung durch:
- Beiträge der Arbeitnehmer und Arbeitgeber
- staatliche Zuschüsse

Auch die Rentenversicherung wird wie die Krankenversicherung zum großen Teil durch die Beiträge der **Arbeitnehmer** bzw. Versicherten und der **Arbeitgeber** finanziert. Anders als dort gewährt aber der Bund einen erheblichen Zuschuß, durch den knapp $^1/_5$ der Gesamtausgaben gedeckt werden.

Diese „Einnahmen" werden sogleich dazu verwandt, um die laufenden Renten zu bezahlen (§ 153 SGB VI) (sog. Umlageverfahren).

Bei Zahlungsschwierigkeiten hilft der Staat

Zugleich sind die Rententräger verpflichtet, bestimmte Rücklagen und Liquiditätsreserven zu bilden. Soweit dennoch im Einzelfall diese finanziellen Mittel der Rentenversicherung nicht ausreichen, leistet der Bund ein zinsloses Darlehen als Liquiditätshilfe (sog. Bundesgarantie). Dadurch ist immer sichergestellt, daß die Rentenversicherung ihre Zahlungspflichten erfüllen kann.

Die **Beitragshöhe** besteht aus einem für alle Versicherten **gleichen Prozentsatz** des jeweiligen Bruttoeinkommens. Persönliche Risikofaktoren oder das Alter der Versicherten spielen dabei keine Rolle.

So beträgt der Beitragssatz für das Jahr 1995 in der Angestellten- und Arbeiterrentenversicherung 18,6 %.

Beitragszahlung je zur Hälfte:
- Arbeitgeber
- Arbeitnehmer

Aufgebracht werden diese Beiträge wiederum je zur Hälfte von den Arbeitnehmern und den Arbeitgebern.

Das Einkommen der Versicherten wird nur bis zu einer bestimmten Grenze (Beitragsbemessungsgrenze) der Beitragsberechnung zugrunde gelegt. Soweit der einzelne mehr verdient, bleibt dies bei der Bemessung des Beitrages unberücksichtigt.

Diese Beitragsbemessungsgrenze beträgt für das Jahr 1995 monatlich 7800 DM (West) bzw. 6400 DM (Ost).

Leistungen der Rentenversicherung

Inhalt der Rentenversicherung: Ersatz für den Wegfall des Einkommens wegen:
- Alter
- Erwerbs- und
- Berufsunfähigkeit

Der wesentliche Inhalt der Rentenversicherung ist die Vorsorge für den Fall, daß die Haupteinkommensquelle der Bürger, nämlich das Einkommen aus ihrer Arbeitstätigkeit, auf Dauer wegfällt oder gemindert wird, sei es durch Alter oder durch Krankheit bzw. Behinderung. Um bereits im Vorfeld dafür zu sorgen, daß diese Risiken sich möglichst spät verwirklichen, werden bereits frühzeitig diverse Rehabilitationsleistungen gewährt. An diesem Inhalt orientieren sich auch die Leistungen (Abb. **103**).

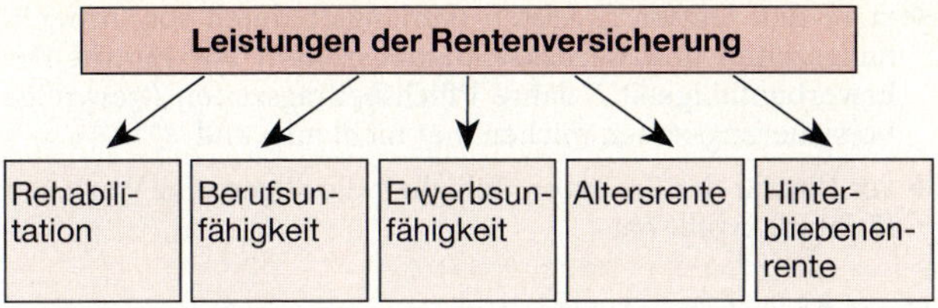

Abb. **103** Leistungsarten der Rentenversicherung

Rehabilitation

Rehabilitation: die Arbeitskraft des Menschen soll möglichst lange erhalten bleiben

Im Interesse des einzelnen aber auch der Allgemeinheit liegt es, den Zeitpunkt der Erwerbsunfähigkeit möglichst hinauszuschieben. Daher soll rechtzeitig mit medizinischen, arbeitsfördernden und sonstigen Leistungen versucht werden, die Arbeitskraft zu erhalten.

Es gilt der Grundsatz:

Rehabilitation vor Rente

Derartige medizinische Leistungen werden vorwiegend in Kur- und Spezialeinrichtungen der Rentenversicherungsträger erbracht.

Leistungen:
- Behandlung
- Übergangsgeld

Bei der Behandlung geht es z. B. um folgende Leiden:

❖ Erkrankungen der Bewegungsorgane,
❖ Herz- und Kreislauferkrankungen,
❖ Erschöpfungszustände u.ä.

Um den Unterhalt während der Rehabilitation zu sichern, erhält der Versicherte **Übergangsgeld**, soweit die gesetzlichen Voraussetzungen erfüllt sind (§ 20 SGB VI).

Erwerbsunfähigkeit

Erwerbsunfähigkeit: unfähig, infolge Krankheit einer regelmäßigen Beschäftigung nachzugehen

Erwerbsunfähig ist, wer wegen Krankheit oder Behinderung außerstande ist, **irgendeine** Erwerbstätigkeit in gewisser Regelmäßigkeit auszuüben.

Erwerbsunfähig ist auch, wer aus dem gleichen Grund nicht in der Lage ist, mehr als $^1/_7$ der monatlichen Bezugsgröße zu verdienen (§ 44 SGB VI).

Diese beträgt für das Jahr 1995 4060 DM monatlich ($^1/_7$: 580 DM).

Leistungen: Rentenzahlung

Wer erwerbsunfähig ist, erhält eine Rente in Höhe der entsprechenden Vollrente wegen Alters, wenn:

- er in den letzten 5 Jahren (verlängert durch sog. Anrechnungszeiten und Berücksichtigungszeiten) vor Eintritt der Erwerbunfähigkeit 3 Jahre Pflichtbeitragszeiten (freiwillige Versicherungszeiten reichen hier nicht aus) und
- vor Eintritt der Erwerbsunfähigkeit die allgemeine Wartezeit (5 Jahre) erfüllt hat.

Berufsunfähigkeit

Berufsunfähigkeit: unfähig, seinen erlernten Beruf auszuüben

Berufsunfähig ist, wer zwar noch einen gewissen Erwerb erzielen, jedoch seinen **erlernten** Beruf nicht mehr ausüben kann (§ 43 SGB VI).

Leistungen: Rentenzahlung

Wer berufsunfähig ist, erhält eine Rente in Höhe von $^{2}/_{3}$ der Erwerbsunfähigkeitsrente, wenn:

- er in den letzten 5 Jahren vor Eintritt der Berufsunfähigkeit 3 Jahre Pflichtbeitragszeiten und
- vor Eintritt der Berufsunfähigkeit die allgemeine Wartezeit (5 Jahre) erfüllt hat.

Altersrente

Altersgrenzen

Im Rentenversicherungsrecht gibt es verschiedene Altersgrenzen, bei deren Erreichen Altersrente gewährt wird (Abb. **104**). Dementsprechend ist auch die Höhe der jeweiligen Renten und die Voraussetzungen der Leistungsgewährung unterschiedlich.

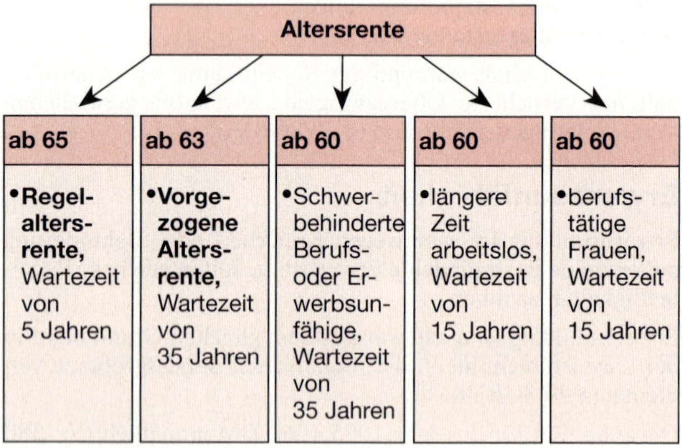

Abb. **104** Die verschiedenen Altersstufen der Altersrente

Soweit bei den einzelnen Leistungen der Rentenversicherung bestimmte **Wartezeiten** vorausgesetzt werden, setzen sich diese Zeiten wie folgt zusammen:

Allgemeine Wartezeiten:
- Beitragszeiten
- Beitragsfreie Zeiten
  - Anrechnungszeiten
  - Ersatzzeiten
  - Zurechnungszeiten
- Berücksichtigungszeiten

Beitragszeiten. Dies sind Zeiten, für die Pflicht- oder freiwillige Beiträge gezahlt worden sind.

Beitragsfreie Zeiten:

- **Anrechnungszeiten.** Dies sind Zeiten, in denen der Versicherte aus persönlichen Gründen keine Beiträge leisten konnte (z. B. Krankheit, Schwangerschaft, Schulbesuch nach dem 16. Lebensjahr).
- **Ersatzzeiten.** Dies sind Zeiten des Militärdienstes, der Kriegsgefangenschaft, wegen politischer Haft in der ehemaligen DDR u.ä.
- **Zurechnungszeiten.** Dies sind Zeiten, die zwischen dem Eintritt der Berufs- oder Erwerbsunfähigkeit und dem 60. Lebensjahr liegen.

Berücksichtigungszeiten. Dies sind z. B. Kindererziehungszeiten oder Zeiten einer ehrenamtlichen nicht erwerbsmäßigen Pflege von Pflegebedürftigen.

Höhe der Rente abhängig von
- Dauer der Versicherungszeit
- Höhe der gezahlten Beiträge

Die **Höhe der jeweiligen Rente** richtet sich im wesentlichen nach der **Dauer der Zugehörigkeit** zur Rentenversicherung und der **Höhe der gezahlten Beiträge**.

Rente ab dem 65. Lebensjahr

Rente ab dem 65. Lebensjahr

Mit Erreichen des 65. Lebensjahres hat der Versicherte Anspruch auf die **Regelaltersrente**, wenn er die allgemeine Wartezeit von 5 Jahren erfüllt hat (§ 35 SGB VI).

Dies bedeutet allerdings nicht, daß er zwingend mit 65 Jahren in den Ruhestand treten muß. Hier handelt es sich nur um eine Mindestaltersgrenze.

Beispiel:

Der Krankenpfleger Severin war bis zu seinem 61. Lebensjahr „freischaffender Künstler" und nicht versichert. Nun versucht er sich noch einmal in seinem Beruf in einem Krankenhaus, um später in den Genuß einer Rente zu kommen. Mit 65 Jahren will er aufhören, erfährt nun jedoch, daß er die Wartezeit nicht erfüllt hat.

Was kann er tun?

?

Severin muß nicht mit 65 Jahren aufhören zu arbeiten. Er kann solange arbeiten, bis er die Wartezeit erfüllt hat und jetzt einen Rentenantrag stellen.

Ein Hinzuverdienst ist hier ohne weitere Anrechnung in beliebiger Höhe möglich.

Rente ab dem 63. Lebensjahr

Rente ab dem 63. Lebensjahr

Für langjährige Versicherte besteht die Möglichkeit, bereits mit 63 Jahren in den Ruhestand zu gehen (§ 36 SGB VI). Erforderlich ist hier eine sehr lange Wartezeit von 35 Jahren.

Ein Hinzuverdienst ist bis zum 65. Lebensjahr ohne Anrechnung nur in bestimmten Grenzen zulässig. Diese Grenze liegt bei $^1/_7$ der Bezugsgröße (für das Jahr 1995: 580 DM monatlich).

Rente ab dem 60. Lebensjahr

Rente ab dem 60. Lebensjahr:
- Schwerbehinderte
- Berufs- oder Erwerbsunfähige
- Arbeitslose
- Frauen
- Bergleute

Ab dem Erreichen des 60. Lebensjahres erhalten folgende Versicherte eine Altersrente:

- **Schwerbehinderte**, wenn sie als solche anerkannt sind und Versicherte, die **berufs**- oder **erwerbsunfähig** sind (§ 37 SGB VI) (Wartezeit: 35 Jahre).
- Versicherte, die innerhalb der letzten $1^1/_2$ Jahren mindestens 52 Wochen **arbeitslos** waren und in den letzten 10 Jahren 8 Jahre Pflichtbeitragszeiten haben (§ 38 SGB VI) (Wartezeit: 15 Jahre).
- **Frauen**, die nach Vollendung des 40. Lebensjahres mehr als 10 Jahre Pflichtbeitragszeiten haben (§ 39 SGB VI) (Wartezeit: 15 Jahre). Langjährig unter Tage beschäftigte **Bergleute** (§ 40 SGB VI) (Wartezeit 25 Jahre).

Auch diese Versicherten dürfen ohne Anrechnung nur bis $^1/_7$ der Bezugsgröße hinzuverdienen (1995: 580 DM).

Hinterbliebenenrente

Hinterbliebenenrente:
- Witwen-, Witwerrente
- Waisenrente

Stirbt der Versicherte und hinterläßt er eine Witwe oder einen Witwer (der hinterbliebene Ehegatte muß zum Zeitpunkt des Todes mit dem Versicherten verheiratet gewesen sein) und Waisen, so bekommen diese Personen unter bestimmten Voraussetzungen eine Rente. Diese soll den ausfallenden Unterhalt ersetzen (§§ 46 – 48 SGB VI). Die Wartezeit des Versicherten zum Zeitpunkt seines Todes beträgt hier 5 Jahre.

Hat der überlebende Ehegatte wieder geheiratet, hat er einen Unterhaltsanspruch gegenüber dem neuen Ehepartner, so daß die Rente wegfällt. Das gleiche gilt für denjenigen, der den Tod des Versicherten vorsätzlich herbeigeführt hat.

Waisenrente erhalten die Kinder bis zum 18. Lebensjahr, oder bis zum 27. Lebensjahr, wenn sie sich in Ausbildung befinden, oder behindert sind und dadurch außerstande sind, ihren Lebensunterhalt zu bestreiten.

Unfallversicherung

Die gesetzliche Unfallversicherung dient vorwiegend dem Schutz des Arbeitnehmers vor Arbeitsunfällen. Dabei sollen die Versicherungsträger insbesondere auch vorbeugend tätig werden, um solche Unfälle zu verhindern.

In den Schutz der Unfallversicherung sind alle einbezogen, die im Interesse des Gemeinwohles (z. B. Erste Hilfe, Rettungsmaßnahmen) tätig geworden sind.

Träger der Unfallversicherung sind vor allem die **Berufsgenossenschaften**. Daneben gibt es noch die Gemeindeunfallversicherungsverbände und verschiedene Unfallkassen.

Kreis der versicherten Personen

Wie bei der Krankenversicherung so sind auch hier in erster Linie die Arbeitnehmer einschließlich den Auszubildenden kraft Gesetzes versichert (§ 539 I Nr.1 RVO).

Versichert sind:
- Arbeiter, Angestellte
- Auszubildende
- Personen, die für das Gemeinwohl tätig sind
- Kindergartenkinder
- Schüler
- Patienten u. a.

unabhängig von der Höhe des Einkommens und der Dauer der Beschäftigung

Im Unterschied zur gesetzlichen Krankenversicherung gibt es hier keine Versicherungspflichtgrenze, d. h., daß jeder Arbeitnehmer unabhängig von seinem Einkommen und dem zeitlichen Umfang seiner Tätigkeit versichert ist. Auch Personen, die nur geringfügig beschäftigt werden, sind versichert.

Gemäß § 539 II RVO sind sogar solche Personen versichert, die – ohne daß sie ein Beschäftigter dieses Betriebes sind – wie ein solcher tätig werden.

Beispiel:

Schwester Monika hat gerade ihre Freundin Ute zu Besuch auf Station. Als sie den Auftrag erhält, eiligst eine Blutprobe in das Labor zu bringen, bittet sie Ute, die ohnehin gerade gehen wollte, dies für sie zu übernehmen. Auf dem Weg zum Labor verunglückt Ute.

Jetzt fragt sie sich, ob sie den Schaden ersetzt bekommt.

?

Ute ist wie eine Beschäftigte des Krankenhauses tätig geworden. Hätte sie die Besorgung nicht erledigt, hätte es Monika tun müssen. Auch ist Ute nicht im eigenen Interesse sondern für das Krankenhaus tätig gewesen. Sie ist daher bei Ausübung dieses Botenganges versichert gewesen.

In der gesetzlichen Unfallversicherung sind auch Personen versichert, die im Interesse des Gemeinwohles handeln. Hier kommen vor allem folgende Gruppen in Betracht:

Beschäftigte im Gesundheitswesen

- Unabhängig von einem Beschäftigungsverhältnis Personen, die im Gesundheits- oder Veterinärwesen oder in der Wohlfahrtspflege tätig sind (z. B.: Hebammen, Krankenschwestern, Krankenpfleger u.ä.).

Beschäftigte in Rettungsunternehmen

- Personen, die in einem Unternehmen zur Hilfe in Unglücksfällen tätig sind, sowie die Teilnehmer an Ausbildungsveranstaltungen dieser Unternehmen (als solche Unternehmen kommen in Betracht: Deutsches Rotes Kreuz, Sanitätskolonnen, Feuerwehr, Bergwacht, Technisches Hilfswerk).

Hilfeleistender

- Jeder, der einem anderen bei Unglücksfällen Hilfe leistet,
- Blutspender und Spender körpereigener Gewebe.

Hinzu kommen noch eine Reihe einzelner Gruppen, von denen nur die wichtigsten erwähnt sein sollen:

Kindergartenkinder

- Kinder, während des Besuches des Kindergartens.

Schüler

- Schüler, während des Besuches der Schule.

Patienten

- Patienten, die sich in stationärer Behandlung im Krankenhaus befinden, wenn diese Behandlung von der gesetzlichen Krankenkasse oder Rentenversicherung getragen wird (nicht Beamte, die freiwillig versichert sind!).

Finanzierung der gesetzlichen Unfallversicherung

Die Mittel für die Ausgaben der Berufsgenossenschaften werden durch Beiträge **der Unternehmer**, die versichert sind oder Versicherte beschäftigen aufgebracht (§ 723 I RVO).

Keine Beitragszahlung durch Arbeitnehmer

Im Unterschied zu den anderen Zweigen der Sozialversicherung leisten hier die Arbeitnehmer keine Beiträge.

Die Beitragshöhe richtet sich nach dem Arbeitseinkommen der Versicherten und nach dem Grad der Unfallgefahren in den Unternehmen (§ 725 RVO).

Wenige Unfälle, niedrige Beiträge

Um hier Anreize zur Unfallverhütung zu schaffen, haben die Berufsgenossenschaften den Unternehmen mit wenigen Arbeitsunfällen Nachlässe zu bewilligen und andererseits unfallträchtigen Unternehmen Zuschläge aufzuerlegen.

Der durchschnittliche Beitragssatz beträgt derzeit 1,4 % der Arbeitsverdienste.

Versicherungsfälle in der Unfallversicherung

Die Leistungen der Unfallversicherung werden gewährt, wenn ein Versicherungsfall eingetreten ist und die sonstigen Voraussetzungen vorliegen. Versicherungsfall in der Unfallversicherung können sein: der Arbeitsunfall mit dem Wegeunfall und die Berufskrankheit (Abb. **105**).

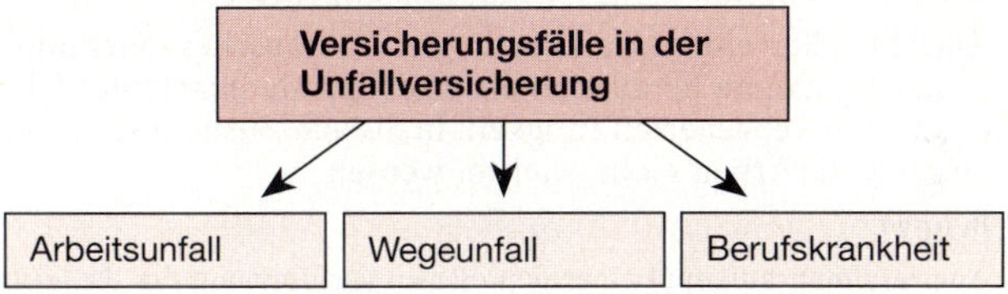

Abb. **105** Auftretende Versicherungsfälle in der Arbeitswelt

Arbeitsunfall

Arbeitsunfall = Unfall bei einer versicherten Tätigkeit

Arbeitsunfall ist ein Unfall, den ein Versicherter bei einer versicherten Tätigkeit erleidet (§ 548 I RVO).

Zunächst ist zu fragen ob überhaupt eine versicherte Tätigkeit vorliegt und ob das Unfallgeschehen damit im Zusammenhang steht. Dieses muß dann zu einem Körperschaden geführt haben.

Beispiel:

Krankenschwester Angela ist im städtischen Krankenhaus beschäftigt. Als sie einem Patienten ein Medikament bringen will, stolpert sie über die Türschwelle und bricht sich den Fuß.

Hier liegt ein typischer Arbeitsunfall vor, da der Beinbruch bei Ausübung der beruflichen Tätigkeit passiert ist.

Kein Versicherungsschutz bei Ausübung privater Tätigkeit

Eine versicherte Tätigkeit liegt nur vor, wenn sie den **Interessen des Unternehmens** zu dienen bestimmt ist. „Eigenwirtschaftliche" d. h., private Tätigkeiten gehören nicht dazu.

Beispiele:

Während einer kurzen Pause begibt sich Angela in die Krankenhausbücherei, um dort für ihre Kinder Bücher auszuleihen. Auf diesem Weg verunglückt sie.

Stand sie unter Versicherungsschutz? ?

Hier hat Angela nicht im Interesse des Krankenhauses gehandelt, sondern war aus privaten Gründen unterwegs. Auch wenn der Unfall nun während der Arbeitszeit geschah, ist kein Versicherungsfall gegeben.

Kein Versicherungsschutz bei absichtlicher Herbeiführung eines Unfalles

Eine versicherte Tätigkeit liegt nicht mehr vor, wenn der Versicherte den Unfall absichtlich oder vorsätzlich herbeigeführt hat.

Beispiel:

Angela ist sich ihrer Arbeit überdrüssig und will sich das Leben nehmen. Um ihre Kinder finanziell abzusichern, fingiert sie einen Arbeitsunfall und stürzt sich im Krankenhaus vom Dach.

? Liegt ein Versicherungsfall vor?

Nein, Angela hat den Unfall absichtlich herbeigeführt.

Kein Versicherungsschutz bei Alkohol- oder Medikamentenmißbrauch als Unfallursache

Auch in Fällen eines alkoholbedingten Vollrausches (oder infolge der Einnahme berauschend wirkender Medikamente) fehlt es an einer versicherten Tätigkeit. In diesem Zustand kann keine sinnvolle Arbeit mehr geleistet werden.

Beispiel:

Angela nimmt aufgrund einer depressiven Verstimmung das ihr leicht zugängliche Medikament Codein. Daraufhin kommt es bei ihr zu einem berauschenden Zustand, in dem sie die Treppe hinunterfällt und sich das Genick bricht.

? War sie versichert?

Hier liegt kein Versicherungsfall vor, da Angela sich durch die Einnahme der berauschenden Mittel von ihrer beruflichen Tätigkeit gelöst hat.

Wegeunfall

Wegeunfall = Unfall, der sich auf dem Arbeitsweg ereignet

Als Arbeitsunfall gilt auch ein Unfall, der sich auf dem Weg nach und von dem Ort der versicherten Tätigkeit ereignet (§ 550 I RVO).

Ausgangspunkt des Weges ist der häusliche Bereich. Geschützt ist der Weg von der Außentüre des Wohnhauses bis zum Außentor des Werkgeländes.

Beispiel:

Schwester Anna hat einen Unglückstag erwischt.

- Als sie am Morgen eines Arbeitstages vom Bett aufsteht, rutscht sie auf den Spielsachen ihrer Kinder aus und verstaucht sich das Handgelenk.
- Bevor sie das Haus verläßt, kommt sie versehentlich mit einer defekten Stromleitung in Berührung und verbrennt sich den Finger.
- Auf dem Weg durch den verschneiten Garten gleitet sie aus und bricht sich das andere Handgelenk.
- An ihrer Arbeitstelle angekommen fährt ihr auf dem Gang zur Station ein Zivildienstleistender mit dem Krankenbett über den Fuß.
- Als sie abends heimkommt, bemerkt sie, daß sie den Schlüssel vergessen hat. Sie wirft die Fensterscheibe ein, um ins Haus zu gelangen. Dabei schneidet sie sich.

? In welchen Fällen stand sie unter Versicherungsschutz?

In all den Fällen, die zwischen Haustür und Betreten des Krankenhausgeländes stattfanden, liegt ein Wegeunfall vor. Bei dem Unfall innerhalb des Krankenhauses liegt bereits ein „normaler" Arbeitsunfall vor. Auch das Einschlagen der Fensterscheibe mit der damit verbundenen Verletzung ist noch ein Wegeunfall.

Der Weg muß im Zusammenhang mit der versicherten Tätigkeit stehen. Ein Abweichen von diesem Weg ist nur in bestimmten Grenzen möglich, ohne den Versicherungsschutz zu verlieren.

Versicherungsschutz auch bei bestimmten Umwegen

- Weicht der Versicherte von seinem Arbeitsweg ab, um sein Kind in Obhut zu bringen (z. B. Kindergarten) liegt ein Versicherungsschutz vor (§ 550 II Nr. 1 RVO).
- Weicht der Versicherte von seinem Arbeitsweg ab, weil er mit anderen Berufstätigen oder versicherten Personen eine Fahrgemeinschaft zur Arbeit bildet, liegt ebenfalls ein Versicherungsschutz vor (§ 550 II Nr. 2 RVO).
- Unterbricht der Versicherte seinen Weg, um eine private Besorgung zu machen, kommt es auf die Dauer der Unterbrechung an:

Beispiel:

- Anna kauft auf dem Nachhauseweg noch im Supermarkt ein. Im Supermarkt verunglückt sie.
- Als Anna nach 1 Stunde den Supermarkt verlassen hat, wird sie beim Überqueren der Straße angefahren.
- Ein anderes Mal trifft sie im Supermarkt noch eine alte Bekannte. Beide beschließen, noch eine Tasse Kaffee zu trinken. Nach 3 Stunden setzt sie ihren Heimweg fort und verunglückt jetzt.

Wann lag Versicherungsschutz vor? **?**

Unfälle, die sich **während** der Unterbrechung ereignen, werden nicht vom Versicherungsschutz erfaßt (so der Unfall **im** Supermarkt), da sie eine reine private Tätigkeit darstellen.

Nach einer Unterbrechung bis zu **2 Stunden** „lebt der Versicherungsschutz wieder auf". Der Verkehrsunfall ist daher durch die Versicherung erfaßt. Nach einer längeren Unterbrechung liegt eine Beendigung des Heimweges vor. Der Versicherte hat sich sozusagen von der betrieblichen Tätigkeit gelöst. Daher kein Versicherungsschutz nach dem Kaffeetrinken.

Wiederaufleben des Versicherungsschutzes nach einer Unterbrechung bis zu 2 Stunden

Berufskrankheit

Berufskrankheiten sind Krankheiten, welche die Bundesregierung durch Rechtsverordnung mit Zustimmung des Bundesrates als solche bezeichnet und die ein Versicherter bei einer versicherten Tätigkeit erleidet (§ 551 RVO).

Berufskrankheit = Krankheit, die in der Berufskrankheitenverordnung enthalten ist

Allerdings kann auch eine Krankheit, die in der Verordnung nicht enthalten ist, unter bestimmte Umständen berücksichtigt werden (§ 551 II RVO).

Die Berufskrankheitenverordnung enthält in ihrer Anlage 1 derzeit fast 70 Krankheiten.

Leistungen der Unfallversicherung

Leistungen der Unfallversicherung

Die Leistungen der Unfallversicherung werden in 2 große Gruppen eingeteilt (Abb. **106**):

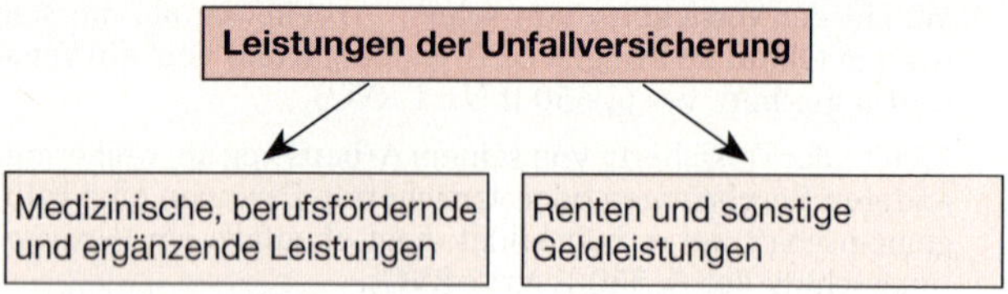

Abb.**106** Vorgesehene Leistungen der Unfallversicherung

Medizinische, berufsfördernde und ergänzende Leistungen

Heilbehandlung

Durch das Unfallereignis ist ein Körperschaden entstandenen. Der gesundheitliche und berufliche Zustand soll durch Heilbehandlung und Berufshilfe wieder hergestellt werden.

Zu diesem Zweck unterhalten die Unfallversicherungsträger eigene Unfallkliniken und Krankenhäuser.

Verletztengeld

Solange der Versicherte wegen des Arbeitsunfalles arbeitsunfähig ist und keinen Lohn erhält, hat er Anspruch auf **Verletztengeld**. Dieses entspricht im wesentlichen dem Krankengeld der Krankenversicherung.

Übergangsgeld

Übergangsgeld erhält der Versicherte während der Zeit einer beruflichen Maßnahme (Berufshilfe), die dazu dient, den Versicherten nach seinem Unfall wieder in das Berufsleben einzugliedern.

Renten

Rente, wenn Erwerbsfähigkeit mindestens 20 % gemindert und länger andauert

Der Versicherte erhält eine Rente, wenn die Minderung der Erwerbsfähigkeit über die 13. Woche nach dem Arbeitsunfall andauert (§ 580 I RVO).

Dabei muß die Erwerbsfähigkeit mindestens um $^1/_5$ (= 20 %) gemindert sein (§ 581 I Nr.2 RVO).

Um nun eine Minderung der Erwerbsfähigkeit festzustellen, vergleicht man die Erwerbsmöglichkeiten, die der Versicherte vor dem Unfall hatte, mit denen, die ihm nach dem Unfall verblieben sind.

Die **Höhe der Verletztenrente** beträgt bei einer Vollrente (Minderung der Erwerbsfähigkeit um 100 %) $^2/_3$ **des letzten Verdienstes**.

Höhe der Rente: $^2/_3$ des letzten Lohnes

Ist die Erwerbstätigkeit nur zum Teil gemindert, erhält der Verletzte einen der Minderung entsprechenden Teil der Rente, z. B. 50 % bei der Minderung der Erwerbsfähigkeit um 50 %.

Neben der Verletztenrente sieht das Gesetz auch **Renten an Hinterbliebene** vor. Diese betragen gemäß § 590 RVO:

- $^3/_{10}$ des letzten Arbeitsverdienstes für die Witwe oder den Witwer bis zu dessen Tod oder Wiederverheiratung oder
- $^2/_5$ des letzten Verdienstes, wenn der Hinterbliebene das 45. Lebensjahr vollendet hat, erwerbs- oder berufsunfähig ist oder ein Kind zu versorgen hat, das unter 18 Jahre alt ist oder bis zu 27 Jahre alt ist, wenn es sich noch in Ausbildung befindet.

Hinterbliebenenrente:
- Witwen-, Witwerrente
- Waisenrente

Hinterläßt der verstorbene Versicherte ein Kind, erhält dieses bis zum 18. Lebensjahr (bis zum 27. Lebensjahr, wenn es sich in Ausbildung befindet) eine Waisenrente in Höhe von $^3/_{10}$ für den Fall, daß es Vollwaise ist, ansonsten $^1/_5$ des letzten Verdienstes.

Insgesamt dürfen aber die Renten an die Hinterbliebenen $^4/_5$ nicht übersteigen.

Beispiel:

Peter verstirbt an den Folgen eines Arbeitsunfalles und hinterläßt eine Ehefrau und 3 Kinder im Alter von 2, 4 und 6 Jahren.

Wie hoch sind die Hinterbliebenenrenten?

?

Die Witwe erhält $^2/_5$. Jedes Kind als Halbwaise $^1/_5$. Insgesamt würden die Hinterbliebenen $^5/_5$ erhalten. Da jedoch die Obergrenze bei $^4/_5$ liegt (die Hinterbliebenen sollen finanziell nach dem Tod nicht besser stehen als vor dem Tod des Versicherten) werden die Renten anteilsmäßig gekürzt.

Arbeitsförderung

Ziel der Arbeitsförderung ist ein hoher Beschäftigungsstand

Die Arbeitsförderung hat sich zum Ziel gesetzt, einen hohen Beschäftigungsstand zu erreichen und aufrechtzuerhalten, sowie die Beschäftigungsstruktur ständig zu verbessern und damit das Wachstum der Wirtschaft zu fördern (§ 1 Arbeitsförderungsgesetz, AFG).

Wesentlicher Kern des AFG ist aber auch die Gewährung von Leistungen an diejenigen, die vorübergehend ohne Arbeit sind (Arbeitslosengeld, Kurzarbeitergeld u.ä.).

Träger der Arbeitsförderung ist die Bundesanstalt für Arbeit in Nürnberg sowie deren Unterbehörden, die Landesarbeitsämter und die Arbeitsämter.

Finanzierung der Arbeitsförderung

Finanzierung durch:
- Beiträge der Arbeitnehmer und Arbeitgeber
- staatliche Zuschüsse für Arbeitslosenhilfe

Die Bundesanstalt für Arbeit erhebt zur Aufbringung der Mittel für die Durchführung ihrer Aufgaben (z. B. Arbeitslosen**geld**) von Arbeitnehmern und Arbeitgebern je gleiche Beiträge (§ 167 AFG). Diese Beitragspflicht besteht unabhängig von der Höhe des Arbeitsentgelts.

Keine Beitragspflicht besteht für Beamte und vergleichbare Personen.

Auch wer nur kurzzeitig (in der Regel weniger als 18 Stunden wöchentlich (§ 102 AFG) beschäftigt ist, ist beitragsfrei.

Die Höhe der Beiträge wird vom Gesetzgeber festgelegt. Derzeit besteht der Beitragssatz 3,25 % für Arbeitgeber und 3,25 % für Arbeitnehmer.

Neben den Beiträgen zahlt der Bund die Mittel, die für die Arbeitslosen**hilfe** aufgebracht werden müssen. Der Bund ist auch verpflichtet, falls erforderlich, der Bundesanstalt für Arbeit Darlehen oder Zuschüsse zu gewähren.

Leistungen der Arbeitsförderung

Die Leistungen, die die Bundesanstalt für Arbeit zu erbringen hat, sind äußerst vielfältig.

Ihr obliegen z. B. die Berufsberatung, die Arbeitsvermittlung, die Förderung der beruflichen Bildung (Ausbildung, Fortbildung, Umschulung) sowie die Gewährung bestimmter Leistungen wie Kurzarbeiter-, Schlechtwetter-, Winter- und Arbeitslosengeld sowie Arbeitslosenhilfe (§ 3 II AFG).

Einige wenige Leistungsarten sollen näher beschrieben werden:

Berufsberatung und Arbeitsvermittlung

Berufsberatung, Arbeitsvermittlung für jedermann

Für die Berufsberatung und die Arbeitsvermittlung, einschließlich der Vermittlung von Ausbildungsstellen, hat die Bundesanstalt für Arbeit eine Monopolstellung (§ 4 AFG).

Auf diese unentgeltlichen Leistungen hat **jeder** Anspruch, auch wenn er keine Beiträge zahlt.

Kurzarbeitergeld

Kurzarbeitergeld: 63 bzw. 68 % des Nettolohnes

Kurzarbeit ist ein vorübergehender Arbeitsausfall wegen Arbeitszeitverkürzung ohne Lohnausgleich (§ 63 AFG). Nur wenn die Wiederaufnahme der Vollarbeit mit gewisser Wahrscheinlichkeit innerhalb bestimmter Grenzen zu erwarten ist, kann die Leistung gewährt werden. Dies ist bei einem Betrieb, der vor dem Konkurs steht nicht der Fall.

Die Höhe des Kurzarbeitergeldes beträgt für Arbeitnehmer, die mindestens 1 Kind zu unterhalten haben 68 %, für die anderen 63 % des zuvor verdienten Nettolohnes (§ 68 IV AFG). Soweit der Arbeitnehmer anderweitiges Erwerbseinkommen hat, wird dies zur Hälfte angerechnet.

Arbeitslosengeld

Anspruch auf Arbeitslosengeld hat, wer
- arbeitslos ist
- der Arbeitsvermittlung zur Verfügung steht
- die Anwartschaftszeit erfüllt hat
- einen Antrag gestellt hat

Gemäß § 100 AFG hat Anspruch: auf Arbeitslosengeld, wer

- **arbeitslos ist.** Arbeitslos ist, wer in keinem Beschäftigungsverhältnis steht oder nur kurzzeitig tätig ist (= weniger als 18 Stunden wöchentlich) (§§ 101, 102 AFG).

Beispiel:

Krankenschwester Maria kehrt, nachdem ihre Kinder nun älter sind, wieder in das Berufsleben zurück. Sie arbeitet halbtags, und zwar 20 Stunden in der Woche. Als ihre Arbeitsstelle wegfällt, hilft sie in einem Bäckerladen 15 Stunden in der Woche aus.

Ist sie arbeitslos?

?

Maria ist an sich nicht ohne Arbeit. Sie arbeitet eigentlich nur 5 Stunden pro Woche weniger als vorher. Trotzdem gilt sie als arbeitslos, da ihre Beschäftigung bei der Bäckerei nur „kurzzeitig“ ist (weniger als 18 Stunden pro Woche). Zuvor war sie zwar nur teilzeitbeschäftigt, aber mehr als 18 Stunden pro Woche tätig und damit nicht arbeitslos.

- **der Arbeitsvermittlung zur Verfügung steht.** Dem Arbeitsmarkt steht nur der zur Verfügung, der objektiv in der Lage ist, eine zumutbare Arbeit auszuüben und subjektiv auch dazu bereit ist (§ 103 AFG). Darüber hinaus muß er für das Arbeitsamt täglich erreichbar sein.

Beispiel:

Ute hat ihre Arbeitsstelle verloren. Sie steht ohne Beschäftigung da. Sie hat sich arbeitslos gemeldet und fährt nun 4 Wochen zu ihrer Tante ins Ausland, da sie ihre freie Zeit nutzen will und nicht nur „herumsitzen" kann. Das Arbeitsamt verweigert ihr nun für diese Zeit das Arbeitslosengeld mit der Begründung, sie sei in dieser Zeit nicht zu vermitteln gewesen.

Das Arbeitsamt hat recht. Ute hätte dem Arbeitsamt mitteilen müssen, daß sie wegfährt. So aber war sie nicht erreichbar.

- **die Anwartschaftszeit erfüllt hat.** Die Anwartschaftszeit hat erfüllt, wer innerhalb der letzten 3 Jahre vor seiner Arbeitslosigkeit 360 Kalendertage in einer beitragspflichtigen Beschäftigung gestanden hat (§ 104 AFG).

Beispiel:

Lydia hat vom 1. 3. 1992 bis zum 1. 5. 1993 halbtags (20 Stunden pro Woche) im Krankenhaus gearbeitet. Anschließend bis 1. 7. 1994 15 Stunden pro Woche in der Bäckerei. Nun hat sie auch diese Stelle verloren und will Arbeitslosengeld.

? Hat sie die Anwartschaftszeit erfüllt?

Der 1. 7. 1994 ist der erste Tag ihrer Arbeitslosigkeit. Die Rahmenfrist beginnt daher am 1. 7. 1991. Innerhalb dieser Rahmenfrist hat sie im Krankenhaus und in der Bäckerei gearbeitet. Die Zeit bei der Bäckerei kann jedoch nicht berücksichtigt werden, da sie wegen der „Kurzzeitigkeit" (weniger als 18 Stunden pro Woche) beitragsfrei war (§ 169a I AFG). Sie hat aber im Krankenhaus mehr als 360 Tage innerhalb dieser Zeit gearbeitet, so daß deswegen die Anwartschaftszeit erfüllt ist.

- **sich beim Arbeitsamt arbeitslos gemeldet und Arbeitslosengeld beantragt hat.** Beide Voraussetzungen sind zwingend erforderlich. Der Arbeitslose muß sich bereits am ersten Tag seiner Arbeitslosigkeit beim Arbeitsamt melden (§ 105 AFG).

Höhe des Arbeitslosengeldes: 63 bzw. 68 % des Nettolohnes

Die **Höhe des Arbeitslosengeldes** beträgt für Arbeitslose, die mindestens 1 Kind zu unterhalten haben **68%** des zuvor verdienten Nettoarbeitslohnes, für die übrigen Arbeitslosen **63%** (§ 111 I AFG).

Die **Dauer des Bezuges von Arbeitslosengeld** hängt von der Anzahl der vorangegangenen Beitragstage ab (§ 106 AFG). Der Mindestzeitraum beträgt 156 Werktage (= 1/2 Jahr).

Der Bezug von Arbeitslosengeld ist zeitlich begrenzt. Die Dauer wird individuell berechnet.

Hat der Arbeitslose seine Arbeitslosigkeit grob fahrlässig oder vorsätzlich herbeigeführt oder kündigt er ohne „wichtigen Grund“, tritt eine **Sperrzeit** ein, während der kein Arbeitslosengeld bezahlt wird (die Bezugsdauer vermindert sich dementsprechend).

Sperrzeit bei: grobfahrlässiger oder vorsätzlicher Herbeiführung der Arbeitslosigkeit

Die Sperrzeit beträgt in der Regel 1/4 der im Einzelfall möglichen Gesamtanspruchsdauer. Beträgt diese mehr als 12 Monate, wird zwar Arbeitslosengeld nach 3 Monaten bezahlt. Die restliche Zeit der Sperre wird dann vom Ende der Bezugsdauer abgezogen.

Beispiel:

Schwester Karla wird fristlos gekündigt, weil sie die Brieftasche eines Patienten gestohlen hat. Als sie sich daraufhin arbeitslos meldet, erhält sie eine Sperrzeit von 8 Monaten. Sie ist der Ansicht, dies sei nicht richtig, da schließlich ihr gekündigt worden sei.

Hier irrt Karla. Durch ihr Verhalten am Arbeitsplatz hat sie Anlaß für die Kündigung gegeben. Dieser Anlaß war durch eine vorsätzliche Pflichtwidrigkeit von ihr selbst geschaffen worden. Sie erhält nun die ersten 3 Monate kein Geld. Die restlichen 5 Monate werden ihr am Ende der Bezugsdauer abgezogen.

Arbeitslosenhilfe

Arbeitslosenhilfe

Wer arbeitslos ist, aber keinen Anspruch (mehr) auf Arbeitslosengeld hat, kann u.U. Arbeitslosenhilfe erhalten (§ 134 AFG). Anspruch hat demnach,

- wer arbeitslos ist,
- der Arbeitsvermittlung zur Verfügung steht,
- sich beim Arbeitsamt arbeitslos gemeldet und
- Arbeitslosenhilfe beantragt hat.

Dies sind die gleichen Voraussetzungen wie für den Anspruch auf Arbeitslosengeld mit der Ausnahme, daß die Anwartschaft nicht erfüllt sein muß.

Darüber hinaus müssen dafür folgende Umstände vorliegen:

- Der Arbeitslose muß bedürftig sein.

  Hier muß sich der Betroffene bestimmte Unterhaltsansprüche anrechnen lassen sowie weitere andere Einkünfte (§ 138 AFG).

  Bedürftigkeitsprüfung

- Der Arbeitslose muß innerhalb des vorangegangenen Jahres entweder bereits Arbeitslosengeld bezogen oder eine gewisse Zeit als Arbeitnehmer tätig gewesen sein.

Die **Höhe der Arbeitslosenhilfe** beträgt für Arbeitslose, die mindestens 1 Kind zu unterhalten haben **58%** des zuvor verdienten Nettoarbeitslohnes, für die übrigen Arbeitslosen **56%** (§ 111 I AFG).

Höhe der Arbeitslosenhilfe: 56 bzw. 58 % des Nettolohnes

Der Bezug von Arbeitslosenhilfe ist zeitlich begrenzt. Die Dauer wird wie beim Arbeitslosengeld individuell berechnet.

Sozialhilfe

§

Sozialhilfe als Existenzsicherung entspringt dem Grundrecht auf Achtung der Menschenwürde

§ **Wer nicht in der Lage ist, aus eigenen Kräften seinen Lebensunterhalt zu bestreiten oder in besonderen Lebenslagen sich selbst zu helfen, und auch von anderer Seite keine ausreichende Hilfe erhält, hat ein Recht auf persönliche und wirtschaftliche Hilfe, die seinem besonderen Bedarf entspricht, ihn zur Selbsthilfe befähigt, die Teilnahme am Leben in der Gemeinschaft ermöglicht und die Führung eines menschenwürdigen Lebens sichert** (§ 9 SGB I).

Aufgabe der Sozialhilfe ist es, dem sozial Schwachen die Führung eines Lebens zu ermöglichen, das der **Würde des Menschen** entspricht.

Bereits bei der Auslegung dieses Begriffes (Menschenwürde) zeigt sich, daß es oft sehr fragwürdig ist, was noch erforderlich ist, um ein menschenwürdiges Dasein zu bejahen. Dabei handelt es sich um Wertungen, die dem Wandel der Zeit unterliegen und sich den herrschenden Lebensgewohnheiten und -anschauungen anpassen.

Beispiel:

?

Gehört es zu einem menschenwürdigen Leben, daß der einzelne eine Tageszeitung, ein Radio, einen Fernseher, ein Auto hat?

Die Rechtsprechung hat dies bezüglich der Zeitung, eines Radios und eines Schwarzweißfernsehers bejaht und im übrigen verneint.

Grundsätze im Sozialhilferecht (Abb. 107)

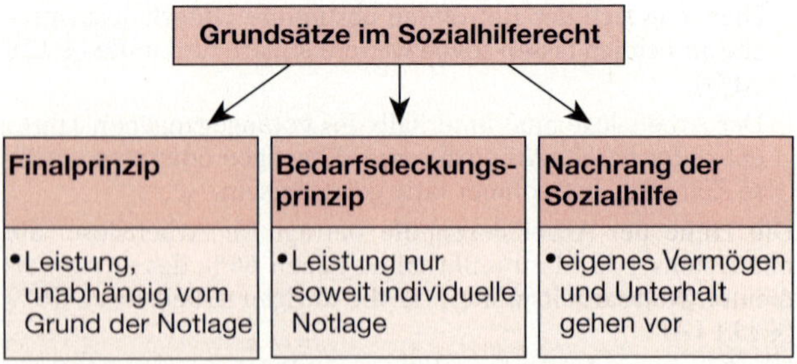

Abb. **107** Die 3 Grundgedanken des Sozialhilferechtes

Finalprinzip

Dieses besagt, daß ein Anspruch auf Leistungen unabhängig davon besteht, wie die Notlage entstanden ist, insbesondere, ob den Hilfsbedürftigen hieran ein Verschulden trifft.

Hilfe auch in selbstverschuldeter Notlage

Beispiel:

Der alleinstehende Krankenpfleger Felix hat genug vom arbeiten. Er hört auf und arbeitet ab sofort nichts mehr, sondern setzt sich in die Fußgängerzone und stellt dort einen Hut vor sich auf. Als er auch kein Arbeitslosengeld mehr bekommt, begibt er sich zum örtlichen Sozialamt und beantragt dort „Sozialhilfe".

Der dortige Sachbearbeiter verweigert ihm die Auszahlung, da er der Ansicht ist, Felix könnte ohne weiteres arbeiten und sich seinen Lebensunterhalt selbst verdienen.

Der Sachbearbeiter hat zwar Recht mit seiner Ansicht, diese rechtfertigt aber nicht, Felix die Sozialhilfe zu verweigern. Entscheidend ist nur die Tatsache, ob Felix noch Geld zum leben hat oder nicht.

Dieser Grundsatz erfährt 2 Ausnahmen (§ 25 BSHG):

Ausnahmen: Kürzung bei Arbeitsunwilligkeit möglich

- wer sich weigert, zumutbare Arbeit zu leisten, hat keinen Anspruch auf Hilfe zum Lebensunterhalt und
- in Fällen, in denen der Hilfsbedürftige seine Situation durch grobes Verschulden herbeigeführt hat, kann die Hilfe zum Lebensunterhalt bis auf das Unerläßliche eingeschränkt werden.

Allerdings darf das Sozialamt niemanden völlig ohne Hilfe lassen, da niemandem das unverzichtbare Existenzminimum weggenommen werden darf. Die Sozialhilfe darf keinen Menschen gegen seinen Willen „bessern" wollen!

Garantie des Existenzminimums

Das Sozialamt kann daher in obigem Beispiel die Sozialhilfe gegenüber Felix kürzen, nicht aber gänzlich streichen.

Bedarfsdeckungsprinzip

Sozialhilfe soll nicht pauschal gewährt werden, sondern auf den Einzelfall zugeschnitten sein. Nur der persönliche Bedarf, der in einer konkreten individuellen Notlage vorhanden ist soll gedeckt werden. Dies kann von Fall zu Fall unterschiedlich sein.

Die Höhe der Sozialhilfe hängt vom persönlichen Bedarf ab

So kann auch Sozialhilfe nicht für die Vergangenheit gewährt werden, da diese „Not" bereits überwunden ist.

Beispiel:

Felix hat erfahren, daß ein anderer Obdachloser vom Sozialamt vor dem Winter einen Mantel als einmalige Zuwendung erhalten hat. Nun möchte auch er einen, um seinen eigenen zu schonen. Er beruft sich dabei auf den Gleichbehandlungsgrundsatz. Das Sozialamt weigert sich jedoch, da es der Ansicht ist, bei Felix besteht zur Zeit kein Bedarf, da er ja einen Mantel hat.

Hier hat das Sozialamt recht. Es darf nur den konkret vorliegenden Bedarf decken, der aber bei Felix hinsichtlich des Mantels derzeit nicht besteht.

Nachrang der Sozialhilfe

Sozialhilfe erst, wenn keine anderweitige Hilfe möglich

Sozialhilfe erhält nicht, wer sich selbst helfen kann oder wer die erforderliche Hilfe von anderen erhält.

Dies bedeutet, daß der in Not geratene Mensch zuerst seine Ersparnisse aufbrauchen muß oder auf den Unterhalt seiner unterhaltspflichtigen Angehörigen angewiesen ist.

Erst wenn der Bedürftige von keiner Seite mehr Unterstützung erfährt, greift die Sozialhilfe ein.

Beispiel:

Im obigen Beispiel hat Felix noch eine berufstätige Tochter, die Ärztin ist. Das Sozialamt weist nun Felix darauf hin, daß er zunächst versuchen muß, von seiner Tochter Unterstützung zu erhalten. Dieser meint, dies sei unzumutbar, da dann seine Tochter von der Notlage erfahren würde und er sich diesbezüglich schäme.

Das Sozialamt hat recht. Darüber hinaus müßte Felix sogar eventuell vorhandene Ersparnisse aufbrauchen, bevor er Anspruch auf Sozialhilfe hat.

Leistungen der Sozialhilfe

Sozialhilfe:
- Hilfe zum Lebensunterhalt
- Hilfe in besonderen Lebenslagen

Die Leistungen der Sozialhilfe werden nun in 2 große Bereiche eingeteilt, in die **Hilfe zum Lebensunterhalt** und in die **Hilfe in besonderen Lebenslagen** (Abb. **108**).

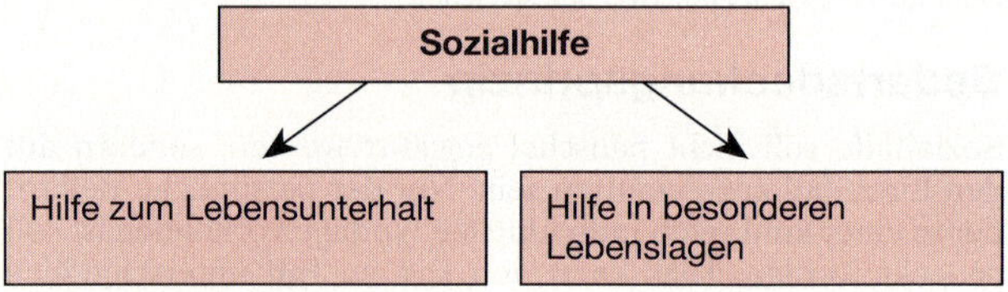

Abb. **108** Einteilung der Leistungen aus der Sozialhilfe

Hilfe zum Lebensunterhalt

Hilfe zum Lebensunterhalt

Hilfe zum Lebensunterhalt ist demjenigen zu gewähren, der seinen notwendigen Lebensunterhalt nicht oder nicht ausreichend aus eigenen Kräften und Mitteln beschaffen kann (§ 11 BSHG).

Bevor Leistungen der Sozialhilfe gewährt werden, hat der Bedürftige sein Einkommen und sein Vermögen einzusetzen.

Eigenes Vermögen oder das Vermögen des Lebensgefährten ist zunächst aufzubrauchen

Auch das Einkommen und das Vermögen seiner im gemeinsamen Haushalt lebenden Mitmenschen (Ehepartner oder Partner in einer eheähnlichen Gemeinschaft) ist zu berücksichtigen.

Beispiel:

Im obigen Beispiel lernt Felix die berufstätige Lehrerin Christa kennen. Beide ziehen zusammen und leben in einer eheähnlichen Gemeinschaft. Das Sozialamt erfährt davon und streicht Felix die Sozialhilfe. Dieser ist erbost und meint, er würde nun dafür bestraft, daß „er sich verliebt hat".

So verständlich die Ansicht von Felix auch ist, er hat nicht recht. Der Bedarf, der bei ihm entstanden ist, wird nicht speziell bezüglich seiner Person gesehen, sondern vielmehr im Hinblick auf eine bestehende Bedarfsgemeinschaft. Hierzu gehört auch seine Partnerin.

Einsatz eigenen Vermögens

Wieweit der Bedürftige vor Inanspruchnahme der Sozialhilfe sein Vermögen einsetzen muß ist in § 88 II BSHG geregelt.

So braucht er z. B. nicht einzusetzen:

- seinen Hausrat, soweit er angemessen ist,
- Gegenstände, die zur Aufnahme oder Fortsetzung der Berufsausbildung oder der Erwerbstätigkeit unentbehrlich sind,
- Familien- und Erbstücke, deren Veräußerung eine besondere Härte darstellen würde,
- Gegenstände zur Befriedigung der geistigen, wissenschaftlichen oder künstlerischen Bedürfnisse, soweit sie nicht Luxus sind,
- ein kleines Hausgrundstück, wenn es der Hilfesuchende bewohnt,
- kleinere Barbeträge.

Notwendiger Lebensunterhalt

Der **notwendige Lebensunterhalt** umfaßt gemäß § 12 BSHG Ernährung, Unterkunft, Kleidung, Körperpflege, Hausrat, Heizung und persönliche Bedürfnisse des täglichen Lebens; zusätzlich noch die Übernahme von Krankenversicherungsbeiträgen, die Kosten für die Alterssicherung und die Bestattungskosten.

Laufende Hilfe in Geld (pauschale Regelsätze)

In der Regel wird die laufende Hilfe in Geldleistungen gewährt, und zwar in pauschalen Regelsätzen.

Zu diesem Zweck haben die einzelnen Bundesländer Verordnungen erlassen, die die Höhe der Geldleistungen festschreiben.

Diese Regelsätze werden für den Haushaltsvorstand bzw. für Alleinstehende einerseits und für die anderen Haushaltsangehörigen getrennt festgesetzt. So betrugen die Sätze in Bayern zum 1. 7. 1994:

- für den Haushaltsvorstand: 503 DM,
- für Haushaltsangehörige bis zum 7. Lebensjahr 252 DM, bis zum 14. Lebensjahr 327 DM, bis zum 18 Lebensjahr 453 DM und darüber 402 DM.

Für bestimmte Personengruppen (z. B. Alleinerziehende, Behinderte) gibt es Zusätzlich Mehrbedarfszuschläge von 20–60% des Regelsatzes.

Hilfe in besonderen Lebenslagen

Hilfe in besonderen Lebenslagen:
- Sicherung der Lebensgrundlage
- Krankenhilfe bei nicht Versicherten
- Mittel der „Empfängnisverhütung“
- u. a.

Neben der Hilfe zum Lebensunterhalt kann einem Bedürftigen Hilfe gewährt werden, die er in bestimmten Lebenslagen benötigt. Hier kommen folgende Lebenslagen in Betracht (§ 27 BSHG):

- Die Hilfe zum Aufbau oder Sicherung der Lebensgrundlage. Diese Hilfe kommt für Personen in Betracht, die die Voraussetzungen für eine selbständige Erwerbstätigkeit schaffen wollen,
- vorbeugende Gesundheitshilfe,
- Krankenhilfe, sonstige Hilfe (z. B. bei Schwangerschaft und Sterilisation). Diese Hilfe kommt bei Personen in Betracht, die nicht krankenversichert sind.
- Hilfe zur Familienplanung,
- Hilfe für werdende Mütter und Wöchnerinnen,
- Eingliederungshilfe für Behinderte. Hier kommt insbesondere die Erstattung von Hilfsmitteln in Betracht, die von der Krankenkasse nicht übernommen werden,
- Blindenhilfe,
- Hilfe zur Pflege,
- Hilfe zur Weiterführung des Haushaltes,
- Hilfe zur Überwindung besonderer sozialer Schwierigkeiten,
- Altenhilfe.

Eigenes Vermögen bleibt hier zum Teil ohne Anrechnung

Im Unterschied zur Hilfe zum Lebensunterhalt muß der Bedürftige bei der Hilfe in bestimmten Lebenslagen nicht das gesamte Einkommen einsetzen. Es bleibt bis zu bestimmten Grenzen anrechnungsfrei.

Sonstige Sozialstaatsangebote

Neben den beiden wichtigsten Einrichtungen des Sozialstaates, der Sozialhilfe und der Sozialversicherung, gibt es noch vereinzelt Bereiche, die auf bestimmte Bedürfnisse eingehen. Aus dieser Vielzahl sollen im folgenden kurz die Ausbildungsförderung, das Kindergeld und das Erziehungsgeld dargestellt werden.

Der Sozialstaat stellt für eine Reihe von Bedarfsfällen spezielle Leistungen zur Verfügung

Ausbildungsförderung

Während die berufliche Ausbildung im Arbeitsförderungsgesetz (S. 288 ff.) enthalten ist, ist die **schulische** Ausbildung im Bundesausbildungsförderungsgesetz (BAföG) geregelt. Dieses Gesetz soll die Chancengleichheit gewährleisten, indem es den sozial Schwächeren finanziell unterstützt.

BAföG für schulische Ausbildung

Anspruchsberechtigter Personenkreis

Nur Schüler, die bestimmte Ausbildungsstätten besuchen kommen überhaupt für einen Anspruch in Betracht. Hier enthält § 2 BAföG einen umfassenden Katalog.

Solche Ausbildungsstätten sind z. B.:

- weiterführende allgemeinbildende Schulen,
- Fachoberschulen,
- Abendgymnasien,
- Berufsfachschulen,
- höhere Fachschulen,
- Hochschulen.

Bei den allgemeinbildenden Schulen ist die Ausbildungsförderung beschränkt auf Schüler, die nicht bei ihren Eltern wohnen oder keine entsprechende zumutbare Ausbildungsstätte von der Wohnung der Eltern aus erreichbar ist.

Bei den anderen Ausbildungszweigen kommt es hierauf nicht an.

Grundsätzlich besteht eine Altersgrenze von **30 Jahren**.

Altersgrenze: 30 Jahre

Gemäß § 10 III BAföG wird Ausbildungsförderung nicht geleistet, wenn der Auszubildende bei Beginn des Ausbildungsabschnittes das 30. Lebensjahr vollendet hat.

Hiervon gibt es jedoch einige Ausnahmen, die insbesondere für Schüler des 2. Bildungsweges in Betracht kommen oder die aufgrund der Erziehung von Kindern an einer früheren Ausbildung gehindert waren.

Der Schüler muß für die angestrebte Ausbildung **geeignet** sein.

Eignung des Schülers für die Ausbildung

Hier bestimmt § 9 I BAföG, daß die Ausbildung nur gefördert wird, wenn die Leistungen des Schülers erwarten lassen, daß er das angestrebte Ausbildungsziel erreicht. Dabei genügt aber eine durchschnittliche Eignung, da es nicht um eine Begabtenförderung geht.

Leistungsnachweis

So genügt bei Schulen das Erreichen des jeweiligen Klassenzieles, während Studenten nach 4 Semestern entsprechende Zeugnisse oder Zwischenprüfungen bzw. Bescheinigungen über einen erfolgreichen Ausbildungsgang vorlegen müssen (§ 48 BAföG).

Anspruch nur für die erste Ausbildung

Ein Anspruch auf Ausbildungsförderung kommt grundsätzlich nur für die **erste Ausbildung**, die nach dem BAföG förderungswürdig ist, in Betracht. Ein Wechsel dieser Ausbildung oder ein Abbruch ohne wichtigen Grund führt zum Ausschluß aller weiteren Förderungsmöglichkeiten.

Leistungen nach dem BAföG

Leistungen für:
- Lebensunterhalt
- Ausbildung

Ausbildungsförderung wird für den **Lebensunterhalt** und die **Ausbildung** geleistet. In den §§ 12 ff. BAföG sind die „Bedarfssätze" enthalten.

Diese Bedarfssätze werden alle 2 Jahre überprüft und gegebenenfalls neu festgesetzt.

Anrechnung des eigenen Einkommens und Vermögens und das der Unterhaltspflichtigen in bestimmten Grenzen

Bei der Festsetzung der individuellen Leistung muß des weiteren bedacht werden, daß bestimmte Einkommen angerechnet werden. In Betracht kommt hier das Einkommen und das Vermögen des Schülers, seines Ehegatten und seiner Eltern.

Diese Anrechnungsmodalitäten sind alle im einzelnen in den §§ 11 ff. BAföG geregelt.

Soweit ein Schüler glaubhaft macht, daß seine Eltern ihrer Unterhaltspflicht nicht nachkommen und dadurch die Ausbildung gefährdet ist, wird Ausbildungsförderung als Vorausleistung gewährt. Gleichzeitig geht insoweit der Unterhaltsanspruch gegen die Eltern auf das Land über (§§ 35, 36 BAföG).

Darlehen oder Zuschüsse

Grundsätzlich gibt es 2 Förderungsarten: es kann ein Darlehen gewährt oder Zuschüsse geleistet werden. Auch eine teilweise Darlehensgewährung kommt vor.

Insbesondere beim Besuch einer Universität wird derzeit der monatliche Förderungsbetrag zur Hälfte als Darlehen geleistet.

Beginn und Dauer der Förderung sind in § 15 BAföG geregelt.

Danach beginnt die Förderung mit dem Monat, in dem die Ausbildung aufgenommen wird und ein Antrag gestellt ist.

Wird der Antrag später gestellt, wird Ausbildungsförderung daher nicht rückwirkend geleistet.

Förderungshöchstdauer

Das Gesetz sieht zudem für den Hochschulbereich eine Förderungshöchstdauer vor. Diese ist für jeden einzelnen Studiengang in einer Verordnung festgelegt. Sie kann jedoch unter bestimmten Umständen verlängert werden.

Kindergeld

Kindergeld als finanzieller Ausgleich für Belastungen

Das Bundeskindergeldgesetz entspringt letztlich der Aufgabe des Staates, Ehe und Familie gemäß Art. 6 GG zu schützen. So soll die Gewährung von Kindergeld einen gewissen finanziellen Ausgleich dafür schaffen, daß Kinder zu einem erheblichen Mehraufwand der Familie führen und zudem die Doppelverdienerschaft der Eltern weitgehend erschwert bzw. unmöglich macht.

Anspruchsberechtigt ist daher nicht das Kind selbst, sondern entweder sein Vater, seine Mutter oder eine andere Person, die für seinen Lebensunterhalt aufkommt (Stiefmutter, -vater, Pflegeeltern, Großeltern usw.).

Altersgrenzen

Kindergeld wird gewährt für Kinder bis zum Alter von

- **16 Jahren** grundsätzlich,
- **27 Jahren**, wenn sie sich z. B. in Ausbildung befinden; dieses Höchstalter wird sogar noch um Zeiten des Wehrdienstes oder einer vergleichbaren Tätigkeit verlängert,
- **unbegrenzt**, wenn das Kind aufgrund Behinderung außerstande ist, selbst für seinen Lebensunterhalt zu sorgen

Höhe des Kindergeldes ab dem 2. Kind einkommensabhängig

Die **Höhe des Kindergeldes** hängt zum einen von der Anzahl der Kinder ab und zum anderen ab dem 2. Kind vom Einkommen der Eltern. So werden im Grundsatz für die jeweiligen Kinder folgende Höchstbeträge gewährt:

- für das 1. Kind: 70 DM
- für das 2. Kind: 130 DM
- für das 3. Kind: 220 DM
- für das 4. und jedes weitere Kind: 240 DM

Soweit das Einkommen der Eltern bestimmte Höchstgrenzen übersteigt, wird das Kindergeld reduziert. Beim 1. Kind bleibt es immer bei 70 DM. Beim 2. Kind beträgt das Kindergeld mindestens 70 DM und beim 3. und jedem anderen mindestens 140 DM.

Anträge auf Zahlung von Kindergeld sind bei den jeweiligen Arbeitsämtern oder bei Angehörigen des öffentlichen Dienstes an den jeweiligen Dienstherrn zu stellen.

Erziehungsgeld

Erziehungsgeld als wirtschaftliche Anerkennung der Erziehungstätigkeit

Das **Erziehungsgeld** bezweckt in gewissem Sinne eine wirtschaftliche Anerkennung der Erziehungstätigkeit der Eltern. Seine Voraussetzungen sind im Bundeserziehungsgeldgesetz (BErzGG) geregelt.

Darüber hinaus hat ein Arbeitnehmer, solange ihm ein Anspruch auf Erziehungsgeld dem Grunde nach zusteht, Anspruch auf **Erziehungsurlaub** (§ 15 BErzGG).

Auch Adoptiveltern können Erziehungsurlaub zur Betreuung der Kinder beanspruchen.

Für Berechtigte, deren Kinder **nach dem 31. 12. 1991** geboren sind, gilt folgende Regelung:

Anspruch auf Erziehungsgeld hat, wer

- ❖ im Inland wohnt oder hier seinen gewöhnlichen Aufenthalt hat,
- ❖ mit einem Kind, für das ihm die Personensorge zusteht, in einem Haushalt lebt,
- ❖ dieses Kind selbst betreut oder erzieht und
- ❖ keine oder keine volle (= bis zu 19 Stunden pro Woche) Erwerbstätigkeit ausübt.

Das Erziehungsgeld wird nur einer Person gewährt (§ 3 BErzGG) Erfüllen beide Elternteile die Voraussetzungen, müssen sie sich einigen, wer das Erziehungsgeld beantragt.

Erziehungsgeld wird vom Tag der Geburt bis zur Vollendung des **18. Lebensmonates** gewährt.

Dauer der Gewährung von Erziehungsgeld: 2 Jahre

Für Kinder, die nach dem 31. 12. 1992 geboren werden, wird Erziehungsgeld bis zur Vollendung des **24. Lebensmonates** gewährt.

Werden in einem Haushalt mehrere Kinder betreut und erzogen, wird für jedes Kind Erziehungsgeld gewährt.

Die **Höhe des Erziehungsgeldes** beträgt für die ersten 6 Monate **600 DM**.

Für die anschließende Zeit ist die Höhe einkommensabhängig.

Berufsrelevante Nebengesetze

Im öffentlichen Recht gibt es eine Fülle an Rechtsgebieten, die für die Berufe in der Kranken- und Altenpflege von Bedeutung sind. Eine Auswahl von den wichtigsten berufsrelevanten Gesetzen soll nun skizzenartig vorgestellt werden.

Arzneimittelrecht

Arzneimittelgesetz mit Vorschriften über:
- Qualität
- Zulassung
- Abgabe von Arzneimitteln

Die wesentlichen Regelungen des Arzneimittelrechtes sind im Arzneimittelgesetz enthalten.

Es enthält hauptsächlich Vorschriften über die Qualität, die Zulassung und Prüfung der Arzneimittel, über Anforderungen an eine ausreichende Information des Verbrauchers sowie einen Anspruch auf Schadensersatz bei Schäden durch Arzneimittel.

Der Inhalt des Gesetzes läßt sich wie folgt gliedern (Abb. **109**).

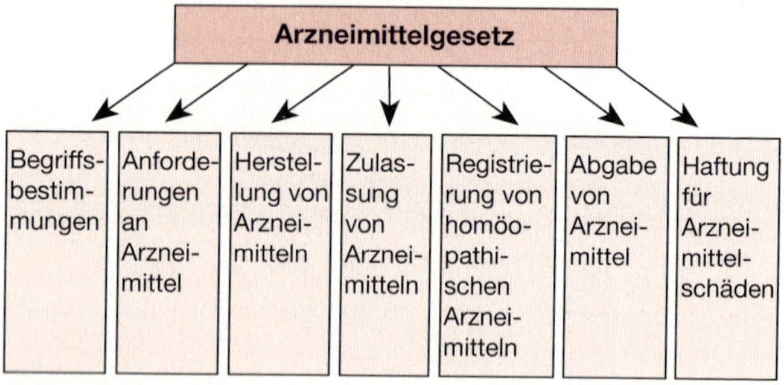

Abb. **109** Inhalt des Arzneimittelgesetzes

Begriffsbestimmungen

Arzneimittel = Stoffe, die
- Krankheiten heilen, lindern, verhüten, erkennen
- die Beschaffenheit des Körpers erkennen lassen
- Wirkstoffe oder Körperflüssigkeiten ersetzen
- Krankheitserreger abwehren

Der wichtigste Begriff im Arzneimittelrecht ist der des „Arzneimittels“.

Arzneimittel sind demzufolge Stoffe, die im wesentlichen dazu bestimmt sind, durch Anwendung im oder am menschlichen oder tierischen Körper

❖ Krankheiten zu heilen, zu lindern, zu verhüten oder zu erkennen,

❖ die Beschaffenheit des Körpers erkennen zu lassen (z. B. Kontrastmittel),

❖ vom menschlichen oder tierischen Körper erzeugte Wirkstoffe oder Körperflüssigkeiten zu ersetzen (z. B. Blutkonserven, Hormone),

- Krankheitserreger abzuwehren (z. B. Antibiotika),
- die Beschaffenheit des Körpers oder seelische Zustände zu beeinflussen (z. B. Psychopharmaka, Anabolika).

Des weiteren zählen zu den Arzneimitteln bestimmte Gegenstände wie:

Bestimmte Gegenstände werden den Arzneimitteln gleichgesetzt

- Wund-, Zug oder Rheumapflaster,
- Zinkleim- oder Brandbinden,
- Intrauterinpessare,
- Einmalspritzen,
- Infusions-, Transfusionsgeräte,
- künstliche Gelenke,
- Zahnplomben,
- Prothesen,
- Herzschrittmacher,
- künstliche Darmausgänge,
- Augenhaftschalen,
- Verbandstoffe,
- chirurgisches Nahtmaterial.

Weitere Begriffe, die im Gesetz definiert werden sind z. B. Fertigarzneimittel (§ 4 I), Blutzubereitungen (§ 4 II), Seren (§ 4 III), Impfstoffe (§ 4 IV) usw.

Anforderungen an Arzneimittel

Verbot von Arzneimitteln bei Verdacht auf schädliche Wirkung

Es ist verboten, Arzneimittel in den Verkehr zu bringen, bei denen der **Verdacht** besteht, daß sie schädliche Wirkungen haben, die über ein vertretbares Maß hinausgehen.

Häufigkeit und Schwere der Nebenwirkungen sind der Schwere der Krankheit gegenüberzustellen. Danach muß der Apotheker oder Arzt einen Schaden-Nutzen-Vergleich anstellen und bei der Abwägung den jeweiligen Stand der wissenschaftlichen Erkenntnisse berücksichtigen.

Verbot der Abgabe von Arzneimittel nach Ablauf des Verfallsdatums

Weiter ist es verboten, Arzneimittel herzustellen oder in den Verkehr zu bringen (es genügt bereits die Abgabe an andere z. B. durch die Krankenschwester),

- die in ihrer Qualität nicht unerheblich gemindert sind,
- die mit einer irreführenden Bezeichnung versehen sind (z. B. Versprechen einer Wirkung, die sie nicht haben),
- deren Verfallsdatum abgelaufen ist.

Kennzeichnung der Fertigarzneimittel

Fertigarzneimittel müssen besonders **gekennzeichnet** sein.

Aus der Verpackung muß die genaue Bezeichnung hervorgehen

So muß auf den Verpackungen im wesentlichen angegeben sein:

- Name des pharmazeutischen Unternehmens,
- Bezeichnung des Arzneimittels,
- Zulassungsnummer,
- Chargenbezeichnung,
- Herstellungsdatum,
- Darreichungsform,
- Inhalt (Maß),
- Art der Verwendung,
- wirksame Bestandteile nach Art und Menge,
- Verfallsdatum,
- Hinweis ob „verschreibungspflichtig“ oder „apothekenpflichtig“,
- bei Mustern „unverkäufliches Muster“.

Gebrauchsinformation im „Beipackzettel“

Fertigarzneimittel dürfen nur mit einer **Gebrauchsinformation** in den Verkehr gebracht werden.

Diese Packungsbeilage muß enthalten:

- Name des pharmazeutischen Unternehmens,
- Bezeichnung des Arzneimittels,
- wirksame Bestandteile nach Art und Menge,
- Anwendungsgebiete,
- Gegenanzeigen,
- Nebenwirkungen,
- Wechselwirkungen mit anderen Mitteln,
- Dosierungsanleitung (soweit nicht anders verordnet),
- Art und Dauer der Anwendung,
- Hinweis, daß nach Ablauf des Verfallsdatums das Mittel nicht mehr angewendet werden soll,
- Hinweis, daß das Mittel vor Kinder unzugänglich aufzubewahren ist.

Herstellung von Arzneimitteln

Herstellung von Arzneimitteln nur mit Erlaubnis

Wer Arzneimittel gewerbs- oder berufsmäßig zum Zwecke der Abgabe an andere herstellen will, bedarf der **Erlaubnis**.

Ausnahmen bestehen u. a. für den Inhaber einer Apotheke im Rahmen des üblichen Apothekenbetriebes und den Träger eines Krankenhauses, soweit er Arzneimittel abgeben darf.

Zulassung von Arzneimitteln

Zulassung der Arzneimittel erforderlich

Arzneimittel dürfen nur dann in den Verkehr gebracht werden, wenn sie **zugelassen** sind. Zuständig ist hier das Bundesgesundheitsamt und das Bundesamt für Seren und Impfstoffe.

Der Zulassung geht ein kompliziertes und umfangreiches Verfahren voraus.

Zuerst erfolgt eine umfangreiche Erprobung

Zuerst erfolgen Tierversuche, dann die Erprobung an gesunden Menschen, die sich freiwillig zur Verfügung stellen. Anschließend kommt das Mittel in die klinische Prüfung.

Registrierung von homöopathischen Arzneimitteln

Homöopathische Heilmittel: nur registriert

Fertigarzneimittel dürfen als homöopathische Arzneimittel nur in den Verkehr gebracht werden, wenn sie im **Register für homöopathische Arzneimittel** eingetragen sind. Einer Zulassung bedürfen sie nicht.

Eine besondere Zulassung ist nicht erforderlich

Der Hersteller kann für ein nach den Regeln der Homöopathie hergestelltes Arzneimittel entweder die Zulassung oder die Registrierung beantragen. Kann er den für die Zulassung erforderlichen Wirksamkeitsnachweis nicht erbringen, wird er sich für die Registrierung entscheiden.

Einer Registrierung geht ebenfalls eine Prüfung des Arzneimittels voraus. So darf u. a. keinesfalls der Verdacht bestehen, daß es bei bestimmungsmäßigem Verbrauch schädliche Wirkungen hat, die über ein vertretbares Maß hinaus gehen.

Abgabe von Arzneimitteln

Abgabe von Arzneimitteln grundsätzlich nur in Apotheken

Grundsätzlich dürfen Arzneimittel nur **in Apotheken** in den Verkehr gebracht werden. Sie sind somit apothekenpflichtig.

Ausnahmen bestehen bezüglich einiger Heilwässer sowie deren Salze, Heilerde, Bademoore, Pflanzen u.ä., Pflaster, Desinfektionsmittel für Mund- und Rachenraum.

Apothekenpflichtig

Der Begriff „apothekenpflichtig" besagt somit nur, daß das Mittel ausschließlich von einer Apotheke abgegeben werden darf. Es ist damit aber an sich „frei" käuflich.

Verschreibungspflichtig = Die Arznei muß von einem Arzt verschrieben sein

Bestimmte Arzneimittel unterliegen demgegenüber der **Verschreibungspflicht (Rezeptpflicht)**. Sie dürfen ebenfalls nur in Apotheken abgegeben werden, müssen aber zudem von einem Arzt verschrieben werden.

Bei diesen Arzneimitteln handelt es sich um solche, die ohne ärztliche Überwachung die Gesundheit gefährden können, bei denen besonders häufig Mißbrauch zu beobachten ist (z. B. Schlafmittel u.ä.) oder die noch keine 5 Jahre zugelassen sind.

Eine Verschreibung (Rezept) muß einen bestimmten Mindestinhalt aufweisen.

Mindestinhalt eines Rezeptes

Sie muß im wesentlichen enthalten:

- Name und Unterschrift des Arztes,
- Ausstellungsdatum,
- Name des Arzneimittels,
- Packungsgröße (bei Fehlen darf nur die kleinste Einheit abgegeben werden),
- Dosierung (soweit sie von der Gebrauchsinformation abweicht),
- Name des Patienten,
- bei Kindern das Alter,
- evtl. Krankenkasse.

Haftung für Arzneimittelschäden

Haftung für Arzneimittel mit schädlichen Wirkungen oder fehlerhaften Hinweisen ohne Verschulden des Herstellers

Wird infolge der Anwendung eines Arzneimittels ein Mensch getötet oder verletzt, so ist der Hersteller verpflichtet, dem Verletzten den daraus entstandenen Schaden zu ersetzen, wenn

- das Arzneimittel bei bestimmungsmäßigem Gebrauch schädliche Wirkungen hat, die über ein vertretbares Maß hinausgehen und ihre Ursache im Bereich der Entwicklung oder Herstellung haben oder
- der Schaden infolge einer nicht den Erkenntnissen der medizinischen Wissenschaft entsprechenden Kennzeichnung, Fachinformation oder Gebrauchsinformation eingetreten ist.

Die Haftung des Unternehmers erfolgt unabhängig davon, ob ihn ein Verschulden trifft. Er ist demzufolge auch verpflichtet, dafür Sorge zu tragen, daß für etwaige Schadensersatzansprüche eine Deckung besteht (z. B. durch eine Haftpflichtversicherung).

Betäubungsmittelrecht

Das Betäubungsmittelrecht enthält Regelungen, die den legalen Umgang mit Betäubungsmitteln zum Gegenstand haben und den illegalen Umgang unter Strafe stellen. Damit soll vor allem den enormen Suchtgefahren, die mit dem Genuß von Betäubungsmitteln verbunden sind, begegnet werden.

Betäubungsmittelrecht:
- legaler Umgang mit Betäubungsmitteln geregelt
- Bestrafung des illegalen Umganges

Kern des Betäubungsmittelrechtes ist das Gesetz über den Verkehr mit Betäubungsmitteln (Betäubungsmittelgesetz) mit seinen Verordnungen (z. B. Betäubungsmittelverschreibungsverordnung).

Das Gesetz hat nicht allgemein umschrieben, was Betäubungsmittel sind, sondern in 3 Anlagen zum Gesetz (Abb. **110**) Stoffe aufgeführt, die wegen ihrer Wirkungsweise eine Abhängigkeit hervorrufen können. Nur die in diesen Anlagen aufgeführten Stoffe sind Betäubungsmittel im Sinne des Betäubungsmittelgesetzes.

Betäubungsmittel = Stoffe, die in den Anlagen I – III zum Betäubungsmittelgesetz aufgeführt sind

Betäubungsmittel

Anlage I	Anlage II	Anlage II
Nicht verkehrsfähige Betäubungsmittel: • der Verkehr mit ihnen ist insgesamt unerlaubt Beispiele: Cannabis (Haschisch, Marihuana), Heroin, LSD	**Verkehrsfähige, aber nicht verschreibungsfähige Betäubungsmittel:** • sie dürfen nur in bestimmten Bereichen verwendet werden	**Verkehrsfähige und verschreibungsfähige Betäubungsmittel:** • sie können unter bestimmten Voraussetzungen von einem Arzt verschrieben werden Beispiele: Amphetamin, Kokain, Methadon, Morphin, Opium

Abb. **110** Die 3 Kategorien von Betäubungsmitteln

Betäubungsmittel der Anlage I

Jeglicher Umgang ohne Erlaubnis des Bundesgesundheitsamtes ist verboten und strafbar

Diese Betäubungsmittel sind nicht verkehrsfähig. Sie sind gesundheitsschädlich und für medizinische Zwecke nicht geeignet. Der Umgang mit ihnen (z. B. Anbau, Herstellung, Handel treiben, Einfuhr, Veräußerung, Abgabe, Erwerben) ist grundsätzlich strafbar.

Eine Ausnahme besteht nur dann, wenn eine Erlaubnis des Bundesgesundheitsamtes vorliegt.

Diese Erlaubnis kann nur ausnahmsweise zu wissenschaftlichen oder anderen im öffentlichen Interesse liegenden Zwekken erteilt werden.

Betäubungsmittel der Anlage II

Verwendung in Industrie und Apotheke evtl. möglich

Diese Betäubungsmittel können zwar nicht ärztlich verschrieben werden, sie dürfen aber u.U. in der Pharmaindustrie oder im Rahmen des Betriebes einer öffentlichen Apotheke verwendet werden.

Betäubungsmittel der Anlage III

Verschreibung in Ausnahmefällen durch den Arzt zulässig

Diese Betäubungsmittel sind verkehrs- und verschreibungsfähig. Sie dürfen aber nur von Ärzten, Zahnärzten und Tierärzten verschrieben werden, **wenn ihre Anwendung am oder im menschlichen oder tierischen Körper begründet ist**.

Wenn der beabsichtigte Zweck (z. B. durch Medikamente) auf andere Weise erreicht werden kann, darf das Betäubungsmittel **nicht** verschrieben werden.

Der Umgang mit diesen Betäubungsmitteln bedarf nun besonderer Sorgfaltspflichten insbesondere hinsichtlich des Verschreibens und der Aufbewahrung:

Verschreibung eines Betäubungsmittels

Besondere Anforderungen an die Form der Verschreibung :
- Betäubungsmittelrezept
- Rezept nicht älter als 7 Tage

Bei der Verabreichung eines Betäubungsmittels sind die Vorschriften der Betäubungsmittelverschreibungsverordnung zu beachten.

- Beim Verschreiben ist das 3teilige amtliche Formblatt (**Betäubungsmittelrezept**) zu verwenden (Teil I verbleibt in der Apotheke, Teil II ist für die Krankenkasse zur Abrechnung bestimmt und Teil III bleibt beim Arzt). Apotheke und Arzt müssen das Rezept 3 Jahre aufbewahren. Dies dient vor allem der Kontrolle über den Verbleib dieser Stoffe.

- Betäubungsmittel dürfen nur in der Apotheke gegen das Rezept ausgegeben werden, wobei dieses **nicht älter als 7 Tage** sein darf.
- Das Rezept muß in allen 3 Teilen übereinstimmend mit Tinte oder Kugelschreiber vom verschreibenden Arzt eigenhändig und handschriftlich ausgefüllt sein. Nur der Name des Patienten und seine Anschrift sowie der Name und die Anschrift des Arztes dürfen von einer anderen Person geschrieben werden.

  - alle 3 Teile müssen vom Arzt eigenhändig ausgefüllt sein

- Das Rezept muß im wesentlichen enthalten: Name, Anschrift, Geburtsdatum des Patienten, Ausstellungsdatum, bei Überschreiten der Höchstdosis der Zusatzvermerk z. B. „Menge ärztlich begründet“, Bezeichnung des Betäubungsmittels, Name, Anschrift, Telefonnummer und Berufsbezeichnung des Arztes, ungekürzte Unterschrift des Arztes.

  - Überschreiten der Höchstdosis besonders vermerkt

- Betäubungsmittelrezepte werden nur vom Bundesgesundheitsamt ausgegeben und sind durchnumeriert. Sie sind vor Diebstahl besonders zu schützen. Im Falle ihres Verlustes ist dies unter Angabe der Rezeptnummern unverzüglich dem Bundesgesundheitsamt zu melden.

  - besondere Aufbewahrung von Betäubungsmittelrezepten

- Es dürfen pro Tag nur bestimmte Höchstmengen an Betäubungsmitteln verschrieben werden. Diese hängen zum einen von der Art des Betäubungsmittels und zum anderen von dem Grad der Krankheit ab.

  - Höchstmengen beachten

Aufbewahrung eines Betäubungsmittels

Soweit Betäubungsmittel im Krankenhaus auf Station aufbewahrt werden, müssen folgende Punkte beachtet werden:

Besondere Anforderungen an die Aufbewahrung von Betäubungsmitteln:
- Aufzeichnungspflicht
- Schutz vor unbefugter Entnahme

- Über jeden Zugang und Abgang von Betäubungsmitteln müssen genaueste Aufzeichnungen geführt werden. Hier sind die vorgesehenen Formblätter oder das Betäubungsmittelbuch zu verwenden. Diese Unterlagen müssen 3 Jahre aufbewahrt werden.
- Die Aufbewahrung muß getrennt von den übrigen Arzneimitteln gesondert erfolgen (im sog. Giftschrank).
- Die Betäubungsmittel müssen vor unbefugter Entnahme geschützt sein. Der Betäubungsmittelschrank ist daher zu verschließen und der Schlüssel sicher zu verwahren.
- Soweit Betäubungsmittel vernichtet werden, muß dies in Gegenwart von 2 Zeugen derart geschehen, daß eine auch nur teilweise Wiedergewinnung ausgeschlossen ist und keine schädlichen Einwirkungen auf die Umwelt erfolgen.

Bestattungswesen

Bestattungsgesetz:
- Bestattungszwang
- Leichenschau
- Bestattungszeitpunkt

Das Bestattungsgesetz (BestG) befaßt sich im wesentlichen mit dem Leichenwesen, der Bestattung und den Bestattungseinrichtungen (Abb. **111**). Dieses Recht ist nicht bundeseinheitlich geregelt, sondern es ist Ländersache. Die folgenden Ausführungen beziehen sich auf das Bestattungsgesetz des Bundeslandes Bayern vom 24. 9. 1970, sind aber mit den Bestattungsgesetzen der übrigen Bundesländer vergleichbar.

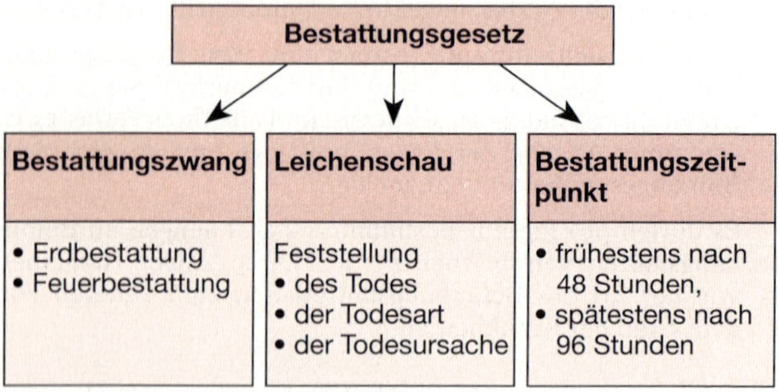

Abb. **111** Inhalt des Bestattungsgesetzes

Bestattungszwang

Bestattungszwang:
- Erdbestattung
- Feuerbestattung

Jede Leiche **muß** bestattet werden. Als Leiche bezeichnet man den Körper des Verstorbenen. Auch bei einer **Totgeburt** gibt es einen Leichnam, nicht dagegen bei einer Fehlgeburt. Bei letzterer ist die verstorbene Leibesfrucht in gesundheitlich unbedenklicher Weise zu beseitigen. Sie braucht nicht bestattet zu werden (zum Begriff „Totgeburt“, s. S. 329).

Als Bestattungsart kommt die Beisetzung in einer Grabstätte (**Erdbestattung**) oder die Einäscherung (**Feuerbestattung**) in Betracht. In beiden Fällen sind die Überreste in Friedhöfen beizusetzen.

Bei der Bestattungsart kommt es auf den Willen des Verstorbenen an. Dieser kann zu seinen Lebzeiten bestimmen, was mit seiner Leiche zu geschehen hat. Ist sein Wille nicht festzustellen, können seine nahen Angehörigen die Bestattungsart bestimmen.

Nur in Ausnahmefällen ist die Bestattung außerhalb eines Friedhofes zulässig. Dabei muß der Bestattungsplatz den gleichen strengen Anforderungen genügen wie die öffentlichen Friedhöfe.

Bestattung grundsätzlich auf Friedhof; Ausnahmen möglich

Eine Leiche darf erst bestattet werden, nachdem sie von einem Arzt untersucht worden ist (Leichenschau) und er hierüber eine Todesbescheinigung ausgestellt hat. Diese ist dem Standesamt vorzulegen.

Liegt kein natürlicher Tod vor oder handelt es sich um eine unbekannte Leiche, muß zudem die Genehmigung der Staatsanwaltschaft oder des Gerichtes eingeholt werden.

Genehmigung der Staatsanwaltschaft bei unnatürlichem Tod

Leichenschau

Jede Leiche muß vor der Bestattung von einem Arzt untersucht werden. Dabei hat dieser den Tod festzustellen, wenn er sichere Anzeichen (z. B. Todesflecken, Todesstarre) des Todes erkennt, und hierüber eine Todesbescheinigung auszustellen.

Leichenschau: Untersuchung des Arztes,
- ob der Tod eingetreten ist und
- ob natürliche Ursache vorliegt oder nicht

Desweiteren hat er Feststellungen über die Todesursache zu treffen und, ob ein **natürlicher** oder **nicht natürlicher Tod** vorliegt. Liegen Anhaltspunkte dafür vor, daß kein natürlicher Tod vorliegt, hat der Arzt die Polizei zu verständigen.

Dies gilt auch, wenn die Leiche nicht identifiziert werden kann.

Zur Leichenschau ist jeder Arzt verpflichtet, der in dem Gebiet niedergelassenen ist, wo sich die Leiche befindet.

In Krankenhäusern trifft diese Pflicht jeden dort tätigen Arzt.

Bestattungszeitpunkt

Die Bestattung ist **frühestens 48 Stunden** nach Eintritt des Todes zulässig.

Bestattung fühestens nach 48 Stunden

Hiervon gibt es jedoch Ausnahmen, insbesondere, wenn gesundheitliche Gefahren zu befürchten sind.

Spätestens 96 Stunden nach Eintritt des Todes muß die Leiche bestattet sein oder im Falle der Überführung auf den Weg gebracht werden.

Bestattung spätestens nach 96 Stunden

Auch hier gibt es Ausnahmen, wenn gesundheitliche Gefahren nicht zu befürchten sind.

In diese Frist werden Sonntage, Samstage und gesetzliche Feiertage nicht eingerechnet.

Datenschutz

Schutz der personenbezogenen Daten durch:
- Schweigepflicht
- Bundesdatenschutzgesetz
- Landesdatenschutzgesetze

Gerade in Krankenhäusern und großen Arztpraxen hält die Datenerfassung und -verarbeitung zunehmend Einzug. Einerseits ist die Erhebung bestimmter Daten für die Gesundheitspflege erforderlich, andererseits birgt sie die Gefahr, das Patientengeheimnis zu verletzen. Die Gefahr liegt insbesondere in der enormen Ansammlung der Daten und der raschen Verfügbarkeit durch die elektronische Datenverarbeitung, insbesondere in Verbundsystemen.

Grundsätzlich steht fest, daß Ärzte und Krankenhäuser nicht beliebig über die Namen und Daten von Patienten verfügen dürfen. Sie sind hierdurch einerseits durch die ärztliche **Schweigepflicht**, andererseits durch das **Bundesdatenschutzgesetz** und die einzelnen **Datenschutzgesetze der Länder** (Abb. **112**) gehindert.

Die Datenschutzgesetze gelten für die Erhebung, Verarbeitung und Nutzung **personenbezogener Daten**. Je nach dem Träger

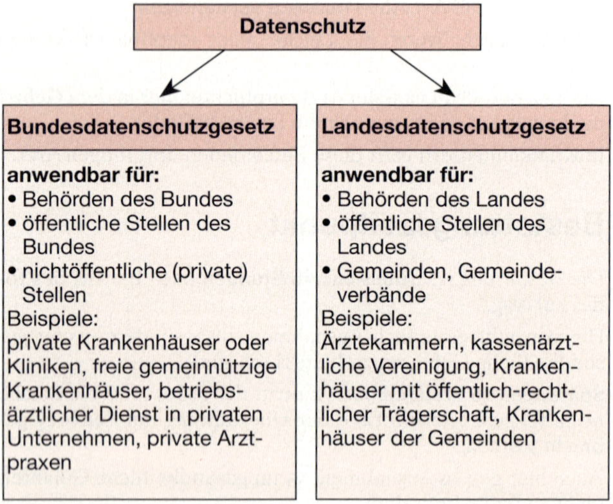

Abb. **112** Bundesdatenschutzgesetz und Landesdatenschutzgesetze

dieser Daten ist zu unterscheiden, ob das Bundesdatenschutzgesetz oder das Datenschutzgesetz des einzelnen Bundeslandes anzuwenden ist.

Das **Bundesdatenschutzgesetz** ist anzuwenden, wenn es sich um Bundesbehörden handelt oder um öffentliche Stellen des Bundes sowie um **nichtöffentliche Stellen** (= private Einrichtungen) wie vor allem bei den privaten Krankenanstalten und Arztpraxen.

Bundesdatenschutzgesetz
- Stellen des Bundes
- private Einrichtungen

Die **Landesdatenschutzgesetze** finden Anwendung auf alle öffentlichen Stellen und Behörden des Bundeslandes oder der Gemeinden wie z. B. Krankenhäuser der Städte / Gemeinden, der Landkreise oder Bezirke.

Landesdatenschutzgesetz
- Stellen des Landes oder der Gemeinden

Voraussetzung für die Anwendung der Datenschutzgesetze ist das Vorliegen von **personenbezogenen Daten**.

Nur Schutz für personenbezogene Daten

Hierbei handelt es sich um Einzelangaben über persönliche oder sachliche Verhältnisse einer bestimmten oder bestimmbaren Person.

Keine personenbezogenen Daten sind daher Angaben, die derart **anonymisiert** sind, daß sich ein Bezug zu einer bestimmten Person nicht mehr herstellen läßt (z. B. Daten in der medizinischen Forschung, Krebsregister).

Sind personenbezogene Daten aufbewahrt, kommt es für die Anwendung der Datenschutzgesetze auf die Art der Speicherung an.

Liegt eine **automatisierte Datei** vor, findet das Datenschutzgesetz volle Anwendung:

Schutz bei Vorliegen einer automatisierten Datei

Datengeheimnis

- **Datengeheimnis.** Den bei der Datenverarbeitung beschäftigten Personen ist untersagt, personenbezogene Daten unbefugt zu verarbeiten oder zu nutzen. Unter „verarbeiten" versteht man vor allem das Speichern und Übermitteln (= Weitergabe an Dritte) von Daten. Das Datengeheimnis besteht auch nach Beendigung der Tätigkeit fort.

Schutz vor Zugang Unbefugter

- **Schutz vor Zugang Unbefugter.** Verarbeitet jemand personenbezogene Daten, muß er technische und organisatorische Maßnahmen treffen, die erforderlich sind, um zu verhindern, daß Unbefugte Zugang zu Daten oder Kenntnis von Daten erlangen können.

Zweckbindung personenbezogener Daten

- **Zweckbindung personenbezogener Daten.** Personenbezogene Daten, die der Schweigepflicht unterliegen und einer anderen Stelle nur in Ausübung ihrer Berufs- und Amtspflicht zur Verfügung gestellt worden sind, dürfen von der speichernden Stelle nur für den Zweck genutzt werden, für den sie die Daten erhalten haben.

Forschungszwecke

- **Forschungszwecke.** Soweit Daten zu Forschungszwecken erhoben wurden, dürfen sie nur zu Forschungszwecken genutzt werden. Die Daten sind zu anonymisieren, sobald dies nach dem Forschungszweck möglich ist.

Einwilligung des Betroffenen

- **Einwilligung des Betroffenen.** Die Verarbeitung und Nutzung personenbezogener Daten ist nur zulässig, wenn es das Datenschutzgesetz ausdrücklich vorsieht oder der Betroffene einwilligt. Vor der Einwilligung ist der Betroffene über den Zweck der Speicherung aufzuklären.

Schadensersatz

- **Schadensersatz.** Fügt eine öffentliche Stelle dem Betroffenen durch eine unrichtige automatisierte Verarbeitung seiner personenbezogenen Daten einen Schaden zu, ist sie zum Ersatz des daraus entstehenden Schadens (höchstens 250 000 DM) verpflichtet, auch wenn sie kein Verschulden trifft.

Auskunftsanspruch des Betroffenen

- **Auskunftsanspruch des Betroffenen.** Der Betroffene hat gegenüber der speichernden Stelle einen gebührenfreien Anspruch auf Auskunft über die zu seiner Person gespeicherten Daten und den Zweck der Speicherung. Damit er überhaupt weiß, wer über ihn Daten speichert, trifft die speichernde Stelle bei erstmaliger Datenspeicherung eine **Benachrichtigungspflicht**.

  Hiervon gibt es jedoch zahlreiche Ausnahmen.

Anrufung des Datenschutzbeauftragten

- **Anrufung des Datenschutzbeauftragten.** Jeder kann sich an den Datenschutzbeauftrageten wenden, wenn er sich durch die Datenverarbeitung in seinen Rechten verletzt fühlt.

Umgang mit Daten in herkömmlicher Arztpraxis

Handelt es sich dagegen nur um eine **nichtautomatisierte Datei, deren personenbezogene Daten nicht zur Übermittlung an Dritte bestimmt sind** (z. B. bei einer freien Arztpraxis, wenn die Krankenunterlagen in herkömmlicher Form geführt werden), gelten nur bestimmte Vorschriften:

- ❖ Datengeheimnis,
- ❖ Schutz vor Zugang Unbefugter,
- ❖ Zweckbindung personenbezogener Daten,
- ❖ Forschungszwecke.

Lebensmittelrecht

Kern des Lebensmittelrechtes ist das „Gesetz über den Verkehr mit Lebensmitteln, Tabakerzeugnissen, kosmetischen Mitteln und sonstigen Bedarfsgegenständen" (Lebensmittel- und Bedarfsgegenständegesetz). Dieses Gesetz wird durch eine Vielzahl von weiteren Gesetzen und Verordnungen ergänzt, so daß eine möglichst aktuelle Anpassung an bestehende Verhältnisse gewährleistet ist.

Der Zweck des Gesetzes ist darin zu sehen, daß der Verbraucher zum einen vor Täuschungen geschützt und zum anderen informiert wird.

Lebensmittelgesetz:
- Schutz und
- Information des Verbauchers

Gegenstand des Gesetzes sind
- ❖ Lebensmittel (einschließlich ihre Umhüllungen, die mitverzehrt werden),
- ❖ Zusatzstoffe,
- ❖ Tabakerzeugnisse,
- ❖ kosmetische Mittel,
- ❖ Bedarfsgegenstände (Gegenstände, die beim Verzehr von Lebensmitteln verwendet werden, Gegenstände, die zur Körperpflege bestimmt sind, Spielwaren, Scherzartikel, Reinigungs- und Pflegemittel u. a.).

Im Umgang mit diesen Lebensmitteln ist es verboten:

- Lebensmittel für andere derart herzustellen oder zu behandeln, daß ihr Verzehr geeignet ist, die Gesundheit zu schädigen.
- Stoffe, deren Verzehr geeignet ist, die Gesundheit zu schädigen, als Lebensmittel in den Verkehr zu bringen.
- Erzeugnisse, die keine Lebensmittel sind, bei denen jedoch die Gefahr der Verwechslung mit Lebensmitteln besteht, herzustellen, wenn infolge ihrer Verwechselbarkeit eine Gefährdung der Gesundheit hervorgerufen wird.
- Bei Lebensmitteln gewerbsmäßig eine nicht zugelassene Bestrahlung mit ultravioletten oder ionisierenden Strahlen anzuwenden oder solche bestrahlten Lebensmittel in den Verkehr zu bringen.
- Lebensmittel gewerbsmäßig in den Verkehr zu bringen, die Pflanzenschutzmittel, Düngemittel oder ähnliches aufweisen, die die festgesetzten Höchstmengen überschreiten.

Verbote zum Schutz der Gesundheit:
- Schutz vor Lebensmitteln, die die Gesundheit schädigen
- Verbot von gesundheitsschädlichen Erzeugnissen, die mit Lebensmitteln verwechselt werden können
- Bestrahlung von Lebensmitteln
- Pflanzenschutz-, Düngemittel in Lebensmitteln über den zulässigen Höchstmengen

- Lebensmittel mit pharmakologischen Rückständen

- vom Tier gewonnene Lebensmittel gewerbsmäßig in den Verkehr zu bringen, wenn in oder auf ihnen Stoffe mit pharmakologischer Wirkung vorhanden sind, die die festgesetzte Höchstmenge überschreiten.

Weitere wichtige Punkte im Lebensmittelgesetz sind:

- Es dürfen nur zugelassene Zusatzstoffe verwendet werden.

Kennzeichnungspflicht von Zusatzstoffen

- Die verwendeten Zusatzstoffe sind kenntlich zu machen.

Werbeverbot für Tabakerzeugnisse

- Es besteht ein Werbeverbot in Rundfunk und Fernsehen für Tabakerzeugnisse. Im übrigen darf keine Werbung mit dem Inhalt betrieben werden, daß der Genuß von Tabakerzeugnissen gesundheitlich unbedenklich ist.
- Kosmetische Mittel und Bedarfsgegenstände müssen so beschaffen sein, daß keine Gesundheitsbeeinträchtigung besteht. Reinigungs- und Pflegemittel dürfen ihrem Erscheinen nach nicht die Gefahr begründen, daß sie mit Lebensmitteln verwechselt werden können.

Reinheitsgebot für Bier

Ergänzend zum Lebensmittel- und Bedarfsgegenständegesetz gibt es für eine Vielzahl von Lebensmitteln eigene Verordnungen, die auch mit den Vorschriften der EU im Einklang stehen müssen. Eines der noch am bekanntesten Lebensmittelgesetze ist das Reinheitsgebot für Bier aus dem Jahre 1516 (zur Bierherstellung dürfen nur Gerstenmalz, Hopfen und Wasser verwendet werden).

Seuchenwesen

Der Grundgedanke des Seuchenrechtes besteht darin, daß neben der Heilung vor allem die Entstehung der Krankheiten und deren Ausbreiten verhütet werden sollen.

Auf dem Gebiet des Seuchenrechtes gibt es vor allem das Bundesseuchengesetz und das Gesetz zur Bekämpfung der Geschlechtskrankheiten.

Inhalt des Seuchenrechtes:
- Heilung
- Verhinderung von Entstehung und Ausbreitung von Seuchen

Bundesseuchengesetz

Ein wesentlicher Teil des Bundesseuchengesetzes ist die Meldepflicht bestimmter Erkrankungen bzw. eines bestimmten Krankheitsverdachtes (Abb. **113**).

Meldepflicht bei bestimmten Krankheiten

Meldepflichtig sind auch folgende Umstände:

- Berührung oder Verletzung eines Menschen durch ein tollwutkrankes oder -verdächtiges Tier.
- **Ausbruch** (d. h. nicht nur vereinzeltes Auftreten) von durch Krankheitserreger verursachte Erkrankungen in Krankenhäusern oder ähnlichen Anstalten.
- Auftreten von Impetigo contagiosa, Krätze, Keuchhusten, Masern, Röteln, Scharlach, Windpocken, Befall mit Läusen **in Kindergärten, Schulen oder sonstigen Gemeinschaftseinrichtungen**

Weitere Meldepflicht bezüglich:
- Krankenhaus
- Kindergarten, Schule

Meldepflichtige Personen sind in folgender Reihenfolge vor allem:

- der behandelnde oder hinzugezogene Arzt,
- jede sonst mit der Behandlung oder der Pflege des Betroffenen berufsmäßig beschäftigte Person,
- die hinzugezogene Hebamme,
- die Leiter von Pflegeanstalten, Justizvollzugsanstalten, Heimen, Schulen, Kindergärten.

Meldepflichtige Personen

In Krankenhäusern ist der leitende Arzt für die Meldung verantwortlich.

Die Meldung ist **spätestens 24 Stunden** nach erlangter Kenntnis dem zuständigen **Gesundheitsamt** zu erstatten.

In diesen Fällen darf die Schweigepflicht gegenüber dem Gesundheitsamt gebrochen werden.

Meldung innerhalb 24 Stunden an das örtliche Gesundheitsamt

Meldepflichten

Krankheitsverdacht, Erkrankung, Tod an	Erkrankung, Tod an	Tod an	Ausscheider von
• Botulismus • Cholera • Enteritis infectiosa (Salmonellose, sonstige Lebensmittelvergiftung), • Fleckfieber • Lepra • Milzbrand • Ornithose • Paratyphus • Pest • Pocken • Poliomyelitis • Rückfallfieber • Shigellenruhr • Tollwut • Tularämie • Typhus abdominalis, • virusbedingtem hämorrhagischem Fieber	• angeborener Zytomegalie • angeborener Listeriose • angeborener Lues • angeborener Röteln-embryopathie • Brucellose • Diphterie • Gelbfieber • Leptospirose • Malaria • Meningitis • Q-Fieber • Rotz • Trachom • Trichinose • Tuberkulose • Virushepathitis • anaerober Wund-infektion	• Influenza • Keuch-husten • Masern • Puer-peral-sepsis • Scharlach	• Cholera-vibrionen • Salmo-nellen, • Shigellen

Abb. **113** Meldepflichtige Erkrankungen

Besondere Pflichten für Ausscheider von Salmonellen u.ä.
- Mitteilung von Wohnungs-, Arbeitsplatzwechsel
- Mitteilung an behandelnde Personen

Eine besondere Pflicht trifft die **Ausscheider von Choleraerregern, Salmonellen und Shigellen**. Sie haben jeden Wechsel der Wohnung und der Arbeitsstätte unverzüglich dem bisherigen Gesundheitsamt anzuzeigen. Bei Aufnahme in ein Krankenhaus oder bei Inanspruchnahme einer Hebamme müssen sie mitteilen, daß sie Ausscheider sind.

Nachdem das Gesundheitsamt von einer übertragbaren Krankheit erfahren hat, kann es eine Vielzahl von Maßnahmen ergreifen, um eine bereits erfolgte Ansteckung zu ermitteln und die Weiterverbreitung der Krankheit zu verhindern.

So dürfen z. B. Räume, Fahrzeuge usw. betreten, Kontaktpersonen untersucht, Entseuchungsmaßnahmen durchgeführt, Krankenhauseinweisung und sogar Absonderungen durchgeführt werden.

Weitere wichtige Maßnahmen sind z. B.:

- ❖ Überwachung des Trinkwassers, Abwassers, Wasser in Badeanstalten u.ä.,
- ❖ Bekämpfung von tierischen Schädlingen,
- ❖ Durchführung von Schutzimpfungen,
- ❖ Untersuchungen von Personal in Lebensmittelbetrieben.

Gesetz zur Bekämpfung der Geschlechtskrankheiten

Die Bekämpfung der Geschlechtskrankheiten stellt einen Unterpunkt der Seuchenbekämpfung dar. Der Grund dieser Sonderregelung liegt darin, daß das Geschlechtsleben der Menschen neben dem körperlichen Kontakt auch seelische und soziale Beziehungen umfaßt, denen bei der Bekämpfung der Krankheit Rechnung getragen werden muß.

Geschlechtskrankheitengesetz als Unterfall der Seuchenbekämpfung

Geschlechtskrankheiten im Sinne des Gesetzes sind:

- ❖ Syphilis (Lues),
- ❖ Tripper (Gonorrhö),
- ❖ weicher Schanker (Ulcus molle),
- ❖ venerische Lymphknotenentzündung.

Die Heilung setzt Feststellung und Erkennung der Krankheit voraus. Dabei muß den Ursprungsherden nachgegangen werden. Es ergeben sich für den Arzt und den Patienten eine Reihe von Pflichten (Abb. **114**).

Neben der Heilung auch Feststellung des Ursprungs der Krankheit

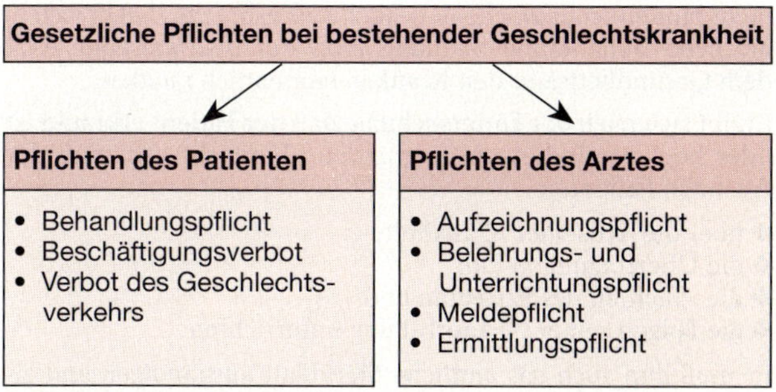

Abb. **114** Pflichten des Patienten und des Arztes bei bestehender Geschlechtskrankheit

Pflichten des Patienten

Behandlungspflicht des Patienten

Wer an einer Geschlechtskrankheit leidet und dies weiß oder den Umständen nach annehmen muß, ist verpflichtet, sich unverzüglich von einem Arzt untersuchen und behandeln zu lassen. Kommt er dieser Pflicht nicht nach, kann das Gesundheitsamt geeignete Zwangsmaßnahmen ergreifen, die bis zur zwangsweisen Einweisung in ein Krankenhaus reichen.

Beschäftigungsverbot

Bei bestehender Ansteckungsgefahr kann dem Patienten untersagt werden, seinen Beruf auszuüben.

Verbot der Ausübung des Geschlechtsverkehrs

Wer an einer Geschlechtskrankheit leidet, hat sich des Geschlechtsverkehrs zu enthalten, es sei denn, die Krankheit ist nicht mehr übertragbar. Wer gegen diese Pflicht zuwiderhandelt, begeht eine Straftat.

Mitteilungspflicht vor Eheschließung

Wer geschlechtskrank ist oder irgendwann an Syphilis gelitten hat, muß sich vor Eingehung der Ehe untersuchen lassen. Bestehen ärztlicherseits Bedenken, muß er **vor** der Eheschließung dem anderen Teil dies mitteilen.

Blutspendeverbot

Auch darf derjenige kein Blut spenden, der geschlechtskrank ist oder irgendwann an Syphilis gelitten hat. Eine Zuwiderhandlung gegen diese Verbote ist ebenfalls mit Strafe bedroht.

Pflichten des Arztes

Aufzeichnungspflicht des Arztes

Jeder Arzt, der einen Geschlechtskranken untersucht oder behandelt, muß über diese Behandlung genaue Aufzeichnungen machen.

Lehnt der Arzt die Behandlung ab, muß er den Kranken an einen anderen Arzt überweisen. Hat der Patient anschließend nicht binnen einer Woche den Nachweis erbracht, daß er sich in ärztliche Behandlung befindet, muß der überweisende Arzt dem Gesundheitsamt den Kranken namentlich melden.

Ergibt sich nach der Untersuchung, daß der Patient erkrankt ist oder liegt zumindest ein begründeter Verdacht vor, muß der Arzt den Patienten

Aufklärung des Patienten durch den Arzt

- über die Art seiner Krankheit,
- die Übertragungsgefahr,
- die Pflichten des Patienten und
- die Folgen seiner Nichterfüllung unterrichten.

Er muß ihm auch das amtliche Merkblatt aushändigen und erläutern. Dieser muß den Empfang schriftlich bestätigen.

Die Meldepflicht umfaßt nur:
- Geburtsjahr
- Geschlecht
- Art der Erkrankung

Jeder Fall einer ansteckungsfähigen Geschlechtskrankheit ist von dem behandelnden Arzt unverzüglich dem Gesundheitsamt zu melden. Anzugeben ist dabei **nur** Geburtsjahr und Geschlecht sowie Art der Erkrankung.

Eine **namentliche Meldepflicht** besteht, wenn der Kranke

Namentliche Meldepflicht bei:
- Weigerung des Patienten, sich behandeln zu lassen
- Übertragungsgefahr
- falschen Angaben über Ansteckungsquelle

❖ sich weigert, sich ärztlich behandeln zu lassen,

❖ durch seine Lebensweise eine ernste Gefahr der Übertragung auf andere bildet,

❖ offensichtlich falsche Angaben über die Ansteckungsquelle oder über die durch ihn gefährdeten Personen macht,

❖ unter 18 Jahren ist und sittlich gefährdet erscheint und die Erziehungsberechtigten keine Gewähr dafür bieten, eine ordnungsgemäße Behandlung und Betreuung zu übernehmen.

Ermittlungspflicht

Ein Arzt, der eine Geschlechtskrankheit feststellt, ist verpflichtet, mit den ihm zur Verfügung stehenden und zumutbaren Mitteln zu versuchen, die mutmaßliche Ansteckungsquelle und die Personen zu ermitteln, auf die der Kranke die Geschlechtskrankheit übertragen haben könnte.

Befragung des Patienten

Dieser Pflicht kommt der Arzt regelmäßig dadurch nach, daß er den Patienten umfassend befragt. Dieser ist verpflichtet, wahrheitsgetreue Angaben zu machen.

Meldung an das Gesundheitsamt

Darüber hinaus muß der Arzt auf die so Ermittelten einwirken, sich behandeln zu lassen. Handelt es sich dabei um Personen mit häufig wechselnden Geschlechtspartnern, muß der Arzt diese dem Gesundheitsamt melden.

Strahlenschutz

Grundlagen des Strahlenschutzes:
- Röntgenverordnung
- Strahlenschutzverordnung

Der Umgang mit Röntgenstrahlen und anderen ionisierenden Strahlen, insbesondere mit radioaktiven Stoffen bedarf wegen seiner Gefährlichkeit für das Personal und die Patienten einer umfassenden Regelung. So hat die Bundesregierung mit Zustimmung des Bundesrates aufgrund des Atomgesetzes 2 wesentliche Verordnungen erlassen, die den Umgang mit Röntgenstrahlen (**Röntgenverordnung**) und mit radioaktiven Stoffen (**Strahlenschutzverordnung**) zum Gegenstand haben.

Röntgenverordnung

Die wesentlichen Bestimmungen der Röntgenverordnung beziehen sich auf die Röntgeneinrichtung selbst, die verschiedenen Bereiche um die Röntgeneinrichtung, auf die Personen, die die Röntgenstrahlen anwenden dürfen und auf den Schutz der Patienten (Abb. **115**).

Inhalt der Röntgenverordnung

Röntgenanlage	**Bereiche**	**Zur Anwendung berechtigte Personen**	**Schutz der Patienten**
• Genehmigung für den Betrieb • erforderliche Bildqualität • möglichst geringe Strahlenbelastung	• Kontollbereich • betrieblicher Überwachungsbereich	• (Zahn-)Ärzte • bestimmte Assistenzberufe • Hilfskräfte, soweit sie über die erforderliche Kenntnisse im Strahlenschutz verfügen	• ärztliche Indikation • Schutz der nicht betroffenen Körperstellen

Abb. **115** Gesetzliche Bestimmungen der Röntgenverordnung

Röntgenanlage

Wer eine Röntgenanlage betreibt, bedarf der **Genehmigung**.

Gewährleistung eines fachkundigen Umgangs mit der Röntgenanlage

Diese ist zu erteilen, wenn im wesentlichen folgende Punkte gewährleistet sind:

- Die beim Betrieb der Röntgeneinrichtung tätigen Personen müssen die notwendigen Kenntnisse über die mögliche Strahlengefährdung und die anzuwendenden Schutzmaßnahmen besitzen.
- Die erforderlichen Schutzvorschriften müssen eingehalten werden.
- Ein Strahlenschutzbeauftragter muß vorhanden sein. Er muß über die erforderliche Fachkunde verfügen.
- Die erforderliche Bildqualität muß mit möglichst geringer Strahlenbelastung erreicht werden.

Strahlenschutzverantwortlicher, Strahlenschutzbeauftragter

Die Verantwortung, Aufsicht und Leitung der Einrichtung trägt der Strahlenschutzverantwortliche. Dieser kann zur Erfüllung seiner Aufgaben einen oder mehrere Strahlenschutzbeauftragte bestellen. Beide sollen im wesentlichen dafür sorgen, daß die Schutzvorschriften eingehalten werden, damit die Gefahr, die von der Strahlenbelastung ausgeht so gering wie möglich gehalten wird.

Abnahmeprüfung

Die Röntgeneinrichtung muß vor der Inbetriebnahme vom Hersteller daraufhin überprüft werden, ob die erforderliche Bildqualität mit einer möglichst geringen Strahlenbelastung erreicht wird (Abnahmeprüfung).

Konstanzprüfung

Dazu muß mindestens 1mal im Monat festgestellt werden, ob die Bildqualität diesen Anforderungen noch entspricht (Konstanzprüfung).

Die Ergebnisse dieser Prüfungen sind aufzuzeichnen.

Bereiche

Der Raum, in dem die Röntgenanlage steht, muß allseits umschlossen sein.

Beim Betrieb der Röntgenanlage bestehen 2 voneinander getrennte Bereiche, die sich durch die Höhe der Strahlenbelastung unterscheiden:

Kontrollbereich mit Kennzeichnung: „Kein Zutritt – Röntgen"

- **Kontrollbereich.** Die Strahlenbelastung des dort arbeitenden Personals darf einen Schwellwert nicht überschreiten. Darüber hinaus muß der Bereich deutlich sichtbar gekennzeichnet werden mindestens mit den Worten **„Kein Zutritt – Röntgen"**.

Schutzkleidung

Alle Personen (mit Ausnahme der Patienten) haben im Kontrollbereich eine ausreichende Schutzkleidung zu tragen, soweit nicht durch eine Dauereinrichtung (Schirm) ein ausreichender Schutz vorhanden ist.

Zutrittsverbot für Jugendliche und Schwangere

Keinen Zutritt zu diesem Bereich haben Personen unter 18 Jahren und Schwangere, es sei denn sie müssen untersucht oder behandelt werden.

Personen im Alter zwischen 16 und 18 Jahren dürfen sich mit Genehmigung der zuständigen Behörde im Kontrollbereich aufhalten, wenn sie dies unter ständiger Aufsicht eines Fachkundigen tun und dies zur Erreichung ihres Ausbildungszieles notwendig ist (diese Ausnahme gilt nicht für Schwangere!).

Personen im Kontollbereich benötigen ein Strahlendosimeter

Alle im Kontrollbereich tätigen Personen müssen ein Strahlendosimeter bei sich unter der Schutzkleidung tragen.

Betrieblicher Überwachungsbereich

- **Betrieblicher Überwachungsbereich.** An den Kontrollbereich grenzt der betriebliche Überwachungsbereich an, der eine geringere Strahlenbelastung als der Kontrollbereich aufweist.

Auch hier ist der Zutritt nur den Personen gestattet, die dort arbeiten müssen oder sich zur Berufsausbildung befinden. Wie beim Kontrollbereich darf ein gewisser Grenzwert beim dort arbeitenden Personal nicht überschritten werden.

Zur Anwendung berechtigte Personen

Soweit die Röntgenstrahlen auf Menschen angewendet werden, sind hierzu nur folgende Personen berechtigt:

Berechtigung zum Umgang mit Röntgeneinrichtung nur Personen mit ausreichenden Fachkenntnissen

- (Zahn-) Ärzte, soweit sie über die für den Strahlenschutz erforderliche Fachkunde verfügen und diese durch eine vorgeschriebene Prüfung nachgewiesen haben.
- (Zahn-) Ärzte ohne diese Prüfung, wenn sie über die erforderlichen Kenntnise verfügen und unter ständiger Aufsicht und Verantwortung eines zuvor genannten Arztes stehen.
- Personen, die folgende Berufsbezeichnung führen dürfen: „medizinisch-technische/r Radiologieassistent/in“, „medizinisch-technische/r Assistent/in“
- Hilfskräfte, die über die erforderlichen Kenntnisse im Strahlenschutz verfügen und unter ständiger Aufsicht und Verantwortung eines (Zahn-) Arztes stehen, der seine Fachkunde durch Prüfung nachgewiesen hat.: (Kinder-) Krankenpflegepersonal, (Zahn-) Arzthelferinnen.

Schutz der Patienten

Die Anwendung von Röntgenstrahlen auf einen Menschen darf nur von einem Arzt mit ausreichender und einer Prüfung belegter Fachkunde angeordnet werden. Sie müssen aus ärztlicher Indikation geboten sein.

Ärztliche Indikation erforderlich

Die Strahlenbelastung ist so gering wie möglich zu halten.

Körperbereiche, die nicht betroffen sind, müssen vor einer Strahlenbelastung geschützt werden. Dies gilt insbesondere für die Keimdrüsen.

Schutz nicht betroffener Körperteile

Es müssen bestimmte Umstände aufgezeichnet werden:

Aufzeichnung bestimmter Umstände

Vor der Untersuchung:
- frühere Anwendungen von ionisierende Strahlen,
- das Bestehen einer Schwangerschaft.

Nach der Untersuchung:
- Zeitpunkt,
- Art der Anwendung,
- die behandelte Körperregion,
- Strahlenbelastung.

Die Aufzeichnungen über eine Röntgenbehandlung müssen 30 Jahre, die über Röntgenaufnahmen 10 Jahre aufbewahrt werden.

Aufbewahrung der Unterlagen

Strahlenschutzverordnung

Im medizinischen Bereich werden vor allem in der Nuklearmedizin oder in der Strahlentherapie radioaktive Stoffe eingesetzt. Da damit besondere Gefahren verbunden sind, ist der Umgang mit diesen Stoffen in der Strahlenschutzverordnung geregelt.

Diese Vorschriften entsprechen in wesentlichen Punkten (z. B. Strahlenschutzbeauftragter, Schutzkleidung, Kontroll- und Überwachungsbereich usw.) denen der Röntgenverordnung. Darüber hinaus ist folgendes zu beachten:

- Personen unter 18 Jahren sowie schwangere Frauen dürfen sich nicht im Kontrollbereich aufhalten. Schwangere oder stillende Frauen dürfen nicht mit offenen radioaktiven Stoffen umgehen.

  Verbot des Umgangs mit radioaktiven Stoffen für Jugendliche und Schwangere

  Personen zwischen 16 und 18 Jahren kann genehmigt werden, sich zu Ausbildungszwecken im Kontrollbereich aufzuhalten, soweit sie unter der Aufsicht Fachkundiger stehen.

  Essen- und Trinkverbot beim Umgang mit offenen radioaktiven Substanzen

- Beim Umgang mit offenen radioaktiven Substanzen ist es verboten zu essen, zu trinken, zu rauchen oder kosmetische

Mittel aufzunehmen, um die Aufnahme von radioaktiven Substanzen zu verhindern.

Dosimeter für Personen im Kontrollbereich

- Das im Kontrollbereich tätige Personal hat ständig ein Dosimeter bei sich zu führen. Die Meßwerte müssen täglich aufgezeichnet werden.

Durchführung von Messungen

- Beim Verlassen des Arbeitsplatzes ist eine Kontrollmessung durchzuführen.

Aufbewahrung von Unterlagen

- Soweit den Patienten radioaktive Substanzen verabreicht werden, muß dies genauestens vermerkt werden. Die Unterlagen sind 30 Jahre aufzubewahren.
- Bei Patienten, die mit radioaktiven Substanzen behandelt wurden ist zu beachten, daß deren Ausscheidungen ebenfalls radioaktiv sein können. Das gleiche gilt für den Körper eines Verstorbenen, der zuvor radioktiv behandelt wurde. Dies muß bei der „Entsorgung“ beachtet werden.

Personenstandsgesetz

Das Personenstandsgesetz enthält die Regelungen, die den Personenstand des einzelnen betreffen. Diese Beurkundung obliegt dem Standesbeamten. Er führt zu diesem Zweck 4 Personenstandsbücher (Abb. **116**):

4 Bücher halten den Personenstand fest:
- Heiratsbuch
- Familienbuch
- Geburtenbuch
- Sterbebuch

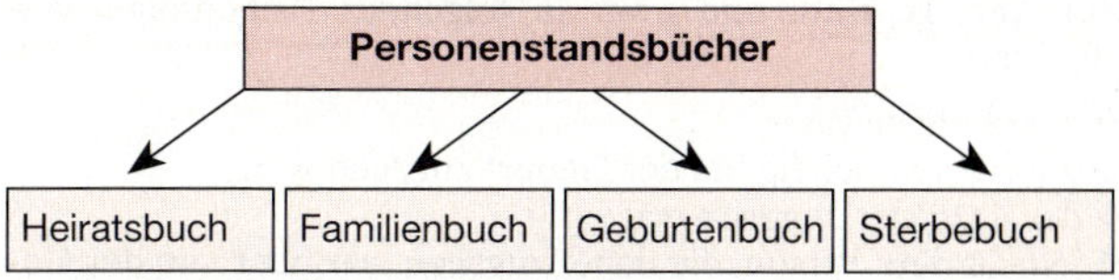

Abb. **116** Die 4 Personenstandsbücher

Heiratsbuch

Eintragung der Eheschließung

Jede Eheschließung ist im Beisein der Ehegatten und der Zeugen im Heiratsbuch zu beurkunden.

Es werden die Namen der Ehegatten sowie der Zeugen und deren Personalien eingetragen. Des weiteren wird die Erklärung der Eheschließenden und der Ausspruch der Ehe des Standesbeamten aufgenommen und anschließend von den Ehegatten, den Zeugen und dem Standesbeamten unterschrieben.

Familienbuch

Eintragung der Auflösung der Ehe und Kinder der Ehegatten

Das Familienbuch wird im Anschluß an die Eheschließung von dem Standesbeamten angelegt.

Es werden die Personalien der Ehegatten sowie deren Eltern eingetragen.

Das Familienbuch ist ständig fortzuführen.

So werden u. a. weiter eingetragen: der Tod eines Ehegatten, die Aufhebung oder Scheidung der Ehe, eine Wiederverheiratung

Auch die Kinder der Ehegatten werden in das Familienbuch eingetragen, und zwar sowohl die leiblichen als auch die angenommenen.

Darüber hinaus wird u. a. die Heirat und der Tod eines Kindes aufgenommen.

Geburtenbuch

Eintragung der Geburt eines Kindes

Anzeige der Geburt innerhalb 1 Woche beim Standesamt

Die Geburt eines Kindes muß dem Standesbeamten, in dessen Bezirk es geboren ist, binnen 1 Woche angezeigt werden.

Es werden dann im Geburtenbuch u. a. eingetragen: die Personalien der Eltern, Ort, Tag und Stunde der Geburt, Geschlecht und Name des Kindes (spätestens innerhalb 1 Monats).

Zur Anzeige sind, und zwar in folgender Reihenfolge, verpflichtet:

- der eheliche Vater,
- die Hebamme, die bei der Geburt zugegen war,
- der Arzt, der zugegen war,
- jede andere Person, die dabei zugegen war oder von der Geburt weiß,
- die Mutter, sobald sie dazu imstande ist.

Anzeigepflicht bei Geburt im Krankenhaus

Bei Geburten in öffentlichen Entbindungs- oder Krankenanstalten trifft die Verpflichtung zur Anzeige ausschließlich den Leiter der Anstalt oder die von ihm ermächtigte Angestellte.

Sterbebuch

Eintragung des Todes eines Menschen

Der Tod eines Menschen muß dem Standesbeamten, in dessen Bezirk er gestorben ist, spätestens am folgenden Werktag angezeigt werden.

Anzeige des Todes spätestens am folgenden Werktag beim Standesamt

Es werden dann im Sterbebuch u. a. eingetragen: die Personalien des Verstorbenen, der Name des Ehegatten, Ort, Tag und Stunde des Todes.

Zur Anzeige sind in folgender Reihenfolge verpflichtet:

- das Familienhaupt,
- derjenige, in dessen Wohnung sich der Sterbefall ereignet hat,
- jede Person, die bei dem Tode zugegen war oder sonst davon weiß.

Bei Sterbefällen in öffentlichen (Kranken-) Anstalten ist ausschließlich der Anstaltsleiter oder der von ihm hierzu Ermächtigte verpflichtet.

Behandlung der Eintragung bei einer Totgeburt

Lebendgeburt

Eingetragen in das Geburtenbuch wird nur eine Lebendgeburt. Eine Lebendgeburt liegt vor, wenn bei einem Kind nach der Scheidung vom Mutterleib:

Lebendgeburt: Eintragung in das Geburtenbuch und beim Tod in das Sterbebuch

- ❖ entweder das **Herz** geschlagen hat,
- ❖ die **Nabelschnur** pulsiert hat, oder
- ❖ die natürliche **Lungenatmung** eingesetzt hat.

Ist das Kind unmittelbar danach verstorben, ist seine Geburt **und** sein Tod anzuzeigen!

Totgeburt

Ist ein Kind tot geboren oder in der Geburt verstorben (**Totgeburt**), so muß die Todesanzeige spätestens am folgenden Werktag erfolgen.

Totgeburt: nur Eintragung in das Sterbebuch

Eine Totgeburt liegt vor, wenn bei einem Kind nach der Scheidung vom Mutterleib:

- ❖ weder das **Herz** geschlagen hat,
- ❖ noch die **Nabelschnur** pulsiert hat,
- ❖ noch die natürliche **Lungenatmung** eingesetzt hat,

und das Gewicht der Leibesfrucht mindestens **1000 g** betragen hat.

Leibesfrucht über 1000 g

Eine Eintragung in das Geburtenbuch erfolgt nicht. Das Kind erhält auch amtlicherseits keinen Vornamen.

Fehlgeburt

Beträgt die tote Leibesfrucht weniger als 1000 g, liegt eine **Fehlgeburt** vor. Sie wird in den Personenstandsbüchern nicht beurkundet. Sie muß auch nicht angezeigt werden.

Fehlgeburt: keine Eintragung

Leibesfrucht unter 1000 g

Unterbringungsgesetz

Unterbringung: Verwahrung eines psychisch Kranken ohne oder gegen seinen Willen

Auch für das Unterbringungsrecht sind die einzelnen Länder selbst zuständig. In den wesentlichen Punkten stimmen die Regelungen jedoch überein. Von einer Unterbringung spricht man, wenn ein Mensch, der psychisch krank oder infolge Geistesschwäche oder Sucht psychisch gestört ist und dadurch in erheblichem Maß die öffentliche Sicherheit und Ordnung oder sich selbst gefährdet, gegen oder ohne seinen Willen in einem psychiatrischen Krankenhaus oder sonst in geeigneter Weise in Verwahrung genommen wird (Abb. **117**).

Richterliche Entscheidung nötig

Letztendlich geschieht dies immer nur aufgrund einer richterlichen Anordnung.

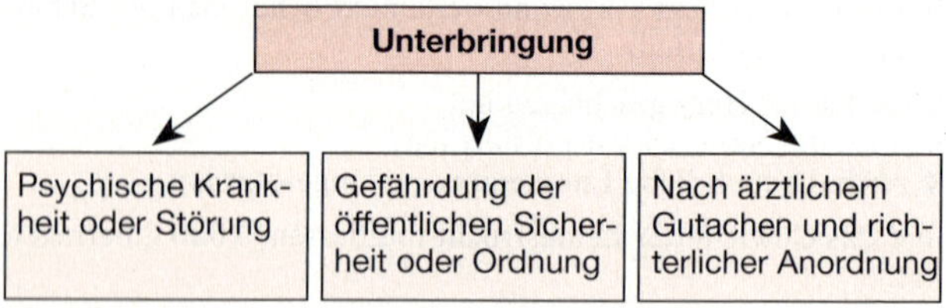

Abb. **117** Voraussetzungen der Unterbringung

Beispiel:

Der lebensmüde Amtsrichter Adam legt sich auf die Schienen in der Absicht, alsbald von einem Zug überfahren zu werden. Als ihn dort die Polizei findet und zwangsweise mitnimmt, beklagt er sich, daß er ein Recht auf Selbstmord habe.

?

Dürfen ihn die Polizeibeamten mitnehmen?

Die Polizei darf zunächst davon ausgehen, daß Adam psychisch krank ist. Zur weiteren Untersuchung dürfen sie ihn mit in ein Krankenhaus nehmen.

Unterbringung zum Zweck der Gefahrenbeseitigung und Behandlung des Betroffenen

Der **Zweck der Unterbringung** liegt darin, die Gefährdung der öffentlichen Sicherheit oder Ordnung zu beseitigen und den Betroffenen zu behandeln, um ihm ein eigenverantwortliches Leben in der Gemeinschaft zu ermöglichen. Daraus ergeben sich folgende Pflichten:

- Der Betroffene ist so zu behandeln und zu betreuen, daß der Unterbringungszweck bei geringstem Eingriff in die persönliche Freiheit erreicht wird.

- Ihm soll unter Beachtung medizinischer, sozialtherapeutischer und sicherheitsrechtlicher Erkenntnisse und Möglichkeiten Gelegenheit zu sinnvoller Beschäftigung und Arbeit gegeben werden.
- Er hat Anspruch auf Heilbehandlung.
- Er darf seine persönliche Kleidung tragen und persönliche Gegenstände in seinem Zimmer haben.
- Er hat ein Recht auf Besuch und zwar mindestens 1 Stunde wöchentlich.
- Sein Recht auf Schriftwechsel ist unbegrenzt.

Der Untergebrachte darf nur soweit in seinen Rechten beschnitten werden, als es der Unterbringunsgzweck erfordert

Diese Rechte können nur eingeschränkt werden, wenn gesundheitliche Nachteile oder eine erhebliche Störung der öffentlichen Sicherheit oder Ordnung zu befürchten ist.

Eine Unterbringung kann nur erfolgen, wenn es die Kreisverwaltungsbehörde (in Bayern) beantragt.

Bei Gefahr im Verzug (der Antrag kann nicht mehr rechtzeitig eingeholt werden, ohne daß Schaden eintritt) kann die Polizei den Betroffenen sofort einliefern.

In diesem Fall muß aber das zuständige Amtsgericht und die Verwaltungsbehörde unverzüglich, spätestens bis 12.00 Uhr des auf das Ergreifen folgenden Tages verständigt werden.

Richterliche Entscheidung erforderlich nach Anhörung des Betroffenen

Der Betroffene ist dann unverzüglich, spätestens am Tag nach dem Ergreifen oder dem Beginn des Festhaltens dem Richter des Amtsgerichtes vorzustellen. Dieser entscheidet nach der persönlichen Anhörung des Betroffenen und der Stellungnahme des behandelnden Arztes.

Vor der endgültigen Unterbringung ist der Betroffene gründlich zu untersuchen.

Urlaub und Ausgang

Soweit es für die Therapie unbedenklich oder geboten ist, und die öffentliche Sicherheit oder Ordnung nicht gefährdet ist, werden dem Betroffenen Urlaub und Ausgang gewährt.

Die Unterbringung ist wieder **aufzuheben**, wenn ihre Voraussetzungen nicht mehr vorliegen, insbesondere, wenn der Betroffene wieder gesund ist.

In der Regel wird die Unterbringung vom Gericht bereits befristet angeordnet. Dann ist der Betroffene zu entlassen, wenn die Frist verstrichen ist und nicht mehr verlängert wurde.

Ausbildung und Inhalt der Heilberufe

In der Bundesrepublik Deutschland gibt es derzeit eine Vielzahl von anerkannten Heilberufen. Sie haben alle eine **geschützte Berufsbezeichnung**, die nur mit **Erlaubnis der zuständigen Behörde** geführt werden darf. Die Ausbildung endet jeweils mit einer Prüfung.

Altenpfleger/-in

Ausbildung

Ausbildungsdauer: 2 Jahre

Die Berufsbezeichnung der Altenpflege ist seit 1993 gesetzlich geschützt. Die Ausbildung ist auf Landesebene und daher unterschiedlich geregelt.

In Bayern z. B. dauert die Ausbildung **2 Jahre** (18 Monate Theorie und 6 Monate praktische Tätigkeit im Altenheim) an einer Fachschule. Die Ausbildung endet mit einer Prüfung in Theorie (schriftlich und mündlich) und im Praktischen. Zu der praktischen Prüfung ist noch eine Facharbeit einzureichen.

Zugangsvoraussetzungen

Mindestalter 18 Jahre

- ❖ Vollendung des 18. Lebensjahres,
- ❖ abgeschlossene mindestens 2jährige Berufsausbildung,
- ❖ gesundheitliche Eignung.

Ausbildungsinhalte

Die Ausbildungsinhalte sind neben den medizinischen Fächern:

- ❖ Psychologie des alten Menschen,
- ❖ Erste Hilfe,
- ❖ Hygiene,
- ❖ Berufs-, Gesetzes- und Staatsbürgerkunde.

Tätigkeiten

Der Altenpfleger ist bei der Versorgung, Begleitung und Unterstützung alter Menschen bis zu deren Tod tätig.

Arbeitsort

Die Tätigkeit wird vorwiegend in Altenheimen, Sozialstationen und in Privatpflege ausgeübt.

Arzthelferin

Ausbildung

Die **3jährige** Berufsausbildung erfolgt an Berufsfachschulen für Arzthelferinnen. Auch private Lehranstalten bilden Arzthelferinnen aus.

Ausbildungsdauer: 3 Jahre

Zugangsvoraussetzungen

❖ Abgeschlossene Hauptschulbildung,
❖ gesundheitliche Eignung.

Ausbildungsinhalte

Die Ausbildung umfaßt:

❖ Anatomie und Physiologie,
❖ Krankheitslehre,
❖ Hygiene,
❖ Seuchengesetze,
❖ Berufs- und Gesetzeskunde,
❖ Organisation,
❖ Buchführung und Abrechnungswesen.

Tätigkeiten

Die Tätigkeit umfaßt die Hilfe in der Sprechstunde, Assistenz bei Diagnostik und Therapie, ergänzt die Organisation in der Arztpraxis, hygienische Versorgung der medizinischen Geräte und Utensilien, Buchführung und Abrechnung.

Arbeitsort

Die Arzthelferin ist in Arztpraxen, Krankenhäusern und Gesundheitsbehörden tätig.

Gesetzliche Regelung

Berufsbildungsgesetz im Rahmen eines Ausbildungsverhältnisses.

Beschäftigungs- / Arbeitstherapeut/-in

Ausbildung

Ausbildungsdauer: 3 Jahre

Die **3jährige** Ausbildung umfaßt einen theoretischen und praktischen Unterricht an einer staatlichen oder staatlich anerkannten Schule.

Zugangsvoraussetzungen

- Abgeschlossene Realschulbildung oder ein gleichwertiger Abschluß oder
- Hauptschulabschluß mit anschließender mindestens 2jähriger Berufsausbildung,
- 3monatiges Pflegepraktikum oder ein beschäftigungstherapeutisches Praktikum und eine Ausbildung in Erster Hilfe,
- gesundheitliche Berufseignung.

Ausbildungsinhalte

Neben den medizinischen Fächern erfolgt der Unterricht in:

- Soziologie,
- Psychologie,
- Pädagogik,
- gestalterischen Techniken,
- Bewegungsübungen,
- fachspezifischen Behandlungstechniken,
- Arbeitsmedizin.

Tätigkeiten

In Absprache mit dem behandelnden Arzt erfolgt die Betreuung von körperlich, geistig und seelisch Behinderten, indem mit ausgewählten Maßnahmen der Patient positiv motiviert wird.

Arbeitsort

Die Tätigkeit kann in Kliniken, Krankenhäusern, Rehabilitationszentren, Unfallkrankenhäusern oder in Altenpflegeheimen ausgeübt werden.

Gesetzliche Regelung

- ❖ Gesetz über den Beruf des Beschäftigungs- und Arbeitstherapeuten,
- ❖ Ausbildungs- und Prüfungsverordnung.

Diätassistent/-in

Ausbildung

Ausbildungs-dauer: 3 Jahre

Die **3jährige** Ausbildung erfolgt an einer staatlich anerkannten Lehranstalt in Theorie und Praxis.

Zugangsvoraussetzungen

- Abgeschlossene Realschulbildung oder eine gleichwertige Ausbildung, oder
- eine andere abgeschlossene 10jährige Schuldbildung, oder
- Hauptschulabschluß mit anschließender 2jähriger Berufsausbildung,
- gesundheitliche Berufseignung.

Ausbildungsinhalte

Die Ausbildung umfaßt:

- Einführung in die Ernährungswissenschaft,
- Lebensmittelkunde,
- Theorie der Koch- und Küchentechnik,
- Organisation des Küchenbetriebes und Konservierungsverfahren,
- Anatomie und Physiologie,
- Krankheitslehre,
- Hygiene,
- Berufs- und Gesetzeskunde.

Die praktische Ausbildung beinhaltet Grundkenntnisse in der Nahrungszubereitung, Diätetik und ein Praktikum auf einer Krankenpflegestation.

Tätigkeiten

Diätassistenten bereiten auf Anordnung des Arztes Mahlzeiten unter Berücksichtigung des Krankheitsbildes. Sie führen auch eine Ernährungsberatung für Patienten durch.

Arbeitsort

Die Diätassistenten werden in Diätküchen in Kliniken, Krankenhäusern, Rehabilitationszentren, Hotels, Heilstätten und Kurheimen eingesetzt.

Gesetzliche Regelung

- ❖ Gesetz über den Beruf des Diätassistenten,
- ❖ Ausbildungs- und Prüfungsverordnung für Diätassistenten.

Hebammen / Entbindungspfleger

Ausbildung

Ausbildungsdauer: 3 Jahre

Die Ausbildung dauert **3 Jahre** und endet mit der staatlichen Prüfung.

Zugangsvoraussetzungen

❖ Abgeschlossene Realschulbildung oder eine andere abgeschlossene 10jährige Schulbildung, oder

❖ Hauptschulabschluß oder eine abgeschlossene Berufsausbildung von mindestens 2jähriger Dauer, oder

❖ Erfolgreicher Besuch einer 2jährigen Pflegevorschule, oder

Mindestalter 17 Jahre

❖ Ausbildung als Krankenpflegehelferin, Vollendung des 17. Lebensjahres.

Ausbildungsinhalte

Die Ausbildung erfolgt in:

❖ Anatomie und Physiologie,
❖ Krankheitslehre,
❖ Infektion und Hygiene,
❖ Arzneimittelkunde,
❖ Erste Hilfe,
❖ Organisation im Krankenhaus ,
❖ Berufs-, Gesetzes- und Staatsbürgerkunde.

Schwerpunkte der Ausbildung erfolgen in der Schwangerschaftsbetreuung, Wochenpflege, Neugeborenen- und Säuglingspflege.

Die praktische Ausbildung erfolgt bei der Entbindung und in der Betreuung von Säuglingen und Wöchnerinnen.

Tätigkeiten

Die Hebamme oder der Geburtshelfer begleiten die Schwangere und leisten Hilfestellung bei der Geburt und Versorgung der

Wöchnerinnen und Säuglinge in Zusammenarbeit mit einem Gynäkologen.

Arbeitsort

Die Tätigkeit wird ausgeübt in Krankenhäusern, Entbindungskliniken, Geburtsambulanzen oder als freiberufliche Tätigkeit.

Gesetzliche Regelung

❖ Hebammengesetz.

Heilpraktiker/-in

Ausbildung

Ausbildungsdauer: 2 Jahre

Die Ausbildung dauert in der Regel **2 Jahre** und endet mit der Prüfung beim Gesundheitsamt.

Über die Ausbildung und deren Dauer gibt es keine einheitlichen Regelungen.

Zugangsvoraussetzungen

Mindestalter 25 Jahre

- ❖ Mindestens Hauptschulabschluß,
- ❖ gesundheitliche Berufseignung, Vollendung des 25. Lebensjahres.

Ausbildungsinhalte

Die wesentlichen Inhalte sind:

- ❖ Anatomie,
- ❖ Physiologie,
- ❖ Krankheitslehre,
- ❖ Hygiene,
- ❖ Seuchengesetze,
- ❖ Berufs- und Gesetzeskunde,
- ❖ Irisdiagnostik,
- ❖ allgemeine Diagnostik und Therapie (auch Naturheilverfahren).

Tätigkeiten

Die Tätigkeit umfaßt die Betreuung der Patienten im Rahmen der Therapiemöglichkeiten eines Heilpraktikers.

Arbeitsort

Der Heilpraktiker ist in Privatpraxen oder Heileinrichtungen tätig.

Gesetzliche Regelung

❖ Heilpraktikergesetz.

Um Gesundheitsschäden vorzubeugen bestehen darüber hinaus strenge Regelungen:

- Die Ausübung der Heilkunst muß ortsgebunden und mit amtlicher Genehmigung erfolgen.
- Verbot der Behandlung von Zahnkrankheiten.
- Verbot der Behandlung von Geschlechtskrankheiten und Krankheiten, die durch das Bundesseuchengesetz überwacht werden.
- Nicht erlaubt sind die Anwendung von Röntgenstrahlen und die Verschreibung von Arzneimitteln, welche dem Arzt unterstehen.

Krankenpflege / Kinderkrankenpflege

Ausbildung

Ausbildungsdauer: 3 Jahre
- 1600 Stunden Theorie
- 3000 Stunden Praxis

Die Ausbildung dauert **3 Jahre** an einer staatlichen oder staatlich anerkannten Berufsfachschule.

Die theoretische Ausbildung umfaßt **1600 Stunden**, die praktische Schulung **3000 Stunden**.

Zugangsvoraussetzungen

- Realschulabschluß oder eine gleichwertige Schulbildung oder eine andere abgeschlossene 10jährige Schulbildung, oder
- Hauptschulabschluß oder gleichwertige Schulbildung mit mindestens 2jährigem erfolgreichem Besuch einer Pflegevorschule oder Berufsausbildung, oder
- abgeschlossene Ausbildung als Krankenpflegehelferin,

und zusätzlich:

Mindestalter: 17 Jahre

- gesundheitliche Berufseignung, Vollendung des 17. Lebensjahres.

Ausbildungsinhalte

Der Schwerpunkt der Ausbildung gliedert sich in Krankheitslehre und Krankenpflege einschließlich Psychiatrie und Hauskrankenpflege.

Ferner erstreckt sich der Unterricht auf:

- Anatomie,
- Physiologie und Biologie,
- Pharmakologie,
- Erste Hilfe,
- Rehabilitation,
- Berufs-, Gesetzes- und Staatsbürgerkunde.

In der Kinderkrankenpflege verlagert sich der Schwerpunkt auf Kinderkrankheiten.

Die praktische Ausbildung beinhaltet die Fachgebiete der Chirurgie, innere Medizin, Gynäkologie und Psychiatrie.

Tätigkeiten

Die Krankenschwester betreut, begleitet und übt Gesundheitserziehung am Patienten in Zusammenarbeit und auf Anordnung des Arztes.

Arbeitsort

Sie kann in allen sozialen Einrichtungen tätig werden, wo kranke Menschen Hilfe brauchen.

Gesetzliche Regelung

- Krankenpflegegesetz,
- Ausbildungs- und Prüfungsverordnung,
- Berufsfachschulordnung Krankenpflege und Hebammen.

Krankenpflegehelfer/-in

Ausbildung

Ausbildungsdauer: 1 Jahr
- 500 Stunden Theorie
- 1100 Stunden Praxis

Die Ausbildung dauert **1 Jahr** (500 Stunden Theorie, 1100 Stunden praktische Ausbildung im Krankenhaus) an einer staatlichen oder staatlich anerkannten Berufsfachschule.

Zugangsvoraussetzungen

Mindestalter: 17 Jahre

- ❖ Hauptschulabschluß oder eine gleichwertige Schulbildung oder eine abgeschlossene Berufsausbildung,
- ❖ gesundheitliche Berufseignung,
- ❖ Vollendung des 17. Lebensjahres.

Ausbildungsinhalte

Die Ausbildung umfaßt die Krankheitslehre und Krankenpflege.

Ferner erfolgt:

- ❖ eine Einweisung in Anatomie und Physiologie,
- ❖ Erste Hilfe,
- ❖ Arzneimittellehre,
- ❖ Berufs-, Gesetzes- und Staatsbürgerkunde.

Die praktische Ausbildung erfolgt hauptsächlich im operativen und medizinischen Bereich.

Tätigkeiten

Der/die Krankenpflegehelfer/-in führt Pflegetätigkeiten in Zusammenarbeit mit der Krankenschwester und mit dem Arzt aus.

Arbeitsort

Sie/er ist in allen sozialen Einrichtungen einsetzbar, wo kranke Menschen Hilfe brauchen.

Gesetzliche Regelung

- ❖ Krankenpflegegesetz,
- ❖ Ausbildungs- und Prüfungsverordnung,
- ❖ Berufsfachschulordnung Krankenpflege und Hebammen.

Logopäde/-in

Ausbildung

Ausbildungsdauer: 3 Jahre

Der Unterricht ist in Theorie und Praxis gegliedert und dauert **3 Jahre**.

Zugangsvoraussetzungen

- ❖ Abgeschlossene Realschulbildung oder ein gleichwertiger Abschluß, oder
- ❖ Hauptschulabschluß mit anschließender abgeschlossener 2jähriger Berufsausbildung,

Mindestalter 18 Jahre

- ❖ Vollendung des 18. Lebensjahres.

Ausbildungsinhalte

Die Ausbildung umfaßt folgende theoretische Fächer:

- ❖ Anatomie und Physiologie,
- ❖ Pathologie,
- ❖ Neurologie,
- ❖ Psychiatrie,
- ❖ Phoniatrie,
- ❖ Aphasiologie,
- ❖ Audiologie,
- ❖ Elektro- und Hörgeräteakustik,
- ❖ Logopädie,
- ❖ Phonetik,
- ❖ Linquistik,
- ❖ Stimmbildung,
- ❖ Sprecherziehung.

Tätigkeiten

Logopäden sind in der Zusammenarbeit mit dem Arzt im Bereich der Diagnostik und Therapie tätig bei Hör-, Stimm- und Sprachkrankheiten.

Arbeitsort

Die Tätigkeit wird in Kliniken, Praxen und Rehabilitationszentren ausgeübt.

Gesetzliche Regelung

- ❖ Gesetz über den Beruf des Logopäden,
- ❖ Ausbildungs- und Prüfungsverordnung für Logopäden,
- ❖ Verordnung über die Zulassung zu den staatlichen Berufsfachschulen für Logopäden.

Masseur/-in oder Masseur/-in und medizinischer/e Bademeister/-in

Ausbildung

Ausbildungsdauer: 2 Jahre und 6 Monate Praktikum

Die Teilnahme an einem **2jährigen** Lehrgang mit theoretischem Unterricht und praktischen Übungen an einer staatlich anerkannten Schule befähigt die Teilnehmer nach Bestehen der Prüfungen den Beruf auszuüben. Zusätzlich muß eine **6monatige** praktische Tätigkeit nachgewiesen werden.

Zugangsvoraussetzungen

Mindestalter: 16 Jahre

- ❖ Hauptschulabschluß oder eine gleichwertige Schulbildung,
- ❖ gesundheitliche Eignung,
- ❖ Vollendung des 16. Lebensjahres.

Ausbildungsinhalte

Die Ausbildung enthält:

- ❖ Grundzüge der Anatomie und Physiologie,
- ❖ allgemeine Krankheitslehre,
- ❖ Hygiene,
- ❖ Lehre von Massagen, Reflexzonen, Bewegungsübungen,
- ❖ Grundlagen über Wärme- und Lichtbehandlung,
- ❖ Badeheilkunde und Kneipp-Verfahren.

Tätigkeiten

Der/die Masseur/-in und medizinische Bademeister/-in führt auf Anordnung des Arztes Massagebehandlungen und medizinische Bäder aus.

Arbeitsort

Die Tätigkeit kann in Krankenhäusern, Kliniken, Rehabilitationszentren, Privatpraxen, Kurheimen und medizinischen Badeanstalten ausgeübt werden.

Gesetzliche Regelung

- ❖ Gesetz über die Berufe in der Physiotherapie (Masseur- und Physiotherapeutengesetz – MPhG),
- ❖ Ausbildungs- und Prüfungsordnung.

Orthoptist/-in

Ausbildung

Ausbildungsdauer: 3 Jahre

Die Ausbildung dauert **3 Jahre** an einer staatlichen oder staatlich anerkannten Lehranstalt.

Der Unterricht gliedert sich in theoretische und praktische Schulung und einer praktischen Ausbildung.

Zugangsvoraussetzungen

- Realschulabschluß oder eine gleichwertige Ausbildung, oder
- Hauptschulabschluß mit Qualifikationsvermerk, oder
- Hauptschulabschluß mit anschließender mindestens 2jähriger Berufsausbildung,
- gesundheitliche Berufseignung.

Ausbildungsinhalte

Inhalt der Ausbildung sind:

- Anatomie und Physiologie,
- Krankheitslehre,
- Arzneimittellehre,
- allgemeine Augenheilkunde,
- Orthoptik,
- Pleoptik,
- Physik,
- Optik,
- Brillenlehre,
- Hygiene,
- Berufs-, Gesetzes- und Staatsbürgerkunde.

Die praktische Ausbildung findet in folgenden Bereichen statt:

- Anamnese,
- Befunderhebung,
- Dokumentation,
- Therapieplanung,
- Betreuung von Sehbehinderten und Kontaktlinsenträgern,
- medikamentöse Therapie nach Anordnung des Arztes.

Tätigkeiten

Die Tätigkeit umfaßt die Mitwirkung bei der Vorsorge, Diagnose und Therapie, Durchführung von Untersuchungen, z. B. Augenmuskelfunktion, Farbsehvermögen, Prüfen der Sehschärfe, Augenmuskeltraining, Führen von Krankengeschichten, Abrechnungen und Beraten von Patienten.

Arbeitsort

Die Tätigkeit kann in Arztpraxen, Augenkliniken, Krankenhäuser und Behindertenwerkstätten ausgeübt werden.

Gesetzliche Regelung

- Gesetz über den Beruf der Orthoptisten,
- Ausbildungs- und Prüfungsverordnung.

Pharmazeutisch-technische/r Assistent/-in (PTA)

Ausbildung

Ausbildungsdauer: $2^1/_2$ Jahre

Die Ausbildung dauert **$2^1/_2$ Jahre** an einer staatlichen oder staatlich anerkannten Lehranstalt. Während der Ausbildung ist eine halbjährige praktische Tätigkeit in einer Apotheke nachzuweisen.

Zugangsvoraussetzungen

- Realschulabschluß oder eine gleichwertige Ausbildung,
- gesundheitliche Eignung.

Ausbildungsinhalte

Die theoretischen Fächer sind:

- allgemeine und pharmazeutische Chemie,
- Botanik,
- Drogenkunde,
- pharmazeutische Technologie,
- Arzneispezialitätenkunde,
- Fachrechnen,
- Physik,
- allgemeine Hygiene,
- Erste Hilfe,
- Krankenpflegeartikel,
- Verbandsstoffe,
- Gifte,
- Schädlingsbekämpfungsmittel,
- pharmazeutische Gesetzes- und Berufskunde.

In der praktischen Ausbildung erfolgt eine Unterweisung in den Apothekenbetrieb.

Tätigkeiten

Die Herstellung von Arzneimitteln, Prüfung auf einwandfreie Qualität und Abgabe von Arzneimitteln sind die wichtigsten Tätigkeiten in der Apotheke. In der Industrie beschäftigt sich der/die PTA hauptsächlich mit der Entwicklung, Prüfung und Herstellung von Arzneimitteln. Sie können auch als Pharmaberater tätig werden.

Arbeitsort

Der/die PTA wird vorwiegend in Apotheken, Klinikapotheken und in der Industrie beschäftigt.

Gesetzliche Regelung

- Gesetz über den Beruf des/der pharmazeutisch-technischen Assistenten/-in,
- Ausbildungs- und Prüfungsverordnung.

Physiotherapeut/-in (früher Krankengymnast/-in)

Ausbildung

Ausbildungsdauer: 3 Jahre

Die Ausbildung dauert 3 Jahre und besteht aus theoretischem und praktischem Unterricht und einer praktischen Ausbildung.

Zugangsvoraussetzungen

- Realschulabschluß oder eine gleichwertige Schulbildung,
- gesundheitliche Berufseignung,
- Vollendung des 17. Lebensjahres.

Mindestalter 17 Jahre

Ausbildungsinhalte

Die Ausbildung umfaßt:

- Anatomie und Physiologie,
- Krankheitslehre,
- Hygiene,
- Infektionskrankheiten,
- Verbandslehre,
- Erste Hilfe.
- Schwerpunkte der Ausbildung:
- verschiedene Techniken der Krankengymnastik,
- orthopädisches Turnen,
- Bewegungs- und Atemtherapie,
- passive Methoden der Massagen,
- Anwendung von Wärme, Kälte, Wasser, Licht und Elektrotherapie.

Parallel werden Praktikas in Unfallheilkunde und Rehabilitation gehalten.

Tätigkeiten

Der/die Physiotherapeut/-in muß Behandlungspläne auf ärztliche Anweisung konzipieren.

Arbeitsort

Die Tätigkeit kann in Privatpraxen, Krankenhäusern, Kliniken, Rehabilitationszentren, Unfallkliniken u.ä. ausgeübt werden.

Gesetzliche Regelung

- ❖ Gesetz über die Berufe in der Physiotherapie (Masseur- und Physiotherapeutengesetz – MPhG)
- ❖ Ausbildungs- und Prüfungsverordnung für Krankengymnasten.

Rettungsassistent/-in

Ausbildung

Ausbildungsdauer: 1 Jahr und 1 Jahr Praktikum

Die Ausbildung zum/r Rettungsassistenten/-in dauert **1 Jahr** an einer staatlich anerkannten Schule. Die Schulung in Theorie und Praxis endet nach Bestehen der anschließenden Prüfung und nach einem erfolgreich abgeleisteten 1jährigen Praktikum.

Zugangsvoraussetzungen

- Hauptschulabschluß oder gleichwertige Schulbildung oder eine abgeschlossene Berufsausbildung,
- gesundheitliche Eignung,
- Vollendung des 18. Lebensjahres.

Mindestalter 18 Jahre

Ausbildungsinhalte

Die Ausbildung umfaßt das Erlernen der wichtigsten Lebensfunktionen und das Wissen über Maßnahmen am Notfallort bis zum Eintreffen des Arztes.

Tätigkeiten

Der/die Rettungsassistent/in ist ein/e Helfer/-in des Arztes am Unfallort. Er/sie veranlaßt auch lebensrettende Maßnahmen bis zum Eintreffen des Arztes.

Arbeitsort

Die Tätigkeit kann bei Hilfsorganisationen im Rettungsdienst (ASB, BRK, MHD) und bei Unternehmen, die Notfallrettung und Krankentransporte übernehmen, ausgeübt werden.

Gesetzliche Regelung

- Rettungsassistentengesetz,
- Ausbildungs- und Prüfungsverordnung für Rettungsassistenten.

Technische Assistenten/-innen in der Medizin (MTA)

Ausbildung

Ausbildungsdauer: 2 Jahre

Die Ausübung der Tätigkeit der medizinisch-technischen Laboratoriumsassistenten/-innen und der medizinisch-technischen Radiologieassistenten/-innen dauert **2 Jahre** und ist für beide Berufe im ersten $^1/_2$ Jahr einheitlich. Während der 2 Jahre ist auch ein 6wöchiges Krankenpflegepraktikum nachzuweisen.

Zugangsvoraussetzungen

- Abgeschlossene Realschulausbildung oder ein vergleichbarer Abschluß,
- Zuverlässigkeit und gesundheitliche Eignung.

Ausbildungsinhalte

Nach der einheitlichen Ausbildung in Biologie, Anatomie und Physiologie, Krankheitslehre, Mathematik, Physik und Chemie liegen die Schwerpunkte der Laboratoriumsassistenten/-innen in Kenntnissen von Organgeweben, ihrer Untersuchungsmöglichkeiten, Dokumentation sowie ihrer Archivierung, Kenntnisse über Nachweismethoden von Bakterien, Viren und Pilzen.

Die Schwerpunkte der Ausbildung des/der Radiologieassistenten/-in beruhen auf Strahlenkunde einschließlich Strahlenschutz, Röntgenanatomie und -photographie.

Tätigkeiten

Der/die MTA für Laboratoriumsmedizin untersucht Organgewebe und -sekrete, weist auf Anordnung des Arztes Erreger nach zur Klärung der Diagnosen.

Der/die MTA für Radiologie führt die angeordneten Röntgenaufnahmen am Patienten aus.

Arbeitsort

Als Einsatzort kommen vor allem Krankenhäuser, Kliniken, Praxen, Rehabilitationszentren und Untersuchungsämter in Betracht.

Gesetzliche Regelung

- ❖ Gesetz über technische Assistenten,
- ❖ Prüfungsverordnung.

Apotheker/-in

Pharmakologie ist die Lehre über die Wirkung von Arzneimitteln.

Die Hauptaufgaben eines Apothekers sind die Entwicklung, Herstellung, Prüfung, Zubereitung, Lagerung und das Erkennen der Wirkung von Arzneimitteln.

Ein Apotheker darf auch physiologisch-chemische Untersuchungen durchführen.

Der Apotheker kann seinen Beruf selbständig oder in Kliniken oder Krankenhäusern ausüben.

Das hierfür notwendige Hochschulstudium dauert **4 Jahre**.

Studiendauer 4 Jahre

Das Studium gliedert sich in ein Grund- und ein Hauptstudium.

Teile des Grundstudiums sind:

- anorganische und organische Chemie,
- pharmazeutische Biologie,
- Physik,
- pharmazeutische Analytik.

Das Hauptstudium legt seine Schwerpunkte auf:

- Arzneimittellehre,
- Pharmakologie,
- Toxikologie.

Das Studium wird mit der pharmazeutischen Staatsprüfung abgeschlossen. Nach 1jähriger Tätigkeit wird auf Antrag die Approbation als Apotheker/in erteilt.

Arzt / Ärztin

Studiendauer
6 Jahre

Die Ausbildung eines Arztes ist in der Bundesärzteordnung und der Approbationsordnung für Ärzte (staatliche Zulassung zur Ausübung des Berufes) geregelt. Das hierfür erforderliche Hochschulstudium dauert **6 Jahre**.

Vor dem Beginn des Studiums ist eine Tätigkeit im Krankenhauspflegebereich über 2 Monate nachzuweisen, sowie ein Nachweis über eine Erste-Hilfe-Schulung zu erbringen.

Eine 4monatige Famulatur ist zwischen der 1. und 2. Staatsprüfung vorgeschrieben.

Das Studium gliedert sich in ein Grund- und ein Hauptstudium.

Im Grundstudium werden naturwissenschaftliche Fächer behandelt sowie medizinische Psychologie und Soziologie.

Im Hauptstudium werden Krankheitslehre und Grundlagen der klinischen Medizin vermittelt.

Die 1. Staatsprüfung erfolgt nach 3 Jahren; die 2. nach 5 Jahren; die 3. Prüfung nach 6 Jahren. Im letzten Studienjahr erfolgt die praktische Ausbildung an einer Universitätsklinik oder in einem zugelassenen Lehrkrankenhaus.

Nach bestandener Prüfung muß der angehende Arzt 18 Monate als „Arzt im Praktikum" im Krankenhaus oder einer Praxis arbeiten. Danach erhält er die Approbation und darf die Berufsbezeichnung „Arzt" führen.

Das Führen des Titels „Dr. med." kann nach erfolgreicher Bestätigung einer wissenschaftlichen Arbeit durch einen Professor an der Universitätsklinik geführt werden.

Zahnarzt/-ärztin

Die Ausbildung des Zahnmediziners richtet sich nach dem Gesetz über die Ausübung der Zahnheilkunde und die Approbationsordnung für Zahnärzte.

Das notwendige Hochschulstudium dauert **5 Jahre**.

Studiendauer 5 Jahre

Praktische Tätigkeiten werden vor und während des Studiums in einem zahntechnischem Labor empfohlen.

Im vorklinischen Studium erfolgen Vorlesungen über Anatomie, Physiologie, Biochemie, Werkstoffkunde, technischer Propädeutik und Zahnersatzkunde.

Im klinischen Studium werden hauptsächlich Kenntnisse in theoretischer und praktischer Zahnheilkunde vermittelt.

Staatsprüfungen erfolgen nach dem 2., 5. und 10. Semester.

Nach der Approbation kann eine Weiterbildung in Oralchirurgie oder Kieferorthopädie erfolgen.

Prüfungsfragen

Die Beantwortung der Fragen ergibt sich aus dem Inhalt des Buches an den jeweils betreffenden Stellen.

Fragen zur Staatsbürgerkunde

„Bundesrepublik Deutschland"

1. Welche Merkmale kennzeichnen einen Staat? (3 Punkte)
2. Welche Möglichkeiten gibt es, eine Staatsangehörigkeit zu erwerben? (2 Punkte)
   Erklären sie die jeweiligen Grundsätze! (2 Punkte)
3. Schildern Sie kurz die Entstehung der Bundesrepublik vom Ende des 2. Weltkrieges bis zur Verkündung des Grundgesetzes! (6 Punkte)
4. Wie kam es zur Wiedervereinigung der beiden deutschen Staaten? (4 Punkte)

Staats- und Regierungsform der Bundesrepublik Deutschland

5. Welche Merkmale kennzeichnen die Staats- und Regierungsform der Bundesrepublik Deutschland? (5 Punkte)
6. Erklären Sie die Begriffe Republik, Demokratie, Sozialstaat, Rechtsstaat, Bundesstaat! (je 2 Punkte)
7. Welche Elemente kennzeichnen eine Demokratie? (6 Punkte)
8. Welche Arten der Demokratie kennen Sie? (2 Punkte)
   Erklären Sie die Begriffe! (2 Punkte)
9. Welche Auswirkungen hat das Rechtsstaatsprinzip? (10 Punkte)
10. Was sind die Aufgaben eines Sozialstaates? (8 Punkte)
11. Zählen Sie einige Bundesländer mit der dazugehörigen Hauptstadt auf! (je 0,5 Punkte)
12. Was versteht man unter Föderalismus? (3 Punkte)

Grundrechte

13. Nennen Sie einige wichtige Meilensteine bei der Entstehung der Grundrechte! (5 Punkte)
14. Für wen sind die Grundrechte verbindlich? (3 Punkte)

15. Wodurch werden die Grundrechte beschränkt? (10 Punkte)
16. In welche Gruppen lassen sich die Grundrechte einteilen? (2 Punkte)
17. Was versteht man unter „Menschenrechten“, „Bürgerrechten“? – Beispiel! (4 Punkte)
18. Welche Arten von Menschenrechten gibt es? – Jeweils mit einem Beispiel! (8 Punkte)
19. Zählen Sie einige Grundrechte auf und erklären Sie deren Inhalt! (je 2 Punkte)
20. Welchen Inhalt haben folgende Grundrechte:
    a) Schutz der Menschenwürde? (2 Punkte)
    b) Freiheit der Person? (2 Punkte)
    c) Gleichheit vor dem Gesetz? (2 Punkte)
    d) Meinungsfreiheit? (2 Punkte)
    e) Freiheit der Berufswahl? (2 Punkte)

Wahlrecht

21. Brauchen wir überhaupt Wahlen? Begründung! (2 Punkte)
22. Erklären Sie den Unterschied zwischen „aktivem“ und „passivem“ Wahlrecht! (2 Punkte)
23. Wer darf bei der Bundestagswahl wählen? (5 Punkte)
24. Welche Wahlrechtsgrundsätze gibt es? (5 Punkte)
25. Was bedeuten die folgenden Wahlrechtsgrundsätze:
    a) Allgemein (2 Punkte)
    b) Unmittelbar (2 Punkte)
    c) Frei (2 Punkte)
    d) Gleich (2 Punkte)
    e) Geheim (2 Punkte)
26. Welche Wahlsysteme gibt es? (2 Punkte)
27. Was bedeutet der Begriff „Verhältniswahl“? (3 Punkte)
28. Was bedeutet der Begriff „Mehrheitswahl“? (3 Punkte)
29. Was bedeutet der Begriff „personalisierte Verhältniswahl“? (6 Punkte)
30. Welches Wahlsystem wird bei der Bundestagswahl angewendet? (1 Punkt)
    Erklären Sie dieses Wahlsystem! (4 Punkte)
31. Wieviele Stimmen haben Sie bei der Bundestagswahl? (1 Punkt)

32. Was wählen Sie bei der Bundestagswahl mit Ihrer
    a) Erststimme? (2 Punkte)
    b) Zweitstimme? (2 Punkte)
33. Was ist ein „Überhangmandat“, wie kommt es zustande? (4 Punkte)

Oberste Bundesorgane

34. Nennen Sie die obersten Bundesorgane (5 Punkte)
35. Erklären Sie die Begriffe:
    a) Bundestag? (2 Punkte)
    b) Bundesrat? (2 Punkte)
    c) Bundespräsident? (2 Punkte)
    d) Bundesregierung? (2 Punkte)
    e) Bundesverfassungsgericht? (2 Punkte)

    Wie kommen sie zustande, wie sind sie zusammengesetzt? (10 Punkte)

    Welche Aufgaben haben sie? (5 Punkte)
36. Wie kann der Bundestag aufgelöst werden? (4 Punkte)
37. Aus welchen Mitgliedern besteht die Bundesregierung? (2 Punkte)
38. Wie erfolgt die Wahl zum Bundeskanzler? (3 Punkte)
39. Wie kann es innerhalb einer Legislaturperiode zu einem neuen Bundeskanzler kommen? (4 Punkte)
40. Was versteht man unter dem „konstruktiven Mißtrauensvotum“? (4 Punkte)
41. Welche Merkmale kennzeichnen die Regierungsgewalt? (6 Punkte)

Gesetzgebung des Bundes

42. Wie ist die Zuständigkeit zwischen den Bundesländern und der Bundesrepublik für den Erlaß von Gesetzen verteilt? (4 Punkte)
43. In welche Teile gliedert sich das Gesetzgebungsverfahren? (3 Punkte)
44. Was versteht man unter „Gesetzesinitiative“? (2 Punkte)

    Wer hat sie für ein Bundesgesetz? (3 Punkte)
45. Wie kommt ein Gesetz zustande? (8 Punkte)

    oder: Wie sieht die Beteiligung folgender Organe bei dem Zustandekommen eines Bundesgesetzes aus:

a) Bundesregierung? (1 Punkt)
b) Bundestag? (2 Punkte)
c) Bundesrat? (3 Punkte)
d) Bundespräsident? (2 Punkte)

46. Was ist der Unterschied zwischen einem „Zustimmungsgesetz“ und einem „Einspruchsgesetz“? (3 Punkte)

Aufbau der Bundesrepublik Deutschland

47. Wie ist die Verwaltung der Bundesrepublik Deutschland aufgebaut? (4 Punkte)

Wirtschaftsordnung der Bundesrepublik Deutschland

48. Welche Wirtschaftssysteme gibt es? (2 Punkte)
49. Erklären Sie die Begriffe „Planwirtschaft“, „Marktwirtschaft“, „soziale Marktwirtschaft“! (je 2 Punkte)

Rechtsprechung in der Bundesrepublik Deutschland

50. Welche Gerichtszweige kennen Sie? (5 Punkte)
51. Wie zeigt sich die Unabhängigkeit der Richter? (2 Punkte)

Europäische Union (EU)

52. Wieviele Staaten gehören derzeit zur EU? (3 Punkte)
53. Welches sind die Organe der EU? (4 Punkte)
54. Was sind die Gründe für eine europäische Einigung? (6 Punkte)

Vereinte Nationen (UN)

55. Vor welchem geschichtlichen Hintergrund entstanden die UN? (3 Punkte)
56. Welche Ziele haben die UN? (6 Punkte)
57. Welche Grundsätze zeichnet die Arbeit der UN aus? (4 Punkte)

58. Nennen Sie die Organe der UN! (6 Punkte)
59. Welche Sonderorganisationen haben die UN, was machen sie? (je 3 Punkte)

Fragen zum Strafrecht

Wesen des Strafrechtes

60. Wann ist menschliches Verhalten strafbar? (2 Punkte)
61. Welchen Zweck kann Strafe haben? (2 Punkte)

Grundlagen der Strafbarkeit

62. Was ist Voraussetzung, daß eine Tat bestraft werden kann? (2 Punkte)
63. Welche Handlungsformen gibt es im Strafrecht? (4 Punkte)
64. Erklären Sie die Begriffe:
    a) vorsätzliche Straftat (3 Punkte)
    b) fahrlässige Straftat (3 Punkte)
    c) Unterlassungsdelikt (3 Punkte)
65. Schildern Sie den Aufbau einer vorsätzlichen Straftat! (3 Punkte)
66. Was ist der Inhalt des „objektiven Tatbestandes“? (2 Punkte)
67. Was ist der Inhalt des „subjektiven Tatbestandes“? (2 Punkte)
68. Wann ist eine Straftat nicht rechtswidrig? – Beispiel! – (3 Punkte)
69. Was sind die Voraussetzungen einer wirksamen Einwilligung? (4 Punkte)
70. Wann handelt der Täter ohne Schuld? – Beispiel! – (3 Punkte)
71. Wann bezeichnet man ein Verhalten als „fahrlässig“? (2 Punkte)
72. Unter welchen Umständen ist eine versuchte Straftat nicht strafbar? (3 Punkte)
73. Was beinhalten die Begriffe:
    a) Täterschaft (2 Punkte)
    b) Beihilfe (2 Punkte)
    c) Anstiftung (2 Punkte)

Rechtsfolgen einer Straftat

74. Wann ist Jugendstrafrecht anzuwenden? (3 Punkte)
75. Nennen Sie die Folgen einer Straftat:
    a) bei Jugendlichen (4 Punkte)
    b) bei Erwachsenen (4 Punkte)
76. Wie lange „dauert" eine lebenslängliche Freiheitsstrafe? (2 Punkte)
77. Nach welchem Grundsatz wird eine Geldstrafe bemessen? (2 Punkte)
78. Was besagt das „Tagessatzprinzip"? (4 Punkte)
79. Welche Maßregeln der Besserung und Sicherung kennen Sie? (je 1 Punkt)
78. Was ist der Unterschied zwischen einem „Fahrverbot" und der „Entziehung der Fahrerlaubnis"? (3 Punkte)

Einzelne Straftatbestände

79. Ist die ärztliche Heilbehandlung eine vorsätzliche Körperverletzung? – Begründung! (3 Punkte)
80. Was sind die Voraussetzungen einer Einwilligung zur Körperverletzung? (6 Punkte)
81. Ist der „Selbstmord" strafbar? – Begründung! (3 Punkte)
82. Wann liegt „Beihilfe zum Selbstmord" vor und wann „Tötung auf Verlangen"? (6 Punkte)
83. Wann beginnt das menschliche Leben? (2 Punkte)
84. Wann endet das menschliche Leben? (2 Punkte)
85. Was ist der Unterschied zwischen „Mord" und „Totschlag"? (3 Punkte)
86. Was sind die Voraussetzungen einer „unterlassenen Hilfeleistung"? (4 Punkte)
87. Nennen Sie die Gründe für die Notwendigkeit einer „Schweigepflicht" in den Heilberufen? (2 Punkte)
88. Wann liegt ein „anvertrautes Geheimnis" vor? (2 Punkte)
89. Wann ist das Geheimnis „offenbart"? (2 Punkte)
90. Unter welchen Voraussetzungen darf ein solches Geheimnis offenbart werden? (4 Punkte)
91. Welche Gesetze gibt es, die eine Mitteilungs**pflicht** enthalten? (2 Punkte)

92. Wo kann es im Krankenhaus zu einer Freiheitsberaubung kommen und unter welchen Voraussetzungen ist diese erlaubt? (4 Punkte)

Berufsrelevante Nebengesetze des Strafrechtes

93. Was sind strafbare Handlungen nach dem Embryonenschutzgesetz? (5 Punkte)
94. Wann liegt eine „Kastration“ vor, wann ist sie zulässig? (5 Punkte)

Ausgewählte Strafrechtsprobleme

95. Was müssen Sie in rechtlicher Hinsicht beim Injizieren beachten? (4 Punkte)
96. Welche Formen der Sterbehilfe gibt es? (4 Punkte)
97. In welcher Art und Weise ist Sterbehilfe strafbar und in welcher straflos? (4 Punkte)

Fragen zum Zivilrecht

Schuldrecht

98. Welche Arten der Geschäftsfähigkeit kennen Sie? (3 Punkte)
99. Wann kommt ein Vertrag zustande? (4 Punkte)
100. Welche Verträge kann ein beschränkt geschäftsfähiger Jugendlicher abschließen? (4 Punkte)
101. Wer ist geschäftsunfähig? (3 Punkte)
102. Was beinhaltet die „Vertragsfreiheit"? (4 Punkte)
103. Welche Vertragstypen kennen Sie? (je 1 Punkt)
104. Was ist der Unterschied zwischen einem Werk- und einem Dienstvertrag? (3 Punkte)

Haftungsfragen im Bereich der Krankenpflege

105. Wann kann jemand schadensersatzpflichtig werden? (2 Punkte)
106. Was sind die Voraussetzungen einer vertraglichen Haftung? (3 Punkte)
107. Was versteht man unter einer „unerlaubten Handlung"? (3 Punkte)
108. Wem gegenüber kann u.U. ein Krankenhauspatient einen Schadensersatzanspruch haben? (3 Punkte)
109. Unter welchen Voraussetzungen kann ein Patient einen Schaden geltend machen gegenüber:
    a) dem Krankenhaus? (3 Punkte)
    b) dem Arzt? (3 Punkte)
    c) dem Krankenpflegepersonal? (3 Punkte)

Rechtsstellung des Patienten

110. Welche Rechtsbeziehung besteht zwischen Arzt und Patient? (2 Punkte)
111. Welches sind die Pflichten des Arztes aus dem Arztvertrag? (6 Punkte)
112. Welches sind die Pflichten des Patienten aus dem Arztvertrag? (3 Punkte)
113. Wie kann die Beziehung zwischen Arzt und Patient beendet werden? (4 Punkte)
114. Welche Beziehung besteht zwischen Krankenhaus und Patient? (3 Punkte)

Erbrecht

115. Welche 2 Möglichkeiten der Erbfolge gibt es? (2 Punkte)
116. Welche Prinzipien regeln die gesetzliche Erbfolge? (3 Punkte)
117. Was Bedeuten die Begriffe:
    a) Ordnungsprinzip (2 Punkte)
    b) Stammesprinzip (2 Punkte)
    c) Repräsentationsprinzip (2 Punkte)
118. Was erbt der Ehegatte? Auf was kommt es dabei an? (4 Punkte)
119. Wie sieht das Erbrecht des nichtehelichen Kindes aus? (3 Punkte)
120. Fall:
    A hinterläßt eine Ehefrau, mit der er in Zugewinngemeinschaft gelebt hat, 2 eheliche Kinder, von denen eines bereits wiederum ein Kind hat und ein nichteheliches Kind. Ein 3. Kind von ihm ist bereits gestorben, jedoch leben noch dessen Ehefrau und das gemeinsame Kind von ihnen.

    Wer erbt zu welchen Teilen? (6 Punkte)
121. Wer kann ein Testament errichten? (2 Punkte)
122. Welche Voraussetzungen müssen bei einem „eigenhändigen Testament“ zwingend vorliegen? (2 Punkte)
123. Wann kann ein 3-Zeugen-Testament errichtet werden? (6 Punkte)
124. Welchen Vorteil hat das gemeinschaftliche Testament? (2 Punkte)

125. Was kann ganz allgemein Inhalt eines Testamentes sein? (4 Punkte)
126. Unter welchen Umständen erbt der Staat? (2 Punkte)
127. Wann kann man ein Erbe ausschlagen? (2 Punkte)
128. Wie erfolgt die Auseinandersetzung mehrerer Erben? (3 Punkte)
129. Wer kann einen Pflichtteil erhalten? (2 Punkte)
130. Wie hoch ist der Pflichtteil? (2 Punkte)
131. Was ist für die Höhe der Erbschaftssteuer von Bedeutung? (4 Punkte)

Familienrecht

132. Unter welchen Voraussetzungen liegt eine wirksame Eheschließung vor? (3 Punkte)
133. Welche ehelichen Güterstände kennen Sie? (3 Punkte)
134. Was versteht man unter:
    a) Zugewinngemeinschaft? (2 Punkte)
    b) Gütergemeinschaft? (2 Punkte)
    c) Gütertrennung? (2 Punkte)
135. Wann kann eine Ehe geschieden werden? (2 Punkte)
136. Unter welchen Voraussetzungen gilt eine Ehe rechtlich als gescheitert? (6 Punkte)
137. Welche rechtlichen Folgen zieht eine Scheidung nach sich? (5 Punkte)
138. Wie erfolgt in groben Zügen der „Zugewinnausgleich"? (4 Punkte)
139. Wer hat die „elterliche Sorge" inne? (4 Punkte)
140. Was beinhaltet die „elterliche Sorge"? (3 Punkte)
141. Wann kann jemand adoptiert werden? (4 Punkte)
142. Wann spricht man von einer Vormundschaft? (4 Punkte)
143. Was bedeutet „Betreuung", wer steht unter „Betreuung"? (4 Punkte)
144. Zwischen welchen Personen besteht eine gesetzliche Unterhaltspflicht? (4 Punkte)
145. Welche beiden wesentlichen Voraussetzungen müssen bestehen, damit Unterhaltszahlungen erfolgen? (2 Punkte)
146. Wie ist der Unterhaltsanspruch eines nichtehelichen Kindes geregelt? (4 Punkte)

Fragen zum Arbeitsrecht

Arbeitsverhältnis

147. Wie kommt ein Arbeitsvertrag zustande? (2 Punkte)
148. Welche Fragen des Arbeitgebers muß der Bewerber beantworten? (2 Punkte)
149. Wodurch wird der Inhalt eines Arbeitsverhältnisses gestaltet? (5 Punkte)
150. Was versteht man unter dem „Direktionsrecht" des Arbeitgebers? (2 Punkte)
151. Welche Pflichten entstehen für Arbeitgeber und Arbeitnehmer durch den Abschluß des Arbeitsvertrages? (3 Punkte)
152. Die Arbeitspflicht wird durch das „Weisungsrecht" des Arbeitgebers bestimmt. Wo sind seine Grenzen? (4 Punkte)
153. Wodurch kann die Arbeitspflicht verletzt werden? (2 Punkte)
154. Wie kann ein Arbeitsverhältnis beendet werden? (4 Punkte)
155. Welche Arten der Kündigung kennen Sie? (2 Punkte)
156. Was sind die Unterschiede zwischen einer ordentlichen und einer außerordentlichen Kündigung? (3 Punkte)
157. Was sind die Pflichten eines Ausbilders und eines Auszubildenden innerhalb eines Ausbildungsverhältnisses? (4 Punkte)

Arbeitnehmerschutz

158. Wann ist das Kündigungsschutzgesetz anwendbar? (2 Punkte)
159. Wann ist eine ordentliche Kündigung nach dem Kündigungsschutzgesetz gerechtfertigt? (6 Punkte)
160. Wozu ist die Kündigungsschutzklage unbedingt erforderlich? (2 Punkte)

161. In welchen Bereichen wird eine werdende Mutter geschützt? (3 Punkte)
162. In welchen Fällen besteht ein Beschäftigungsverbot für werdende Mütter? (4 Punkte)
163. In welchen Zeiten (vor / nach der Entbindung) braucht eine Frau nicht zu arbeiten? (2 Punkte)
164. Durch welche Grundregelungen wird die Jugend im Arbeitsleben geschützt? (6 Punkte)

Tarifvertragsrecht

165. Was ist ein Tarifvertrag? (3 Punkte)
166. Zwischen welchen Parteien kann ein Tarifvertrag geschlossen werden? (2 Punkte)
167. Was ist der Inhalt eines Tarifvertrages? (3 Punkte)
168. Wer kann sich auf einen Tarifvertrag berufen? (2 Punkte)

Betriebsverfassung

169. Welche Aufgaben hat der Betriebs-/ Personalrat? (4 Punkte)
170. Was macht die Jugendvertretung? (3 Punkte)

Fragen zum Sozialrecht

Krankenversicherung

171. Welche Zweige der Sozialversicherung kennen Sie? (4 Punkte)
172. Welcher Personenkreis ist Mitglied in der gesetzlichen Krankenversicherung? (3 Punkte)
173. Wann besteht keine Versicherungspflicht trotz bestehendem Beschäftigungsverhältnis? (6 Punkte)
174. Welche Familienangehörigen sind mitversichert? (2 Punkte)
175. Wer sind die Träger der gesetzlichen Krankenversicherung? (3 Punkte)
176. Wie wird die gesetzliche Krankenversicherung finanziert? (4 Punkte)
177. Welche Leistungen (allgemein) bietet die gesetzliche Krankenversicherung? (je 1 Punkt)
178. Ab welchem Alter haben Mann und Frau Anspruch auf die Krebsvorsorgeuntersuchung? (2 Punkte)
179. Auf welche Leistungen besteht im Krankheitsfall ein Anspruch? (6 Punkte)

Rentenversicherung

180. Wer ist Mitglied in der Rentenversicherung? (3 Punkte)
181. Wie wird die Rentenversicherung finanziert? (4 Punkte)
182. Welche Leistungen sieht die Rentenversicherung vor? (5 Punkte)
183. Was ist der Unterschied zwischen „Berufsunfähigkeit" und „Erwerbsunfähigkeit"? (2 Punkte)
184. Ab welchen Altersstufen und unter welchen Voraussetzungen hat ein Versicherter Anspruch auf Altersrente? (10 Punkte)
185. Wer hat Anspruch auf Hinterbliebenenrente? (4 Punkte)

Unfallversicherung

186. Wer ist in der gesetzlichen Unfallversicherung versichert? (4 Punkte)
187. Wie wird die gesetzliche Unfallversicherung finanziert? (4 Punkte)
188. Wann liegt ein Arbeitsunfall vor? (4 Punkte)
189. Was ist ein Wegeunfall? (4 Punkte)
190. Was ist eine Berufskrankheit? (3 Punkte)
191. Welche Leistungen sieht die gesetzliche Unfallversicherung vor? (4 Punkte)

Arbeitsförderung

192. Welche Maßnahmen der Arbeitsförderung kennen Sie? (4 Punkte)
193. Wie wird die Arbeitsförderung finanziert? (4 Punkte)
194. Was sind die Voraussetzungen für den Bezug von:
    a) Arbeitslosengeld? (4 Punkte)
    b) Arbeitslosenhilfe? (4 Punkte)
195. Wie hoch – gemessen am letzten regelmäßigen Arbeitseinkommen – ist:
    a) das Arbeitslosengeld? (2 Punkte)
    b) die Arbeitslosenhilfe? (2 Punkte)

Sozialhilfe

196. Wer hat Anspruch auf Sozialhilfe? (4 Punkte)
197. Welche Leistungen sieht die Sozialhilfe allgemein vor? (2 Punkte)
198. Was versteht der Gesetzgeber unter „Hilfe zum Lebensunterhalt"? (4 Punkte)
199. Was versteht der Gesetzgeber unter „Hilfe in besonderen Lebenslagen"? (4 Punkte)

Sonstige Sozialstaatsangebote

200. Wer erhält Ausbildungsförderung nach dem BAföG? (4 Punkte)
201. Wer erhält für wen Kindergeld? (4 Punkte)

202. Wie hoch ist das Kindergeld? (4 Punkte)
203. Wer erhält Erziehungsgeld? (4 Punkte)
204. Wie hoch ist das Erziehungsgeld? (3 Punkte)

Fragen zu den berufsrelevanten Nebengesetzen

205. Was regelt das Arzneimittelgesetz? (4 Punkte)
206. Was muß bei der Abgabe von Fertigarzneimittel beachtet werden? (6 Punkte)
207. Was ist der Unterschied zwischen „apothekenpflichtig" und „verschreibungspflichtig"? (2 Punkte)
208. Wie erfolgt die Einteilung der Betäubungsmittel? (3 Punkte)
209. Wodurch unterscheiden sich in rechtlicher Hinsicht die Betäubungsmittel in den Anlagen I, II, III? (4 Punkte)
210. Wann darf ein Betäubungsmittel verschrieben werden? (3 Punkte)
211. Worin liegt die Besonderheit bei der Verschreibung eines Betäubungsmittels? (2 Punkte)
212. Was ist bei der Aufbewahrung von Betäubungsmitteln besonders zu beachten? (4 Punkte)
213. Welche Bestattungsarten gibt es? (2 Punkte)
214. Was beinhaltet die Leichenschau? (3 Punkte)
215. Wann ist jemand zu bestatten? (2 Punkte)
216. Innerhalb welchen Zeitraumes muß die Bestattung vorgenommen werden? (4 Punkte)
217. Was schützt das Datenschutzgesetz? (4 Punkte)
218. Nennen Sie einige Regelungen des Lebensmittelgesetzes! (je 2 Punkte)
219. Wann sieht das Bundesseuchengesetz eine Meldepflicht vor? (4 Punkte)
220. Welche Krankheiten sind meldepflichtig? (je 2 Punkte)
221. Welche Krankheiten fallen unter das Geschlechtskrankheitengesetz? (je 2 Punkte)
222. Welche Pflichten bestehen bei Vorliegen einer Geschlechtskrankheit für den:
    a) Arzt? (4 Punkte)
    b) Patienten? (4 Punkte)
223. Welche Bereiche unterscheidet man bei der Anwendung von Röntgenstrahlen? (2 Punkte)

224. Wer darf den Kontroll-, wer den Überwachungsbereich betreten? (4 Punkte)

225. Wie sieht der Schutz der betroffenen Patienten aus? (4 Punkte)

226. Welche Verbote kennt die Strahlenschutzverordnung? (je 2 Punkte)

227. Welche Personenstandsbücher gibt es? (4 Punkte)

228. Wer ist zur Anzeige einer Geburt verpflichtet? (3 Punkte)

Welche Besonderheit gilt im Krankenhaus? (2 Punkte)

229. Wann liegt im Sinne des Gesetzes vor:
a) eine Lebendgeburt? (2 Punkte)
b) eine Totgeburt? (2 Punkte)
c) eine Fehlgeburt? (2 Punkte)

Welche dieser Vorgänge sind in das Geburten- bzw. Sterbebuch einzutragen? (4 Punkte)

230. Was versteht man unter einer gesetzlichen Unterbringung? (3 Punkte)

231. Wann kann jemand untergebracht werden? (4 Punkte)

232. Worin liegt der Grund einer Unterbringung? (3 Punkte)

Vorschlag eines Stundenverteilungsplanes für Krankenpflege und Krankenpflegehilfe

Gemäß § 1 der Ausbildungs- und Prüfungsverordnung für die Berufe in der Krankenpflege vom 16. Oktober 1985 umfaßt

- die **3jährige** Ausbildung in der Krankenpflege und in der Kinderkrankenpflege mindestens 1600 Stunden theoretischen und praktischen Unterricht, wovon aufgrund der Anlage 1 zu dieser Verordnung auf die **Berufs-, Gesetzes- und Staatsbürgerkunde 120 Stunden** entfallen,
- die **1jährige** Ausbildung in der Krankenpflegehilfe mindestens 500 Stunden theoretischen und praktischen Unterricht, wovon aufgrund der Anlage 3 zu dieser Verordnung auf die **Berufs-, Gesetzes- und Staatsbürgerkunde 40 Stunden** entfallen.

Je nach dem Anteil der Berufskunde verbleiben daher für den Unterricht in der **Staatsbürger- und Gesetzeskunde** eine Anzahl von

- 60 Stunden in der **3jährigen** Ausbildung,
- 30 Stunden in der **1jährigen** Ausbildung.

Diese Stundenzahl hat nun der Lehrer für das Fach Gesetzes- und Staatsbürgerkunde zur Verfügung, um den Stoff, der in den Anlagen 1 und 3 zur Ausbildungs- und Prüfungsverordnung vorgeschrieben ist, zu vermitteln. Auf die Schwierigkeit dieses Vorhabens wurde bereits im Vorwort eingegangen.

Um die Bewältigung dieser Aufgabe zu erleichtern, wird im folgenden ein Vorschlag zur Stundenverteilung unterbreitet, der sich in der Praxis bereits bewährt hat. Dabei kann natürlich und soll auch im Einzelfall von der vorgeschlagenen Stundenanzahl abgewichen werden, wenn es der Unterricht erfordert.

Vorschlag der Stundenverteilung in der 1jährigen Ausbildung

Staatsbürgerkunde	**12 Stunden**
Staat „Bundesrepublik Deutschland“	**1 Stunde**
• Staat und Entstehung der Bundesrepublik Deutschlands	
Staats- und Regierungsform der Bundesrepublik Deutschland	**1 Stunde**
Grundrechte	**2 Stunden**
• Allgemeines zu den Grundrechten (Geschichte, Wesen usw.)	1 Stunde
• Einzelne Grundrechte	1 Stunde
Wahlrecht	**2 Stunden**
Oberste Bundesorgane	**4 Stunden**
• Bundestag	1 Stunde
• Bundesrat	1 Stunde
• Bundesregierung	1 Stunde
• Bundespräsident und das Bundesverfassungsgericht	1 Stunde
Gesetzgebung des Bundes	**2 Stunden**
Gesetzeskunde	**18 Stunden**
Strafrecht	**6 Stunden**
• Grundlagen der Strafbarkeit	1 Stunde
• Rechtsfolgen einer Straftat	1 Stunde
• Körperverletzung	1 Stunde
• Tötungsdelikte	1 Stunde
• Sonstige Straftatbestände	2 Stunden

Zivilrecht	**4 Stunden**
• Vertragslehre, Schadensersatzrecht	1 Stunde
• Rechtsstellung des Patienten	1 Stunde
• Erbrecht	2 Stunden
Arbeitsrecht	**3 Stunden**
• Arbeitsverhältnis (Zustandekommen, Inhalt, Plichten usw.)	2 Stunden
• Arbeitnehmerschutz (Kündigungsschutz, Mutterschutz usw.)	1 Stunde
Sozialrecht	**3 Stunden**
• Krankenversicherung	1 Stunde
• Rentenversicherung, Unfallversicherung	1 Stunde
• Sozialhilfe, Sonstige Sozialstaatsangebote	1 Stunde
Berufsrelevante Nebengesetze	**1 Stunde**
• Arzneimittelrecht, Betäubungsmittelrecht, Seuchenwesen	1 Stunde
Heilberufe	**1 Stunde**
Insgesamt	**30 Stunden**

Vorschlag der Stundenverteilung in der 3jährigen Ausbildung

Staatsbürgerkunde	**20 Stunden**
Staat „Bundesrepublik Deutschland“	**1 Stunde**
Staats- und Regierungsform der Bundesrepublik Deutschland	**2 Stunden**
Grundrechte	**4 Stunden**
• Allgemeines zu den Grundrechten (Geschichte, Wesen usw.)	1 Stunde
• Einzelne Grundrechte	1 Stunde
Wahlrecht	**2 Stunden**
Oberste Bundesorgane	**6 Stunden**
• Bundestag	2 Stunden
• Bundesrat	1 Stunde
• Bundespräsident	0,5 Stunden
• Bundesregierung	2 Stunde
• Bundesverfassungsgericht	0,5 Stunden
Gesetzgebung des Bundes	**2 Stunden**
Wirtschaftsordnung der Bundesrepublik Deutschland	**1 Stunde**
Aufbau und die Rechtsprechung der Bundesrepublik Deutschland	**1 Stunde**
Europäische Union, Vereinte Nationen	**1 Stunde**

Gesetzeskunde	**40**	**Stunden**
Strafrecht	**11**	**Stunden**
• Aufgabe, Inhalt und Zweck des Strafrechtes	1	Stunde
• Grundlagen der Strafbarkeit	1	Stunde
• Rechtsfolgen einer Straftat	1	Stunde
• Körperverletzung, Einwilligung	2	Stunden
• Tötungsdelikte	2	Stunden
• Sonstige Straftatbestände	2	Stunden
• Ausgewählte Strafrechtsprobleme	2	Stunden
Zivilrecht	**8**	**Stunden**
• Vertragslehre	1	Stunde
• Schadensersatzrecht	2	Stunden
• Rechtsstellung des Patienten	1	Stunde
• Erbrecht	3	Stunden
• Familienrecht	1	Stunde
Arbeitsrecht	**6**	**Stunden**
• Arbeitsverhältnis (Zustandekommen, Inhalt, Pflichten usw.)	2	Stunden
• Arbeitnehmerschutz (Kündigungsschutz, Mutterschutz usw.)	2	Stunden
• Tarifvertrag	1	Stunde
• Betriebsverfassung	1	Stunde
Sozialrecht	**10**	**Stunden**
• Krankenversicherung	2	Stunden
• Rentenversicherung	2	Stunden
• Unfallversicherung	2	Stunden
• Arbeitsförderung, Sozialhilfe	2	Stunden
• Sonstige Sozialstaatsangebote (Ausbildungsförderung usw.)	2	Stunden
Berufsrelevante Nebengesetze	**4**	**Stunden**
• Arzneimittelrecht	1	Stunde
• Betäubungsmittelrecht	1	Stunde
• Sonstige Nebengesetze (Seuchenwesen, Strahlenschutz usw.)	2	Stunden
Heilberufe	**1**	**Stunde**
Insgesamt	**60**	**Stunden**

Literatur

von Arnim, H.H.: Volkswirtschaftspolitik, 2. Aufl. Metzner, Frankfurt/M. 1976

Beitzke, G.: Familienrecht, 25. Aufl. Beck'sche Verlagsbuchhandlung, München 1988

Brenner, G.: Praktische Rechtskunde für Krankengymnasten, Masseure und med. Bademeister. Fischer, Stuttgart 1987

Brenner, G.: Rechtskunde für das Krankenpflegepersonal einschließlich des Altenpflegepersonals und anderer Berufe im Gesundheitswesen, 5. Aufl. Fischer, Stuttgart 1992

Bundeszentrale für politische Bildung: Menschenrechte, Dokumente und Deklarationen. Bonn 1991

Bundeszentrale für politische Bildung: Datenreport 1992, Zahlen und Fakten über die Bundesrepublik Deutschland, 2. Aufl., Bonn 1992

Busch, E., E. Handschuh, G. Kretschmer, W. Zeh: Wegweiser Parlament, Bundeszentrale für politische Bildung, Bonn 1990

Dreher, E., H. Tröndle: Strafgesetzbuch, Kommentar, 46. Aufl. Beck'sche Verlagsbuchhandlung, München 1993

Erbs G., M. Kohlhaas: Strafrechtliche Nebengesetze, Beck'sche Verlagsbuchhandlung, München 1993

Forster, B.: Praxis der Rechtsmedizin, Thieme, Stuttgart 1986

Frey, I., L. Schmid, W. Wenzel: Krankenpflegehilfe, 9. Aufl. Thieme, Stuttgart 1993

Hesse, K.: Grundzüge des Verfassungsrechts der Bundesrepublik Deutschland, 8. Aufl. Müller Juristischer Verlag, Karlsruhe 1975

Hitschold, H.-J.: Staatsbürgerkunde, 9. Aufl., Boorberg, Stuttgart, 1992

Kurtenbach, H., G. Golombek, H. Siebers: Krankenpflegegesetz. Kohlhammer, Köln 1986

Lange, H., K. Kuchinke: Lehrbuch des Erbrechts, 2. Aufl. Beck'sche Verlagsbuchhandlung, München 1978

Laufs A.: Arztrecht, 5. Aufl. Beck'sche Verlagsbuchhandlung, München 1993

Laufs, A., W. Uhlenbruck: Handbuch des Arztrechts, Beck'sche Verlagsbuchhandlung, München 1992

Maurach, R., H. Zipf.: Strafrecht, Allgemeiner Teil, 6. Aufl. Müller Juristischer, Heidelberg 1983

Meyer, J.: Betäubungsmittelstrafrecht in Westeuropa, Eigenverlag Max-Planck-Institut, Freiburg 1987

Mezger, E., H. Blei: Strafrecht I, Allgemeiner Teil, 15. Aufl. Beck'sche Verlagsbuchhandlung, München 1973

Müller, H.M.: Schlaglichter der Deutschen Geschichte, 2. Aufl. Landeszentrale für politische Bildung, Mannheim 1990

Mürbe, M., A. Stadler: Berufs-, Gesetzes- und Staatsbürgerkunde, 2. Aufl., Jungjohann, Neckarsulm 1992

Opitz, P.J., V. Rittberger: Forum der Welt, 40 Jahre Vereinte Nationen. Bayerische Landeszentrale für politische Bildungsarbeit, München 1986

Palandt, O.: Kommentar zum Bürgerlichen Gesetzbuch, 53. Aufl. Beck'sche Verlagsbuchhandlung, München 1994

Schaub, G.: Arbeitsrecht, 6. Aufl. Beck'sche Verlagsbuchhandlung, München 1987

Schell, W.: Staatsbürger- und Gesetzeskunde für die Krankenpflegeberufe in Frage und Antwort, 9. Aufl. Thieme, Stuttgart 1991

Schneider, A.: Rechts- und Berufskunde für medizinische Assistenzberufe, Lehrbuch für Aus-, Fort- und Weiterbildung, 3. Aufl. Springer, Berlin 1990

Schönke, A., H. Schröder: Strafgesetzbuch, Kommentar, 24. Aufl. Beck'sche Verlagsbuchhandlung, München 1991

Schulin, B.: Sozialrecht, 5. Aufl. Werner, Düsseldorf 1993

Tölle, R.: Psychiatrie, 6. Aufl. Springer, Berlin 1982

Sachverzeichnis

H

I

L

M

N

O

P

Z